J2EE

Deepak Alur
John Crup
et Dan Malks

CampusPress

Publié par CampusPress
47 bis, rue des Vinaigriers
75010 PARIS
Tél. : 01 72 74 90 00

Mise en pages : TyPAO

ISBN : 2-7440-1523-7

CampusPress est une marque
de Pearson Education France

Titre original : *Core J2EE Patterns*

Traduit de l'américain par :
M.C. Baland et N. Le Guillou de Penanros

ISBN original : 0-13-064884-1

Prentice Hall PTR
Upper Saddle river,
NJ 07458

Table des matières

Préface

Dans le monde du logiciel, un pattern constitue une manifestation tangible de la mémoire collective d'une entreprise. Il offre une solution commune à un problème commun ; ainsi, dans la culture d'une société ou dans un domaine spécifique, pouvoir nommer et spécifier un pattern concrétisent la codification d'une solution commune, élaborée à partir d'une expérience qui a fait ses preuves. Disposer d'un bon langage de patterns revient un peu à disposer d'une équipe d'experts qui serait assis à vos côtés au cours du développement : en appliquant l'un de leurs patterns, vous profitez de leurs connaissances durement acquises. En tant que tels, les meilleurs patterns n'ont pas été véritablement inventés : ils ont plutôt été détectés puis rassemblés à partir de systèmes existants et couronnés de succès. Ainsi, à son état le plus mature, un pattern regorge d'éléments qui fonctionnent, a éliminé tous ceux qui ne fonctionnent pas et permet de transmettre la sagesse et le raisonnement de ses concepteurs.

Les patterns véritablement utiles sont généralement anciens. En les découvrant, vous vous surprendrez bien souvent à vous exclamer : "Mais j'ai déjà fait ça auparavant !" Toutefois, le pattern vous apportera un vocabulaire dont vous ne disposiez pas ; vous pourrez l'appliquer d'une manière inimaginable jusque-là. Et il devrait également avoir pour effet de simplifier votre système.

Non seulement les patterns permettent d'élaborer des systèmes plus simples qui fonctionnent, mais ils aident également à élaborer des programmes élégants. A une époque où le temps nous manque cruellement, cette dernière exigence se révèle souvent impossible à satisfaire. Or, en tant que professionnels, nous nous cherchons à tout prix à élaborer des produits de qualité. En appliquant un ensemble de patterns appropriés, il est désormais possible d'apporter un peu plus d'élégance à vos systèmes.

Les auteurs de *Core J2EE Patterns, Best Practices and Design Strategies*, ont collecté un certain nombre de patterns réellement utiles. Mais ne vous méprenez pas : si J2EE est une plate-forme importante, permettant à une équipe de construire des systèmes très puissants, un très grand écart sémantique subsiste en réalité entre les abstractions et les services fournis par J2EE et l'application finale qui sera élaborée. Les patterns, tels qu'ils sont spécifiés dans cet ouvrage, constituent des solutions récurrentes visant à combler ce fossé. En les appliquant, vous acquerrez l'un des moyens essentiels de réduire les risques du logiciel : écrire moins de code. Plutôt que de devoir découvrir ces solutions par vous-même, appliquez des patterns qui ont déjà prouvé leur utilité dans des systèmes existants.

Les auteurs ne se contentent pas de nommer un ensemble de patterns : ils les rendent abordables, en précisant leur sémantique grâce au langage UML. De plus, ils vous enseignent comment les appliquer et refactoriser votre système. Il semblerait bien qu'une équipe d'experts soit assise à vos côtés, simplement pour vous aider.

Grady Booch

Chief scientist
Rational Software Corporation

Avant-propos

ThoughtWorks a commencé à travailler avec les technologies J2EE fin 1998. A cette époque, toute une série de technologies très intéressantes voyaient le jour (même si elles étaient quelquefois assez immatures), mais les instructions nous manquaient sur la manière de les utiliser à bon escient. Nous avons fait face, en partie parce que nous possédions une grande expérience d'autres environnements de serveurs orientés objet. Toutefois, bon nombre de nos clients se débattaient avec ces systèmes, non pas à cause de problèmes liés aux technologies, mais parce qu'ils ne savaient pas utiliser celles-ci.

Je me passionne depuis de nombreuses années pour les patterns, ces méthodes qui permettent de recueillir le savoir des experts en conception et de cataloguer des solutions pratiques à des problèmes récurrents. Au cours de ces deux dernières années, différents pionniers ont travaillé avec la technologie J2EE et découvert des patterns permettant de créer des solutions J2EE efficaces. Cet ouvrage en constitue un excellent catalogue, qui énumère de nombreuses techniques que nous avons dû découvrir de façon empirique.

Connaître les API en amont est une chose ; savoir comment concevoir un bon logiciel en est une autre. C'est le premier livre qui, à ma connaissance, se concentre réellement sur la collecte de cette expertise, et je suis heureux de voir que c'est un travail d'excellente qualité. Si vous travaillez avec J2EE, ces patterns doivent vous devenir familiers.

En outre, cet ouvrage admet que la conception ne s'achève pas au moment où vous commencez à écrire le code. Certaines décisions peuvent ne pas concrétiser comme on l'aurait souhaité. Il faut alors corriger la conception en appliquant une démarche rigoureuse. Pour ce faire, l'approche préférée est de plus en plus souvent la *refactorisation*. Les auteurs de cet ouvrage sont les premiers à avoir poursuivi mon travail sur la refactorisation, en adoptant une nouvelle direction qui consiste à se concentrer sur la conception J2EE. Non seulement je leur suis très reconnaissant d'avoir avancé mon travail, mais je suis également heureux qu'ils aient mis à profit leur expérience pour préciser la manière de réaliser ces transformations.

Au final, c'est bien entendu l'expérience qui compte. Collecter des conceptions pour les rassembler dans des livres reste l'une des choses les plus difficiles à faire ; elle est pourtant véritablement nécessaire pour faire évoluer notre profession. Cet ouvrage rassemble des expériences cruciales pour le développement en J2EE. Ne développez pas un bean entreprise sans vous y référer.

Martin Fowler

Chief scientist
ThoughtWorks

Introduction

Cet ouvrage est consacré aux patterns spécifiques à la plate-forme Java 2, Enterprise Edition (J2EE). Ceux-ci proposent des solutions aux problèmes que rencontrent généralement les concepteurs d'applications logicielles destinées à cette plate-forme. Tous les patterns décrits dans le catalogue ont été découverts sur le terrain, où nous les avons utilisés dans le cadre de projets réels.

Cet ouvrage expose des solutions ayant fait leurs preuves et met un accent particulier sur des technologies J2EE essentielles comme JSP (*Java Server Pages*), les servlets, les composants EJB (*Enterprise JavaBeans*), JMS (*Java Message Service*) et les technologies JDBC (*Java DataBase Connectivity*) et JNDI (*Java Naming and Directory Interface*). Nous proposons des solutions à des problèmes récurrents par le biais du catalogue de patterns J2EE et des refactorisations. Vous pouvez appliquer ces concepts pour développer de nouveaux systèmes ou pour améliorer la conception de systèmes existants. Les patterns de cet ouvrage vous aideront rapidement à acquérir des compétences et des techniques permettant d'élaborer des applications d'entreprise efficaces et robustes.

De nos jours, comme par le passé, nombreux sont ceux qui supposent naïvement que *l'apprentissage d'une technologie* est synonyme *d'apprentissage de la conception* à l'aide de cette technologie. Bien évidemment, l'apprentissage de la technologie constitue une partie importante de la conception d'applications réussies. De nombreux ouvrages sur Java excellent à en expliquer les détails, en apportant des précisions sur les API, etc., mais ils ne fournissent aucune information sur la façon de les appliquer. Savoir concevoir s'apprend au fil de l'expérience, en partageant des connaissances sur les meilleures pratiques et les mauvaises.

L'expérience que nous souhaitons transmettre dans cet ouvrage est tirée d'un travail de terrain. Nous faisons partie du *Sun Java Center*, l'organisation de conseil de Sun Microsystems Inc. Dans ce cadre, nous rencontrons souvent des situations dans lesquelles les concepteurs et les développeurs éprouvent des difficultés à comprendre une technologie en pleine évolution, sans parler des problèmes de conception qui lui sont liés.

Il ne suffit pas de demander aux concepteurs et aux développeurs d'écrire de bons programmes, et il ne suffit pas non plus de leur suggérer d'utiliser des servlets et des pages

JSP pour développer la couche présentation ou des composants EJB (si vous ne connaissez pas la plate-forme J2EE, vous trouverez sa description, ainsi que celle de ses technologies au Chapitre 2, "Un aperçu de la plate-forme J2EE") pour développer la couche métier.

Où un aspirant architecte J2EE peut-il apprendre non seulement ce qu'il doit faire, mais également ce qu'il ne doit pas faire ? Quelles sont les meilleures pratiques ? Quelles sont les mauvaises pratiques ? Comment passer d'un problème à la conception, puis de la conception à l'implémentation ?

Sun Java Center et le catalogue de patterns J2EE

Depuis sa fondation, les architectes du Sun Java Center collaborent avec des clients répartis dans le monde entier, en vue de concevoir, d'élaborer, de construire et de déployer avec succès divers types de systèmes basés sur les technologies Java et J2EE. Le centre est une organisation de conseil qui connaît une forte croissance et embauche constamment de nouvelles personnes pour compléter ses équipes d'architectes expérimentés.

Avertis du besoin qui existait de collecter et de partager des conceptions ayant fait leurs preuves, nous avons commencé, dès 1999, à consigner notre travail sur la plateforme J2EE sous forme de patterns. Nous nous sommes vite aperçus, lors de nos recherches d'informations dans les documents existants, que nous ne parvenions pas à trouver de catalogue de patterns qui traite de manière spécifique de la plate-forme J2EE. Nombre d'ouvrages traitent d'une ou plusieurs technologies J2EE, et les expliquent extrêmement bien en détaillant les nuances des spécifications. Certains proposent même une aide supplémentaire sous la forme de réflexions de conception, mais aucun ne traite de ce sujet particulier.

Depuis la première présentation publique de nos réflexions sur les patterns J2EE lors de la conférence JavaOne en juin 2000, nous avons reçu des réponses étonnantes de la part d'architectes et de développeurs. Certains ont exprimé un grand intérêt pour les patterns, d'autres ont confirmé les avoir appliqués sans les avoir jamais nommés ni documentés. Cet intérêt pour les patterns de la plate-forme J2EE nous a motivés plus encore à poursuivre notre travail.

C'est ainsi que nous en sommes arrivés à créer le catalogue de patterns J2EE, proposé en premier lieu à la communauté J2EE sous forme de version bêta, à l'occasion de l'événement Java Developer Connection en mars 2001. Largement influencée par les commentaires émis par la communauté, la documentation bêta a évolué pour devenir la version que vous découvrirez dans cet ouvrage.

Nous espérons que les patterns, les meilleures pratiques, les stratégies, les mauvaises pratiques et les refactorisations à destination de la plate-forme J2EE vous profiteront autant que ce fut le cas pour nous.

De quoi traite cet ouvrage ?

Cet ouvrage traite des points suivants :

- **L'utilisation des patterns pour la plate-forme J2EE.** Grâce à notre expérience collective de la plate-forme J2EE, nous sommes parvenus à réaliser le catalogue de patterns qui figure dans cet ouvrage. Il décrit plusieurs meilleures pratiques liées à la conception et à l'élaboration d'applications pour la plate-forme J2EE. Cet ouvrage se concentre sur les quatre technologies J2EE suivantes : servlets, pages JSP, composants EJB et JMS.
- **L'utilisation des meilleures pratiques pour concevoir des applications à base de pages JSP, servlets, composants EJB et technologie JMS.** L'apprentissage des technologies et des API ne suffit pas. Il est également important d'apprendre à concevoir à l'aide des technologies. Nous avons consigné dans ce document nos expériences des meilleures pratiques pour celles-ci.
- **La réutilisation de solutions existantes pour les problèmes de conception et d'architecture de la plate-forme J2EE.** Les patterns permettent de réutiliser des conceptions et des solutions connues, afin de réduire le délai nécessaire au développement d'applications, notamment des applications J2EE.
- **L'identification des mauvaises pratiques dans les conceptions existantes et leur refactorisation en vue d'une meilleure solution à l'aide des patterns J2EE.** Savoir ce qui fonctionne bien est important. Savoir ce qui ne fonctionne pas est également important. Nous avons consigné ici certaines mauvaises pratiques rencontrées lors de la conception d'applications pour la plate-forme J2EE.

De quoi cet ouvrage ne traite-t-il pas ?

Cet ouvrage ne traite pas des points suivants :

- **Comment programmer avec les technologies Java ou J2EE.** Cet ouvrage n'est pas axé sur la programmation. Même s'il repose très largement sur les technologies J2EE, nous ne décrivons pas ici les API spécifiques. Pour en savoir plus sur la programmation Java ou sur l'utilisation de n'importe laquelle des technologies J2EE, il existe un grand nombre d'excellents ouvrages et de ressources en ligne.

Les didacticiels présents sur la page d'accueil officielle de Java à l'adresse **http:// java.sun.com** sont fortement recommandés si vous souhaitez en savoir plus sur chacune des technologies. Les spécifications officielles des technologies J2EE sont également disponibles à cette adresse.

- **Les processus et les méthodologies à utiliser.** Nous ne suggérons aucun type de processus ou de méthodologie, puisque le matériel présenté dans cet ouvrage n'est lié ni à l'un ni à l'autre. Si ce sujet vous intéresse, il existe de nombreux livres de qualité axés sur les méthodologies orientées objet ainsi que de nouveaux ouvrages sur les processus légers, notamment *Extreme Programming*.
- **L'utilisation d'UML (*Unified Modeling Language*).** Cet ouvrage ne vous enseignera pas le langage UML, même si nous l'utilisons très fréquemment (en particulier dans les diagrammes de classe et de séquence) pour documenter les patterns et décrire les interactions statiques et dynamiques. Si vous souhaitez en savoir plus à ce sujet, reportez-vous à *UML : le guide de l'utilisateur* [Booch] et *The Unified Modeling Language Reference Manual* [Rumbaugh] par Grady Booch, Ivar Jacobson et James Rumbaugh.

A qui cet ouvrage est-il destiné ?

Cet ouvrage est destiné à toute personne intéressée de près ou de loin par la conception, l'élaboration et le développement d'applications destinées à la plate-forme J2EE : programmeurs, concepteurs, architectes et chefs de projets. Nous avons tenté de le présenter à la manière d'un guide de formation. Nous savons tous l'importance de projets bien conçus et bien architecturés, et nous avons besoin de bons architectes pour y parvenir.

L'utilisation de patterns bien documentés et de bonnes pratiques de conception en vue de partager et de transmettre des connaissances et des expériences peut se révéler très précieuse pour les équipes présentant des niveaux d'expertise hétérogène ; nous espérons donc que cet ouvrage répondra à certains de ces besoins.

Organisation de l'ouvrage ?

Cet ouvrage est organisé en trois parties.

La **première partie**, "J2EE et les patterns", regroupe les Chapitres 1 et 2.

Le **Chapitre 1**, "Introduction à J2EE", analyse brièvement les différents sujets, notamment la plate-forme J2EE, la définition des patterns et leur catégorisation. Elle se termine par une présentation du Catalogue de patterns J2EE.

Le **Chapitre 2**, "Un aperçu de la plate-forme J2EE", propose une vue d'ensemble J2EE pour les lecteurs qui n'en seraient pas familiers ou qui souhaiteraient se rafraîchir la mémoire.

La **deuxième partie**, "Problèmes de conception, mauvaises pratiques et refactorisations", traite des problèmes de conception liés à JSP, aux servlets et aux beans entreprise. Elle comprend également un sujet sur les mauvaises pratiques et les refactorisations de la plate-forme J2EE. Elle est constituée des Chapitres 3, 4 et 5.

Le **Chapitre 3**, "Problèmes de conception de la couche présentation et mauvaises pratiques", et le **Chapitre 4**, "Problèmes de conception de la couche métier et mauvaises pratiques", traitent respectivement des problèmes de conception et des mauvaises pratiques de la couche présentation et des couches métier et intégration. Les problèmes de conception constituent des préoccupations que les développeurs, concepteurs ou architectes J2EE doivent prendre en compte. Les sujets présentés dans ces chapitres dirigent le lecteur vers d'autres sources (notamment des spécifications officielles et des ouvrages de choix sur le sujet) pour obtenir de plus amples informations.

Le **Chapitre 5**, "Refactorisations J2EE", comprend certaines refactorisations que nous avons testées dans notre travail sur le terrain, et qui nous ont permis de faire progresser notre conception vers une solution optimale. Elles permettent de voir le reste de l'ouvrage sur un autre jour, en fournissant ce que nous pensons être un compagnon précieux du catalogue de patterns. Ce chapitre la façon dont nous avons été influencés par Martin Fowler et son ouvrage, *Refactoring* [Fowler]. Les lecteurs qui en sont familiers ne seront pas dépaysés par le format de ce chapitre. Toutefois, son contenu se limite au contexte des technologies J2EE, tandis que Martin Fowler traite de la refactorisation à un autre niveau.

La troisième partie, "Le catalogue de patterns J2EE", présente les quinze patterns qui forment le cœur de cet ouvrage. Cette partie est constituée des Chapitres 6, 7, 8 et 9.

Le **Chapitre 6**, "Un aperçu des patterns J2EE", propose un aperçu du catalogue de patterns J2EE. Il débute par une présentation globale des patterns et explique leur classement en fonction des couches. Il décrit également le modèle de patterns J2EE, utilisé pour présenter tous les patterns de cet ouvrage. Il énumère également tous les patterns J2EE, présente leurs relations internes dans un diagramme et propose ce que nous avons intitulé une carte du catalogue des patterns. Celle-ci reprend les questions habituelles relatives à la conception et à l'architecture J2EE, et contient des références vers des patterns ou des refactorisations proposant des solutions à ces problèmes. Il est dès lors essentiel de comprendre les relations entre les patterns ainsi que cette carte pour pouvoir les utiliser.

Le **Chapitre 7**, "Patterns de la couche présentation", présente six patterns relatifs à l'utilisation des servlets, de JSP, des JavaBeans et des balises personnalisées pour concevoir des applications Web sur une plate-forme J2EE. Grâce à de nombreuses stratégies d'implémentation, ils résolvent des problèmes communs comme la gestion des requêtes, le partitionnement des applications et la génération de vues composites.

Le **Chapitre 8**, "Patterns de la couche métier", présente sept patterns relatifs à l'utilisation de la technologie EJB pour concevoir des composants métier à destination de la plate-forme J2EE. Les patterns de ce chapitre proposent les meilleures pratiques destinées à l'utilisation des technologies EJB et JMS. Ils sont accompagnés si nécessaire de compléments relatifs à d'autres technologies, comme JNDI et JDBC.

Le **Chapitre 9**, "Patterns de la couche intégration", présente deux patterns traitant de l'intégration des applications J2EE avec la couche ressources et les systèmes externes. Ils sont axés sur l'utilisation des technologies JDBC et JMS pour intégrer les composants des couches métier et ressource.

Le **Chapitre 10**, "Application des patterns J2EE", épilogue, analyse la réalisation de cas d'utilisation à l'aide des patterns. Ce chapitre montre comment les patterns sont associés et comment ils collaborent. Il renforce l'idée que les patterns n'existent pas isolément mais qu'ils s'appuient les uns les autres.

Enfin, une **annexe** regroupe les patterns et les stratégies et vous indiquent à quelles pages du livre elles sont évoquées.

Site Web d'assistance et coordonnées

Le site Web d'assistance officiel, sur lequel nous proposerons les mises à jour et autres documents est le suivant : **http://www.phptr.com/corej2eepatterns**.

Le groupe d'intérêts qui se penche sur le problème des patterns J2EE est disponible à l'adresse **j2eepatterns-interest@java.sun.com**. Pour vous y inscrire et consulter les archives, rendez-vous à l'adresse **http://archives.java.sun.com/archives/j2eepatterns-interest.html**.

Remerciements

Nous souhaitons remercier Stu Stern, directeur de Global Sun Java Center, et Mark Bauhaus, vice-président de .COM Consulting dont le soutien, les idées et la foi dans notre travail nous ont permis de réaliser cet ouvrage.

Nous souhaitons remercier Ann Betser, dont le soutien, les encouragements et les conseils professionnellement avisés nous ont permis de ne pas nous perdre.

Nous souhaitons exprimer nos sincères remerciements à l'équipe d'implémentation PSA/iWorkflow des architectes du centre SJC : Fred Bloom, Narayan Chintalapati, Anders Eliasson, Kartik Ganeshan, Murali Kalyanakrishnan, Kamran Khan, Rita El Khoury, Rajmohan Krishnamurty, Ragu Sivaraman, Robert Skoczylas, Minnie Tanglao et Basant Verma.

Nous souhaitons remercier les membres du groupe de travail sur les patterns J2EE du Sun Java Center : Mohammed Akif, Thorbiörn Fritzon, Beniot Garbinato, Paul Jatkowski, Karim Mazouni, Nick Wilde et Andrew X. Yang.

Nous souhaitons remercier Brendan McCarthy, le responsable des méthodologies au SJC pour avoir assuré notre équilibre et pour tous ses conseils.

Nous souhaitons remercier Jennifer Helms et John Kapson pour avoir présenté les patterns aux clients.

Nous souhaitons exprimer notre gratitude aux architectes suivants du SJC partout dans le monde pour leur soutien, leurs commentaires et leurs conseils : Mark Cade, Mark Cao, Torbjörn Dahlén, Peter Gratzer, Bernard Van Haecke, Patricia de las Heras, Scott Herndon, Grant Holland, Girish Ippadi, Murali Kaundinya, Denys Kim, Stephen Kirkham, Todd Lasseigne, Sunil Mathew, Fred Muhlenberg, Vivek Pande, John Prentice, Alexis Roos, Gero Vermaas, Miguel Vidal.

Nous souhaitons remercier notre direction : Hank Harris, Dan Hushon, Jeff Johnson, Nimish Radia, Chris Steel et Alex Wong pour leur soutien et leurs encouragements.

Nous souhaitons remercier nos collègues chez Sun pour leur collaboration :

Bruce Delagi du groupe Software Systems ; Mark Hapner, Vlada Matena de Java Software Engineering ; Paul Butterworth et Jim Dibble de Forte Products Group ; Deepak Balakrishna de iPlanet Products Group ; Larry Freeman, Cori Kaylor, Rick Saletta et Inderjeet Singh de J2EE Blueprints Team ; Heidi Dailey ; Dana Nourie, Laureen Hudson, Edward Ort, Margaret Ong et Jenny Pratt de Java Developer Connection.

Nous souhaitons remercier les personnes suivantes pour leurs commentaires, leurs conseils et leur soutien :

Martin Fowler et Josh Mackenzie de ThoughtWorks, Inc. ; Richard Monson-Haefel ; Phil Nosonowitz et Carl Reed de Goldman Sachs ; Jack Greenfield, Wojtek Kozaczynski et Jon Lawrence de Rational Software ; Alexander Aptus de TogetherSoft ; Kent Mitchell de Zaplets.com ; Bill Dudney ; David Geary ; Hans Bergsten ; les membres du groupe d'intérêt J2EE Patterns (**j2eepatterns-interest@java.sun.com**).

Nous souhaitons exprimer des remerciements particuliers et toute notre gratitude à notre éditeur technique principal Beth Stearns, qui a transformé nos manuscrits et les a rendus lisibles, tout en nous maintenant au courant et en travaillant avec nous tout au long du projet alors qu'il avait un planning très chargé.

Nous souhaitons remercier les réviseurs techniques Daniel S. Barclay, Steven J. Halter, Spencer Roberts et Chris Taylor pour leurs compétences, leurs révisions méticuleuses et leurs commentaires.

Nous souhaitons remercier Greg Doench, Lisa Iarkowski, Mary Sudul et Debby Van Dijk de Prentice Hall ; Michael Alread et Rachel Borden de Sun Microsystems Press, pour avoir fait tout ce qui était nécessaire à la production de ce livre.

Nous remercions Bill Jirsa, John Hathaway et Darlene Khosrowpour de Sun Educational Services pour leurs efforts à créer le cours SunEd J2EE Patterns (SL-500), John Sharp et Andy Longshaw de Content Master Ltd. ainsi que tous les réviseurs du cours SL-500.

Nous souhaitons remercier les communautés qui se consacrent à Java et aux patterns, dont le travail nous a servi de base.

Les auteurs souhaitent remercier leurs familles pour leur soutien.

I

J2EE et les patterns

La première partie est composée des deux chapitres suivants :

Le Chapitre 1 comprend une présentation générale des patterns, en association avec J2EE. Il présente plusieurs définitions des patterns, des informations sur leur catégorisation et certains des avantages qu'ils présentent. Il dépeint également le cadre dans lequel ils fonctionnent, et identifie le raisonnement et la motivation qui sont à l'origine du catalogue de patterns J2EE.

Le Chapitre 2, quant à lui, propose un aperçu complet de J2EE, de son arrière-plan et des propositions de valeur de la plate-forme. Il aborde également la relation qui existe entre la plate-forme et le catalogue de patterns J2EE.

1

Introduction à J2EE

Au sommaire de ce chapitre

- ✔ Qu'est-ce que J2EE ?
- ✔ Qu'est-ce qu'un pattern ?
- ✔ Le catalogue de patterns J2EE
- ✔ Patterns, frameworks et réutilisation

Ces dernières années ont vu une évolution extraordinaire du paysage du développement des logiciels d'entreprise. Figurant en bonne place au centre de ce changement, Java 2 Enterprise Edition (J2EE) propose une plate-forme unifiée, destinée à développer des applications distribuées et centrées sur le serveur. L'adoption à grande échelle des technologies J2EE offre à la communauté des développeurs des standards ouverts permettant de construire des architectures à base de services à destination de l'entreprise.

Parallèlement, *l'apprentissage* des technologies J2EE continue à être trop souvent confondu avec l'apprentissage de la *conception* réalisée à l'aide de ces technologies. De nombreux ouvrages relatifs à la technologie Java en expliquent parfaitement les aspects spécifiques, mais ne précisent pas toujours comment l'appliquer.

Les connaissances d'un architecte J2EE doivent donc aller au-delà des API concernées, et englober notamment les sujets suivants :

- Quelles sont les pratiques les plus adaptées ?
- Quelles sont les pratiques à éviter ?
- Quels sont les problèmes récurrents et les solutions reconnues ?

- Comment réorganiser le code d'un scénario médiocre ou mal conçu pour l'améliorer, et en faire un code décrit de manière générale par un pattern (*refactorisation*) ?

Voici donc l'objectif de cet ouvrage. C'est l'expérience qui permet de découvrir de bonnes pratiques de conception. Dès lors, si celles-ci sont exprimées sous forme de modèles de patterns standard, elles deviennent un mécanisme performant qui permet de mieux communiquer à leur sujet, de les réutiliser et de les exploiter pour améliorer la conception et l'élaboration des logiciels.

Qu'est-ce que J2EE ?

J2EE est une plate-forme qui permet de développer des applications d'entreprise distribuées. Depuis l'avènement du langage Java, son adoption et sa croissance ont été considérables. La plate-forme Java intègre chaque jour de nouvelles technologies. De nouvelles API et de nouveaux standards sont également développés pour répondre aux différents besoins. Enfin, Sun et un groupe d'industriels leaders du marché, sous les auspices de la communauté ouverte JCP (*Java Community Process*), ont permis d'unifier la totalité des standards et des API dans le cadre de la plate-forme J2EE.

La plate-forme J2EE offre nombre d'avantages à l'entreprise :

- Elle établit des normes pour des domaines de l'informatique d'entreprise comme la connectivité aux bases de données, les composants métier, le *middleware* orienté message (MOM), les composants liés au Web, les protocoles de communication et l'interopérabilité.
- Elle permet de promouvoir de meilleures implémentations, sur la base de standards ouverts, protégeant ainsi les investissements technologiques.
- Elle offre une plate-forme standard destinée à la création de composants logiciels, eux-mêmes portables sur diverses implémentations, évitant ainsi le verrouillage par le fabricant.
- Elle réduit les temps de mise sur le marché, la plus grande partie de l'infrastructure et de l'activité de liaison étant fournie par les produits des fabricants, eux-mêmes implémentés selon la spécification J2EE standard. Les sociétés de service sont maintenant à même de se décharger des activités liées au *middleware*, ou logiciels intermédiaires, et de se concentrer sur la création d'applications spécifiques.
- Elle augmente la productivité des développeurs, puisque ceux-ci peuvent maintenant apprendre relativement facilement les technologies J2EE basées sur le langage

Java. La totalité de la procédure de développement des logiciels d'entreprise peut désormais s'accomplir en Java sur la plate-forme J2EE.

- Elle favorise enfin l'interopérabilité entre environnements hétérogènes existants.

Nous traiterons plus en détail de la plate-forme J2EE au Chapitre 2 ; vous pouvez donc vous y reporter pour obtenir de plus amples informations. Pour l'heure, nous allons étudier brièvement les patterns, leur historique et le type de ceux que vous trouverez dans le catalogue, dans la troisième partie de cet ouvrage.

Qu'est-ce qu'un pattern ?

Références historiques

Les débuts des patterns remontent aux années 1970, lorsque Christopher Alexander publie un certain nombre d'ouvrages les décrivant dans le monde du génie civil et de l'architecture. Sur la base de ses travaux, la communauté des informaticiens décide d'adopter l'idée des patterns, même si l'intérêt qu'ils suscitaient germait déjà depuis quelque temps au sein de la profession.

Les patterns du monde logiciel sont ensuite popularisés par l'ouvrage *Design Patterns : Catalogue de modèles de conception réutilisables* de Erich Gamma, Richard Helm, Ralph Johnson et John Vlissides (connus également sous le nom de "Bande des quatre" ou GoF pour *Gang of Four*). Bien entendu, même si leur travail a contribué à populariser la notion de pattern dans les équipes de développement logiciel du monde entier, ces auteurs n'ont pas inventé les patterns qu'ils décrivent. Ayant reconnu des conceptions récurrentes dans de nombreux projets, ils les ont simplement identifiées puis décrites.

Depuis l'ouvrage de la "Bande des quatre", de nombreux livres sur les patterns logiciels applicables à différents domaines et différents objectifs ont été publiés. Vous trouverez ici plusieurs références à ces titres et nous vous encourageons à étudier plus avant les autres types de patterns qui y sont décrits.

Définition

Les patterns sont liés à la communication des problèmes et de leurs solutions. Pour parler simplement, ils nous permettent de décrire un problème récurrent connu ainsi que sa solution dans un contexte particulier, puis de communiquer cette connaissance à d'autres. Le mot important ici est le mot *récurrent*, puisque l'objectif du pattern est d'encourager la réutilisation du concept.

Nous traiterons de cet aspect plus en détail au Chapitre 6, dans la section "Qu'est-ce qu'un pattern ?".

Pour l'heure, voici quelques définitions connues. Nous commencerons par celle de Christopher Alexander dans *A Pattern Language* [Alex2] :

> *Chaque pattern est une règle en trois parties, qui exprime une relation entre un certain contexte, un problème et une solution.*
>
> – Christopher Alexander

Il étendra ensuite sa définition, que Richard Gabriel [Gabriel] viendra ultérieurement préciser [Hillside]. Celui-ci en propose sa propre version, en l'appliquant aux logiciels :

> *Chaque pattern est une règle en trois parties, qui exprime une relation entre un certain contexte, un certain système de forces qui survient à plusieurs reprises dans ce contexte et une certaine configuration logicielle qui permet à ces forces de se résoudre entre elles.*
>
> – Richard Gabriel

Cette définition est assez rigoureuse, et il en existe de moins précises. Par exemple, Martin Fowler propose la définition suivante dans son ouvrage, *Analysis Patterns* [Fowler2] :

> *Un pattern est une idée qui a été utile dans un contexte pratique et le sera probablement dans d'autres.*
>
> – Martin Fowler

Comme vous pouvez le voir, il existe de nombreuses définitions du pattern, mais toutes ont en commun un thème lié à la récurrence d'une paire problème/solution dans un contexte particulier.

Les patterns affichent quelques caractéristiques communes :

- Leur observation se fait par l'expérience.
- Ils sont généralement écrits dans un format structuré (voir la section "Le modèle de patterns" au Chapitre 6).
- Ils évitent de "réinventer la roue".

- Ils existent à différents niveaux d'abstraction.
- Ils connaissent une amélioration constante.
- Ils sont réutilisables.
- Ils permettent de communiquer des conceptions et des pratiques qui ont fait leurs preuves.
- Ils peuvent être associés pour résoudre un problème plus important.

Beaucoup de grands esprits ont passé un temps considérable à essayer de définir et d'affiner la notion de pattern logiciel. Bien évidemment, nous ne nous qualifions pas de grands esprits et ne souhaitons pas non plus passer trop de temps sur ces discussions. Nous tenterons plutôt de nous conformer aux divers aspects de ces définitions, en nous concentrant sur l'aspect le plus simple et le plus récurrent de chacun d'eux.

Catégorisation des patterns

Les patterns représentent donc des solutions d'experts à des problèmes récurrents dans un contexte donné, et ont été observés à différents niveaux d'abstraction et dans divers domaines. Plusieurs catégories ont été suggérées pour les classer, les plus communes étant :

- les patterns de conception ;
- les patterns d'architecture ;
- les patterns d'analyse ;
- les patterns de création ;
- les patterns de structure ;
- les patterns de comportement.

Même dans cette courte liste de catégories, nous découvrons plusieurs niveaux d'abstraction et schémas de classification. Du fait de cette diversité, il demeure impossible de dire qu'il n'existe qu'une seule manière de détailler ces idées.

Dans la suite de cet ouvrage, nous désignerons les patterns du catalogue sous la simple mention "patterns J2EE". Chaque pattern se situe quelque part entre un pattern de conception et un pattern d'architecture ; les stratégies précisent, quant à elles, de petites parties de chaque pattern, à un niveau plus concret. Le seul schéma adopté a pour objectif de classer chaque pattern au sein de l'un des trois niveaux d'architecture logiques suivants :

- la couche présentation ;
- la couche métier ;
- la couche intégration.

A un certain moment de l'évolution du catalogue de patterns, peut-être sa taille augmentera-t-elle tant que le schéma de classement devra se moderniser. Actuellement, nous préférons que les choses restent aussi simples que possible et ne pas introduire de nouveaux termes qui ne soient pas strictement nécessaires.

Le catalogue de patterns J2EE

Une évolution constante

Les patterns décrits dans cet ouvrage se fondent sur notre expérience collective du travail sur la plate-forme J2EE, avec des clients du Sun Java Center répartis dans le monde entier. Le Sun Java Center, partie intégrante de Sun Professional Services, est une organisation de conseil qui se consacre à l'élaboration de solutions basées sur la technologie Java à destination des clients. Nous créons des solutions pour la plate-forme J2EE depuis son apparition, en cherchant à aboutir à la meilleure qualité de service possible, axée sur l'évolutivité, la disponibilité et les performances.

Dans les premiers temps, lorsque nous concevions, développions et implémentions divers systèmes sur la plate-forme J2EE, nous décrivions nos expériences de manière informelle sous forme de remarques, de notes et d'idées de conception. A mesure que notre base de connaissances a grossi, nous avons envisagé de créer une documentation quelque peu plus formelle, afin de consigner et de communiquer ces expériences. Nous avons alors détaillé ces idées sous la forme de patterns, ceux-ci constituant un moyen idéal pour répertorier et communiquer des connaissances liées à des problèmes récurrents et leurs solutions.

Le premier objectif était de découvrir le niveau d'abstraction qui permettrait de décrire ces patterns. Certains problèmes et certaines solutions en chevauchaient d'autres, le cœur du problème étant le même, mais la solution étant implémentée de manière différente. Pour corriger ce chevauchement, nous avons dû nous attaquer au problème du niveau d'abstraction et de granularité qui définissait chaque pattern. Comme vous le verrez dans le catalogue, nous sommes enfin parvenus à obtenir un niveau d'abstraction qui se situe entre le pattern de conception et le pattern d'architecture. Les solutions qui traitent de l'implémentation à un niveau d'abstraction inférieur sont décrites dans les sections "Stratégies" de notre modèle de patterns (voir la section "Le modèle de patterns" au Chapitre 6). Cela nous permet de décrire chaque pattern à un niveau d'abstraction supérieur et, dans le même temps, d'analyser les détails de l'implémentation.

Chaque pattern a été nommé et renommé plusieurs fois. En outre, chacun d'entre eux a été réécrit à plusieurs reprises, en fonction des commentaires apportés par la communauté. Il va sans dire que ces patterns, à l'instar de tous les autres, sont sujets à amélioration constante et évolueront certainement à mesure que la technologie et les spécifications changeront.

Le catalogue de patterns J2EE en compte actuellement quinze. Ils sont présentés dans trois chapitres : le Chapitre 7, "Patterns de la couche présentation", le Chapitre 8, "Patterns de la couche métier" et le Chapitre 9, "Patterns de la couche intégration".

Le Tableau 1.1 reprend les patterns qui figurent dans ce catalogue.

Tableau 1.1 : Patterns du catalogue J2EE

Couche	*Nom du pattern*
Couche présentation	Chapitre 7 : Intercepting Filter, Front Controller, View Helper, Composite View, Service to Worker, Dispatcher View
Couche métier	Chapitre 8 : Business Delegate, Value Object, Session Facade, Composite Entity, Value Object Assembler, Value List Handler, Service Locator
Couche intégration	Chapitre 9 : Data Access Object, Service Activator

Comment utiliser le catalogue de patterns J2EE

L'une des difficultés qui existent à utiliser n'importe quel ensemble de patterns est de comprendre comment utiliser ceux-ci au mieux en les combinant. Comme l'a indiqué Christopher Alexander dans son ouvrage *A Pattern Language* [Alex2] :

> *En résumé, aucun pattern ne constitue une entité isolée. Ils ne peuvent exister dans le monde que dans la mesure où ils sont appuyés par d'autres patterns : les patterns plus vastes dans lesquels ils sont intégrés, les patterns de même taille qui les entourent, et enfin les patterns plus petits qui y sont intégrés.*
>
> – Christopher Alexander

Les patterns du catalogue J2EE ne font pas exception à la règle. Le diagramme des relations entre les patterns du Chapitre 6, "Vue d'ensemble des Patterns J2EE", décrit la manière dont chacun est appuyé par d'autres patterns du catalogue. Le Chapitre 6 propose également une carte d'explication du catalogue, présentée sous forme de tableau, et contenant des questions fréquentes sur la conception et l'architecture. Vous y trouverez également des références proposant des réponses à chaque question. Pour profiter au maximum de l'utilisation de ces patterns, il est recommandé de bien appréhender les relations qu'ils entretiennent entre eux et d'en maîtriser la carte.

Lorsque vous étudierez chaque pattern en détail, vous découvrirez les patterns et les stratégies qui y sont intégrés, ceux dans lesquels ils sont contenus et ceux qu'ils supportent. Quelquefois, le pattern se base sur d'autres, tirés du catalogue ou décrits dans des documents de référence comme *Design Patterns : Catalogue de modèles de conception réutilisables* [GoF] *Patterns of Software Architecture* [POSA1, POSA2].

Les chapitres de la deuxième partie de cet ouvrage visent à vous permettre de mieux comprendre les patterns, leurs relations, leur sélection et leur utilisation. Nous vous y présentons les mauvaises pratiques et des refactorisations pour la plate-forme J2EE. Pour chaque mauvaise pratique recensée, nous proposons des liens vers des refactorisations ou des patterns qui proposent des solutions permettant de résoudre les problèmes qu'elles génèrent. Au Chapitre 5, vous découvrirez des refactorisations qui décrivent les étapes impliquées par le passage d'une solution médiocre à une meilleure solution. La section relative au fonctionnement de chaque refactorisation propose des références vers des patterns et des remarques de conception qui ont influencé la direction adoptée.

Enfin, au Chapitre 10, "Application des patterns J2EE", nous présenterons un exemple d'application basée sur des patterns J2EE. Nous vous présenterons des cas d'utilisation et la façon dont ces patterns interagissent et collaborent pour les réaliser.

Avantages de l'emploi des patterns

Vous pouvez utiliser les patterns J2EE présentés dans cet ouvrage pour améliorer la conception de votre système et les appliquer à tout moment du cycle de vie d'un projet. Ils sont détaillés à un niveau d'abstraction relativement élevé et présentent des avantages considérables lorsqu'ils sont appliqués dès les premières phases d'un projet. En revanche, si vous appliquez un pattern au cours de la phase d'implémentation, vous risquez de devoir retravailler le code existant. Dans ce cas, les refactorisations du Chapitre 5 vous seront peut-être utiles.

Les patterns sont assez souvent simples à utiliser, même s'ils ne sont pas toujours faciles à comprendre. Mais ils peuvent aussi être difficiles et longs à détailler ; cet exercice exige en effet d'examiner l'essence de ce qui constitue une bonne pratique. Or, cette opération impose de fournir des efforts à long terme, notamment de distiller une grande quantité de connaissances pour en retrouver la "substantifique moelle" et la traduire en mots. Ici, nous avons essayé de nous assurer que notre documentation demeure claire et qu'elle soit en prise directe avec les problèmes du monde réel. Dans le même temps, nous reconnaissons que cette situation doit continuer à évoluer, à s'affiner et à s'améliorer.

Nous décrivons dans les sections à venir certains des avantages qui existent à utiliser et à appliquer les patterns dans un projet. En résumé, les patterns :

- Tirent parti d'une solution qui a fait ses preuves.
- Proposent un vocabulaire commun.
- Limitent l'espace de la solution.

Ils tirent parti d'une solution qui a fait ses preuves

Un pattern sera documenté si la solution qu'il propose a été utilisée à maintes reprises pour résoudre des problèmes similaires, à différents moments dans différents projets. Par conséquent, les patterns offrent un mécanisme puissant, destiné à être réutilisé en vue d'aider les développeurs et les architectes à ne pas "réinventer la roue".

Ils proposent un vocabulaire commun

Les patterns offrent aux concepteurs de logiciels un vocabulaire homogène. Ils leur permettent non seulement d'exploiter des conceptions réussies et de les dupliquer, mais également de transmettre un vocabulaire et un format communs aux développeurs.

Un concepteur qui ne se reposerait pas sur les patterns devrait alors engager des efforts plus importants pour transmettre sa conception à d'autres. L'utilisation du vocabulaire des patterns rend la communication plus efficace. Il en va de même dans le monde réel, où nous utilisons un vocabulaire commun pour communiquer et échanger des idées. Comme dans la vie de tous les jours, les développeurs doivent compléter leur vocabulaire en apprenant et en comprenant des patterns, puis en apprenant les nouveaux patterns qui sont décrits.

Lorsque vous aurez commencé à les utiliser, vous remarquerez que vous prendrez rapidement l'habitude d'incorporer leurs noms dans votre vocabulaire et que vous

vous en servirez pour remplacer de longues descriptions. Supposons par exemple que la solution à votre problème induise l'utilisation du pattern Value Object. En premier lieu, vous pourriez décrire le problème sans forcément y apposer une étiquette. Vous parlerez par exemple du besoin qu'a votre application d'échanger des données avec des beans entreprise, de la nécessité d'optimiser les performances du fait de la surcharge du réseau par les invocations distantes, etc. Par la suite, lorsque vous aurez appris à appliquer le pattern Value Object au problème, vous pourrez faire référence à une situation identique en termes de solution "Value Object" et travailler à partir de là.

Pour mieux comprendre l'impact du vocabulaire des patterns, effectuez cet exercice après que vous et un autre membre de votre équipe vous serez familiarisés avec le catalogue de patterns. Sans utiliser leurs noms, essayez d'expliquer l'idée que de simples phrases comme celles-ci véhiculent, dans lesquelles les noms des patterns J2EE figurent en italique :

- Nous devrions utiliser des *Data Access Object* dans nos servlets et dans nos beans session.
- Que pensez-vous de l'idée d'utiliser un *Value Object* pour transférer des données vers des beans entreprise, et d'encapsuler tous les services métier avec des *Business Delegate* ?
- Utilisons *Front Controller* et *Service to Worker*. Nous devrons peut-être nous servir de *Composite View* pour certaines pages complexes.

Ils limitent l'espace de la solution

L'application d'un pattern introduit une composante primordiale : les contraintes. Elle crée des frontières au sein d'un espace de solution auquel peuvent être appliquées une conception et une implémentation. Par conséquent, un pattern suggère fortement à un développeur les frontières auxquelles peut adhérer l'implémentation. Sortir de ces limites implique la rupture de l'adhésion au pattern et à la conception, et peut amener à introduire un "anti-pattern" indésirable.

Toutefois, les patterns ne sont pas là pour brider la créativité. Bien au contraire, ils décrivent une structure ou une forme à un certain niveau d'abstraction. Les concepteurs et les développeurs disposent d'ailleurs toujours de nombreuses options ouvertes leur permettant d'implémenter les patterns au sein de ces frontières.

Patterns, frameworks et réutilisation

Il y a maintenant de nombreuses années que nous poursuivons le fameux but de réutilisation du logiciel, avec un succès modéré. En réalité, la plus grande partie des réutilisations commerciales a eu lieu dans le domaine de l'interface utilisateur et non des composants métier, qui sont pourtant le sujet qui nous intéresse. En tant qu'architectes de systèmes professionnels, nous cherchons à promouvoir la réutilisation, mais nous nous concentrons véritablement sur celle qui a lieu au niveau de la conception et de l'architecture. Le catalogue de patterns s'est révélé être une méthode très performante pour promouvoir la réutilisation à ce niveau.

Il existe un grand nombre de relations entre chacun des patterns du catalogue, relations qui sont quelquefois décrites comme faisant partie d'un langage de patterns. Nous vous fournirons un diagramme de ces relations au Chapitre 6 (voir Figure 6.2). Autre manière de décrire ces relations : en termes de frameworks de patterns, ou de collections de patterns, dans un scénario unifié. Ce concept est essentiel pour identifier des solutions de bout en bout et pour relier des composants au niveau du pattern.

Les développeurs doivent dépasser les patterns isolés et transmettre leurs meilleures pratiques, afin de relier ensemble des patterns pour qu'ils forment des solutions plus étendues. C'est ce que nous appelons tirer parti d'un *framework* de patterns J2EE. Un *framework*, dans ce contexte, permet de relier les patterns afin de former une solution qui répondra à un ensemble d'exigences. Nous sommes fermement convaincus que ce type d'utilisation permettra de créer la prochaine génération d'outils de développement J2EE. Cette automatisation d'un processus piloté par les patterns exige :

- d'identifier des scénarios et de proposer des patterns qui s'appliquent à chaque couche ;
- d'identifier des combinaisons de patterns, ou motifs, qui formeront des frameworks de patterns ;
- de sélectionner des stratégies d'implémentation pour chaque rôle.

Nous vous proposerons dans l'"Epilogue" quelques informations supplémentaires sur ce domaine du développement en constante évolution.

Résumé

Dès à présent, vous devriez mieux comprendre ce que sont les patterns et l'objectif de cet ouvrage. Le chapitre suivant présente une introduction à la plate-forme J2EE et à ses différentes technologies.

2

Un aperçu de la plate-forme J2EE

Au sommaire de ce chapitre

- ✔ Bref historique
- ✔ La plate-forme J2EE
- ✔ Les patterns et la plate-forme J2EE

Ce chapitre propose une vue d'ensemble de la plate-forme Java™ 2, Enterprise Edition (J2EE) ainsi que de ses technologies. Si vous connaissez et maîtrisez déjà ce sujet, vous pouvez sauter ce chapitre. Toutefois, nous vous conseillons de lire au minimum la section intitulée "Les patterns et la plate-forme J2EE", afin de mieux comprendre ce que sont les patterns.

Et que ceux qui souhaitent se rafraîchir la mémoire sur J2EE n'hésitent pas à parcourir la totalité du chapitre.

Bref historique

Depuis son apparition en 1994, le langage de programmation Java™ révolutionne le marché du logiciel. Ses utilisations sont très variées et permettent d'implémenter divers types de systèmes. Lorsque ce langage est devenu omniprésent, des navigateurs aux téléphones en passant par toutes sortes d'équipements, il s'est surtout imposé progressivement dans un domaine particulier pour finir par s'y établir tout à fait, celui des serveurs. Depuis, Java fait figure de plate-forme de choix pour la programmation des serveurs.

Java possède un avantage important pour les entreprises d'informatique, les développeurs d'applications et les éditeurs de produits, que l'on appelle en anglais *Write*

Once Run Anywhere™ (une écriture unique, une exécution universelle). Les sociétés de service sont ainsi à même de tirer parti de deux aspects essentiels : l'indépendance par rapport au fournisseur et la portabilité des applications. La présence accrue de programmeurs Java qualifiés a également permis de faire adopter ce langage sur le marché. Assez incroyablement, leur nombre est monté en flèche, pour atteindre 2,5 millions de développeurs en cinq années seulement.

La simplicité du langage et la croissance explosive de son utilisation sur Internet et sur les intranets ont obligé très rapidement de nombreux développeurs et entreprises d'informatique à l'adopter comme langage de programmation standard pour leurs projets.

L'architecture client/serveur à deux couches a ensuite évolué pour devenir aujourd'hui une architecture multicouche. Cette progression naturelle est due à l'introduction de niveaux supplémentaires entre le client final et les systèmes dorsaux. Bien que cette nouvelle architecture apporte une plus grande souplesse de conception, elle augmente également la complexité de l'élaboration, du test, du déploiement, de l'administration et de la maintenance des composants de l'application. La plate-forme J2EE a pour objectif de prendre en charge une architecture multicouche et donc de réduire cette complexité.

Parallèlement, la façon dont les entreprises utilisaient Internet a changé. Après avoir proposé des sites Web, ces dernières ont commencé à exposer certaines de leurs applications relativement peu stratégiques au monde extérieur. Dans cette première phase d'expérimentation, les directeurs informatiques demeuraient sceptiques et les responsables de la sécurité étaient résolument hostiles à l'idée d'utiliser Internet pour exécuter et présenter certains services de l'entreprise.

Très rapidement, de nombreuses sociétés ont su tirer parti de la puissance d'Internet. Les entreprises de service à la clientèle, par exemple, ont commencé à proposer leurs services sur le Web, en plus des méthodes d'assistance traditionnelles (téléphone et courrier électronique). Ces entreprises ont dès lors reconnu les importants avantages financiers que présentait la fourniture de services en ligne. Désormais, les clients pouvaient résoudre par eux-mêmes la plupart des problèmes et n'appeler le service clientèle que pour les désagréments les plus sérieux.

Les clients appréciaient également le Web, qui leur permettait d'améliorer leur productivité. Ils en sont bientôt arrivés à attendre de plus en plus de services en ligne de la part de ces sociétés, lesquelles ont dû aller plus avant et fournir les services attendus. Si elles ne le faisaient pas, d'autres prendraient leur place.

Depuis lors, quasiment toutes les activités sont apparues en ligne : banques, paiement de factures, voyages, billetteries, ventes aux enchères, achats de voitures, prêts et hypothèques, pharmacie et même nourriture pour animaux. De nouvelles sociétés se sont créées qui ne possédaient d'autre modèle de métier que l'ouverture d'un magasin en ligne. Elles se sont pourtant battues et débattues. Puis les entreprises bien établies ont dû imposer leur présence en ligne, face à ces nouveaux acteurs aux dents longues. Cette croissance formidable a, par ailleurs, généré le besoin d'une infrastructure d'applications robuste, professionnelle et centrée sur le Web.

Les serveurs d'applications : la nouvelle génération

A mesure que Java était de plus en plus accepté et adopté côté serveur et que la demande d'une infrastructure d'applications centrée sur le Web augmentait, nous avons assisté à l'émergence d'une nouvelle génération d'infrastructures : les serveurs d'applications. Ceux-ci offraient le substrat de base nécessaire au développement et au déploiement d'applications d'entreprise multicouches.

Ces serveurs d'applications offraient de nombreux avantages, le moindre n'étant pas que les entreprises d'informatique n'avaient plus besoin de développer leurs infrastructures propres pour supporter leurs applications. Elles pouvaient désormais se reposer sur le fournisseur du serveur, qui proposerait lui-même cette infrastructure. Cela leur a permis de réduire non seulement le coût de développement de leurs applications, mais également le temps de mise sur le marché.

Chaque serveur d'applications présente des avantages et des inconvénients. En l'absence de standard, il était impossible de trouver deux serveurs totalement identiques. Certains étaient basés sur le langage Java et ne permettaient d'écrire que des composants Java qui fonctionneraient sur ce serveur, tandis que d'autres utilisaient des langages de développement différents.

La convergence des technologies Java

Dans le domaine des applications Web, Java a également connu de nombreux développements. L'approche CGI (*Common Gateway Interface*), visant au développement d'applications centrées sur le Web, était gourmande en ressources et ne favorisait pas l'évolutivité. Grâce à l'arrivée des servlets, les développeurs Java ont pu bénéficier d'un mécanisme agréable et efficace pour rédiger des applications centrées sur le Web, capables de générer des contenus dynamiques. Malgré tout, l'écriture des servlets demandait toujours un certain effort et une certaine expertise en Java.

Puis nous avons assisté à la création de la technologie JSP (*Java Server Pages*). Plus particulièrement destinée aux concepteurs Web et aux graphistes accoutumés au langage HTML (*Hypertext Markup Language*) et à JavaScript, elle a également permis aux développeurs d'écrire plus facilement des applications Web. Il n'est en effet pas nécessaire de connaître et de savoir écrire des servlets pour développer des pages en JSP.

Cette technologie répond aux besoins d'un langage de scripts destiné aux clients des applications Web. Les concepteurs Web expérimentés en HTML et JavaScript sont ainsi à même d'apprendre rapidement la technologie JSP et de l'utiliser pour écrire des applications Web. Bien entendu, le serveur Web traduira les JSP en servlets, mais tout cela s'effectuera "en coulisse". En réalité, les servlets et les JSP séparent les rôles de développement de l'application Web.

Dans une application Java, la méthode d'accès aux bases de données standard est JDBC (*Java DataBase Connectivity*). L'API JDBC offre ainsi aux programmeurs la possibilité de rendre leurs applications Java indépendantes du fournisseur du SGBD. Il est alors possible d'écrire une application JDBC qui accède à une base de données en SQL (*Structured Query Language*) standard. Si l'on change de produit, l'application JDBC fonctionne sans aucune modification du code, à condition que celui-ci soit correctement écrit et n'utilise aucune extension propriétaire appartenant au premier fournisseur. L'API JDBC fait partie en standard des API de base de la plate-forme Java™ 2, Standard Edition (J2SE™).

J2SE (anciennement connu sous le nom de *Java Development Kit* ou JDK) est la base de toutes les API Java. Il s'agit d'un ensemble d'API qui définit les interfaces et les bibliothèques du langage Java. Les développeurs Java utilisent J2SE comme principale API pour développer leurs applications. A mesure que les exigences augmentent et que le langage Java évolue, J2SE propose d'autres API, sous la forme d'extensions standard.

Java s'étant établi comme composante permanente côté serveur, et l'adoption de diverses API Java devenant de plus en plus répandue, Sun a mis en œuvre une initiative visant à unifier les standards et les diverses technologies Java au sein d'une même plate-forme, sous les auspices du JCP (*Java Community Process*). Les API Java d'entreprise constituent un ensemble proposant des interfaces de programmation indépendantes des constructeurs, permettant d'accéder à différents systèmes et services. Elles sont devenues la plate-forme J2EE (*Java™ 2, Enterprise Edition*).

Le développement de la plate-forme J2EE

La technologie EJB™ (*Enterprise Java Beans™*) est l'une des principales technologies de la plate-forme J2EE. Cette architecture propose un standard visant à développer des composants Java réutilisables, s'exécutant sur un serveur d'applications. La spécification EJB et les API proposent une interface de programmation indépendante des constructeurs. Ces composants, appelés *beans entreprise*, offrent la persistance, le traitement métier, la gestion des transactions et des fonctionnalités de traitement distribuées destinées aux applications d'entreprise. En bref, la technologie EJB apporte la portabilité aux composants métier.

Divers éditeurs d'applications, s'étant entendus avec Sun dans le cadre du JCP pour développer cette norme, ont adopté et implémenté la spécification EJB dans leurs serveurs d'applications. Comme les applications JDBC, les applications EJB sont portables d'un serveur à l'autre, à condition là aussi de n'avoir utilisé aucune fonctionnalité propriétaire. Les technologies J2EE constituent maintenant une plate-forme destinée à l'informatique distribuée qui a fait ses preuves.

Autre API standard de la plate-forme J2EE : JMS *(Java Message Service)*. Cette API apporte le même niveau de normalisation à la messagerie que JDBC pour les bases de données. JMS propose une API Java standard destinée au *middleware* orienté messages (MOM) pour les messageries de type point à point et publication/souscription. Comme les autres technologies Java, JMS offre l'indépendance par rapport au fabricant des produits MOM pour Java.

Dans chacun de ces domaines, Sun et d'autres sociétés se sont associés pour obtenir un standard satisfaisant, sous les auspices du JCP qui a coordonné les activités. C'est cette coopération qui est à la base du succès des API.

La proposition de valeur de J2EE

La plate-forme J2EE, élaborée sur la base du langage de programmation et des technologies Java, représente l'architecture d'application la mieux adaptée à un environnement d'entreprise distribué. Ce standard apporte les avantages suivants aux entreprises d'informatique, aux développeurs d'applications et aux éditeurs de produits :

- Les éditeurs sont à même de développer des produits capables de s'exécuter sur n'importe quel système qui prenne en charge la plate-forme J2EE. Ne nécessitant virtuellement aucune adaptation supplémentaire, ces produits sont disponibles sur une large gamme de plates-formes système.

- Les développeurs internes profitent des avantages d'une technologie de composants portable. Les applications informatiques deviennent désormais indépendantes des fabricants et libèrent les entreprises du verrouillage que ceux-ci imposent.

- Les entreprises d'informatique peuvent maintenant se concentrer sur la prise en charge des exigences des processus métier au lieu de devoir élaborer une infrastructure d'application propre. Il revient désormais aux serveurs d'applications de gérer les problèmes complexes de *multithreading*, de synchronisation, de transactions, d'allocation des ressources et de gestion du cycle de vie.
- Les entreprises d'informatique peuvent aujourd'hui profiter des meilleurs produits disponibles, élaborés sur une plate-forme standard. Elles peuvent faire leur choix parmi un large éventail et sélectionner le produit et les plates-formes de déploiement les plus adaptés et les plus rentables en fonction de leurs besoins.
- L'adoption de la plate-forme J2EE entraîne une augmentation significative de la productivité. Les API J2EE sont effectivement faciles à apprendre pour les programmeurs Java.
- Les entreprises rentabilisent leurs investissements en adoptant la plate-forme J2EE, puisqu'elles utilisent un standard pris en charge par le marché et non une architecture verrouillée et définie par son fabricant.
- Les équipes de développement peuvent élaborer de nouvelles applications et de nouveaux systèmes bien plus rapidement. Cela réduit les délais de mise sur le marché et les coûts de développement.
- Une plate-forme de développement standard et éprouvée destinée à l'informatique distribuée permet de garantir la fiabilité des applications élaborées.
- La plate-forme J2EE permet de partitionner physiquement et logiquement les applications de manière nette entre les différentes couches, ce qui permet de répondre naturellement aux exigences des applications multicouches.
- Les développeurs peuvent soit élaborer leurs propres composants J2EE, soit se les procurer sur le marché des composants tiers qui se développe très rapidement. Les fournisseurs sont également à même de proposer leurs composants isolément, les clients les achetant en fonction de leurs besoins.

La plate-forme J2EE

Alors que la section précédente décrivait les principales technologies de la plate-forme J2EE — servlets, JSP, EJB, JDBC et JMS — cette section offre un aperçu du modèle d'architecture J2EE, et décrit d'autres aspects de la plate-forme qui viendront compléter sa définition.

L'architecture J2EE

L'architecture J2EE correspond à un modèle multicouche (voir Figure 2.1).

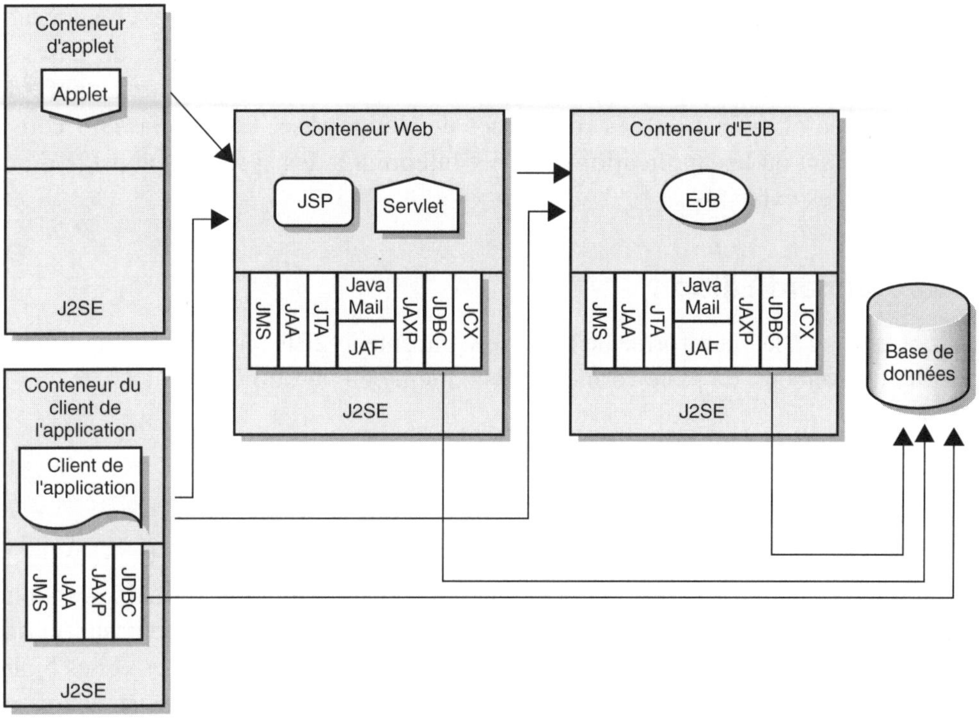

Figure 2.1
L'architecture J2EE.

L'architecture J2EE est constituée des couches suivantes :

- **La couche client.** Elle interagit avec l'utilisateur et lui présente les informations. La plate-forme J2EE prend en charge différents types de clients, notamment les clients HTML, les applets Java et les applications Java.
- **La couche Web.** Elle génère la logique de présentation et accepte les réponses de l'utilisateur fournies par le biais des clients de présentation, généralement des clients HTML, des applets Java et autres clients Web. En fonction de la requête reçue du client, la couche présentation génère la réponse adaptée. Sur la plate-forme J2EE, les servlets et les JSP d'un conteneur Web implémentent cette couche.
- **La couche métier.** Elle gère la logique métier principale de l'application. La couche métier propose les interfaces nécessaires aux composants de service sous-jacents.

Les composants métier sont généralement implémentés sous forme de composants EJB, le conteneur d'EJB gérant le cycle de vie du composant, la persistance, les transactions et l'allocation des ressources.

- **La couche EIS (*Enterprise Information Systems*).** Cette couche est responsable des systèmes d'information d'entreprise, notamment les systèmes de bases de données, les systèmes de traitement des transactions, les systèmes existants et les systèmes de planification des ressources de l'entreprise. La couche EIS correspond au point où les applications J2EE s'intègrent à des systèmes non J2EE ou à des systèmes existants.

Java 2 Standard Edition

J2SE correspond à la plate-forme de base, sous-jacente à J2EE ; il est donc important de la décrire brièvement. La plate-forme J2SE contient deux produits :

- Java 2 SDK, Standard Edition (SDK J2SE) ;
- Java 2 Runtime Environment, Standard Edition (JRE).

Le SDK J2SE, anciennement connu sous le nom de JDK, correspond à l'ensemble des API Java de base. Il propose la fonctionnalité du langage Java et les principales bibliothèques nécessaires au développement. Ces bibliothèques correspondent aux classes que contiennent les packages `java.*`. En outre, J2SE offre des interfaces et des bibliothèques auxiliaires, présentées sous forme d'extensions. Ces extensions standard sont fournies sous la forme de packages `javax.*`.

J2SE comprend des outils et des API destinés au développement d'applications contenant des interfaces utilisateurs graphiques, des accès à des bases de données, des accès à des services d'annuaire, des composants CORBA (*Common Object Request Broker Architecture*), une sécurité à fine granularité, des fonctions d'entrées/sorties ainsi que de nombreuses autres fonctionnalités (voir Tableau 2.1).

Tableau 2.1 : Packages Java

Fonction	*Nom du package*
Interface utilisateur graphique	`java.awt.*`, `javax.swing.*`
Accès aux bases de données	`java.sql.*`
Accès aux services d'annuaire	`javax.naming.*`
CORBA	`javax.rmi.CORBA.*`

Tableau 2.1 : Packages Java *(suite)*

Fonction	*Nom du package*
Sécurité	`java.security.*`
Entrées/sorties	`java.io.*`

La Figure 2.2 présente les divers composants de la plate-forme J2SE.

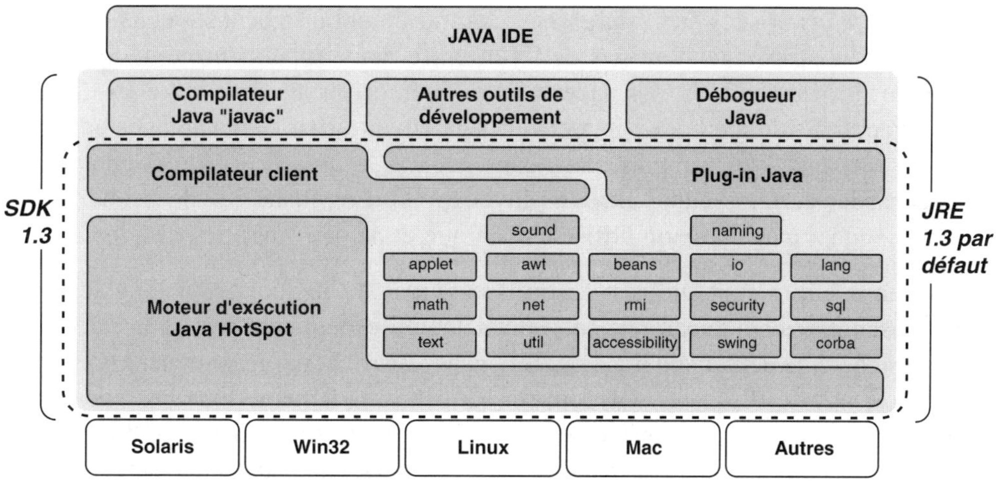

Figure 2.2
La plate-forme J2SE.

Les composants et les conteneurs J2EE

Le conteneur de composants J2EE prend en charge des composants d'applications sur la plate-forme J2EE. Un conteneur est un service qui offre l'infrastructure et la prise en charge nécessaires d'un composant afin qu'il puisse exister et fournir ses propres services aux clients. Un conteneur offre généralement ses services aux composants sous la forme d'un environnement d'exécution compatible Java.

Les principaux composants d'applications de la plate-forme J2EE sont les suivants :

- **Composants d'applications Java.** Programmes Java indépendants qui s'exécutent à l'intérieur d'un conteneur d'application.
- **Composants d'applets.** Applets Java qui s'exécutent à l'intérieur d'un conteneur d'applet et qui sont généralement prises en charge *via* un navigateur Web.

- **Servlets et JSP.** Composants de la couche Web s'exécutant dans un conteneur Web. Elles offrent des mécanismes permettant une préparation dynamique du contenu, ainsi que le traitement et le formatage liés à la présentation.

- **Composants EJB.** Composants professionnels à gros grain qui s'exécutent à l'intérieur d'un conteneur EJB (généralement intégré dans un produit de serveur d'applications). Les composants EJB, ou beans entreprise, peuvent être de deux types : les beans session et les beans entité. Les beans session sont des beans entreprise adaptés au traitement ou au workflow. Il en existe deux catégories : à états (*stateful*) et sans état *(stateless*). Contrairement aux beans à états, les beans sans état ne se souviennent pas de l'état entre deux appels de méthode. Ils sont indiqués lorsque ce n'est pas nécessaire de mémoriser les états entre les différentes invocations de méthode ; ils peuvent également offrir des avantages en termes de performances par rapport aux beans à états, à utiliser lorsqu'il convient de sauvegarder certains états entre les invocations. Les instances de beans session appartiennent à une session utilisateur unique et ne peuvent être partagées.

  Les beans entité sont utilisés lorsqu'il convient de mémoriser à long terme un composant métier et le partager entre plusieurs utilisateurs. La persistance des beans entité se gère de deux manières : par les beans (BMP) et par le conteneur (CMP). Le BMP est utilisé lorsque le développeur du bean implémente tous les mécanismes visant à mémoriser l'état dans le bean. Le CMP est utilisé lorsque le développeur du bean n'a pas à implémenter les mécanismes de persistance dans le bean. Au lieu de cela, il spécifie la correspondance nécessaire entre les attributs du bean et le stockage persistant et laisse le conteneur effectuer son travail.

Nous allons nous concentrer dans cet ouvrage sur un aspect particulier des patterns J2EE : la conception et l'architecture d'applications à l'aide de servlets, de JSP et de beans entreprise.

Les services standard

La plate-forme J2EE spécifie les services standard suivants, pris en charge par chaque produit J2EE. Ces services comprennent des API que chaque produit J2EE doit également fournir aux composants d'application afin qu'ils puissent accéder aux services.

- **HTTP.** Le protocole standard pour les communications Web. Les clients peuvent accéder à HTTP *via* le package `java.net`.

- **HTTPS (*HTTP over Secure Socket Layer*).** HTTP sécurisé.

- **JDBC.** Une API standard pour accéder aux ressources des bases de données, indépendamment du fabricant.

- **JavaMail.** Une API standard qui propose un *framework* indépendant de la plate-forme et du protocole, destinée à élaborer des applications de courrier et de messagerie en Java.
- **JAF (*Java Activation Framework*).** Des API destinées à un *framework* d'activation utilisé par d'autres packages, comme JavaMail. Les développeurs peuvent utiliser JAF en vue de déterminer le type d'une donnée quelconque, d'en encapsuler l'accès, de découvrir les opérations dont elle peut faire l'objet et d'instancier le bean approprié pour réaliser ces opérations. Par exemple, JavaMail utilise JAF pour déterminer l'objet à instancier, en fonction du type MIME de l'objet.
- **RMI/IIOP (*Remote Method Invocation/Internet Inter-ORB Protocol*).** Un protocole qui permet aux programmeurs RMI d'associer les avantages de l'utilisation des API RMI au robuste protocole de communication IIOP de CORBA, afin de communiquer avec des clients compatibles CORBA développés à l'aide de n'importe quel langage compatible CORBA.
- **JavaIDL (*Java Interface Definition Language*).** Un service qui incorpore CORBA à la plate-forme Java, et assure l'interopérabilité à l'aide d'un IDL standard, défini par l'OMG (*Object Management Group*). Lors de l'exécution, les composants distribués communiquent par l'intermédiaire de l'ORB (*Object Request Broker*) Java, normé IIOP.
- **JTA (*Java Transaction API*).** Un ensemble d'API qui permet la gestion des transactions. Les applications peuvent utiliser les API JTA pour lancer, valider et annuler des transactions. Les API JTA permettent également au conteneur de communiquer avec le gestionnaire de transactions et à ce même gestionnaire de communiquer avec le gestionnaire des ressources.
- **JMS.** Une API qui permet de communiquer avec les *middlewares* orientés messages (MOM) pour activer une *messagerie* de type point à point ou publication/souscription entre plusieurs systèmes. L'utilisation d'un MOM dans une application Java est indépendante du fournisseur.
- **JNDI (*Java Naming and Directory Interface*).** Une interface unique permettant d'accéder à différents types de services de nommage et d'annuaire. JNDI permet d'enregistrer et de rechercher des composants métier ainsi que d'autres objets orientés service dans un environnement J2EE. JNDI inclut la prise en charge du protocole LDAP (*Lightweight Directory Access Protocol*), le service de nommage CORBA (COS) ainsi que le registre Java RMI.

Les rôles de la plate-forme J2EE

La plate-forme J2EE utilise un ensemble de rôles définis, visant à conceptualiser les tâches liées aux divers workflows du cycle de développement et de déploiement d'une application d'entreprise. Ces définitions de rôles prévoient la séparation logique des responsabilités des membres de l'équipe impliquée dans le développement, le déploiement et la gestion d'une application J2EE (voir Figure 2.3).

Figure 2.3
Les différents rôles dans la plate-forme J2EE.

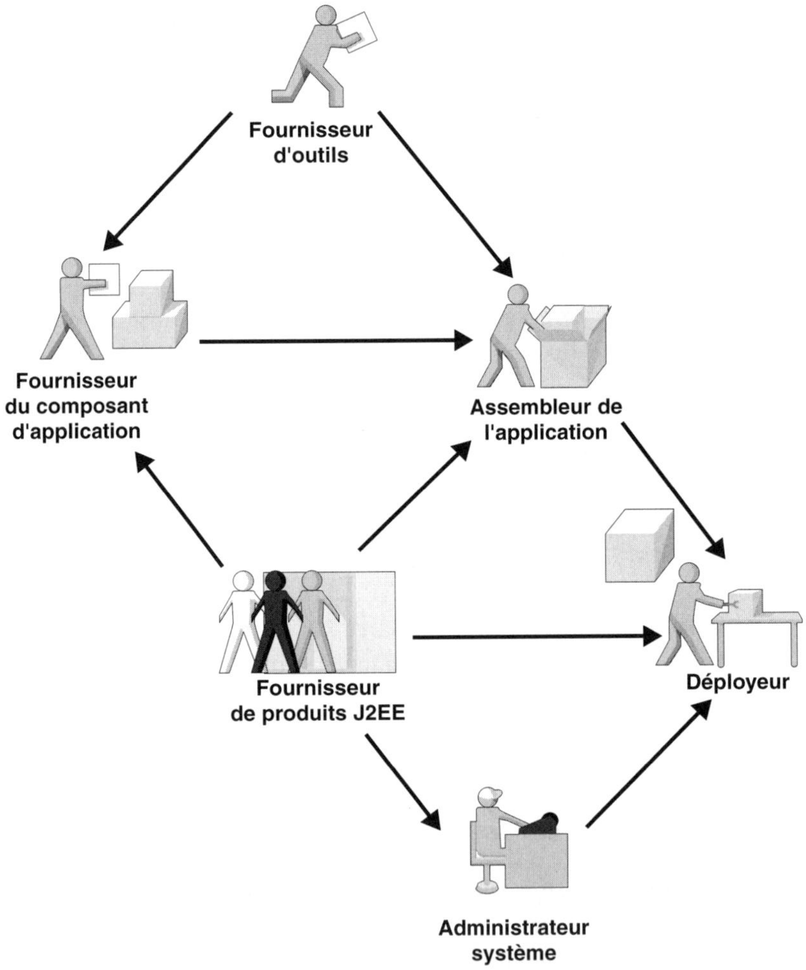

Les rôles J2EE se définissent comme suit :

- **Le fournisseur du produit J2EE.** Il fournit les conteneurs des composants, notamment les serveurs d'applications et les serveurs Web, conçus pour se conformer à la spécification J2EE. Le fournisseur du produit doit également proposer des outils permettant de déployer les composants dans les conteneurs. Ces outils sont généralement utilisés par le déployeur. En outre, le fournisseur du produit doit proposer des outils visant à gérer et contrôler les applications du conteneur. C'est généralement l'administrateur système qui les utilise. Ce rôle revient au constructeur du produit.

- **Le fournisseur de composants d'applications.** Il fournit les composants métier construits à l'aide des API J2EE. Ces composants comprennent des éléments pour les applications Web et des éléments pour les applications EJB. Ce rôle est rempli par les programmeurs, les développeurs, les concepteurs Web, etc.
- **L'assembleur d'applications.** Il assemble un groupe de composants pour construire une application déployable. L'assembleur obtient ces composants de la part des fournisseurs de composants. Il construit ensuite l'application et transmet les instructions d'assemblage et de déploiement nécessaires au déployeur.
- **Le déployeur d'applications.** Il déploie l'application assemblée dans un conteneur J2EE (conteneur Web, conteneur EJB, etc.) grâce aux outils proposés par le fournisseur de produits J2EE. Il est responsable de l'installation, de la configuration et de l'exécution de l'application J2EE.
- **L'administrateur système.** Il assume la responsabilité de la surveillance des applications J2EE déployées ainsi que des conteneurs J2EE. Il se sert des outils de gestion et de surveillance proposés par le fournisseur de produits J2EE.
- **Le fournisseur d'outils.** Il fournit les outils utilisés pour le développement, le déploiement et le *packaging* des composants.

Les descripteurs de déploiement

L'assembleur agence une application J2EE en vue de son déploiement et transmet en même temps les instructions d'assemblage et de déploiement au moyen de fichiers spéciaux nommés *descripteurs de déploiement*. La spécification J2EE définit les descripteurs de déploiement comme un contrat conclu entre l'assembleur de l'application et le déployeur. Les descripteurs de déploiement sont des documents XML qui contiennent tous les paramètres de configuration nécessaires au déploiement de l'application J2EE ou de ses composants. Ils spécifient les exigences en ressources externes, les besoins de sécurité, les paramètres d'environnement et autres paramètres spécifiques à un composant ou à une application. Le déployeur peut alors utiliser un outil de déploiement proposé par le fournisseur de produits J2EE en vue d'accéder à ces descripteurs, de les modifier et de leur ajouter des paramètres de configuration, afin de personnaliser le déploiement en fonction des caractéristiques de l'environnement.

Les descripteurs de déploiement confèrent de la souplesse au développement et au déploiement des composants d'applications J2EE, tout en permettant de modifier les configurations et les dépendances selon les besoins au cours des différentes phases de l'application : développement, déploiement et administration. La majeure partie de cette souplesse est due au fait que les descripteurs définissent les paramètres de manière déclarative, au lieu qu'ils soient intégrés dans le code.

Les patterns et la plate-forme J2EE

Comme cette vue d'ensemble vous a permis de le constater, la plate-forme J2EE standardise un certain nombre de technologies différentes, en vue de fournir une plate-forme fiable permettant de construire des applications d'entreprise multicouches distribuées. J2EE étant basée sur la plate-forme J2SE, tout développeur Java est à même d'apprendre les technologies J2EE relativement facilement.

Toutefois, il existe aujourd'hui une croyance selon laquelle l'apprentissage d'une nouvelle technologie suffit en soi pour nous permettre de concevoir des systèmes basés sur celle-ci, croyance à laquelle il nous est impossible d'adhérer. Nous sommes convaincus qu'il est nécessaire d'aller plus loin, et d'acquérir des méthodes qui nous permettent de mettre au point des systèmes réussis. Les patterns contribuent à faciliter le processus d'accumulation et de transfert des connaissances. Ils nous aident à documenter et à communiquer des solutions éprouvées à des problèmes récurrents survenant dans différents environnements. Leur application permet d'éviter le syndrome qui consiste à "réinventer la roue".

Nos patterns sont issus de notre expérience de la plate-forme et des technologies J2EE. Ceux qui sont décrits dans cet ouvrage répondent à différentes exigences, qui concernent toutes les couches J2EE. Nous avons modélisé celles-ci sur cinq niveaux : client, présentation, métier, intégration et ressources (voir la section "L'approche par couches", au Chapitre 6). Ce modèle permet de séparer logiquement les responsabilités : nous divisons par exemple la couche EIS en une couche intégration et une couche ressources. Ce faisant, nous pouvons répondre plus facilement et de manière distincte aux exigences de l'intégration et des ressources. Dès lors, les couches de notre modèle constituent une séparation logique entre les différents thèmes.

Nous avons classé les patterns J2EE décrits dans cet ouvrage dans trois de ces cinq couches : *présentation*, *métier* et *intégration*. Selon nous, les couches client et ressources ne constituent pas des thèmes directement liés à la plate-forme J2EE. Les patterns liés aux servlets et aux technologies JSP sont décrits au Chapitre 7, "Patterns de la couche présentation". Les patterns liés aux beans entreprise et aux technologies JNDI ainsi que ceux qui se réfèrent aux liaisons des composants présentation et métier sont décrits au Chapitre 8, "Patterns de la couche métier". Enfin, les patterns liés aux technologies JDBC et JMS, axés sur la liaison de la couche métier à la couche ressources, sont décrits au Chapitre 9, "Patterns de la couche intégration".

Dans la mesure où nous nous sommes concentrés sur ces domaines clés de la plate-forme J2EE, nous ne traiterons pas ici d'autres patterns que ceux des technologies susmentionnées. Nous pensons que la communauté des développeurs tirera profit du fait que nous commencions par documenter les patterns de ces domaines centraux. Nous croyons également que ce modèle nous apporte une certaine souplesse. Enfin, à mesure que de nouveaux patterns seront observés, nous les classerons et les documenterons.

Ces patterns devraient se révéler utiles pour vous, comme ils l'ont été pour nous et nos collègues architectes. Ils peuvent être réutilisés comme solutions aux problèmes que vous pourriez rencontrer au cours de vos étapes de conception et d'architecture J2EE. Nous savons également que les patterns évoluent dans le temps et les nôtres ne feront certainement pas exception à la règle. Ceux qui sont présentés ici ont été affinés à plusieurs reprises. Ils ont été écrits et réécrits, mais nous ne doutons pas qu'ils puissent l'être encore.

Résumé

Tout en étant une introduction à la plate-forme J2EE, ce chapitre contient une foule de termes et d'acronymes. Si vous souhaitez en savoir plus, consultez les ressources en ligne suivantes :

- L'histoire de la plate-forme Java. **http://java.sun.com/nav/whatis/storyofjava.html**
- La technologie Java et son histoire. **http://java.sun.com/features/1998/05/birthday.html**
- Java Community Process. **http://java.sun.com/aboutJava/communityprocess/**
- Documentation de la plate-forme J2SE. **http://java.sun.com/docs/ index.html**
- Page d'accueil de J2EE. **http://java.sun.com/j2ee**
- Méthodologies J2EE. **http://java.sun.com/j2ee/blueprints/index.html**
- Page d'accueil d'EJB. **http://java.sun.com/products/ejb**
- Page d'accueil des servlets. **http://www.java.sun.com/products/servlet**
- Page d'accueil de JSP. **http://www.java.sun.com/products/jsp**
- Page d'accueil de JDBC. **http://www.java.sun.com/products/jdbc**
- Page d'accueil de JMS. **http://www.java.sun.com/products/jms**
- Page d'accueil de JNDI. **http://java.sun.com/products/jndi**
- Page d'accueil de Connector. **http://java.sun.com/j2ee/connector**

II

Problèmes de conception, mauvaises pratiques et refactorisations

La deuxième partie est composée des trois chapitres suivants :

Les Chapitres 3 et 4, comme leurs noms l'indiquent, traitent des divers problèmes de conception et des mauvaises pratiques.

Au moment d'appliquer des patterns du catalogue, les développeurs devront garder à l'esprit l'existence de plusieurs problèmes de conception annexes, tels que ceux traités dans ces chapitres. Ces problèmes touchent en effet divers aspects du système, notamment la sécurité, l'intégrité des données, la maniabilité et l'évolutivité.

Un grand nombre d'entre eux pourraient également prendre la forme d'un pattern, même s'ils sont principalement axés sur des problèmes d'un niveau d'abstraction inférieur à ceux décrits dans le catalogue des patterns J2EE. Au lieu de détailler chacun d'entre eux sous la forme d'un pattern, nous avons choisi de les expliquer de manière plus informelle, en les décrivant simplement comme des problèmes de conception à prendre en compte lors de l'implémentation de ce système, sur la base du catalogue de patterns. Une discussion exhaustive sur chacun de ces problèmes n'entre pas dans l'objectif de cet ouvrage, mais nous souhaitions en faire mention et encourager le lecteur à s'y intéresser de plus près.

Les Chapitres 3 et 4 mettent également en avant des manières inadaptées de résoudre certains problèmes, que nous qualifions de mauvaises pratiques. Pour chacune, nous proposons un bref résumé du problème accompagné d'une liste de solutions. Les solutions font en fait référence à plusieurs sections de cet ouvrage, contenant des documents annexes qui suggèrent des méthodes plus appropriées de résolution du problème. Généralement, ces références concernent un pattern du catalogue, une refactorisation ou une combinaison des deux.

Le Chapitre 5 présente les refactorisations de la plate-forme J2EE. Le chapitre adopte un format de présentation basé sur celui de l'ouvrage de Martin Fowler intitulé Refactoring [Fowler], *un excellent guide pour tous ceux qui souhaitent en savoir plus sur la conception de logiciels. Chaque refactorisation identifie un problème unique et indique la solution, des propositions pour améliorer la situation et suggère un moyen de procéder.*

3

Problèmes de conception de la couche présentation et mauvaises pratiques

Au sommaire de ce chapitre

- ✔ Problèmes de conception de la couche présentation
- ✔ Mauvaises pratiques de la couche présentation

Problèmes de conception de la couche présentation

Lorsque les développeurs appliquent les patterns de présentation exposés dans le catalogue de cet ouvrage, ils doivent également prendre en compte des problèmes de conception annexes. Ces problèmes font référence à la conception de patterns à divers niveaux, et peuvent affecter plusieurs aspects d'un système, comme la sécurité, l'intégrité des données, la maniabilité et l'évolutivité. Ce sont ces sujets que nous traiterons dans ce chapitre.

De nombreux problèmes de conception traités ici pourraient être documentés sous la forme de patterns, mais ils présentent un niveau d'abstraction inférieur à celui des patterns du catalogue. Nous avons donc choisi de les présenter de manière plus informelle : nous décrirons simplement chaque problème pour que vous en teniez compte lorsque vous implémenterez des systèmes basés sur ce catalogue de patterns.

Gestion des sessions

Le terme *session utilisateur* décrit une conversation entre un client et un serveur et qui englobe plusieurs requêtes. C'est un terme que nous utiliserons à plusieurs reprises dans les sections qui suivent.

Etat d'une session sur le client

Enregistrer l'état d'une session sur le client implique de sérialiser et d'intégrer l'état de la session dans la page HTML de la vue qui sera renvoyée au client.

Plusieurs avantages existent à mémoriser l'état de la session sur le client :

- L'opération est relativement simple à implémenter.
- La procédure fonctionne bien lorsqu'il y a très peu d'états à sauvegarder.

En outre, cette méthode élimine pratiquement l'obligation de répliquer l'état sur plusieurs serveurs, en cas d'équilibrage des charges sur plusieurs machines physiques.

Deux stratégies courantes permettent d'enregistrer l'état d'une session sur le client : les champs HTML cachés et les cookies HTTP. Nous les décrirons par la suite. Une troisième stratégie consiste à intégrer directement l'état de la session dans les URI (*Uniform Resource Identifiers*) référencées dans chaque page (par exemple `<form action=someServlet?var1=x&var2=y method=GET>`). Même si cette troisième stratégie est moins habituelle, elle présente bon nombre des limitations des deux premières.

Champs HTML cachés

Quoique relativement simples à implémenter, les champs cachés servant à enregistrer l'état d'une session sur le client présentent de nombreux inconvénients. Ces derniers sont particulièrement évidents lors de l'enregistrement de grandes quantités d'états. L'opération affecte en effet les performances. Le code balisé de la vue intégrant ou contenant totalement l'état, il lui faut traverser le réseau pour chaque requête et chaque réponse.

En outre, lorsque vous utilisez des champs cachés pour enregistrer l'état des sessions, l'état mémorisé est limité à des chaînes de caractères, et toutes les références à des objets doivent donc être transformées en chaînes. Il est également affiché en clair dans la source HTML générée, à moins d'avoir été crypté à dessein.

Cookies HTTP

A l'instar de la stratégie des champs cachés, cette stratégie est relativement simple à implémenter. Elle partage malheureusement bon nombre des inconvénients de la précédente. En particulier, l'enregistrement de grandes quantités d'états diminue les performances, tous les états des sessions devant en effet traverser le réseau pour chaque requête et chaque réponse.

Elle présente également des limitations en termes de taille et de type pour l'enregistrement de l'état des sessions sur le client. Celles-ci concernent entre autres la taille des en-têtes des cookies, limites qui restreignent la quantité de données mémorisable. En outre, comme avec les champs cachés, l'état mémorisé est limité à des valeurs transformées en chaîne.

Problèmes de sécurité des états de sessions côté client

Lorsque vous enregistrez l'état d'une session sur le client, vous introduisez des risques de failles de sécurité qu'il convient de prendre en compte. Si vous ne souhaitez pas que vos informations soient exposées aux clients, vous devrez employer une méthode de cryptage quelconque pour sécuriser les données.

Même si l'enregistrement de l'état des sessions sur le client est relativement simple à implémenter au départ, il présente de nombreux inconvénients qui seront longs et difficiles à surmonter. Pour les projets traitant de grandes quantités de données, comme c'est généralement le cas dans les systèmes d'entreprise, ces inconvénients dépassent largement les avantages.

Etat des sessions dans la couche présentation

Lorsque l'on conserve l'état des sessions sur le serveur, l'utilisateur peut le récupérer à l'aide d'un identifiant de session ; il persistera généralement jusqu'à ce que l'un des événements suivants survienne :

- Le délai prédéfini pour la session a expiré.
- La session a été invalidée manuellement.
- L'état est supprimé de la session.

Sachez qu'après l'arrêt d'un serveur, il est possible que certains mécanismes de gestion des sessions en mémoire puissent ne pas être récupérés.

Il est alors nettement préférable d'enregistrer les états des sessions sur le serveur lorsque les applications contiennent de nombreux états. Dans ce cas, vous n'êtes pas assujetti aux limitations de taille ou de type comme avec la gestion des sessions côté client. En outre, vous éviterez de soulever des problèmes de sécurité liés à l'exposition au client de l'état de la session. Enfin, vous ne subirez pas l'impact sur les performances causé par le transfert de l'état des sessions sur le réseau pour chaque requête.

Vous profiterez également de la souplesse qu'offre cette stratégie. En mémorisant l'état de la session sur le serveur, vous pourrez trouver un juste milieu entre simplicité et complexité et mieux traiter les problèmes d'évolutivité et de performances.

Si vous gérez l'état des sessions sur le serveur, il conviendra de choisir la manière de le mettre à la disposition de chaque serveur exécutant l'application. Ce problème vous obligera à gérer la réplication de l'état des sessions sur plusieurs instances de logiciels clusterisées sur des matériels à équilibrage de charge ; le problème est donc multidimensionnel. Cependant, il existe maintenant toute une série de solutions, certaines d'entre elles fonctionnant au-dessus du niveau du serveur d'applications. L'une d'elles consiste à assurer une continuité en utilisant un logiciel de gestion du trafic, celui de Resonate par exemple [Resonate], pour diriger les utilisateurs vers un même serveur qui gérera toutes les requêtes de la session. C'est ce que l'on appelle également *l'affinité avec le serveur*.

Une autre solution consiste à stocker l'état des sessions soit dans la couche métier, soit dans la couche ressources. Les composants EJB permettent ainsi de conserver un état de session dans la couche métier et d'utiliser une base de données relationnelle dans la couche ressources. Pour plus d'informations sur l'option de la couche métier, voir la section "Beans Session", au Chapitre 4.

Contrôle de l'accès client

Il existe de nombreuses raisons de vouloir restreindre ou contrôler l'accès du client à certaines ressources applicatives. Dans cette section, nous étudierons deux de ces scénarios.

L'une des raisons peut être de vouloir interdire à un client l'accès direct à une vue, ou à certaines parties d'une vue. Ce problème survient, par exemple, lorsque seuls des utilisateurs enregistrés ou identifiés doivent pouvoir accéder à une vue particulière ou si l'accès à des parties d'une vue doit être interdit à certains utilisateurs, en fonction de leur rôle.

Lorsque nous aurons décrit ce problème, nous aborderons un second scénario relatif au contrôle du flux d'un utilisateur dans l'application. Il met en évidence des problèmes relatifs à la duplication de l'envoi de formulaires, qui peut entraîner une multiplication des transactions indésirable.

Protection d'une vue

Dans certains cas, l'accès à une ressource est entièrement interdit à certains utilisateurs. Plusieurs stratégies permettent d'y parvenir. L'une d'entre elles consiste à inclure la logique applicative qui s'exécute au moment du traitement du contrôleur ou de la vue. Une seconde stratégie consiste à configurer le système d'exécution pour qu'il ne permette d'accéder qu'à certaines ressources, par le biais d'une invocation interne à une autre ressource de l'application. Dans ce cas, l'accès à ces ressources doit être acheminé par le biais d'une autre ressource de la couche présentation, comme une servlet contrôleur.

Ces ressources à accès restreint ne sont pas disponibles par le biais d'une invocation directe du navigateur.

Une façon courante de traiter ce problème consiste à utiliser un contrôleur en guise de point de délégation pour ce type de contrôle d'accès. Vous pouvez également intégrer une "garde" directement au sein d'une vue. Nous verrons la protection des ressources basée sur un contrôleur dans la section "Refactorisations de la couche présentation", au Chapitre 5, et dans le catalogue des patterns. Nous allons donc nous concentrer ici sur les stratégies de contrôle s'appuyant sur les vues. Nous décrirons d'abord ces stratégies avant de prendre en compte celle qui consiste à contrôler l'accès par le biais de la configuration.

Intégration d'une garde dans une vue

Deux variantes habituelles permettent d'intégrer une garde dans la logique de traitement d'une vue. L'une bloque l'accès à la totalité d'une ressource, l'autre uniquement à certaines parties de cette ressource.

Inclusion d'une garde globale pour chaque vue

Dans certains cas, la logique intégrée au code de traitement de la vue permet ou refuse totalement l'accès. En d'autres termes, cette logique empêche un utilisateur d'accéder à la totalité d'une vue donnée. Généralement, il est préférable d'encapsuler ce type de garde au sein d'un contrôleur centralisé, afin de ne pas disperser la logique dans le code. Employez cette stratégie lorsque seule une petite fraction des pages doit être protégée. Habituellement, ce scénario survient lorsqu'un programmeur novice souhaite enchaîner un petit nombre de pages statiques sur un site. Si le client doit demeurer connecté au site pour afficher ces pages, ajoutez alors un helper implémenté sous forme de balise personnalisée en haut de chaque page pour effectuer le contrôle d'accès, comme le montre l'Exemple 3.1.

Exemple 3.1 : Inclusion d'une garde globale dans chaque vue

```
<%@ taglib uri="/WEB-INF/corej2eetaglibrary.tld"prefix="corePatterns" %>

<corePatterns:guard/>
<HTML>
.
.
.
</HTML>
```

Inclusion d'une garde pour certaines parties d'une vue

Dans d'autres situations, la logique intégrée au code de traitement d'une vue refuse simplement l'accès à certaines parties. Cette stratégie secondaire peut être utilisée en association avec la précédente. Pour préciser ce point, nous utiliserons une analogie avec le contrôle d'accès à une pièce d'un bâtiment. La garde globale indique aux utilisateurs s'ils peuvent entrer ou non dans la pièce, tandis que la logique de garde secondaire leur précise ce qu'ils sont autorisés à voir une fois qu'ils s'y trouvent. Voici maintenant quelques exemples des raisons pour lesquelles vous pourriez appliquer cette stratégie.

Masquage des parties d'une vue en fonction du rôle de l'utilisateur

Selon le rôle de l'utilisateur, il est possible de ne pas afficher une partie d'une vue. Un cadre pourra par exemple avoir accès à une sous-vue contenant des informations sur tous les employés, alors que l'employé ne pourra consulter que les informations qui le concernent et se voir interdire les autres, comme le montre l'Exemple 3.2.

Exemple 3.2 : Partie d'une vue masquée en fonction du rôle de l'utilisateur

```
<%@ taglib uri="/WEB-INF/corej2eetaglibrary.tld"
prefix="corePatterns" %>

<HTML>
.
.
.
<corePatterns:guard role="manager">
<b>Ceci ne doit être vu que par les cadres !</b>
<corePatterns:guard/>
.
.
.
</HTML>
```

Masquage des parties d'une vue en fonction de l'état du système ou des erreurs

En fonction de l'environnement du système, il est possible de modifier l'agencement des vues. Par exemple, si une interface utilisateur visant à gérer des processeurs est utilisée sur un équipement monoprocesseur, certaines parties de la vue relatives aux machines multiprocesseurs ne seront pas affichées.

Protection en fonction de la configuration

Afin d'empêcher le client d'accéder directement à des vues spécifiques, vous pouvez configurer le moteur de présentation afin de n'autoriser l'accès que par le biais d'autres ressources internes, comme une servlet jouant le rôle de contrôleur, à l'aide d'un `RequestDispatcher`. En outre, vous pouvez tirer parti des mécanismes de sécurité intégrés dans le conteneur Web, compatibles avec la spécification Servlet, versions 2.2 et supérieures. Les contraintes de sécurité sont définies dans le descripteur de déploiement nommé `Web.xml`.

Les méthodes d'authentification *de base* et celles *basées sur des formulaires*, également décrites dans la spécification Servlet, se basent sur ces informations de sécurité. Plutôt que de la reprendre ici, nous vous renvoyons vers la spécification elle-même pour obtenir de plus amples détails sur ces méthodes (voir l'adresse **http://java.sun.com/products/servlet/index.html**).

Pour que vous compreniez bien ce qui peut survenir si vous ajoutez des contraintes de sécurité déclaratives à votre environnement, vous trouverez une brève discussion sur le sujet ainsi que des explications sur sa relation avec une garde globale basée sur la configuration. Enfin, nous vous proposons une solution de rechange simple et générique à la protection globale des ressources.

Protéger des ressources avec des contraintes de sécurité standard

Il est possible de configurer des applications avec des contraintes de sécurité déclaratives, qui seront utilisées par un programme pour contrôler l'accès en fonction du rôle des utilisateurs. Certaines ressources seront ainsi autorisées à certains d'entre eux et interdites à d'autres. De plus, comme nous l'avons vu dans la section "Intégration d'une garde dans une vue", il est également possible de refuser l'accès à certaines portions d'une vue en fonction desdits rôles. S'il est nécessaire d'empêcher les requêtes directes des navigateurs d'accéder à la totalité d'une ressource, comme dans le scénario "tout ou rien" décrit dans la section précédente, on peut définir un rôle de sécurité qui ne sera affecté à personne. Les ressources ainsi configurées demeurent inaccessibles tant que ce rôle n'est pas attribué. L'Exemple 3.3 contient un extrait du fichier de configuration `Web.xml` qui définit un rôle de sécurité pour empêcher les accès directs des navigateurs.

Le nom du rôle est `sensitive` (sensible) et les ressources interdites sont nommées `sensitive1.jsp`, `sensitive2.jsp` et `sensitive3.jsp`. A moins qu'un utilisateur ou un groupe ne se voie assigner le rôle `sensitive`, les clients ne seront pas en mesure d'accéder directement à ces pages JSP (*Java Server Pages*). En même temps, comme les requêtes distribuées en interne ne sont pas limitées par ces contraintes de sécurité, une requête gérée initialement par une servlet contrôleur, puis transmise à l'une de ces trois ressources, bénéficiera de l'accès à ces pages JSP.

Enfin, il convient de savoir qu'il existe certaines incohérences dans l'implémentation de cet aspect de la spécification Servlet version 2.2 entre les produits de différents fournisseurs. Les serveurs conformes à la spécification Servlet 2.3 devraient avoir résolu ce problème.

Exemple 3.3 : Rôle de sécurité non attribué, fournissant un contrôle global

```
<security-constraint>
      <Web-resource-collection>
          <Web-resource-name>SensitiveResources </Web-resource-name>
          <description>Collection de ressources Sensitive
          ➥</description>
```

```
        <url-pattern>/trade/jsp/internalaccess/ sensitive1.jsp
        ➥</url-pattern>
    <url-pattern>/trade/jsp/internalaccess/ sensitive2.jsp
    ➥</url-pattern>
    <url-pattern>/trade/jsp/internalaccess/ sensitive3.jsp
    ➥</url-pattern>
        <http-method>GET</http-method>
              <http-method>POST</http-method>
      </Web-resource-collection>
      <auth-constraint>
          <role-name>sensitive</role-name>
      </auth-constraint>
  </security-constraint>
```

Protéger des ressources par le biais d'une configuration simple et générique

Il existe une manière simple et générique d'empêcher un client d'accéder directement à certaines ressources, une page JSP par exemple. Cette méthode n'exige aucune modification du fichier de configuration, comme celles de l'Exemple 3.3. Elle nécessite simplement de placer la ressource sous le répertoire `/WEB-INF/` de l'application Web. Par exemple, pour bloquer l'accès direct d'un navigateur à une vue nommée `info.jsp` dans l'application Web `securityissues`, nous pourrions placer le fichier source JSP dans le sous-répertoire suivant : `/securityissues/WEB-INF/internalaccessonly/info.jsp`.

L'accès public direct au répertoire `/WEB-INF/`, à ses sous-répertoires et donc à `info.jsp` est interdit. En revanche, une servlet contrôleur peut toujours transmettre des informations à cette ressource si nécessaire. Il s'agit là d'une méthode de contrôle global, puisque les ressources configurées de cette manière sont refusées dans leur intégralité à l'accès direct du navigateur.

Vous trouverez un exemple de cette technique à la section "Masquage des ressources au client", au Chapitre 5.

Duplication des envois de formulaires

Les utilisateurs d'un navigateur risquent de cliquer sur le bouton Précédent et de renvoyer par inadvertance le même formulaire, ce qui peut entraîner la duplication d'une transaction. De même, un utilisateur pourrait cliquer sur le bouton Stop du navigateur avant de recevoir la page de confirmation et, par conséquent, renvoyer le même formulaire. Dans la plupart des cas, il convient de détecter et d'interdire ces envois dupliqués et de fournir un point de contrôle permettant de résoudre ce problème grâce à une servlet.

Jeton de synchronisation (ou Déjà vu)

Cette stratégie résout le problème de la duplication des envois de formulaires. Le jeton de synchronisation est défini dans une session utilisateur et figure dans chaque formulaire renvoyé au client. Lors de l'envoi, le jeton est comparé à celui de la session. Les jetons doivent correspondre dès le premier envoi. Si ce n'est pas le cas, l'envoi peut être refusé et l'utilisateur reçoit un message d'erreur. La non-correspondance des jetons survient en particulier lorsque l'utilisateur envoie un formulaire, puis clique sur le bouton Précédent du navigateur et tente de renvoyer le même formulaire.

En revanche, si les deux valeurs des jetons correspondent, on peut supposer que le flux de contrôle sera exactement celui attendu. La valeur du jeton de la session est alors modifiée et le formulaire est accepté.

Vous pouvez également appliquer cette stratégie pour contrôler l'accès direct des navigateurs à certaines pages, comme nous l'avons vu dans les sections traitant de la protection des ressources. Supposons, par exemple, qu'un utilisateur place un signet sur la page A d'une application, alors qu'il n'est possible d'y accéder qu'à partir des pages B et C. Lorsque l'utilisateur choisira la page A par le biais du signet, celle-ci sera indiquée comme indisponible et le jeton affichera un état non synchronisé ou pourra ne pas exister du tout. Quel que soit le résultat, l'accès peut être interdit si on le souhaite.

Reportez-vous à la section "Introduction d'un jeton de synchronisation" du Chapitre 5 pour découvrir un exemple de cette stratégie.

Validation

Il est souvent souhaitable d'effectuer des validations à la fois sur le client et sur le serveur. Même si la validation côté client est généralement moins sophistiquée que la validation côté serveur, elle permet des vérifications de haut niveau, notamment pour savoir si un champ de formulaire est vide ou non. La validation côté serveur est souvent beaucoup plus complète. Même si les deux types de traitement conviennent à une application, ce n'est pas recommandé de se contenter de la validation côté client. L'une des principales raisons est que les langages de script côté client peuvent être configurés par l'utilisateur et donc être désactivés à tout moment.

Une étude détaillée des stratégies de validation dépasse la portée de cet ouvrage. Nous souhaitions malgré tout faire mention de ces problèmes, qu'il faut prendre en compte lors de la conception des systèmes ; nous vous conseillons de consulter les ouvrages existants pour étudier ce sujet un peu plus précisément.

Validation sur le client

La validation de la saisie est réalisée sur le client. Généralement, elle implique d'intégrer le code de script, JavaScript par exemple, dans la vue du client. Comme nous l'avons mentionné, la validation côté client constitue un complément important à la validation côté serveur, mais ne doit pas être utilisée seule.

Validation sur le serveur

La validation de la saisie est réalisée sur le serveur. Il existe plusieurs stratégies courantes permettant de réaliser cette validation. Elles sont basées sur les formulaires ou sur des types abstraits.

Validation basée sur le formulaire

La stratégie de validation basée sur le formulaire oblige à inclure de très nombreuses méthodes dans une application, méthodes qui valident différents éléments de l'état de chaque formulaire envoyé. La plupart du temps, ces méthodes se chevauchent quant à la logique qu'elles incluent, et la réutilisation et la modularité des éléments en souffrent. Etant donné qu'il existe une méthode de validation spécifique pour chaque formulaire Web envoyé, il n'y a pas de code central permettant de gérer les champs obligatoires ou numériques. Dans ce cas, même si un champ considéré comme obligatoire peut concerner plusieurs formulaires différents, chacun est géré séparément et de manière redondante, à plusieurs endroits de l'application. Cette stratégie est relativement efficace et simple à implémenter, mais elle entraîne des duplications du code à mesure que l'application évolue.

Une solution plus souple, réutilisable et facile à gérer, consiste à considérer les données du modèle à un niveau d'abstraction différent. Cette approche est envisagée dans la stratégie alternative, décrite dans la section "Validation basée sur des types abstraits". L'Exemple 3.4 propose un exemple de validation centrée sur le formulaire.

Exemple 3.4 : Validation centrée sur le formulaire

```
/**Si les champs prénom ou nom de famille sont vierges, le client
reçoit un message d'erreur. Avec cette stratégie, les vérifications des
champs obligatoires sont dupliquées. Si cette logique de validation
était abstraite dans un composant séparé, elle pourrait être réutilisée
dans plusieurs formulaires (voir la stratégie "Validation basée sur des
types abstraits")**/
public Vector validate()
{
Vector errorCollection = new Vector();
    if ((firstname == null) || (firstname.trim().length() < 1))
     errorCollection.addElement("prénom obligatoire");
```

```
    if ((lastname == null) || (lastname.trim().length() < 1))
     errorCollection.addElement("nom obligatoire");
return errorCollection;
}
```

Validation basée sur des types abstraits

Cette stratégie peut être utilisée côté client ou côté serveur, mais elle est plutôt conseillée sur le serveur, dans un environnement basé sur un navigateur ou un client léger.

Les informations sur la saisie et les contraintes sont extraites de l'état du modèle et incluses dans un *framework* générique. Cela permet de séparer la validation du modèle de la logique applicative dans laquelle le modèle est utilisé, ce qui réduit le couplage.

La validation du modèle est réalisée par comparaison des métadonnées et des contraintes avec l'état du modèle. Ces métadonnées et contraintes sont généralement accessibles à partir d'une forme de stockage simple, notamment un fichier de propriétés. Cette approche présente l'avantage de rendre le système plus générique, puisqu'il extrait les informations sur les contraintes de saisie de la logique applicative.

Il est par exemple possible de disposer d'un composant ou d'un sous-système qui encapsule la logique de validation, comme le fait de savoir si une chaîne est vide ou non, si un nombre est compris dans une plage valide, si une chaîne est mise en forme d'une manière particulière, etc. Lorsque plusieurs composants d'application disparates doivent valider différents aspects d'un modèle, chacun d'eux n'a pas besoin de contenir son propre code de validation, et l'on utilise plutôt un mécanisme de validation centralisé. Celui-ci est ordinairement configuré par programme, *via* un type de "fabrique" (*factory*) quelconque, ou encore de manière déclarative, à l'aide de fichiers de configuration.

Il s'ensuit un mécanisme de validation plus générique, ciblé sur l'état du modèle et sur ses besoins, et indépendant des autres parties de l'application. L'un des inconvénients de cette stratégie réside dans la réduction potentielle de l'efficacité et des performances du système. De plus, les solutions plus génériques, si elles sont souvent performantes, sont quelquefois moins simples à comprendre et à tenir à jour.

Prenons un exemple de scénario. Un fichier de configuration XML décrit une série de validations, sous la forme de "champs obligatoires", "champs numériques", etc. En outre, il est possible de spécifier des classes destinées à gérer chacune de ces validations. Enfin, une table de correspondance lie les valeurs du formulaire HTML à un type de validation spécifique. Le code de validation d'un champ de formulaire donné ressemble simplement à l'extrait de code présenté dans l'Exemple 3.5.

Exemple 3.5 : Validation basée sur des types abstraits

```
//firstNameString="Dan"
//formFieldName="form1.firstname"
Validator.getInstance().validate(firstNameString, formFieldName);
```

Propriétés du helper : intégrité et cohérence

On utilise généralement des helpers JavaBean pour contenir un état intermédiaire, lorsqu'il est transmis avec une requête client. Les moteurs d'exécution JSP offrent un mécanisme permettant de copier automatiquement les valeurs des paramètres d'un objet de requête d'une servlet dans les propriétés de ces helpers JavaBean. La syntaxe JSP est la suivante :

```
<jsp:setProperty name="helper" property="*"/>
```

Cette instruction demande au moteur JSP de copier toutes les valeurs des paramètres *correspondantes* dans les propriétés correspondantes d'un JavaBean nommé helper (facilitateur), présenté à l'Exemple 3.6. Mais comment cette correspondance est-elle déterminée ? S'il existe un paramètre de requête du même nom et du même type que la propriété du bean helper, il y a correspondance. Dans la pratique, chaque paramètre est comparé à chaque nom de propriété du bean et au type de la méthode qui définit la propriété du bean.

Exemple 3.6 : Propriétés des helpers — un helper JavaBean simple

```
public class Helper
{
  private String first;
  private String last;

  public String getFirst()
  {
    return first;
  }

  public void setFirst(String aString)
  {
    first=aString;
  }

  public String getLast()
  {
    return last;
  }

  public void setLast(String aString)
  {
    last=aString;
  }

}
```

Même si ce mécanisme se révèle simple *a priori*, il peut produire des effets de bord troublants et indésirables. Premièrement, il est important de comprendre ce qui se passe lorsqu'un paramètre de requête est vide. De nombreux développeurs supposent que celui-ci doit, s'il est mis en correspondance avec une propriété de bean, amener cette propriété à adopter la valeur d'une chaîne vide ou nulle. Le comportement défini par les spécifications consiste, en fait, à n'apporter aucune modification à la propriété correspondante. De plus, étant donné que les instances du helper JavaBean sont généralement réutilisées dans plusieurs requêtes, cette confusion peut amener à une incohérence et à des erreurs dans les valeurs des données. La Figure 3.1 illustre le type de problème qui peut en découler.

Figure 3.1
Les propriétés du helper.

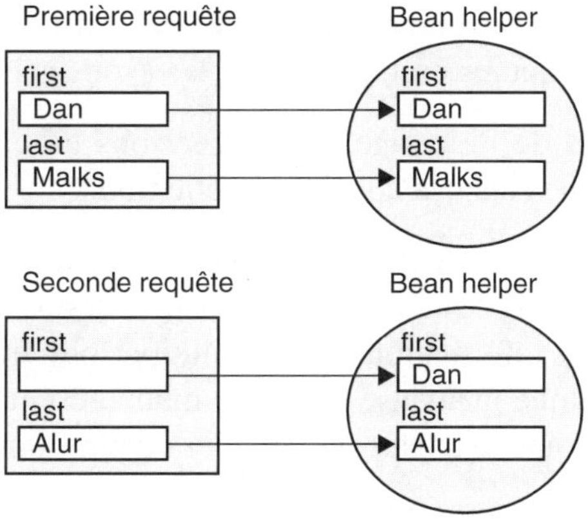

La première requête inclut les valeurs du paramètre `first` et du paramètre last ; chaque propriété de bean correspondante est définie. La seconde inclut une valeur destinée uniquement au paramètre `last`, si bien que seule cette propriété est définie dans le bean. La valeur du paramètre `first` demeure inchangée. Elle n'est pas réinitialisée à une chaîne vide ou nulle, simplement parce que le paramètre de la requête ne contient pas de valeur. Comme vous pouvez le constater dans la Figure 3.1, cela peut entraîner des incohérences si les valeurs du bean ne sont pas réinitialisées manuellement entre les requêtes.

Un autre problème à envisager lorsque vous concevez votre application est le comportement des interfaces de formulaires HTML en l'absence de sélection des contrôles du formulaire. Si, par exemple, un formulaire contient plusieurs cases à cocher, il n'est pas illogique de penser que le fait de décocher chaque case entraîne l'effacement de ces valeurs sur le serveur. Toutefois, dans le cas d'un objet de requête créé sur la base de cette interface, l'objet n'inclura pas de paramètres, quelles que soient les valeurs des cases à cocher. Ainsi, aucune valeur de paramètre liée à ces cases à cocher ne sera envoyée au serveur (voir l'adresse **http://www.w3.org** pour obtenir la spécification HTML complète).

Etant donné qu'aucun paramètre n'est transmis au serveur, la propriété du bean correspondante demeurera inchangée lors de l'action `<jsp:setProperty>`. Dans ce cas, à moins que le développeur ne modifie manuellement ces valeurs, l'application peut contenir des données incorrectes ou incohérentes. Comme nous l'avons vu, une solution de conception simple pour résoudre ce problème consiste à réinitialiser tous les états dans le JavaBean entre les requêtes.

Mauvaises pratiques de la couche présentation

Les mauvaises pratiques sont des solutions inadaptées qui entrent en contradiction avec un grand nombre de recommandations des patterns. Lorsque nous avons documenté les patterns et les meilleures pratiques, nous les avons naturellement rejetées.

Dans cette partie de l'ouvrage, nous précisons ce que nous considérons comme de mauvaises pratiques dans la couche présentation.

Chaque section décrit brièvement la mauvaise pratique et propose de nombreuses références à des questions de conception, des exemples de refactorisation et des patterns qui proposent d'autres informations et des solutions préférables. Nous n'entrerons pas dans les détails de chaque mauvaise pratique, mais présenterons plutôt un bref résumé, qui vous servira de point de départ pour mener de plus amples recherches.

La section "Résumé du problème" décrit brièvement situation inadaptée, tandis que la section "Solution" propose des références vers :

- Des *patterns* qui donnent des informations sur le contexte et des compromis.
- Des *études de conception* offrant des détails connexes.
- Des *refactorisations* qui décrivent la transition entre la solution inadaptée (mauvaise pratique) et une solution optimale, une meilleure pratique, ou un pattern.

Vous pouvez considérer cette partie de l'ouvrage comme une carte de référence, et l'utiliser pour accéder à de plus amples détails et à des descriptions, présentés dans d'autres parties de l'ouvrage.

Code de contrôle dans plusieurs vues

Résumé du problème

Des helpers implémentés sous forme de balises personnalisées peuvent figurer en haut d'une vue JSP afin de réaliser des contrôles d'accès et autres types de vérifications.

Lorsqu'un grand nombre de vues comprennent plusieurs références à des helpers similaires, le code devient difficile à maintenir, les modifications devant être apportées à plusieurs endroits.

Solution

Consolider le code de contrôle, en introduisant un contrôleur et les helpers `Command` associés.

Refactorisation	*Voir la section "Introduction d'un contrôleur" au Chapitre 5.*
Refactorisation	*Voir la section "Localisation de logiques disparates" au Chapitre 5.*
Pattern	*Voir la section "Front Controller – Stratégie Commande et Contrôleur" au Chapitre 7.*

Lorsqu'il est nécessaire d'inclure plusieurs codes de contrôle similaires à plusieurs endroits, notamment lorsque seule une partie d'une vue JSP doit être interdite à un utilisateur particulier, vous pouvez déléguer la tâche à une classe de helpers réutilisable.

Pattern	*Voir la section "View Helper" au Chapitre 7.*
Conception	*Voir la section "Protection d'une vue" dans ce chapitre.*

Exposer les structures de données de la couche présentation à la couche métier

Résumé du problème

Les structures de données de la couche présentation, comme `HttpServletRequest`, doivent être confinées à la couche présentation. Partager ces informations avec la couche métier, ou toute autre couche, augmente le couplage entre ces couches et réduit considérablement la possibilité de réutiliser les services disponibles. Si la signature d'une méthode du service métier accepte un paramètre du type `HttpServletRequest`, tous les autres clients de ce service (même ceux en dehors de l'espace Web) doivent envelopper l'état de leur requête dans un objet `HttpServletRequest`. En outre, dans ce cas, les services de la couche métier doivent comprendre comment interagir avec ces structures de données spécifiques à la couche présentation, en augmentant la complexité du code de la couche métier et le couplage entre les couches.

Solution

Au lieu de partager les structures de données spécifiques à la couche présentation avec la couche métier, copier l'état concerné dans des structures de données plus génériques et partagez-les. Vous pouvez également extraire et partager les états concernés de la structure de données spécifique à la couche présentation sous forme de paramètres individuels.

Refactorisation

Voir la section "Masquage à la couche métier des détails spécifiques à la couche présentation " au Chapitre 5.

Exposer les structures de données de la couche présentation aux objets du domaine

Résumé du problème

Le partage des structures de données qui gèrent les requêtes, comme `HttpServletRequest`, avec des objets du domaine, augmente inutilement le couplage entre ces deux aspects distincts de l'application. Les objets du domaine doivent être des composants réutilisables. Si leur implémentation repose sur des détails spécifiques à un protocole ou à une couche, leur potentiel de réutilisation s'en trouve réduit. En outre, la maintenance et le débogage d'applications étroitement couplées sont plus difficiles.

Solution

Au lieu de passer un objet `HttpServletRequest` sous forme de paramètre, copier l'état de l'objet de requête dans une structure de données plus générique et partagez cet objet avec l'objet du domaine. Vous pouvez également extraire l'état approprié de l'objet `HttpServletRequest` et fournir chaque élément de l'état sous la forme d'un paramètre individuel à l'objet du domaine.

Refactorisation

Voir la section "Masquage à la couche métier des détails spécifiques à la couche présentation" au Chapitre 5.

Autoriser la duplication de l'envoi de formulaires

Résumé du problème

L'une des limites d'un environnement client-navigateur réside dans le manque de contrôle de l'application sur la navigation du client. Un utilisateur pourrait ainsi envoyer un formulaire de commande, générer une transaction qui débite sa carte de crédit, puis confirmer la livraison du produit. Si, après avoir reçu la page de confirmation, l'utilisateur cliquait sur le bouton Précédent, le même formulaire pourrait être renvoyé.

Solution

Pour résoudre ce problème, surveiller et contrôler le flux des requêtes.

Refactorisation — *Voir la section "Introduction d'un jeton de synchronisation" au Chapitre 5.*

Refactorisation — *Voir la section "Contrôle de l'accès client", dans ce chapitre.*

Conception — *Voir la section "Jeton de synchronisation (ou Déjà vu)", dans ce chapitre.*

Exposer des ressources sensibles à l'accès direct du client

Résumé du problème

La sécurité est l'un des problèmes les plus importants des environnements d'entreprise. S'il n'est pas nécessaire qu'un client ait un accès direct à certaines informations, vous devez protéger celles-ci. Si certains fichiers de configuration, fichiers de propriétés, pages JSP et fichiers de classes ne sont pas correctement sécurisés, les clients peuvent, par inadvertance ou malveillance, récupérer des informations sensibles.

Solution

Protéger les ressources sensibles, en interdisant l'accès direct du client.

Refactorisation — *Voir la section "Masquage des ressources au client" au Chapitre 5.*

Refactorisation — *Voir la section "Contrôle de l'accès client", dans ce chapitre.*

Supposer que <jsp:setProperty> réinitialisera les propriétés du bean

Résumé du problème

Même si le comportement attendu de la balise standard `<jsp:setProperty>` consiste à copier les valeurs des paramètres d'une requête dans les propriétés d'un helper Java-Bean du même nom, son comportement lorsqu'il s'agit de traiter des paramètres dont les valeurs sont vides est souvent déroutant. Par exemple, un paramètre dont la valeur est vide est ignoré, même si de nombreux développeurs supposent à tort que la propriété JavaBean correspondante se verra affecter une chaîne vide ou nulle.

Solution

Prenez en compte la nature peu intuitive de la définition des propriétés lorsque vous utilisez la balise `<jsp:setProperty>` et initialisez les propriétés du bean avant de les utiliser.

Conception — *Voir la section "Propriétés du helper : intégrité et cohérence", dans ce chapitre.*

Créer des contrôleurs lourds

Résumé du problème

Le code de contrôle dupliqué dans plusieurs vues JSP doit, dans de nombreux cas, être refactorisé dans un contrôleur. Mais si un volume de code trop important est ajouté à un contrôleur, il devient trop lourd et difficile à entretenir, à tester et à déboguer. Ainsi, le test unitaire de chaque servlet contrôleur, en particulier d'un "contrôleur lourd", est plus complexe que le test unitaire de chaque classe helper individuelle, indépendante du protocole HTTP.

Solution

Un contrôleur correspond généralement au point de contact initial permettant de gérer une requête, mais doit aussi constituer un point de délégation et travailler en coordination avec d'autres classes de contrôle. Les objets de commande servent à encapsuler le code de contrôle auquel le contrôleur délègue. Il est bien plus simple d'effectuer un test unitaire de chaque objet de commande JavaBean, indépendamment du moteur de servlets, que de tester un code moins modulaire.

Refactorisation — *Voir la section "Introduction d'un contrôleur" au Chapitre 5.*

Pattern — *Voir la section "Front Controller – Stratégie Commande et Contrôleur" au Chapitre 7.*

Refactorisation — *Voir la section "Localisation de logiques disparates" au Chapitre 5.*

Pattern — *Voir la section "View Helper" au Chapitre 7.*

4

Problèmes de conception de la couche métier et mauvaises pratiques

Au sommaire de ce chapitre

Problèmes de conception de la couche métier

Lorsque les développeurs appliquent les patterns des couches métier et intégration présentés dans le catalogue de cet ouvrage, ils doivent également prendre en compte des problèmes de conception annexes. Ces problèmes concernent différents niveaux et peuvent affecter de nombreux aspects d'un système. Ce sont les sujets que nous traiterons dans ce chapitre.

Les thèmes abordés ici décrivent chaque problème de conception que vous devriez envisager lorsque vous implémentez des systèmes sur la base du catalogue de patterns J2EE.

Beans session

Les beans session constituent des composants métier distribués, présentant les caractéristiques suivantes, conformément aux spécifications EJB :

- Un bean session est réservé à un client ou à un utilisateur.

- Un bean session ne vit que pendant la session du client.
- Un bean session ne survit pas à une panne du conteneur.
- Un bean session n'est pas un objet persistant.
- Un bean session peut expirer.
- Un bean session peut être attentif aux transactions.
- Un bean session peut servir à modéliser des conversations avec ou sans états entre le client et les composants de la couche métier.

INFO

Dans cette section, nous utiliserons le terme "workflow" dans le contexte EJB pour désigner la logique associée à la communication des beans entreprise ; le workflow englobe notamment la manière dont le bean session A appelle le bean session B, puis le bean entité C.

Beans session, avec ou sans états

Il existe deux catégories de beans session : avec ou sans états. Un bean session sans état ne contient aucun état conversationnel. En conséquence, lorsqu'un client a terminé une invocation de méthode sur un bean session sans état, le conteneur est libre de réutiliser cette instance pour un autre client. Il peut ainsi conserver un pool de beans session et les réutiliser efficacement, puisque les beans sans état sont partageables entre plusieurs clients. Il renvoie alors au pool un bean session sans état, dès que le client a terminé son invocation. Le conteneur peut ensuite attribuer aux prochaines invocations du client une instance différente à partir du pool.

Un bean session avec états conserve l'état conversationnel. Il peut être poolé, mais, comme il mémorise l'état à la place du client, il ne peut pas simultanément être partagé et gérer les requêtes d'un autre client.

Le conteneur ne poole pas les beans session à états comme les beans sans état car ils contiennent l'état de la session du client. Les beans session à états sont alloués à un client et le restent tant que sa session est active. Les beans à états nécessitent donc davantage de ressources que les beans session sans état, mais présentent l'avantage de conserver l'état conversationnel.

De nombreux concepteurs pensent que l'utilisation des beans session sans état constitue une stratégie de conception plus viable pour les systèmes évolutifs. Cette idée tire son origine de la construction de systèmes d'objets distribués réalisée à l'aide de technologies plus anciennes. En effet, en l'absence d'une infrastructure inhérente permettant de gérer le cycle de vie des composants, ces systèmes ont rapidement perdu de leurs caractéristiques d'évolutivité à mesure que les demandes de ressources augmentaient. Cette perte était due à l'absence de gestion du cycle de vie des composants, le service continuant alors à consommer des ressources au fur et à mesure de l'augmentation du nombre de clients et d'objets.

Un conteneur EJB gère le cycle de vie des beans entreprise, et il est responsable de la surveillance des ressources système pour mieux gérer les instances des beans. Il gère un pool de beans et charge et décharge en mémoire (ce que l'on appelle respectivement l'*activation* et la *passivation*), en vue d'optimiser les invocations et la consommation des ressources.

Les problèmes d'évolutivité sont généralement dus à la mauvaise utilisation des beans session avec ou sans état. Le choix du bean doit dépendre du processus métier qui est implémenté. Un processus métier n'ayant besoin que d'un seul appel de méthode pour effectuer son service est un processus qui ne nécessite pas de conversation. Il peut donc être correctement implémenté grâce à un bean session sans état. En revanche, un processus métier ayant besoin de plusieurs appels de méthodes pour effectuer son service est un processus métier conversationnel. Un bean session à états constitue alors un meilleur choix d'implémentation.

Toutefois, certains concepteurs choisissent des beans session sans état dans l'espoir d'augmenter l'évolutivité. Ils peuvent alors décider, à tort, de modéliser tous les processus métier sous la forme de beans session sans état. Lorsqu'on utilise des beans session sans état pour des processus métier conversationnels, chaque invocation de méthode exige que l'état soit transféré au bean par le client, reconstruit au niveau de la couche métier ou récupéré dans un stockage persistant. Ces techniques peuvent entraîner une réduction de l'évolutivité, due respectivement aux surcharges associées au trafic réseau, au temps de reconstruction ou au temps d'accès.

Beans session sous la forme de façades de la couche métier

Dans notre catalogue de patterns J2EE et dans nos meilleures pratiques, une application des beans session consiste à les utiliser sous la forme de façades pour la couche métier. Les façades de beans session, ou plus simplement façades de session, peuvent être considérées comme une couche contrôleur à gros grain destinée à la couche métier. Les clients des beans session sont généralement des délégués métier (Business Delegate).

- *Voir la section "Session Facade" au Chapitre 8.*
- *Voir la section "Business Delegate" au Chapitre 8.*
- *Voir également la section "Correspondance directe de chaque cas d'utilisation avec un bean session", dans ce chapitre.*

Mémoriser un état dans la couche métier

Certains problèmes relatifs à la mémorisation des états sur un serveur Web sont traités dans la section "Etat des sessions dans la couche présentation", au Chapitre 3. Ici, nous poursuivrons cette discussion en vue d'étudier le moment auquel il convient de stocker un état dans un bean session à états au lieu de le faire dans un `HttpSession`. Pour ce faire, il s'agit de déterminer le type de clients qui accèdent aux services métier dans votre système. Si l'architecture se limite à une application Web, dans laquelle tous les clients consultent un serveur Web par le biais d'une servlet ou d'une page JSP, il est possible de conserver l'état conversationnel dans un `HttpSession`, au niveau de la couche Web. Ce scénario est présenté à la Figure 4.1.

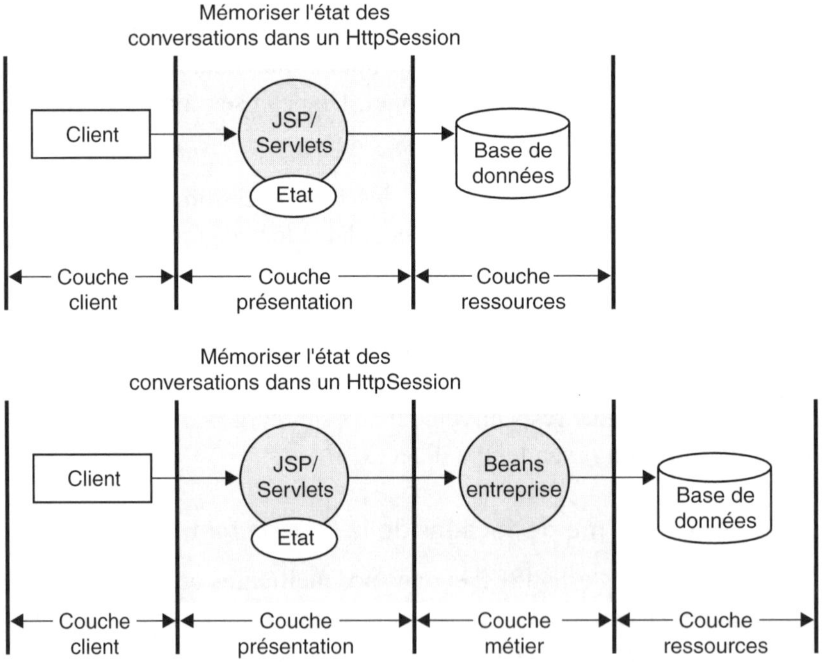

Figure 4.1

Mémorisation d'un état dans un `HttpSession`.

D'autre part, si votre application prend en charge plusieurs types de clients, notamment des clients Web, des applications Java, d'autres applications et même d'autres beans entreprise, l'état conversationnel peut être conservé dans la couche EJB à l'aide de beans session à états. Cette situation est présentée à la Figure 4.2.

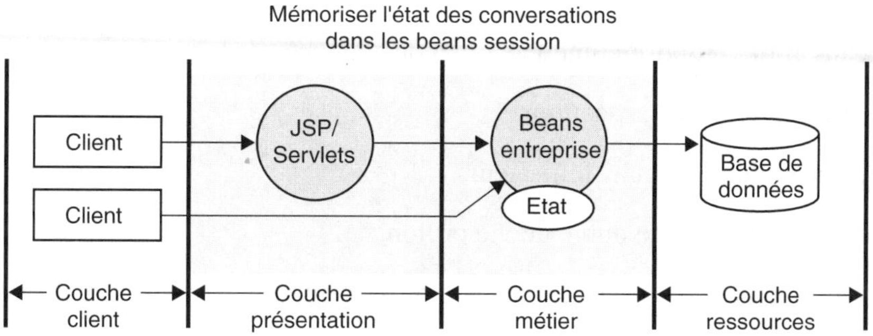

Figure 4.2
Mémorisation d'un état dans des beans session.

Nous avons brièvement présenté la gestion des états dans ce chapitre et dans le précédent (voir la section "Etat d'une session sur le client", au Chapitre 3). Une analyse détaillée de ce sujet n'entre pas dans le cadre de cet ouvrage, car le problème est véritablement multidimensionnel et dépend largement de l'environnement de déploiement, et notamment des éléments suivants :

- le matériel ;
- la gestion du trafic ;
- la clusterisation du conteneur Web ;
- la clusterisation du conteneur EJB ;
- l'affinité avec le serveur ;
- la réplication des sessions ;
- la persistance des sessions.

Nous avons abordé ce sujet car il doit être pris en compte au cours du développement et du déploiement.

Beans entité

L'utilisation correcte des beans entité est affaire de conception, d'expérience, de besoins et de technologies. Il est plutôt conseillé de les utiliser sous la forme de composants métier à gros grain. Il s'agit d'objets distribués qui possèdent les caractéristiques suivantes, conformément aux spécifications EJB :

- Les beans entité proposent une vue objet des données persistantes.
- Les beans entité sont transactionnels.
- Les beans entité sont multi-utilisateurs.
- Les beans entité ont une durée de vie prolongée.
- Les beans entité survivent aux pannes du conteneur, généralement transparentes pour les clients.

Pour résumer, un bean entité constitue un bon choix s'il s'agit d'un objet distribué, partagé, transactionnel et persistant. En outre, les conteneurs EJB fournissent d'autres infrastructures, nécessaires pour prendre en charge des qualités système telles que l'évolutivité, la sécurité, les performances, la clusterisation, etc. Tout cela tend vers une plate-forme très fiable et très robuste, permettant d'implémenter et de déployer des applications à base de composants métier distribués.

Clés primaires d'un bean entité

Les beans entité sont identifiés par une clé primaire unique. Cette clé peut être simple, constituée d'un attribut unique, ou composite, constituée d'un groupe d'attributs du bean entité. Lorsque la clé primaire ne compte qu'un champ et qu'elle est un type primitif, il est possible d'implémenter le bean entité sans avoir à définir de classe explicite pour la clé primaire. Le déployeur peut ainsi spécifier le champ de clé primaire dans le descripteur de déploiement destiné au bean entité. Toutefois, lorsque la clé primaire est composite, il convient de spécifier une classe distincte. Il doit alors s'agir d'une simple classe Java qui implémente l'interface `Serializable` à l'aide des attributs définissant la clé composite du bean entité. Les noms et les types des attributs de la classe de la clé primaire doivent correspondre à ceux du bean entité et doivent également être déclarés `public` dans la classe d'implémentation du bean et dans la classe de la clé primaire.

Selon nous, l'une des meilleures pratiques consiste à implémenter les méthodes optionnelles de `java.lang.Object`, comme `equals()` et `hashCode()` pour la classe de la clé primaire.

- Rédéfinir la méthode `equals()` afin d'évaluer correctement l'égalité des deux clés primaires, par comparaison des valeurs de chaque partie de la clé composite.
- Redéfinir la méthode `Object.hashCode()` afin de renvoyer un nombre unique représentant le code de hachage de l'instance de la clé primaire. S'assurer que le code de hachage est effectivement unique lors de l'utilisation des valeurs des attributs de la clé primaire pour le calculer.

Logique métier dans les beans entité

Une question récurrente lors de la conception de beans entité concerne le type de logique métier qu'il doit contenir. Certains concepteurs pensent que les beans entité ne doivent contenir que la logique de persistance et des méthodes simples permettant d'obtenir et de modifier les valeurs des données. Ils considèrent que les beans entité ne doivent pas contenir de logique métier, et sont convaincus à tort qu'ils ne doivent contenir que les méthodes d'accès et de modification.

La logique métier inclut généralement toute logique associée à la fourniture d'un service quelconque. Pour le moment, considérez que la logique métier comprend tout le code lié au traitement, au workflow, aux règles de gestion, aux données, etc. Vous trouverez ci-après une liste de questions récurrentes visant à étudier les résultats possibles de l'insertion de la logique métier dans un bean entité :

- La logique métier introduira-t-elle des relations d'entité à entité ?
- Le bean entité assumera-t-il la responsabilité de la gestion du workflow de l'interaction utilisateur ?
- Le bean entité se chargera-t-il des responsabilités qui reviennent normalement à d'autres composants métier ?
- Le bean entité contiendra-t-il du code relatif à la logique d'accès aux données, comme du code JDBC (*Java Database Connectivity*) en cas de persistance gérée par les beans ?

Une réponse positive à n'importe laquelle de ces questions aide à savoir si l'introduction de la logique métier dans le bean entité peut avoir un impact négatif. Il est souhaitable d'étudier la conception en vue d'éviter, autant que faire se peut, des dépendances entre beans entité, puisque la majeure partie de celles-ci génère des surcharges qui peuvent dégrader les performances globales de l'application.

En règle générale, le bean entité doit contenir la logique métier nécessaire pour gérer ses données et les données de ses objets dépendants. Ainsi, il peut être nécessaire d'identifier et d'extraire la logique métier qui introduit une interaction entre beans entité et de la transférer dans un bean session, en appliquant le pattern Session Facade. Le pattern Composite Entity et certaines autres refactorisations traitent des problèmes relatifs à la conception des beans entité.

Si n'importe lequel des workflows associés à plusieurs beans entité est identifié, il pourra être correctement implémenté dans un bean session, et non dans un bean entité. Ce workflow pourra être consolidé dans une façade de session (Session Facade).

► *Voir la section "Fusion des beans session", au Chapitre 5.*

► *Voir la section "Réduction de la communication entre beans entité", au Chapitre 5.*

► *Voir la section "Transfert de la logique métier dans une session", au Chapitre 5.*

► *Voir la section "Session Facade", au Chapitre 8.*

► *Voir la section "Composite Entity", au Chapitre 8.*

En cas de persistance gérée par les beans, il convient plutôt d'implémenter le code d'accès aux données en dehors des beans entité.

► *Voir la section "Séparation du code d'accès aux données", au Chapitre 5.*

► *Voir la section "Data Access Object", au Chapitre 9.*

Mise en cache des identificateurs et des références distantes aux beans entreprise

Lorsque les clients utilisent un bean entreprise, ils peuvent avoir besoin de mettre en cache certaines références pointant vers un bean entreprise, pour les utiliser ultérieurement. C'est le cas lorsque vous appliquez le pattern Business Delegate (voir la section "Business Delegate", au Chapitre 8) ; un délégué se connecte à un bean session et invoque les méthodes métier nécessaires sur le bean à la place du client. Lorsque le client utilise le délégué pour la première fois, celui-ci doit effectuer une recherche à l'aide de l'objet `EJBHome` pour obtenir une référence distante au bean session. Pour les requêtes consécutives, le délégué peut éviter les recherches en mettant en cache une référence distante ou son identificateur, en fonction des besoins. L'identificateur de `EJBHome` peut également être mis en cache pour éviter une recherche JNDI (*Java Naming and Directory Interface*) supplémentaire du point d'attache (*home*) du bean. Pour obtenir de plus amples détails sur l'utilisation d'un identificateur EJB ou de l'identificateur de `EJBHome`, veuillez vous reporter à la spécification EJB actuelle.

Mauvaises pratiques des couches métier et intégration

Correspondance directe entre le modèle objet et le modèle de beans entité

Résumé du problème

Lors de la conception d'une application EJB, une pratique souvent constatée consiste à faire correspondre directement le modèle objet avec les beans entité, ce qui conduit à transformer chaque classe du modèle objet en un bean entité. Cela génère un grand nombre de beans entité à grain fin.

La surcharge du conteneur et du réseau s'accroît à mesure que le nombre de beans entreprise augmente. Cette correspondance transforme également les relations des objets en relations entre beans entité. Il convient donc d'éviter cette situation, car les relations diminuent les performances du système.

Solution

Identifier les relations des objets dépendants d'un parent dans le modèle objet et les concevoir sous forme de beans entité à gros grain. Cela réduit le nombre de beans entité, puisque chacun d'eux se compose d'un groupe d'objets du modèle apparentés.

Refactorisation — *Voir la section "Elimination de la communication entre beans entité" au Chapitre 5.*

Pattern — *Voir la section "Composite Entity" au Chapitre 8.*

Consolider les opérations du workflow apparentées dans les beans session afin de fournir une couche uniforme et à gros grain pour l'accès au service.

Refactorisation — *Voir la section "Fusion des beans session" au Chapitre 5.*

Pattern — *Voir la section "Session Facade" au Chapitre 8.*

Correspondance directe du modèle relationnel et du modèle de beans entité

Résumé du problème

Lors de la conception d'un modèle EJB, il est déconseillé de modéliser chaque ligne d'une table sous forme de bean entité. Il est préférable de concevoir les beans entité sous la forme d'objets à gros grain, cette correspondance directe entraînant en effet un grand nombre de beans entité à grain fin, ce qui peut avoir un impact sur l'évolutivité.

Cette correspondance met également en œuvre des relations entre les tables (par exemple clé primaire/clé étrangère) sous forme de relations entre beans entité.

Solution

Adopter une approche orientée objet au lieu de s'appuyer sur les bases de données relationnelles préexistantes pour produire le modèle EJB.

Mauvaise pratique — *Voir la section "Correspondance directe entre le modèle objet et le modèle de beans entité" dans ce chapitre.*

Eviter les relations entre entités en concevant des objets métier à gros grain et en identifiant les objets qui dépendent de parents.

Refactorisation — *Voir la section "Elimination de la communication entre beans entité" au Chapitre 5.*

Refactorisation — *Voir la section "Transfert de la logique métier dans la session" au Chapitre 5.*

Pattern — *Voir la section "Composite Entity" au Chapitre 8.*

Correspondance directe de chaque cas d'utilisation avec un bean session

Résumé du problème

Certains concepteurs implémentent chaque cas d'utilisation avec un bean session unique, qui leur est propre. Cela génère des contrôleurs à grain fin responsables du service d'un seul type d'interaction. L'inconvénient de cette approche réside dans le fait qu'elle peut entraîner la création d'un grand nombre de beans session et augmenter de manière considérable la complexité de l'application.

Solution

Appliquer le pattern Session Facade pour regrouper les interactions apparentées dans un seul bean session. Cela diminue le nombre de beans session de l'application et profite des avantages de l'application du pattern Session Facade.

Refactorisation *Voir la section "Fusion des beans session" au Chapitre 5.*

Pattern *Voir la section "Session Facade" au Chapitre 8.*

Exposition de tous les attributs du bean entreprise par les méthodes get et set

Résumé du problème

Le fait d'exposer chaque attribut d'un bean entreprise à l'aide des méthodes `get` et `set` représente une mauvaise pratique. Elle oblige le client à effectuer de nombreuses invocations distantes à grain fin et entraîne la possibilité d'introduire un "bavardage" réseau considérable entre les couches. Chaque appel de méthode est potentiellement distant et crée une certaine surcharge du réseau, qui aura un impact sur les performances et l'évolutivité.

Solution

Utiliser un objet valeur pour transférer les données agrégées, à destination et en provenance du client, au lieu d'exposer les méthodes `get` et `set` pour chaque attribut.

Pattern *Voir la section "Value Object" au Chapitre 8.*

Intégration de la recherche de services dans les clients

Résumé du problème

Les objets des couches client et présentation ont fréquemment besoin de localiser des beans entreprise. Dans un environnement EJB, le conteneur utilise JNDI pour fournir ce service.

Placer la responsabilité de la localisation des services sur le client de l'application peut amener une certaine prolifération du code de recherche dans le code de l'application.

Toute modification du code de recherche se propage à tous les clients à la recherche des services. De même, l'intégration du code de recherche dans les clients les expose à la complexité de l'implémentation sous-jacente et introduit une certaine dépendance par rapport au code de recherche.

Solution

Encapsuler les détails de l'implémentation des mécanismes de recherche à l'aide d'un Service Locator.

Pattern — *Voir la section "Service Locator" au Chapitre 8.*

Encapsuler les détails de l'implémentation des composants de la couche métier, comme les beans session et entité, à l'aide de Business Delegate. Cela simplifie le code du client puisqu'il ne traite plus les beans entreprise et les services. Business Delegate peut à son tour utiliser le Service Locator.

Refactorisation — *Voir la section "Introduction d'un Business Delegate" au Chapitre 5.*

Pattern — *Voir la section "Business Delegate", au Chapitre 8.*

Utilisation d'un bean entité comme objet en lecture seule

Résumé du problème

N'importe quelle méthode de bean entité est soumise à la sémantique de la transaction, en fonction des niveaux d'isolation des transactions spécifiés dans le descripteur de déploiement. L'utilisation d'un bean entité sous forme d'objet en lecture seule ne fait que gaspiller des ressources onéreuses et génère des mises à jour inutiles dans le stockage persistant. Cela est dû à l'invocation des méthodes `ejbStore()` par le conteneur au cours du cycle de vie du bean entité. Etant donné que le conteneur n'a aucun moyen de savoir si les données ont été modifiées au cours d'une invocation de méthode, il doit supposer que c'est le cas et invoquer l'opération `ejbStore()`. Par conséquent, il n'opère aucune distinction entre les beans entité en lecture seule et les beans en lecture/écriture. Toutefois, certains conteneurs peuvent fournir des beans entité en lecture seule, mais il s'agit d'implémentations propriétaires.

Solution

Encapsuler tous les accès à la source de données à l'aide du pattern Data Access Object. Cela fournit une couche centralisant le code d'accès aux données et simplifie également le code du bean entité.

Pattern *Voir la section "Data Access Object", au Chapitre 9.*

Implémenter l'accès en lecture seule grâce à un bean session, généralement sous la forme d'une Session Facade utilisant un Data Access Object (ou DAO).

Pattern *Voir la section "Session Facade", au Chapitre 8.*

Pour obtenir une liste des objets valeur, il est possible d'implémenter le pattern Value List Handler.

Pattern *Voir la section "Value List Handler", au Chapitre 8.*

Pour obtenir un modèle de données complexe à partir de la couche métier, il est possible d'implémenter le pattern Value Object Assembler.

Pattern *Voir la section "Value Object Assembler", au Chapitre 8.*

Utilisation de beans entité sous forme d'objets à grain fin

Résumé du problème

Les beans entité ont pour objectif de représenter des composants métier transactionnels persistants, à gros grain. L'utilisation d'un bean entité en vue de représenter des objets à grain fin augmente globalement la surcharge du réseau et du conteneur, avec un impact potentiel sur les performances de l'application et son évolutivité.

Un objet à grain fin a relativement peu de signification tant qu'il n'est pas associé à un autre objet (généralement un objet parent à gros grain). Par exemple, un objet `article` peut être considéré comme un objet à grain fin car il a peu de valeur tant qu'il n'est pas associé à un objet `commande`. Dans cet exemple, l'objet `commande` représente l'objet à gros grain et l'objet `article` est l'objet à grain fin.

Solution

Lors de la conception de beans entreprise basés sur un schéma de SGBDR préexistant,

Mauvaise pratique — *Voir la section "Correspondance directe entre le modèle relationnel et le modèle de beans entité" dans ce chapitre.*

Lors de la conception de beans entreprise à l'aide d'un modèle objet,

Mauvaise pratique — *Voir la section "Correspondance directe entre le modèle objet et le modèle de beans entité" dans ce chapitre.*

Concevoir des beans entité et des beans session à gros grain. Appliquer les patterns et refactorisations suivants qui permettent de promouvoir la conception de beans entreprise à gros grain.

Pattern — *Voir la section "Composite Entity" au Chapitre 8.*

Pattern — *Voir la section "Session Facade" au Chapitre 8.*

Refactorisation — *Voir la section "Elimination de la communication entre beans entité"au Chapitre 5.*

Refactorisation — *Voir la section "Transfert de la logique métier dans une session" au Chapitre 5.*

Refactorisation — *Voir la section "Logique métier dans les beans entité", dans ce chapitre.*

Refactorisation — *Voir la section "Fusion des beans session" au Chapitre 5.*

Mémorisation de la totalité d'un graphe d'objets dépendants du bean entité

Résumé du problème

Lorsqu'une structure arborescente complexe d'objets dépendants est utilisée dans un bean entité, les performances peuvent rapidement se dégrader lors du chargement et du stockage de la totalité de cet arbre. Lorsque le conteneur invoque la méthode `ejbLoad()` du bean entité, soit pour le chargement initial, soit pour des rechargements, en vue de la synchronisation avec la banque persistante, le chargement de la totalité de l'arbre d'objets dépendants peut se révéler un véritable gaspillage. De même, lorsque le conteneur invoque la méthode `ejbStore()` du bean entité à tout moment, le stockage de la totalité de l'arbre d'objets peut être onéreux et inutile.

Solution

Identifier les objets dépendants ayant changé depuis la précédente opération de stockage et ne mettre à jour que ces objets dans le stockage persistant.

Pattern *Voir la section "Composite Entity" et la stratégie "Optimisation du stockage (Dirty Marker)" Strategy" au Chapitre 8.*

Implémenter une stratégie visant à charger uniquement les données le plus souvent demandées. Charger les autres objets dépendants à la demande.

Pattern *Voir la section "Composite Entity" et la stratégie "Chargement retardé" au Chapitre 8.*

Ces stratégies peuvent permettre d'éviter de charger et de mémoriser la totalité d'un arbre d'objets dépendants.

Exposition des exceptions liées à EJB à des clients non EJB

Résumé du problème

Les beans entreprise peuvent lancer des exceptions d'applications et les envoyer aux clients. Cela permet au client de gérer correctement l'exception et d'entreprendre une autre action. C'est généralement ainsi que le développeur de l'application les comprend et les gère.

Toutefois, malgré l'emploi de ces bonnes pratiques de programmation, les clients risquent de continuer à recevoir des exceptions liées à EJB, comme `java.rmi.RemoteException`. Cela peut survenir si le bean entreprise ou le conteneur rencontrent une panne système liée au bean entreprise.

Il revient alors au développeur de l'application, qui peut ne pas être au courant des exceptions et de la sémantique EJB, de comprendre les détails de l'implémentation des exceptions non liées à l'application qui peuvent être lancées par les composants de la couche métier. En outre, les exceptions non liées à l'application peuvent ne pas fournir les informations nécessaires pour aider l'utilisateur à rectifier le problème.

Solution

Découpler les clients de la couche métier et masquer les détails de l'implémentation de la couche métier aux clients, à l'aide de Business Delegate. Celui-ci intercepte toutes les exceptions de service et peut lancer une exception d'application.

Business Delegate est constitué d'objets Java ordinaires qui sont locaux au client. Habituellement, Business Delegate est créé par les développeurs EJB et fourni aux développeurs du client.

Refactorisation *Voir la section "Introduction d'un Business Delegate" au Chapitre 5.*

Pattern *Voir la section "Business Delegate" au Chapitre 8.*

Utilisation de méthodes de recherche retournant de nombreux résultats

Résumé du problème

Bien souvent, les applications ont besoin de rechercher et d'obtenir une liste de valeurs. L'utilisation de méthodes de recherche EJB sur une collection importante de beans entité renverra une liste de références distantes. Par conséquent, le client doit invoquer une méthode sur chaque référence distante pour se procurer les données. Il s'agit d'un appel distant et l'opération peut devenir très coûteuse, en particulier en termes de performances, lorsque l'appelant effectue des appels distants sur chaque référence de bean entité dans la collection.

Solution

Implémenter des requêtes à l'aide de beans session et de DAO pour obtenir une liste des objets valeur au lieu des références distantes. Utiliser un DAO pour effectuer les recherches à la place des méthodes de recherche EJB.

Pattern *Voir la section "Value List Handler" au Chapitre 8.*

Pattern *Voir la section "Data Access Object" au Chapitre 9.*

Le client collecte des données des composants métier

Résumé du problème

Les clients (dans la couche client ou la couche présentation) ont généralement besoin d'obtenir de la couche métier le modèle de données pour l'application. Etant donné que le modèle est implémenté par des composants métier, comme des beans entité, des beans session et des objets arbitraires, le client doit localiser les données, interagir avec elles et extraire des divers composants métiers celles qui sont nécessaires pour construire le modèle de données.

Ces actions introduisent une surcharge du réseau due au grand nombre d'invocations issues du client dans la couche métier. En outre, le client est couplé de manière plus étroite avec le modèle de l'application. Dans les applications qui peuvent avoir différents types de clients, ce problème de couplage se multiplie : une modification du modèle exige en effet de modifier également tous les clients qui contiennent le code pour interagir avec les composants métier qui constituent le modèle.

Solution

Découpler le client de la construction du modèle. Implémenter un composant de la couche métier qui soit responsable de la construction du modèle d'application.

Pattern *Voir la section "Value Object Assembler" au Chapitre 8.*

Utilisation de beans entreprise pour les transactions à long terme

Résumé du problème

Les beans entreprise (avant EJB version 2.0) conviennent au traitement synchrone. En outre, ils fonctionnent bien si chaque méthode implémentée dans un bean produit un résultat dans un délai prévisible et acceptable.

Si une méthode de bean entreprise a besoin d'un délai significatif pour traiter une requête client ou si elle se bloque lors du traitement, les ressources du conteneur, comme la mémoire et les threads, qui sont utilisés par le bean, seront bloquées également. Cette situation peut considérablement affecter les performances et épuiser les ressources du système.

Une transaction de bean entreprise qui se révèle longue à réaliser risque de verrouiller des ressources nécessaires à d'autres instances de beans entreprise, ce qui entraîne des goulets d'étranglement au niveau des performances.

Solution

Implémenter un service de traitement asynchrone à l'aide d'un *middleware* orienté message (MOM) avec une API JMS (*Java Message Service*), en vue de faciliter les transactions à long terme.

Pattern *Voir la section "Service Activator" au Chapitre 9.*

Reconstruction de l'état conversationnel à chaque invocation par un bean sans état

Résumé du problème

Certains concepteurs choisissent des beans session sans état pour augmenter l'évolutivité du produit. Ils peuvent par inadvertance décider de modéliser tous les processus métier sous la forme de beans session sans état, même si les beans session ont besoin de l'état conversationnel. Toutefois, étant donné que le bean session ne possède pas d'état, il doit reconstruire l'état conversationnel pour chaque invocation de méthode par exemple ne récupérant pas les données dans une base de données. Cela annule totalement l'effet de l'utilisation des beans session sans état et peut considérablement dégrader les performances.

Solution

Analyser le modèle d'interactions avant de choisir le mode sans état pour le bean session. Le choix d'un bean session avec ou sans états dépend de la nécessité de conserver l'état conversationnel entre les invocations de méthodes, comparée au coût de reconstruction de l'état à chaque invocation dans un bean session sans état.

Pattern *Voir le pattern "Session Facade", et les stratégies "Façade de session sans état" et "Façade de session à états" au Chapitre 8.*

Conception *Voir les sections "Beans session, avec ou sans états" et "Mémoriser un état dans la couche métier", dans ce chapitre.*

5

Refactorisations J2EE

Au sommaire de ce chapitre

- ✔ Refactorisations de la couche présentation
- ✔ Refactorisations des couches métier et intégration
- ✔ Refactorisations générales

Refactorisations de la couche présentation

Introduction d'un contrôleur

La logique de contrôle est répartie dans la totalité de l'application, et généralement dupliquée dans plusieurs vues JSP (*Java Server Pages*).

Placer la logique de contrôle dans une ou plusieurs classes contrôleurs jouant le rôle de point de contact initial pour gérer les requêtes des clients.

Motivation

Le code de contrôle dupliqué dans plusieurs pages JSP doit également être maintenu dans chacune de ces pages. Le placer dans une ou plusieurs classes contrôleur centralisées améliore la modularité et les capacités de réutilisation de l'application et en facilite la maintenance.

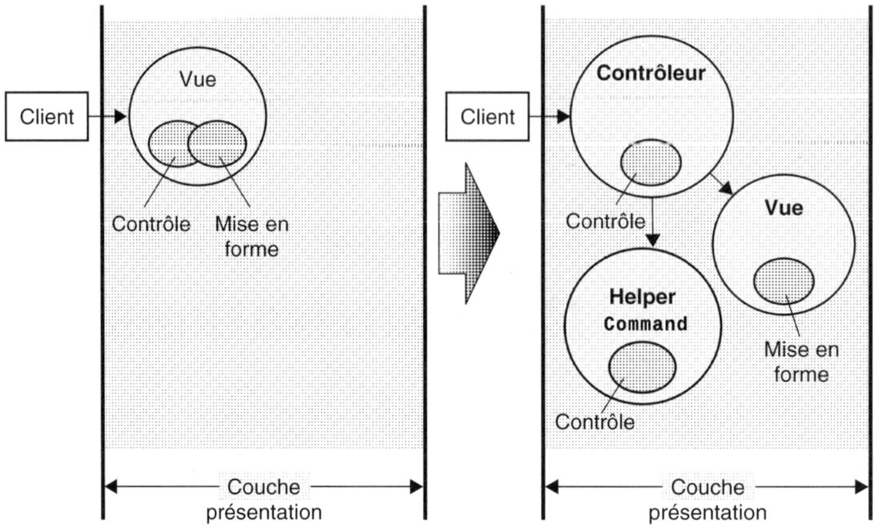

Figure 5.1
Introduction d'un contrôleur.

Mécanisme

- Basez-vous sur Front Controller pour appliquer Extract Class [Fowler]. Créez une classe contrôleur et transférez la logique de contrôle dupliquée dans chaque page JSP vers ce contrôleur.

  ▶ *Voir la section "Front Controller" au Chapitre 7.*

  Souvenez-vous que le contrôleur constitue un point de délégation destiné à contrôler la gestion des requêtes. Partitionnez le code sans perdre de vue les aspects modularité et réutilisation. N'intégrez pas nécessairement la totalité du code de contrôle directement au sein d'un même contrôleur, mais envisagez plutôt de créer des composants helpers auxquels il pourrait déléguer.

  ▶ *Voir la section "Créer des contrôleurs lourds", au Chapitre 3.*

- Le code de contrôle peut également être encapsulé dans des objets de commande qui fonctionnent en coordination avec le contrôleur, en appliquant le pattern Commande [GoF].

  ▶ *Voir la section "Front Controller" au Chapitre 7.*

Exemples

Supposons qu'un grand nombre de nos pages JSP présentent la structure de l'Exemple 5.1.

Exemple 5.1 : Introduction d'un contrôleur — Structures JSP

```
<HTML>
<BODY>
<control:grant_access/>
.
.
.

</BODY>
</HTML>
```

Les trois points verticaux représentent le corps de chaque page JSP, qui ne figure pas dans cet exemple. Même si cette partie diffère pour chaque page, le helper situé en haut de la page, et implémenté sous forme de balise personnalisée, demeure identique. Il est responsable du contrôle d'accès à cette page. Or, il s'agit d'un contrôle de type "tout ou rien", ce qui signifie qu'un client peut accéder à la totalité de la page ou s'en voir refuser entièrement l'accès.

Si nous modifions la conception et que nous introduisions un contrôleur, nos pages JSP n'incluront plus la balise `<control:grant_access/>` qui figure dans l'Exemple 5.1. En revanche, nous disposerons d'un contrôleur centralisé qui gérera ce comportement, en procédant à la vérification du contrôle d'accès que nous avons supprimé dans chaque page JSP. L'Exemple 5.2 présente un extrait du code du contrôleur, implémenté sous forme de servlet.

Exemple 5.2 : Introduction d'un contrôleur — Structure du contrôleur

```
if (grantAccess())
{
    dispatchToNextView();
}
else
{
    dispatchToAccessDeniedView();
}
```

Bien entendu, il existe des cas où les helpers conviennent bien pour le code de contrôle. Par exemple, lorsque seule une petite partie de nos pages JSP nécessite ce type de contrôle d'accès, nous pouvons inclure un helper implémenté sous forme de balise personnalisée dans chacune d'elles. Nous pouvons également utiliser cette technique pour contrôler l'accès à certaines sous-vues d'une vue composite (voir la section "Composite View" au Chapitre 7).

Si nous utilisons déjà un contrôleur, nous pouvons malgré tout y ajouter ce comportement, le nombre de pages que nous souhaitons protéger pouvant croître au fil du temps. Dans le cas d'un contrôleur existant, extrayez simplement le code de contrôle des vues et ajoutez-le lui. Cela nous permet de déplacer des méthodes (à l'aide du pattern Move Method [Fowler]) au lieu d'extraire une nouvelle classe.

Introduction d'un jeton de synchronisation

Les clients doublent parfois leurs requêtes de ressources, situation qu'il convient de surveiller et de contrôler. Il leur arrive également d'accéder à certaines vues périmées lorsqu'ils utilisent des signets.

Utilisez un jeton (*token*) pour surveiller et contrôler le flux de requêtes et l'accès des clients à certaines ressources.

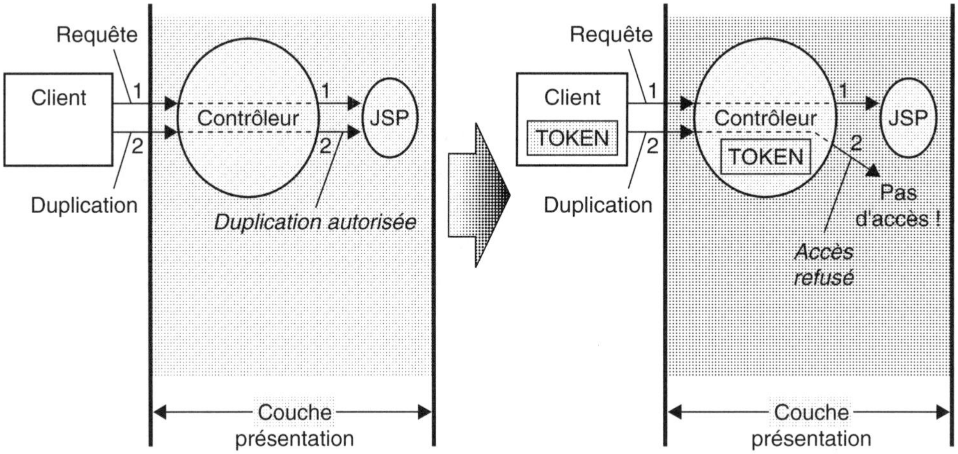

Figure 5.2

Introduction d'un jeton de synchronisation.

Motivation

Il existe plusieurs scénarios dans lesquels on peut souhaiter contrôler une requête entrante. L'une des raisons les plus courantes est de vouloir contrôler la duplication des requêtes de la part d'un client. Cette situation survient lorsque l'utilisateur clique sur les boutons Précédent ou Stop de son navigateur, puis renvoie un formulaire.

Même si ce problème se traduit principalement par le contrôle de l'ordre ou du flux des requêtes, il concerne également le contrôle d'accès basé sur les permissions. Pour introduire ce type de contrôle, reportez-vous à la section "Masquage des ressources aux clients" dans ce chapitre.

Mécanisme

- Créez une ou plusieurs classes helpers responsables de la génération et de la comparaison de jetons à utilisation unique.

  Cette logique peut aussi être ajoutée à des composants de contrôle existants.

  Le composant qui gère cette activité (généralement un contrôleur, éventuellement une page JSP) délègue à ces helpers, en mémorisant temporairement un nouveau jeton pour chaque envoi du client.

  Une copie du jeton est mémorisée pour chaque utilisateur sur le serveur et sur le navigateur client. Sur ce dernier, il est généralement stocké sous forme de champ caché ; sur le serveur, il est intégré à une session utilisateur.

A quel moment un jeton est-il généré et stocké ? A quel moment un jeton est-il vérifié ?

Avant le traitement d'une requête entrante, la correspondance du jeton de synchronisation est testée. Puis la nouvelle valeur du jeton est générée et mémorisée, après traitement de la requête, mais avant que la réponse ne soit préparée et adressée au client.

Pour obtenir de plus amples informations, voir la section "Introduction d'un jeton de synchronisation" dans ce chapitre, ainsi que la Figure 5.3.

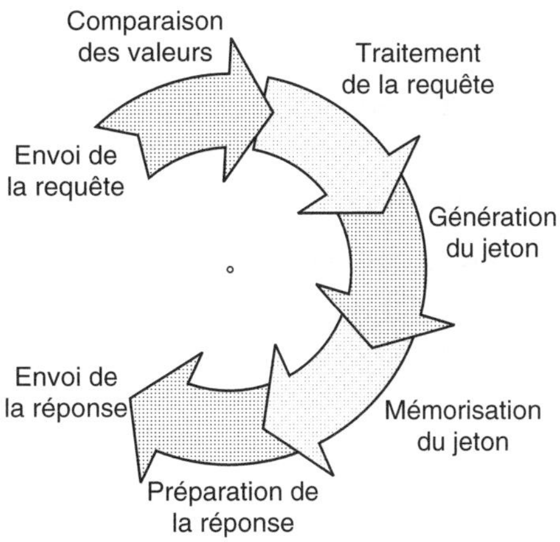

Figure 5.3

Cycle de vie d'un jeton de synchronisation.

- Ajoutez une section de code permettant de vérifier si le jeton qui accompagne la requête du client correspond au jeton de la session utilisateur.

  Le jeton qui provient du client dans la requête courante doit être le même que celui que le serveur a envoyé au client avec sa dernière réponse. Une correspondance entre ces deux valeurs confirme qu'il ne s'agit pas d'un envoi dupliqué, tandis qu'une absence de correspondance suggère cette possibilité.

  Les valeurs peuvent également ne pas correspondre pour d'autres raisons, par exemple lorsqu'un utilisateur accède directement à une page *via* un signet, mais l'envoi d'une requête dupliquée en est la raison la plus habituelle (voir la section "Contrôle de l'accès client", au Chapitre 3, pour plus d'informations).

- Un contrôleur gère généralement la génération du jeton et sa comparaison. Envisagez d'introduire un contrôleur s'il n'en existe pas déjà un.

  ▶ *Voir la section "Introduction d'un contrôleur", dans ce chapitre.*

  En l'absence de contrôleur permettant de centraliser la gestion de la génération et de la comparaison des jetons, il convient de référencer ce comportement à partir de chaque page JSP.

  Habituellement, la page JSP délègue à un composant helper, implémenté sous la forme de JavaBean ou de balise personnalisée (voir la section "View Helper", au Chapitre 7) qui encapsule la gestion du jeton.

Les extraits de code source de cette section sont reproduits conformément aux termes de la licence Apache Software, Version 1.1. Reportez-vous en fin d'ouvrage pour consulter les conditions de cette licence.

Exemples

Le *framework* de présentation Struts applique plusieurs des patterns et des refactorisations J2EE. Il introduit ce type exact de contrôle du flux des requêtes et nous en utiliserons des extraits dans notre exemple.

Au lieu de créer une classe utilitaire séparée pour encapsuler la génération du jeton et la logique correspondante, Struts ajoute simplement cette fonctionnalité à une classe préexistante, qui fait partie de son mécanisme de contrôle. Cette classe, nommée `Action`, est la super-classe commune dont dérivent toutes les actions. Les `Actions` sont des objets `Command` qui étendent la fonctionnalité du contrôleur. Il s'agit d'une application de la stratégie Commande et Contrôleur du pattern Front Controller.

Comme indiqué à l'Exemple 5.3, la méthode `saveToken()`, qui fait partie de la classe `Action`, génère et mémorise les valeurs des jetons.

Exemple 5.3 : Génération et mémorisation des jetons

```
/**
* Mémorise un nouveau jeton de transaction dans la
* session actuelle de l'utilisateur, ce qui crée
* une nouvelle session, si nécessaire.
*
* @param request La requête de servlet que nous traitons
*/
protected void saveToken(HttpServletRequest request) {

HttpSession session = request.getSession();
String token = generateToken(request);
if (token != null)
  session.setAttribute(TRANSACTION_TOKEN_KEY, token);
}
```


Cette méthode génère un jeton unique, calculé à l'aide de l'ID de session et de l'heure courante ; puis elle mémorise cette valeur dans la session de l'utilisateur.

A un moment donné, généralement tout de suite avant la génération de l'affichage HTML destiné au client émetteur d'une requête que nous ne souhaitons pas voir dupliquer, un jeton à utilisation unique est défini, comme nous l'avons vu précédemment, par l'appel de méthode suivant :

```
saveToken(request);
```

En outre, la page JSP responsable de la génération de cet affichage HTML inclut également une portion de code, qui délègue à une classe helper la génération d'un champ caché contenant la valeur de ce jeton. Dès lors, la page envoyée au client, qui comprend généralement un formulaire à renvoyer au serveur, contient un champ caché du type :

```
<input type="hidden" name="org.apache.struts.taglib.html.TOKEN"
➥value="8d2c392e93a39d299ec45a22">
```

L'attribut `value` de ce champ caché correspond à la valeur du jeton générée par la méthode `saveToken()`.

Lorsque le client envoie la page contenant ce champ caché, le contrôleur délègue à un objet `Command` (une sous-classe de la classe `Action`) qui compare la valeur du jeton de la session utilisateur à la valeur du paramètre de l'objet de requête provenant du champ caché dans la page. L'objet Command utilise la méthode présentée à l'Exemple 5.4, également extraite de sa super-classe (la classe Action) afin de comparer les valeurs.

Exemple 5.4 : Vérification de la validité d'un jeton

```
/**
* Retourner <code>true</code> si un jeton de transaction
* est mémorisé dans la session utilisateur courante,
* et si la valeur envoyée sous forme de paramètre de requête
* avec cette action lui correspond.
*
* Retourner <code>false</code>
* dans tous les cas suivants :
* <ul>
* <li>Aucune session n'est associée à cette requête</li>
* <li>Aucun jeton de transaction n'est mémorisé dans la session</li>
* <li>Aucun jeton de transaction n'est inclus sous forme de
* paramètre de requête</li>
* <li>La valeur du jeton de transaction incluse ne correspond
* pas au jeton de transaction de la session
*     utilisateur</li>
* </ul>
*
* @param request La requête de servlet que nous traitons
*/

protected boolean isTokenValid(HttpServletRequest request) {

    // Récupère le jeton de transaction mémorisé
    // dans notre session
    HttpSession session = request.getSession(false);
    if (session == null)
        return (false);
    String saved = (String)
        session.getAttribute(TRANSACTION_TOKEN_KEY);
    if (saved == null)
        return (false);
    // Récupère le jeton de transaction inclus dans cette
    // requête
    String token = (String)
        request.getParameter(Constants.TOKEN_KEY);
    if (token == null)
        return (false);

    // Les valeurs correspondent-elles ?
    return (saved.equals(token));

}
```

En cas de correspondance, nous pouvons être certains que cet envoi de requête n'est pas doublé. Si les jetons ne correspondent pas, à nous d'entreprendre alors l'action appropriée pour résoudre le problème.

Localisation de logiques disparates

La logique métier et la mise en forme de la présentation sont mélangées au sein d'une vue JSP.

Placer la logique métier dans une ou plusieurs classes helpers pouvant être utilisées par la page JSP ou par un contrôleur.

La Figure 5.4 présente une logique extraite d'une vue et placée dans des helpers.

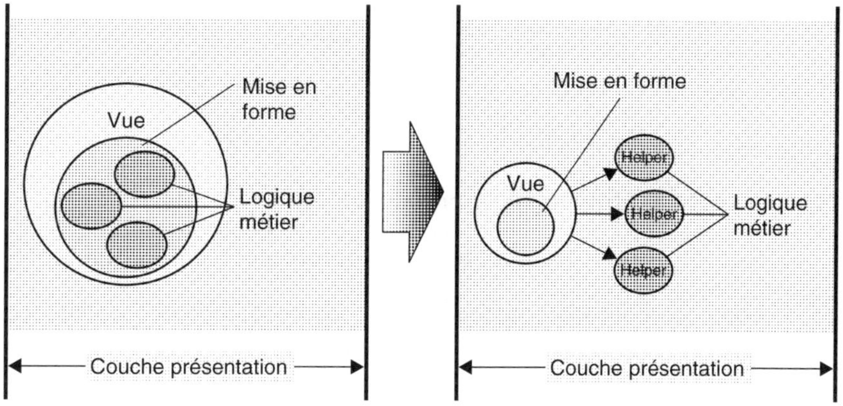

Figure 5.4
Localisation de logiques disparates : factoriser en amont.

La Figure 5.5 présente une logique extraite d'une vue et placée dans un contrôleur, un objet de commande et des helpers.

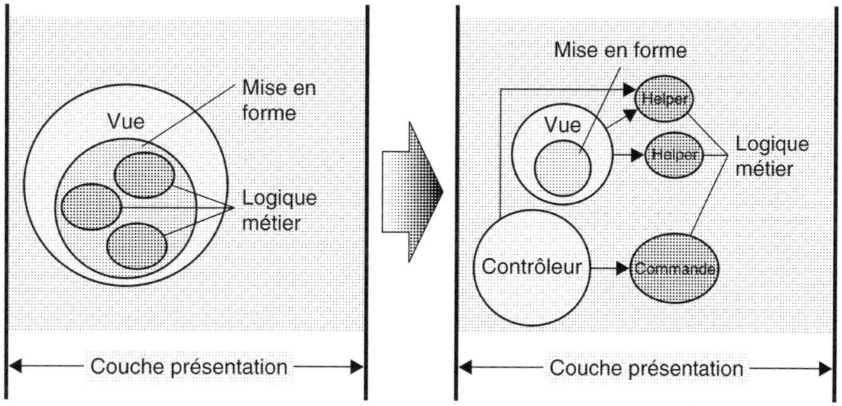

Figure 5.5
Localisation de logiques disparates : factoriser en aval.

Motivation

Créer des abstractions plus nettes, augmenter la cohésion et réduire le couplage améliorent la modularité et la capacité de réutilisation. Des applications modulaires et bien partitionnées permettent également de mieux séparer les rôles des développeurs, l'équipe Web traitant le code de mise en forme et les développeurs d'application la logique métier.

Mécanisme

- Basez-vous sur View Helper pour appliquer le pattern Extract Class [Fowler] et créer de nouvelles classes helpers, en extrayant la logique métier des pages JSP pour la placer dans ces helpers.
- Déléguez à ces classes helpers depuis les pages JSP.

  ▶ *Voir la section "View Helper", au Chapitre 7.*

  Le point de contact initial permettant de gérer la requête du client pourrait être la vue, comme indiqué dans le diagramme de factorisation en amont de la Figure 5.4.

  ▶ *Voir la section "Dispatcher View", au Chapitre 7.*

- Envisagez d'introduire un contrôleur, s'il n'en existe pas déjà un.

  ▶ *Voir la section "Introduction d'un contrôleur", dans ce chapitre.*

  Comme indiqué dans le diagramme de factorisation en aval de la Figure 5.5, le contrôleur peut utiliser un helper commande.

  Le point de contact initial permettant de gérer la requête du client pourrait être le contrôleur, comme indiqué dans le diagramme de factorisation en aval.

  ▶ *Voir la section "Service to Worker", au Chapitre 7.*

Exemples

Nous commencerons par le code de l'Exemple 5.5. Il s'agit d'une page JSP comprenant un important volume de scriptlets, qui entremêlent la logique métier et la vue.

Exemple 5.5 : JSP et scriptlets

```
<html>
<head><title>Liste des employés</title></head>
<body>
<%-- Enumère tous les employés appartenant à un service et recevant au
➥plus le salaire donné --%>

<%
```

```
    // Extrait le service auquel appartiennent
    // les employés
    String deptidStr = request.getParameter(
        Constants.REQ_DEPTID);

    // Extrait la contrainte du salaire maximum
    String salaryStr = request.getParameter(
        Constants.REQ_SALARY);

    // valide les paramètres

    // si le salaire ou le service ne sont pas indiqués, aller à
    // la page d'erreur
    if ( (deptidStr == null) || (salaryStr == null ) )
    {
       request.setAttribute(Constants.ATTR_MESSAGE,
        "Nombre de paramètres de requête insuffisant" +
        "(Service et Salaire)");
       request.getRequestDispatcher("/error.jsp").
         forward(request, response);
    }

    // conversion en chiffres
    int deptid = 0;
    float salary = 0;
    try
    {
        deptid = Integer.parseInt(deptidStr);
        salary = Float.parseFloat(salaryStr);
    }
    catch(NumberFormatException e)
    {
       request.setAttribute(Constants.ATTR_MESSAGE,
          "Valeurs de recherche non valides" +
          "(ID service et salaire )");
       request.getRequestDispatcher("/error.jsp").
          forward(request, response);
    }

    // vérifie si les valeurs entrent dans les limites autorisées
    if ( salary < 0  )
    {
      request.setAttribute(Constants.ATTR_MESSAGE,
        "Valeurs de recherche non valides" +
        "(ID service et salaire )");
      request.getRequestDispatcher("/error.jsp").
        forward(request, response);
    }

%>

<h3><center> Liste des employés du service # <%=deptid%> gagnant au
➥plus <%= salary %>. </h3>
```

```
<%
    Iterator employees = new EmployeeDelegate().getEmployees(deptid);
%>

<table border="1" >
    <tr>
        <th> Prénom </th>
        <th> Nom </th>
        <th> Poste </th>
        <th> ID employé </th>
        <th> Impôts déductibles </th>
        <th> Remarques </th>
        <th> Salaire annuel </th>
    </tr>
<%
    while ( employees.hasNext() )
    {
        EmployeeVO employee = (EmployeeVO) employees.next();

        // s'affiche uniquement si critères de recherche probants
        if ( employee.getYearlySalary() <= salary )
        {
%>
        <tr>
          <td> <%=employee.getFirstName()%></td>
          <td> <%=employee.getLastName()%></td>
          <td> <%=employee.getDesignation()%></td>
          <td> <%=employee.getId()%></td>
          <td> <%=employee.getNoOfDeductibles()%></td>
          <td> <%=employee.getPerformanceRemarks()%>
                </td>
          <td> <%=employee.getYearlySalary()%></td>
        </tr>
<%
        }
    }
%>
</table>

<%@ include file="/jsp/trace.jsp" %>
<P> <B>La logique métier et la mise en forme de la présentation sont
➥entremêlées dans cette vue JSP. </B>

</body>
</html>
```

Cette page JSP génère un tableau HTML qui recense les employés à un certain niveau de salaire. Elle encapsule la mise en forme et la logique métier, comme l'indique la Figure 5.6.

Comme le montre l'Exemple 5.6, nous appliquons le pattern View Helper, en modifiant la conception et en extrayant le code des scriptlets de la vue JSP.

Figure 5.6

Vue entremêlant la logique métier et le code de mise en forme.

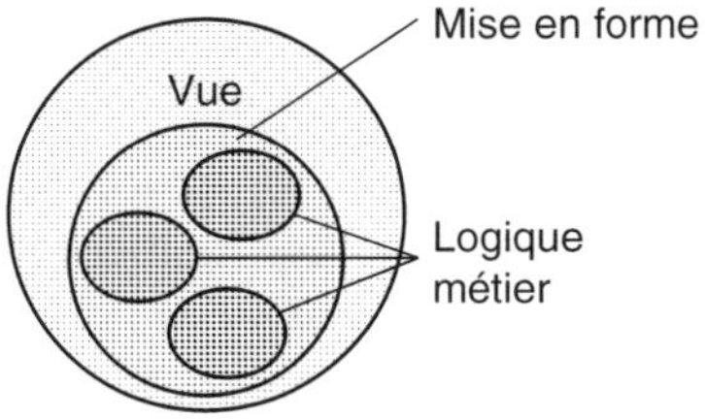

Exemple 5.6 : Page JSP avec extraction du code des scriptlets

```
<%@ taglib uri="/WEB-INF/corepatternstaglibrary.tld"
    prefix="corepatterns" %>
<html>
<head><title>Liste des employés</title></head>
<body>

<corepatterns:employeeAdapter />

<h3><center>Liste des employés dans le service
  <corepatterns:department attribute="id"/>
  - Utilisation d'une balise personnalisée comme helper</h3>

<table border="1" >
    <tr>
        <th> Prénom </th>
        <th> Nom </th>
        <th> Poste </th>
        <th> ID employé </th>
        <th> Impôts déductibles </th>
        <th> Remarques </th>
        <th> Salaire annuel </th>
    </tr>
    <corepatterns:employeelist id="employeelist_key">
    <tr>
      <td><corepatterns:employee
            attribute="FirstName"/></td>
      <td><corepatterns:employee
            attribute="LastName"/></td>
      <td><corepatterns:employee
            attribute="Designation"/> </td>
        <td><corepatterns:employee
            attribute="Id"/></td>
        <td><corepatterns:employee
            attribute="NoOfDeductibles"/></td>
        <td><corepatterns:employee
            attribute="PerformanceRemarks"/></td>
        <td><corepatterns:employee
            attribute="YearlySalary"/></td>
        <td>
     </tr>
    </corepatterns:employeelist>
```

```
</table>

</body>
</html>
```

Nous avons, en outre, implémenté deux helpers sous forme de balises personnalisées, dans le but d'encapsuler la logique métier et la logique de mise en forme, en traduisant le modèle de données en lignes et en colonnes de notre tableau HTML.

Les deux helpers correspondent à la balise `<corepatterns:employeelist>` et à la balise `<corepatterns:employee>`.

La Figure 5.7 montre que nous sommes passés de la conception représentée du côté gauche de la flèche à celle représentée du côté droit.

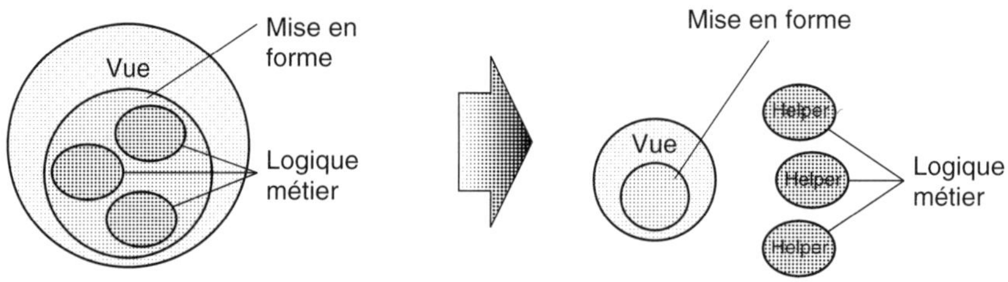

Figure 5.7
Extraction de la logique métier dans les classes helpers.

La logique métier a été placée dans des classes helpers au lieu d'être intégrée directement dans la page JSP. Ces helpers gèrent toute une série de tâches, notamment l'extraction du contenu, le contrôle d'accès et l'adaptation de l'état du modèle à l'affichage. Dans le deuxième cas, le helper encapsule une partie de la logique de traitement de la présentation, notamment la mise en forme d'un ensemble de résultats dans un tableau HTML. Voir aussi la section "Supprimer les conversions de la vue", dans ce chapitre. Cela nous aide à extraire autant de logique de programmation de la vue que possible, en utilisant ainsi la page JSP pour demander le tableau terminé au helper au lieu de devoir inclure des scriptlets dans la page JSP.

Les composants helpers peuvent être implémentés sous forme de JavaBeans ou de balises personnalisées (voir la section "View Helper", au Chapitre 7). Les helpers JavaBean sont en effet bien adaptés à l'encapsulation de l'extraction du contenu et du stockage des résultats, tandis que les balises personnalisées conviennent parfaitement à la tâche mentionnée précédemment, qui consiste à convertir le modèle pour l'affichage, par exemple pour créer un tableau à partir d'un ensemble de résultats. Il existe toutefois un léger chevauchement, et d'autres facteurs, tels que l'expérience du développeur ou la facilité de gestion, peuvent influencer le choix de l'implémentation d'un helper.

La deuxième solution de la section "Mécanisme" nous permet de simplement déléguer le travail aux helpers (voir la Figure 5.8).

Figure 5.8
Délégation du travail aux helpers.

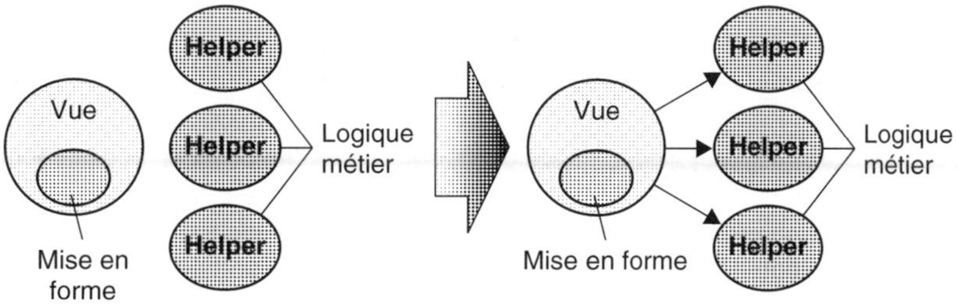

La vue JSP utilise des classes helpers pour traiter et générer la vue. On utilise généralement un contrôleur frontal à la page JSP, en guise de point de contact initial pour les requêtes du client (voir la section "Front Controller", au Chapitre 7 et la section "Introduction d'un contrôleur", dans ce chapitre). Le contrôleur dispatche à la vue, mais peut également déléguer auparavant le travail à des composants helpers (voir la section "Service to Worker" au Chapitre 7). Après l'introduction d'un contrôleur, nous avons effectué la transition présentée à la Figure 5.9.

Figure 5.9
Introduction d'un contrôleur.

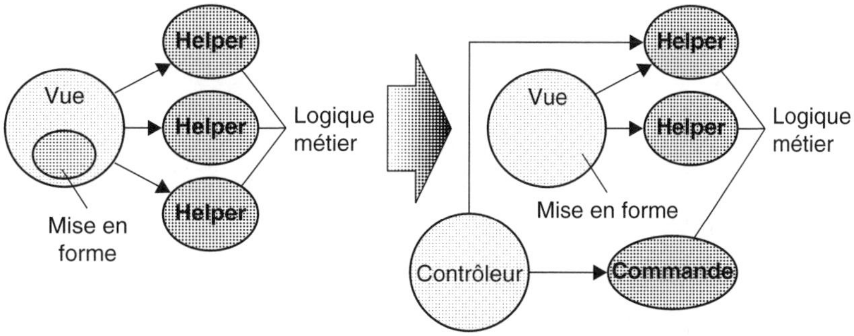

Masquage à la couche métier des détails spécifiques à la couche présentation

Les structures de données liées à la gestion des requêtes ou au protocole sont exposées par la couche présentation à la couche métier.

Supprimer de la couche métier toutes les références aux structures de données de la couche présentation, et relatives au protocole et à la gestion des requêtes. Passer les valeurs entre les couches à l'aide de structures de données et de types plus génériques.

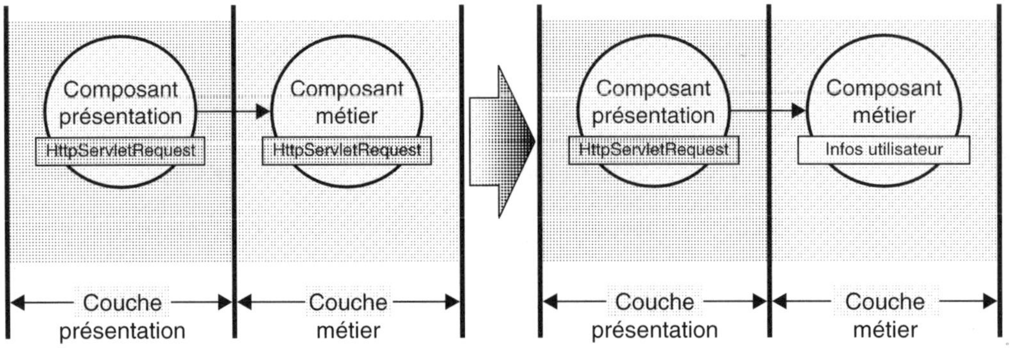

Figure 5.10

Masquage à la couche métier des détails spécifiques à la couche présentation.

Motivation

Les détails d'implémentation, spécifiques à une couche, ne doivent pas être introduits dans une autre. L'API de service exposée par la couche métier à la couche présentation risque en effet d'être également utilisée par d'autres clients. Si l'API de service accepte des paramètres contenant des types comme `HttpServletRequest`, chaque client du service sera obligé d'"emballer" ces données dans la structure de données d'une requête de servlet. Cela réduit considérablement les possibilités de réutiliser le service.

Mécanisme

- Remplacez toutes les références faites aux structures de données de la couche présentation dans la couche métier par des références à des types et des structures de données plus génériques.

  Il s'agit généralement de méthodes de la couche métier qui acceptent des paramètres avec des types comme `HttpServletRequest`, qui pourraient être remplacés par des paramètres de type plus générique comme `String`, `int` ou `UserInfo`.

- Modifiez le code client dans la couche présentation qui invoque ces méthodes.

  Des éléments de la structure de données de la couche présentation peuvent être passés aux méthodes de la couche métier, sous forme d'arguments individuels. Par exemple, si `HttpServletRequest` possède les paramètres `x`, `y` et `z`, une méthode de la couche métier, au lieu d'accepter `HttpServletRequest` en paramètre, pourrait accepter ces trois arguments individuellement sous forme de chaînes. Le fait de passer des arguments individuels à granularité fine présente l'inconvénient de coupler de manière plus étroite les détails de la couche présentation à l'API du service métier. Ainsi, en cas de modification de l'état exigé par le service, l'API du service doit également changer.

Une solution légèrement plus souple consiste à copier l'état de la structure de données de la couche présentation dans une structure plus générique, par exemple un objet valeur, qui est passé à la couche métier. Dans ce cas, l'API du service continue à accepter l'objet, même si les détails de l'implémentation changent.

- Il est également possible de mettre en œuvre une stratégie basée sur les types interface, en cas d'utilisation d'un framework de la couche présentation, comme le célèbre projet Struts [Struts].

Lors de la gestion d'une requête, les frameworks créent habituellement de nombreuses structures de données. Par exemple, un framework copiera généralement de manière transparente l'état concerné de la structure de données `HttpServletRequest` dans une structure plus générique, en convertissant les paramètres des requêtes en types de données spécifiques au framework. Même si ce type de données peut remplir le même rôle de base qu'un objet valeur, il demeure spécifique au framework. Dès lors, passer cette structure de données à la couche métier génère un couplage entre le framework de gestion des requêtes et les services métier. Dans ce cas, il est toujours possible d'adopter l'approche qui vient d'être décrite et de copier la structure de données spécifique au framework dans une structure plus générique, avant de la passer à la couche métier. Une solution plus efficace consisterait plutôt à créer un type interface générique qui refléterait les méthodes du type spécifique au framework. Si cette interface recouvre l'objet spécifique au framework, l'objet pourra alors être partagé avec la couche métier sans aucun couplage au framework.

Par exemple, si le framework instancie une sous-classe de `a.framework.StateBean`, appelée `mon.projet.MyStateBean`, celle-ci sera du type `StateBean` :

```
//Note : la création d'instances se fait généralement via une factory
//Note : paramètres non affichés pour plus de simplicité
a.framework.StateBean bean = new mon.projet.MyStateBean(…);
```

Si la couche métier acceptait ce bean en paramètre, le type serait `StateBean` :

```
public void aRemoteBizTierMethod(a.framework.StateBean bean)
```

Au lieu de passer le bean de type `StateBean` à la couche métier, introduisez une nouvelle interface nommée `mon.projet.MyStateVO`, et implémentée par `mon.projet.MyStateBean` :

```
public class MyStateBean extends a.framework.StateBean implements
➥MyStateVO
```

Maintenant, la couche métier peut inclure la signature de méthode suivante :

```
public void aRemoteBizTierMethod(mon.projet.MyStateVO bean)
```

Il n'est pas nécessaire de copier les paramètres dans un objet valeur plus générique, et le type de framework n'est plus exposé entre les couches.

- Enfin, souvenez-vous que vous pouvez encore réduire le couplage entre les parties de l'application non liées logiquement, en appliquant également cette refactorisation aux objets du domaine de la couche présentation.

  Visuellement, nous décrivons une opération analogue à celle de la Figure 5.11.

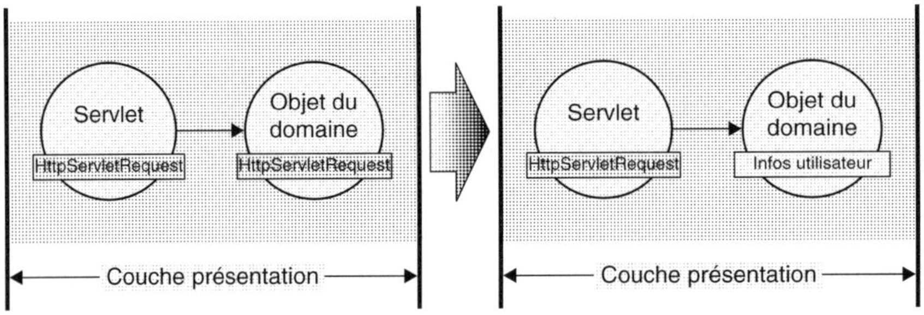

Figure 5.11

Masquage des détails spécifiques à la couche présentation aux objets de domaine.

La même motivation et le même mécanisme s'appliquent à cette situation ; nous ne souhaitons pas réduire la capacité de réutilisation de nos objets du domaine de base, comme les objets `Customer`.

Cela place toutes les références faites aux structures de données et liées au protocole dans et autour des composants de gestion des requêtes, comme le contrôleur. Un exemple de découplage entre `HttpServletRequest` et un objet du domaine est présenté aux Exemples 5.7 et 5.8, dans la section "Exemples".

Exemples

La classe `Customer` de l'Exemple 5.7 accepte une instance de `HttpServletRequest` en paramètre, ce qui réduit considérablement la nature générique de cet objet du domaine. Si un client non Web souhaitait utiliser cette classe `Customer`, il aurait besoin de générer en premier lieu un objet `HttpServletRequest`, ce qui est inapproprié.

Exemple 5.7 : Couplage étroit entre un objet du domaine et un objet HttpServletRequest

```
/** L'extrait suivant montre un objet du domaine trop étroitement
   couplé avec HttpServletRequest **/
public class Customer
{
  public Customer (HttpServletRequest request)
  {
       firstName = request.getParameter("firstname");
       lastName = request.getParameter("lastname ");
  }
}
```

Au lieu d'exposer l'objet `HttpServletRequest` à un objet `Customer` général, découplez simplement les deux, comme indiqué dans l'Exemple 5.8.

Exemple 5.8 : Couplage faible entre un objet du domaine et un objet HttpServletRequest

```
// L'objet du domaine n'est pas couplé avec HttpServletRequest
public class Customer
{
  public Customer (String first, String last)
  {
    firstName = first;
    lastName = last;
  }
}
```

Suppression des conversions de la vue

Des parties du modèle sont transformées pour un affichage dans un composant de vue.

Extraire tout le code de conversion d'une vue et l'encapsuler dans une ou plusieurs classes helpers.

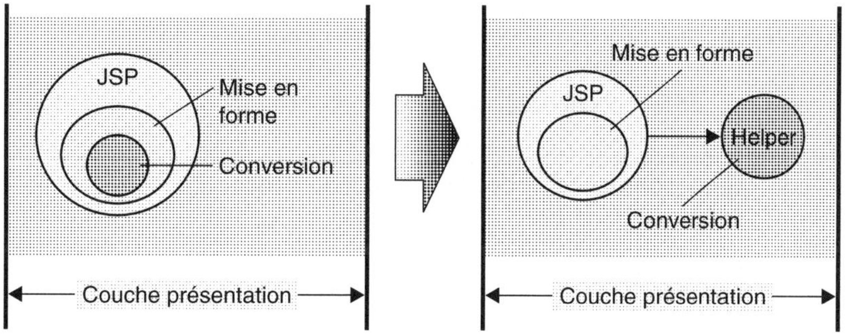

Figure 5.12
Suppression des conversions de la vue.

Motivation

L'intégration directe de la logique dans la vue JSP de la logique qui convertit le modèle pour pouvoir l'afficher réduit la modularité de l'application et la possibilité de la réutiliser. Comme ces conversions pourraient concerner plusieurs pages JSP, le code devrait être dupliqué, créant ainsi un type de réutilisation par copier-coller, générateur de problèmes de maintenance.

Mécanisme

- Appliquez Extract Class [Fowler] pour extraire la logique de conversion et d'adaptation des pages JSP et la placer dans des classes helpers.

  Vous pouvez, par exemple, convertir un ensemble de résultats (*resultset)* d'une base de données en tableau HTML, par le biais d'un code applicatif.

- Invoquez ces helpers à partir des pages JSP pour traiter les conversions et les adaptations selon vos besoins.

  La conversion est réalisée par la classe helper à laquelle la page JSP délègue la tâche.

Exemples

Dans cet exemple, nous examinons la logique permettant de convertir une série d'éléments, notamment un *resultset*, en tableau HTML. Même s'il s'agit en fait d'une logique de mise en forme, c'est également un code de conversion qui génère un tableau de résultats à partir d'un modèle intermédiaire. L'implémentation de cette conversion dynamique est réutilisable à condition qu'elle soit encapsulée dans une balise personnalisée au lieu d'être intégrée directement dans une page JSP.

L'Exemple 5.9 est un exemple de page JSP qui inclut ce type de logique de conversion intégrée directement dans sa source.

Exemple 5.9 : Logique de conversion intégrée dans une vue

```
<html>
<head><title>Liste des employés</title></head>
<body>

<h3><head><center>Liste des employés</h3>

<%
    String firstName =
      (String)request.getParameter("firstName");
    String lastName  =
```

```
        (String)request.getParameter("lastName");
      if ( firstName == null )
        // si aucun spécifique, les chercher tous
        firstName = "";
      if ( lastName == null )
        lastName = "";

      EmployeeDelegate empDelegate = new
              EmployeeDelegate();
      Iterator employees =
          empDelegate.getEmployees(
            EmployeeDelegate.ALL_DEPARTMENTS);
%>

<table border="1" >
    <tr>
        <th> Prénom </th>
        <th> Nom </th>
        <th> Poste </th>
    </tr>
<%
    while ( employees.hasNext() )
    {
        EmployeeVO employee = (EmployeeVO)
                              employees.next();

        if ( employee.getFirstName().
                startsWith(firstName) &&
              employee.getLastName().
                startsWith(lastName) ) {
%>
 <tr>
  <td><%=employee.getFirstName().toUpperCase() %></td>
  <td> <%=employee.getLastName().toUpperCase() %></td>
  <td> <%=employee.getDesignation()%></td>
 </tr>
<%
        }
    }
%>
</table>
```

La première étape consiste à transférer cette logique dans les classes helpers. Dans ce cas, ce sont des balises personnalisées qui constituent le choix le plus judicieux, car nous souhaitons supprimer autant de scriptlets que possible de la page JSP (voir la section "Note sur les helpers", au Chapitre 7). La page JSP est alors avertie qu'elle doit déléguer le traitement à ces helpers. L'Exemple 5.10 montre l'aspect que pourrait avoir la page JSP après ces étapes.

Exemple 5.10 : Logique transférée dans des classes helpers

```
<html>
<head><title>Liste des employés - Refactorisée</title>
</head>
<body>

<h3> <center>Liste des employés</h3>

<corepatterns:employeeAdapter />

<table border="1" >
    <tr>
        <th> Prénom </th>
        <th> Nom </th>
        <th> Poste </th>
    </tr>
<corepatterns:employeelist id="employeelist"
    match="FirstName, LastName">
<tr>

    <td><corepatterns:employee attribute= "FirstName" case="Upper" />
    ➥</td>
    <td><corepatterns:employee attribute= "LastName" case="Upper" />
    ➥</td>
    <td><corepatterns:employee attribute= "Designation" /> </td>
    <td>
 </tr>
</corepatterns:employeelist>
</table>
```

Etudions maintenant un autre type de conversion. Dans certains cas, des parties du modèle sont transformées en HTML par le biais de transformations XSL. Cela peut également être obtenu à l'aide de balises personnalisées. Une fois de plus, nous pouvons ainsi extraire la logique de la page JSP elle-même, pour obtenir des composants plus modulaires et mieux réutilisables. Voici un exemple de page JSP qui utilise des helpers implémentés sous forme de balises personnalisées au lieu d'effectuer ces conversions en ligne :

```
<%@taglib uri="http://jakarta.apache.org/taglibs/xsl-1.0" prefix="xsl" %>
<xsl:apply nameXml="model" propertyXml="xml" xsl="/stylesheet/
➥transform.xsl"/>
```

La balise XSL `apply` qui appartient à la bibliothèque de balises Jakarta [JakartaTaglibs] permet de générer la totalité de la présentation de cette page. On pourrait également l'employer pour ne générer que certains des éléments qui composent la page. L'invocation de la balise repose sur le fait qu'un bean existe dans un ensemble de pages nommé "model", avec une propriété nommée "xml". En d'autres termes, il existe dans un ensemble de pages une instance de bean dont une méthode a la signature suivante :

```
public String getXml()
```

Notons qu'il est possible d'effectuer ces types de conversion tout à fait indépendamment de JSP. Certains facteurs, comme le format de stockage du contenu ou la présence de technologies préexistantes peuvent dicter le choix de cette solution.

Masquage des ressources au client

Certaines ressources, comme les vues JSP, sont directement accessibles aux clients, alors que leur accès devrait être restreint.

Masquer certaines ressources par le biais de la configuration du conteneur ou par l'utilisation d'un composant de contrôle.

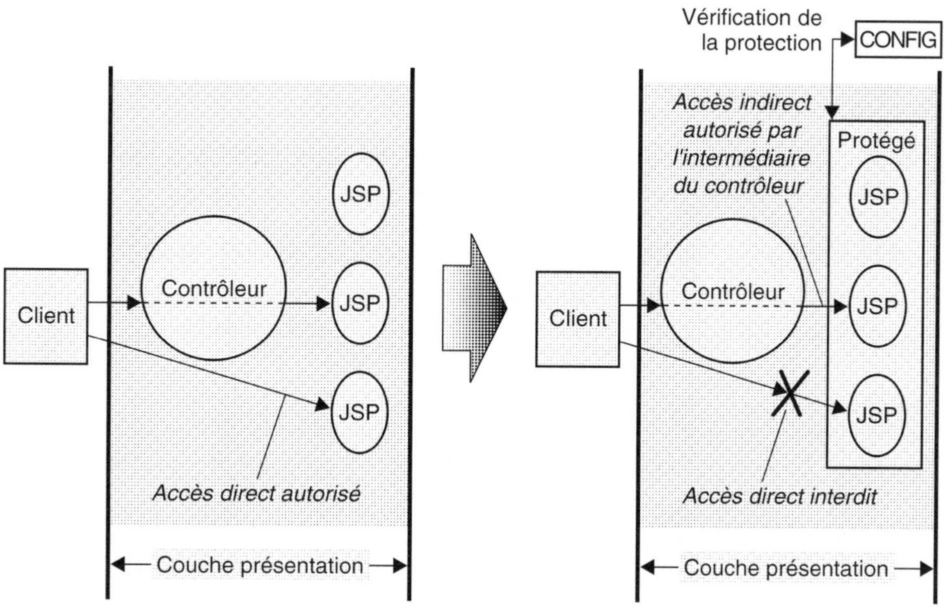

Figure 5.13

Accès restreint par la configuration du conteneur.

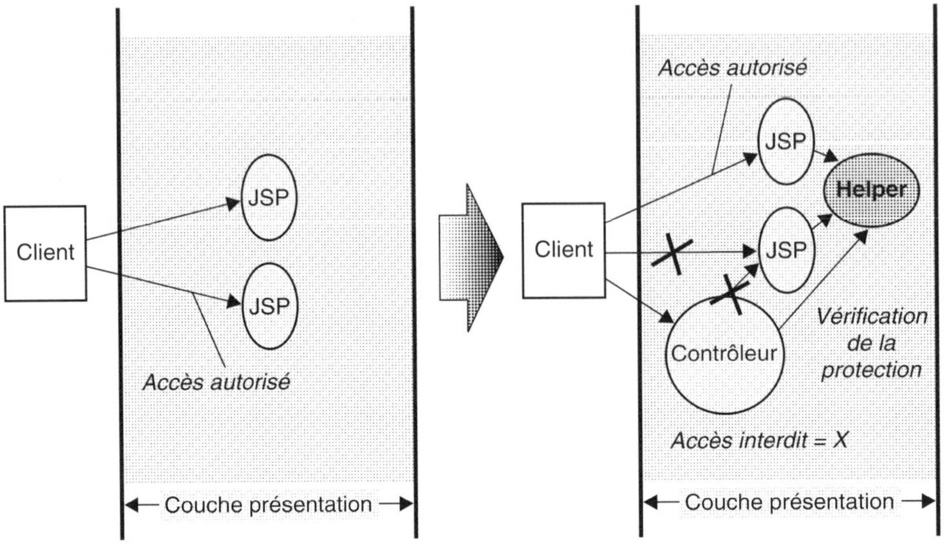

Figure 5.14

Accès restreint par l'utilisation d'un composant de contrôle.

Motivation

Le contrôle des requêtes entrantes est souvent souhaitable. Cette refactorisation décrit un contrôle et une protection basés sur une permission.

Lorsqu'il convient de contrôler l'ordre ou le flux des requêtes du client, introduire un jeton de synchronisation (voir la section "Introduction d'un jeton de synchronisation" dans ce chapitre).

Mécanisme

- Restreignez l'accès à certaines ressources (notamment les ressources Web et les servlets) par le biais de la configuration, en les déplaçant dans un sous-répertoire du répertoire `/WEB-INF/` de l'application Web.

  Par exemple, pour bloquer directement l'accès d'un navigateur à une vue appelée `info.jsp`, dans l'application Web `securityissues`, nous pourrions placer le fichier source JSP dans le sous-répertoire suivant : `/securityissues/WEB-INF/internalaccessonly/info.jsp`.

- Restreignez l'accès à l'aide d'un composant de contrôle.

Il est possible d'introduire un contrôleur (voir la section "Introduction d'un contrôleur" dans ce chapitre) ; celui-ci peut alors gérer l'accès aux ressources protégées.

En outre, chaque ressource à protéger peut gérer son propre contrôle d'accès, ce qui signifie qu'elle déléguerait ce traitement à une classe helper.

- Créez une ou plusieurs classes helpers.

  En fonction de l'implémentation, soit le contrôleur soit la page JSP délègue à ces classes helpers la vérification de l'opportunité d'accorder l'accès à la ressource.

Exemples

Accès restreint par la configuration du conteneur

Nous pouvons créer une page JSP appelée `info.jsp`, inaccessible à notre client, sauf par le biais d'un contrôleur, en déplaçant la page JSP sous le répertoire `/WEB-IN/`.

Si nous disposions d'une application Web appelée `corepatterns`, nous pourrions commencer avec la configuration suivante, sous le répertoire racine de notre serveur :

```
/corepatterns/secure_page.jsp
```

Par défaut, cela autorise l'accès direct du client à cette ressource, comme indiqué dans l'URL suivante :

```
http://localhost:8080/corepatterns/secure_page.jsp
```

Pour empêcher l'accès direct, nous pouvons simplement déplacer le fichier JSP dans un sous-répertoire du répertoire `/WEB-INF/`, ce qui nous donne ceci sous la racine de notre serveur :

```
/corepatterns/WEB-INF/privateaccess/secure_page.jsp
```

La hiérarchie du répertoire `/WEB-INF/` n'est accessible que de manière indirecte, par le biais de requêtes internes, comme celles provenant d'un contrôleur et d'un `RequestDispatcher`. Par conséquent, un navigateur client ne peut accéder à ce fichier que *via* une URL comparable à celle-ci :

```
http://localhost:8080/corepatterns/controller?view=/corepatterns/
➥WEB-INF/privateaccess/secure_page.jsp
```

Note : l'URL qui précède n'a qu'un objectif d'exemple et n'est *pas* une bonne manière de passer un chemin au serveur. Les paramètres de requête de la vue ne doivent pas exposer la structure des répertoires du serveur.

Si cette requête est gérée par une servlet jouant le rôle de contrôlcur, cellc-ci pcut transmettre la requête à `secure_page.jps`, en utilisant le `RequestDispatcher`.

D'autre part, si une tentative est faite pour accéder directement à la ressource, comme suit,

```
http://localhost:8080/corepatterns/WEB-INF/privateaccess/
➥secure_page.jsp
```

le serveur répond que la ressource demandée n'est pas disponible, comme dans la Figure 5.15.

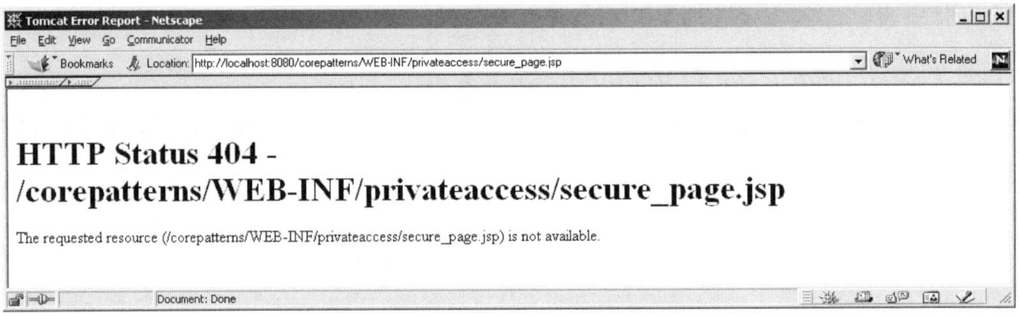

Figure 5.15

Capture d'écran : restriction d'accès direct du navigateur grâce à un simple fichier de configuration.

Accès restreint par l'utilisation d'un composant de contrôle

Une autre option de restriction d'accès consiste à déléguer à un composant de contrôle, comme indiqué à la Figure 5.14 et à l'Exemple 5.11.

Exemple 5.11 : Contrôle d'accès à l'aide d'un composant de contrôle

```
<%@ taglib uri="/WEB-INF/corepatternstaglibrary.tld"
➥prefix="corepatterns" %>
<corepatterns:guard/>
<html>
<head><title>Masquer les ressources au client</title></head>
<body>

<h2>Cette vue n'est affichée sur le client que si
le composant de contrôle autorise l'accès. La vue délègue
la vérification du contrôle à la balise de garde, en haut
de la page.</h2>
</body>
</html>
```

Refactorisations des couches métier et intégration

Encapsulation des entités dans une session

Les beans entité de la couche métier sont exposés aux clients dans une autre couche.

Utiliser une Session Facade pour encapsuler les beans entité.

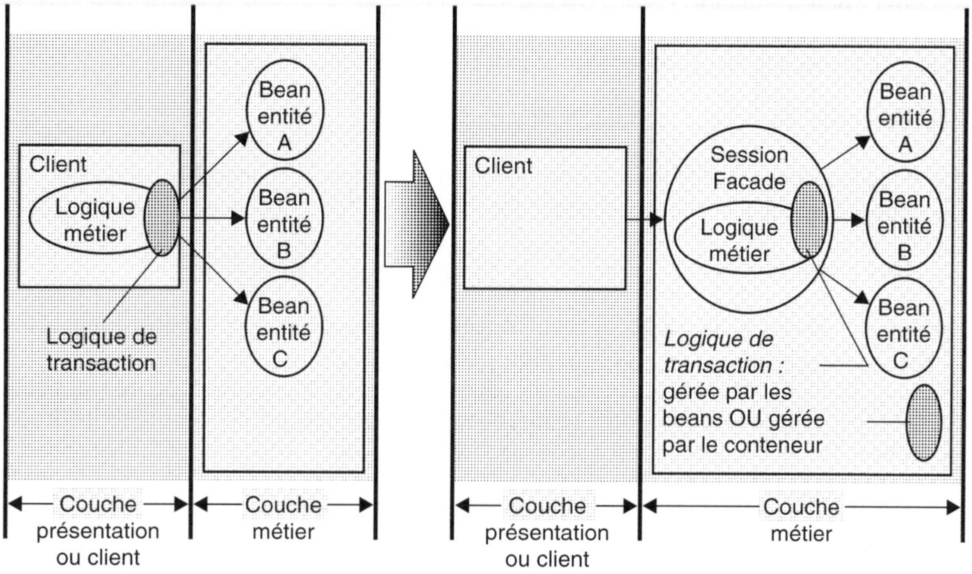

Figure 5.16

Encapsulation des entités dans une session.

Motivation

Les beans entité sont des objets distribués persistants à granularité importante. Le fait d'exposer le bean entité aux clients dans une couche différente entraîne une surcharge du réseau et une dégradation des performances, parce que chaque invocation du client sur le bean entité est un appel de méthode distant.

Les beans entité impliquent nécessairement que les transactions soient gérées par le conteneur. Exposer le bean entité aux clients peut imposer au développeur du client de comprendre, de concevoir et de démarquer les transactions lors du traitement de plusieurs beans entité. Il doit obtenir une transaction utilisateur de la part du gestionnaire de transactions, et coder l'interaction avec les beans entité afin qu'elle ait lieu dans le contexte de cette transaction. Puisque le client implémente la gestion de la transaction, il est impossible de profiter des avantages d'une démarcation de la transaction gérée par le conteneur.

Mécanisme

- Déplacez la logique métier afin qu'elle interagisse avec les beans entité, en dehors du client de l'application.
- Utilisez Extract Class [Fowler] pour extraire la logique du client.
- Utilisez un bean session en façade des beans entité.

  Ce bean session peut contenir la logique d'interaction du bean entité et la logique de workflow associée.

  ▶ *Voir la section "Session Facade" au Chapitre 8 pour plus de détails.*
- Implémentez des beans session pour fournir une couche d'accès uniforme et consolidée aux beans entité, en appliquant le pattern Session Facade.

  Le nombre d'interactions entre le client et les beans entité est maintenant déplacé dans la Session Facade, au niveau de la couche métier.

  Le nombre d'appels de méthode distants du client s'en trouve réduit.
- Implémentez la logique de transaction dans des beans session en cas d'utilisation de transactions gérées par les beans. Pour les transactions gérées par le conteneur, spécifiez les attributs de transactions pour le bean session dans le descripteur de déploiement.

  Etant donné que le bean session interagit avec les beans entité, le client n'est plus responsable de la démarcation des transactions.

  Ainsi, toutes les démarcations de transactions sont maintenant déléguées soit aux beans session, soit au conteneur, selon que le concepteur a choisi de faire gérer les transactions par l'utilisateur ou par le conteneur.

Introduction d'un Business Delegate

Les beans session de la couche métier sont exposés aux clients des autres couches.

Utiliser Business Delegate pour découpler les couches et masquer les détails de l'implémentation.

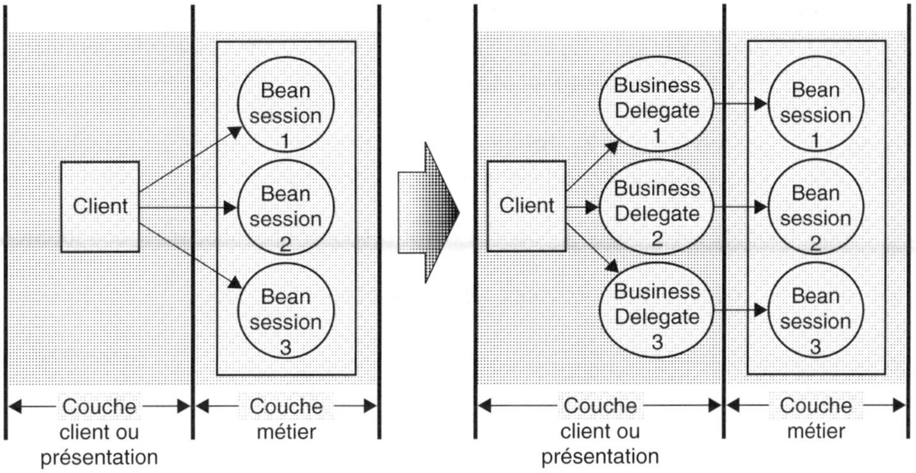

Figure 5.17
Introduction d'un Business Delegate.

Motivation

Des beans session servent à implémenter des façades aux beans entité, (voir les explications dans la section "Encapsulation des entités dans une session", dans ce chapitre). Ils offrent aux services métier des interfaces à granularité importante. Toutefois, l'exposition directe du bean session au client de l'application génère un couplage étroit entre le code du client de l'application et le bean session.

Exposer le bean session au client de l'application augmente la prévalence des appels aux beans session dans l'ensemble du code du client. Ainsi, toute modification de l'interface du bean session aura un impact sur chaque partie du code où le bean session est appelé, ce qui fragilise beaucoup ce code. Les clients sont aussi exposés aux exceptions du niveau du service rencontrées lors du traitement des beans entreprise. Cet effet est encore plus exagéré si vous envisagez des applications contenant différents types de clients, dans lesquelles chaque client utilise l'interface du bean session pour obtenir un service.

Mécanisme

- Pour chaque bean session directement exposé aux clients dans la couche, introduisez un Business Delegate.

  Un Business Delegate correspond à des classes Java ordinaires qui encapsulent les détails de la couche métier et interceptent les exceptions du niveau de service, au nom du client.

  ► *Voir la section "Business Delegate", au Chapitre 8.*

- Implémentez chaque Business Delegate afin qu'il traite avec son bean session, généralement sous forme de façade. Business Delegate est conçu à la manière d'une relation unaire avec sa Session Facade.

  Business Delegate réduit le couplage entre la couche client et les services métier (bean session) en masquant les détails de l'implémentation.

  Les clients traitent avec les délégués en invoquant sur eux les méthodes localement.

- Encapsulez le code lié aux services de recherche et à la mise en cache dans des délégués.

  Les délégués peuvent utiliser des localisateurs de services pour rechercher les services métier.

  ▶ *Voir la section "Service Locator", au Chapitre 8.*

Fusion des beans session

Il existe une correspondance unaire entre les beans session et les beans entité.

Faire correspondre les services métier à granularité importante et les beans session. Eliminer les beans session qui ne servent que de *proxy* aux beans entité, ou les combiner en beans session qui représentent des services métier à granularité importante.

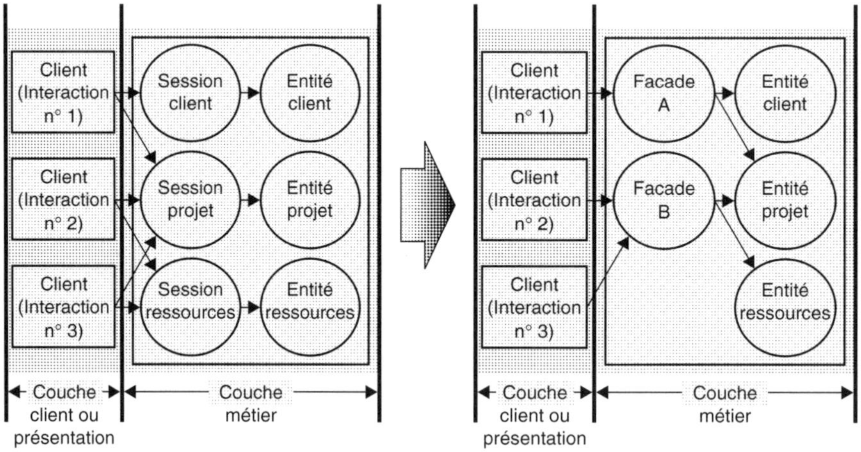

Figure 5.18

Fusion des beans session.

Motivation

Une correspondance unaire entre un bean session et un bean entité n'apporte aucun avantage. Elle introduit simplement une couche de beans session servant de *proxy*. C'est généralement le cas lorsque les développeurs créent des beans session pour servir de façade aux beans entité au lieu de représenter des services à granularité importante.

Certains concepteurs interprètent l'encapsulation des entités dans une session dans le sens où chaque bean entité doit être protégé par son propre bean session. Cette interprétation est incorrecte, car elle amène à concevoir les beans session comme des *proxy* et non comme des façades. Les inconvénients de l'exposition des beans entité aux clients sont traités dans la section "Encapsulation des entités dans une session", dans ce chapitre.

Dans la Figure 5.18, les différents clients servent différentes interactions. Chaque interaction implique un ou plusieurs beans entité. Avec une correspondance unaire entre bean session et bean entité, le client doit interagir avec chaque bean session servant de façade à un bean entité. Puisque le bean session constitue essentiellement un *proxy* de l'entité, ce scénario revient à exposer le bean entité directement au client.

Mécanisme

- Implémentez des beans session sous forme de façades pour les beans entité. Ainsi, chaque bean session fournit un service métier à granularité importante aux clients.
- Regroupez les beans session à granularité fine ou un ensemble de beans session agissant servant de *proxy* aux beans entité dans un seul bean session.

  Les beans session représentent des services métier à granularité importante.

  Les beans session représentent des données transactionnelles persistantes, à granularité importante.

  ▶ *Voir la section "Session Facade" au Chapitre 8.*
- Regroupez un ensemble d'interactions apparentées impliquant un ou plusieurs beans entité dans une seule Session Facade au lieu d'implémenter chaque interaction à l'aide d'un seul bean session.

  Cela réduit le nombre de beans session qui fournissent aux beans entité un accès uniforme et à granularité importante au service métier.

  Le nombre de façades de session est lié au groupage des interactions et non au nombre de beans entité.

Réduction de la communication entre beans entité

Les relations entre les beans entité introduisent une surcharge du modèle.

Réduire les relations entre les beans entité en utilisant des beans entité à granularité importante (Composite Entity) avec des objets dépendants.

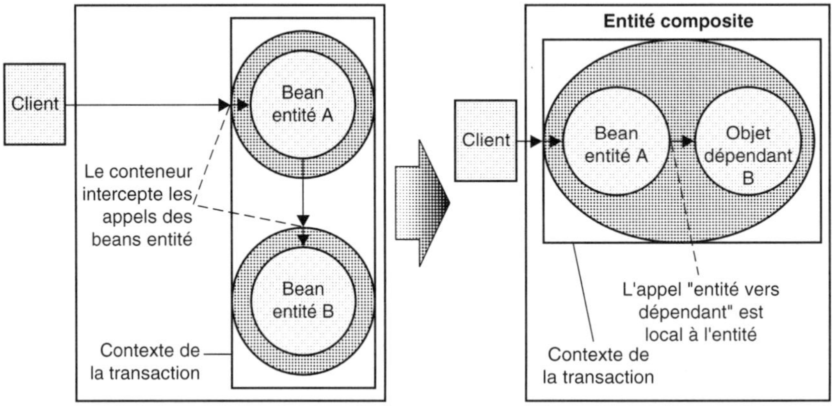

Figure 5.19

Réduction de la communication entre beans entité.

Motivation

Les beans entité entraînent une surcharge beaucoup plus importante que les objets Java ordinaires. Les appels de méthodes des beans entité sont distants et risquent d'engorger le réseau. De plus, les beans entité doivent interagir avec une source de données externes.

Même si deux beans entité se trouvent dans le même conteneur, la sémantique des appels de méthode distants s'applique (le conteneur est impliqué dans la communication) lorsqu'un bean entité appelle l'autre bean. Certaines implémentations de conteneurs peuvent optimiser ces appels, car elles reconnaissent qu'ils proviennent d'un objet appartenant au même conteneur ; toutefois, cela est spécifique aux fournisseurs et n'est pas fiable à 100 %.

Un autre problème réside dans l'incapacité du bean entité à démarquer une transaction. L'utilisation de beans entité vous oblige à faire gérer les transactions par les conteneurs. Ce qui signifie que, selon l'attribut de transaction de la méthode du bean entité, le conteneur peut démarrer une nouvelle transaction, participer à la transaction en cours ou ne faire ni l'un ni l'autre. Lorsqu'un client invoque une méthode sur un bean entité, la transaction inclut la chaîne des beans entité dépendants et les lie dans un contexte de transaction. Cela réduit globalement les performances des beans entité, car n'importe quelle transaction peut verrouiller plusieurs beans entité et introduire des situations de blocage.

Mécanisme

- Concevez et implémentez des beans entité sous la forme d'objets à gros grain avec des objets dépendants et racine.

  Transformez une relation entre deux beans entité en une relation entre un bean entité et un objet dépendant.

  Les objets dépendants ne sont pas des beans entité. Ce sont plutôt des objets contenus dans un bean entité. Une relation entre un bean entité et ses objets dépendants constitue une relation locale, qui n'implique aucune surcharge du réseau.

  Optimisez les opérations de chargement et de stockage pour Composite Entity à l'aide respectivement de stratégies de chargement retardé (*Lazy Loading*) et d'optimisation du stockage (*Dirty Marker*).

  ▶ *Voir la section "Composite Entity", au Chapitre 8.*
- Extrayez du bean entité la logique métier liée au travail sur d'autres entités, et transférez-la dans un bean session.

  Utilisez Extract Method [Fowler] ou Move Method [Fowler] pour déplacer cette logique métier dans un bean session, en appliquant le pattern Session Facade.

  ▶ *Voir la section "Session Facade", au Chapitre 8.*

Transfert de la logique métier dans une session

Les relations entre beans entité introduisent une surcharge du modèle.

Encapsuler le workflow lié aux relations entre beans entité dans un bean session (Session Facade).

Motivation

Dans la section "Réduction de la communication entre beans entité" de ce chapitre, nous avons analysé les problèmes liés aux dépendances directes entre beans entité. Le problème réside dans le fait qu'une entité peut contenir une logique métier, qui elle-même traite avec d'autres beans entité. Cela crée une dépendance directe ou indirecte envers un autre bean entité. Les problèmes traités dans cette section s'appliquent également à ce scénario.

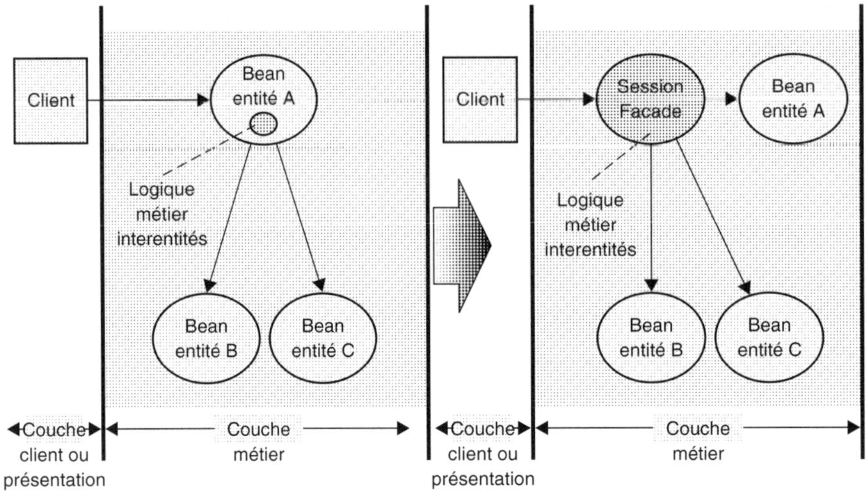

Figure 5.20

Transfert de la logique métier dans une session.

Mécanisme

- Extrayez du bean entité la logique métier liée au travail avec d'autres entités, et transférez-la dans un bean session.

  Utilisez Extract Method [Fowler] ou Move Method [Fowler] pour déplacer cette logique métier dans un bean session en appliquant le pattern Session Facade.

  Voir la section "Session Facade", au Chapitre 8.

  Voir la section "Encapsulation des entités dans une session", dans ce chapitre.

Refactorisations générales

Séparation du code d'accès aux données

Le code d'accès aux données est directement intégré dans une classe qui a d'autres responsabilités non apparentées.

Extraire le code d'accès aux données dans une nouvelle classe et déplacer la nouvelle classe de manière logique ou physique pour la rapprocher de la source de données.

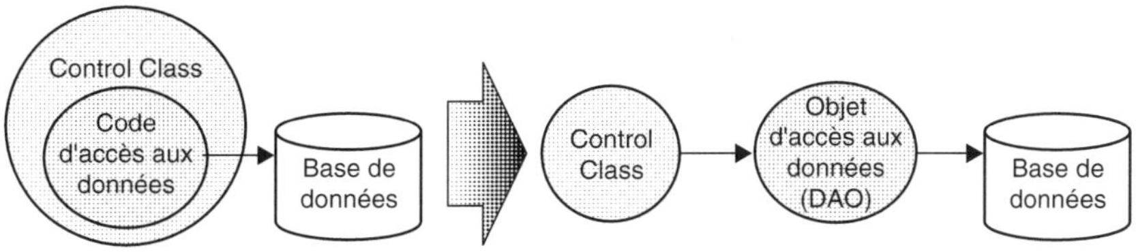

Figure 5.21
Séparation du code d'accès aux données.

Motivation

Créer des abstractions plus nettes, augmenter la cohésion et réduire le couplage, en améliorant ainsi la modularité et la capacité de réutilisation.

Mécanisme

- Identifiez la logique d'accès aux données et extrayez-la de l'objet contrôleur.

  Utilisez Extract Class [Fowler] pour créer une nouvelle classe et déplacer le code d'accès aux données depuis la classe d'origine dans la nouvelle classe de DAO (*Data Access Object*).

  Pensez à inclure DAO dans le nom de la nouvelle classe, pour qu'il soit clair que son rôle est celui d'un objet d'accès aux données.

  ▶ *Voir la section "Data Access Object", au Chapitre 9.*

- Utilisez le nouveau DAO à partir du contrôleur pour accéder aux données.
- Pour plus d'informations sur le partitionnement des applications, voir la section "Refactorisation de l'architecture en couches" dans ce chapitre.

Exemple

Considérons l'exemple dans lequel une servlet contient le code permettant d'accéder aux données utilisateur. En appliquant les deux premiers points de la liste précédente, supposez que nous modifiions la conception, comme indiqué dans la Figure 5.22.

Nous disposons maintenant de deux classes, l'une pour la servlet qui joue le rôle de contrôleur, et l'autre pour un nouvel objet d'accès aux données, nommé `UserDAO`, qui permet d'accéder aux informations de l'utilisateur. `UserDAO` encapsule la totalité du code JDBC (*Java DataBase Connectivity*) et découple la servlet des détails de l'implémentation, ce qui simplifie beaucoup le code de la servlet.

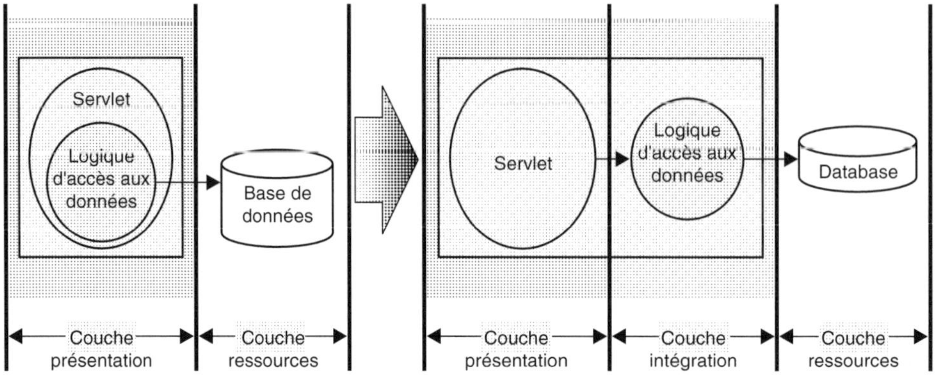

Figure 5.22

Séparation du code d'accès aux données — exemple de servlet.

Considérez un autre cas dans lequel la logique de persistance est intégrée dans un bean entreprise et où la persistance est gérée par les beans. L'association du code de persistance avec le code du bean entreprise génère un couplage fort et fragilise le code. Lorsque la logique de persistance fait partie du bean entreprise, toute modification du stockage persistant exige de modifier également le code de persistance du bean. Ce couplage aura un impact négatif sur la maintenance du code du bean entreprise. Mais c'est un autre cas dans lequel cette refactorisation peut vous aider.

En appliquant cette refactorisation, nous modifions la conception, comme le montre la Figure 5.23.

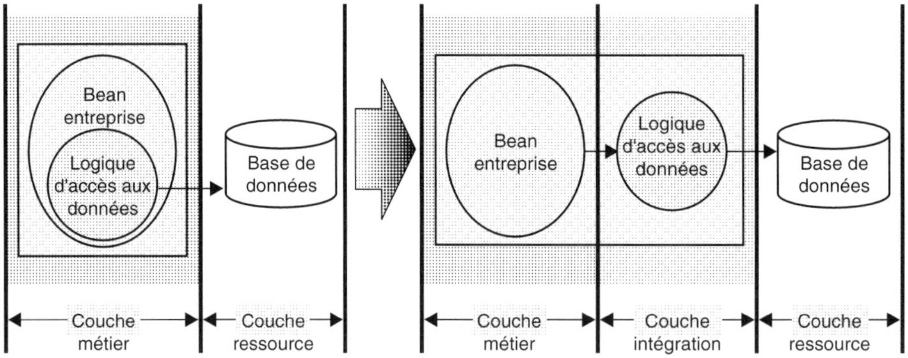

Figure 5.23

Séparation du code d'accès aux données — exemple de bean entreprise.

Refactorisation de l'architecture en couches

Une architecture plus complexe exige de modifier l'emplacement de la logique d'accès aux données et de la logique de traitement.

Déplacer le code d'accès aux données de manière logique ou physique pour le rapprocher de la source de données réelle. Extraire la logique de traitement du client et de la couche présentation et la placer dans la couche métier.

Motivation

La section "Séparation du code d'accès aux données" dans ce chapitre présente la refactorisation de la logique d'accès aux données, tandis que cette refactorisation traite des autres types de logique métier dans une application.

La plate-forme J2EE propose une séparation nette entre les rôles des servlets, des JSP et des composants EJB, en vue d'offrir le maximum d'avantages en termes d'évolutivité, de souplesse, de gestion des transactions, de sécurité, etc.

A mesure que les exigences des entreprises deviennent de plus en plus complexes, la conception se doit de mieux répondre aux problèmes liés à la persistance, aux transactions, à la sécurité et à l'évolutivité des services métier. L'introduction des beans session et des beans entité a pour objectif de fournir un traitement métier centralisé à tous les clients et de tirer parti des avantages du conteneur EJB.

Certains concepteurs utilisent des composants lourds, comme les beans entreprise, sans s'assurer en premier lieu que les besoins de l'application justifient leur utilisation. Ils sont influencés par certaines exigences de l'application comme les transactions, la sécurité, l'évolutivité et le traitement distribué.

Mécanisme

- Extrayez le code d'accès aux données des objets de contrôle et des entités et transférez-le dans des objets d'accès aux données.

  ▶ *Voir la section "Séparation du code d'accès aux données" dans ce chapitre.*

- Séparez le traitement de la présentation du traitement métier. Introduisez des beans session pour le traitement métier. Maintenez le traitement de la présentation dans les servlets et les JSP.

  Appliquez cette étape lorsque les besoins de l'application évoluent, et lorsqu'il est nécessaire de regrouper la logique métier dans la couche métier pour offrir les mêmes services métier à tous les clients (autrement dit, pas uniquement aux clients de présentation).

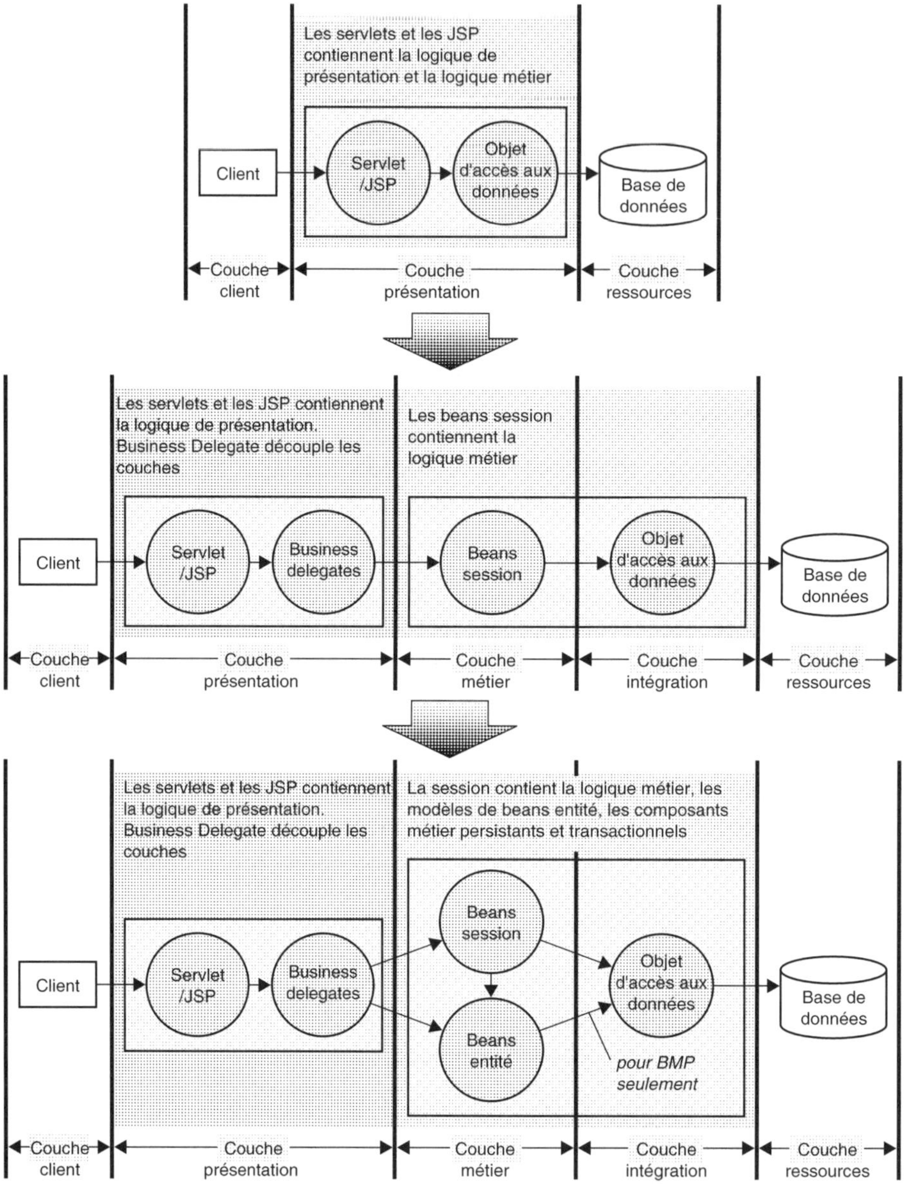

Figure 5.24

Refactorisation de l'architecture en couches.

L'introduction de beans session pour implémenter des composants de traitement du service métier permet cette fonctionnalité. Les beans session accèdent au stockage persistant par le biais des objets d'accès aux données.

La démarcation entre transactions gérées par le conteneur ou par le bean peut être utilisée en fonction des besoins des beans session.

▶ *Voir la section "Session Facade", au Chapitre 8.*

- Introduisez des beans entité pour les objets métier persistants, à granularité importante, transactionnels et partagés par le modèle. Si les besoins ne justifient pas l'utilisation de beans entité, sautez cette étape.

  Appliquez cette étape lorsque la complexité des composants métier persistants augmente et que vous souhaitez tirer parti des avantages des beans entité, y compris de la gestion des transactions et de la persistance par le conteneur.

  Avec les beans entité, les transactions sont gérées par le conteneur, ce qui permet de programmer de façon déclarative la démarcation des transactions, au lieu de coder en dur la logique de gestion des transactions dans les beans entreprise.

▶ *Voir la section "Value Object" et la section "Composite Entity" au Chapitre 8.*

- Découplez les composants de la couche présentation et de la couche métier à l'aide de Business Delegate.

  Business Delegate découple les composants de la couche présentation de ceux de la couche métier et masque la complexité de la recherche et les autres détails de l'implémentation.

▶ *Voir la section "Business Delegate", au Chapitre 8.*

Utilisation d'un pool de connexions

Les connexions à la base de données ne sont pas partagées. Les clients gèrent leurs propres connexions pour effectuer les invocations à la base de données.

Utilisez un pool de connexions pour préinitialiser plusieurs connexions, ce qui améliore l'évolutivité et les performances.

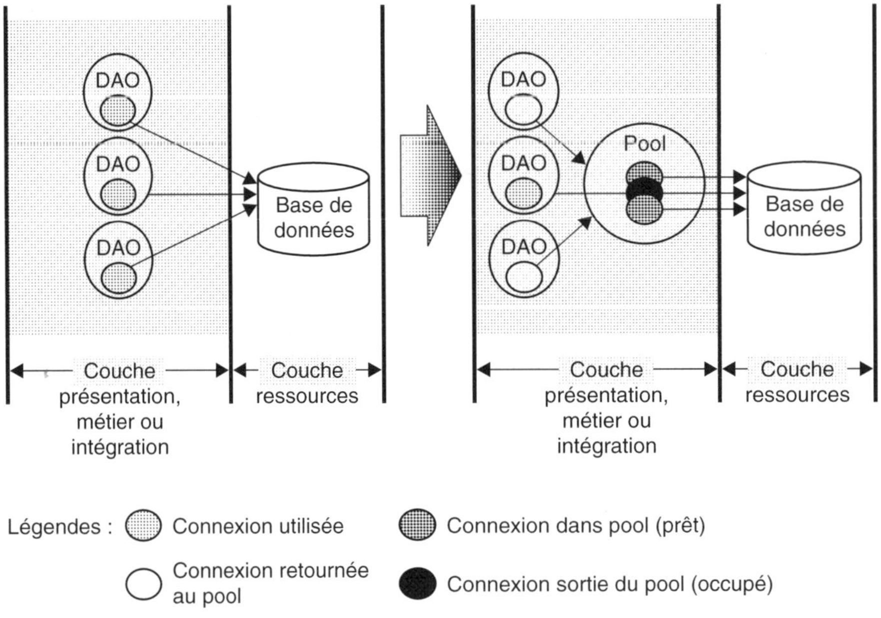

Figure 5.25

Utilisation d'un pool de connexions.

Motivation

L'ouverture d'une connexion à une base de données est une opération assez onéreuse, qui exige du temps et des ressources. Les performances et l'évolutivité du système en sont affectées. Comme le nombre total de connexions à la base de données est limité, si chaque client gère sa propre connexion, ce nombre de connexions risque de s'épuiser beaucoup trop rapidement.

Ce problème survient au niveau de la couche présentation, dans les projets où l'on introduit la technologie EJB par phases. Dans ce cas, les composants de la couche présentation interagissent d'abord directement avec une base de données, puis le code d'accès aux données est transféré dans la couche métier, puis encapsulé dans une couche EJB. Voir la section "Séparation du code d'accès aux données" et la section "Refactorisation de l'architecture en couches" dans ce chapitre.

Mécanisme

- Créez pour gérer les connexions une interface comprenant des méthodes permettant de récupérer et de retourner une connexion.

- Appliquez Extract Class [Fowler] ou Move Method [Fowler], en déplaçant le code de récupération des connexions existant dans une classe qui implémente l'interface de gestion des connexions.

  Aux endroits où le code de connexion a été extrait, substituez des invocations à une instance de cette nouvelle classe, autrement dit :

  `connectionMgr.getConnection()`

  et

  `connectionMgr.returnConnection(conn).`

  Remarquez que la spécification JDBC version 2 contient un mécanisme standard qui permet d'introduire un pooling des connexions. S'il est disponible, ce mécanisme est conseillé. Dans la spécification JDBC version 2, l'interface de gestion des connexions se nomme `javax.sql.DataSource` et fournit une fabrique (*factory*) d'objets `Connection` poolés.

  Seules la structure et l'interface ont été standardisées à ce jour, mais la fonctionnalité est identique.

  Aucun pooling n'est encore implémenté, à moins d'utiliser la fabrique JDBC 2.0 `DataSource`, ce qui est recommandé.

- Modifiez l'implémentation des méthodes de récupération des connexions au sein de l'implémentation du gestionnaire de connexions pour préinitialiser certaines instances de `Connection` et les partager entre les utilisateurs, puis introduire le pooling.

  Il existe plusieurs implémentations disponibles, parmi lesquelles vous pouvez choisir.

  Les clients de ces instances de gestionnaires de connexions sont généralement des DAO. Voir la section "Séparation du code d'accès aux données" dans ce chapitre.

  Le code d'accès aux données migre généralement de manière logique pour se rapprocher de la base de données à mesure de l'évolution d'un projet. Voir la section "Refactorisation de l'architecture en couches", dans ce chapitre.

III

Le catalogue de patterns J2EE

La troisième partie est composée des cinq chapitres suivants :

Le Chapitre 6 propose un aperçu du catalogue de patterns J2EE ainsi qu'une présentation de notre approche par couches. Il offre un guide du catalogue et donne la terminologie et les stéréotypes UML utilisés pour décrire chaque pattern. Vous trouverez également une définition du modèle utilisé pour documenter chacun des patterns. L'un des aspects importants de ce chapitre réside dans la section réservée aux relations des différents patterns du catalogue entre eux et avec d'autres patterns existant dans des ouvrages comme Design Patterns *[GoF] et* Patterns of Software Architecture, Volume 1 *[POSA I] et* Volume 2 *[POSA 2]. Autre élément important de ce chapitre, la carte des patterns J2EE, qui contient un tableau des exigences courantes, mises en correspondance avec plusieurs patterns et refactorisations.*

Les Chapitres 7, 8 et 9 décrivent les patterns du catalogue de patterns J2EE.

*Le Chapitre 7 propose six patterns de la couche présentation et traite des technologies Servlet et JSP (*Java Server Pages*).*

*Le Chapitre 8 propose sept patterns de la couche métier liés à l'utilisation des technologies EJB (*Enterprise JavaBeans*), JDBC (*Java DataBase Connectivity*) et JNDI (*Java Naming and Directory Interface*).*

*Le Chapitre 9, quant à lui, traite de deux patterns liés à l'utilisation des technologies JDBC (*Java DataBase Connectivity*) et JMS (*Java Messaging Service*).*

Enfin, le Chapitre 10 présentera une brève discussion sur le choix des patterns et de leur application avec des cas d'utilisation. Il traitera également de la manière dont il est possible de combiner plusieurs patterns pour créer une solution.

6

Un aperçu des patterns J2EE

Au sommaire de ce chapitre

- ✔ L'approche par couches
- ✔ Les patterns J2EE
- ✔ Relations entre les patterns J2EE
- ✔ Relations avec les patterns connus
- ✔ Une carte des patterns

Les patterns J2EE constituent un ensemble de solutions basées sur la technologie J2EE et répondant à des problèmes couramment rencontrés. Ils sont la traduction des compétences et de l'expérience collectives que des architectes du *Sun Java Center* ont acquises en réalisant avec succès de nombreux grands projets J2EE. Le *Sun Java Center*, l'organisation de conseil de Sun, se concentre sur la création de solutions à base de technologies Java destinées aux clients. Il se consacre depuis le début à la conception architecturale de solutions destinées à la plate-forme J2EE, et s'attache plus particulièrement au développement de la qualité de service (QoS) en termes d'évolutivité, de disponibilité, de performances, de sécurité, de fiabilité et de flexibilité.

Ces patterns J2EE décrivent des problèmes classiques que rencontrent souvent les développeurs d'applications d'entreprise, et proposent des solutions. Nous avons formulé celles-ci en nous basant sur notre travail constant avec de nombreux clients J2EE et sur des échanges avec d'autres architectes Java connaissant les mêmes problèmes. Les patterns captent l'essence même de ces solutions et en proposent un affinement, né au fil du temps et grâce à l'expérience collective. En d'autres termes, ils permettent d'extraire les principes fondamentaux de chaque problème et proposent des solutions qui représentent le meilleur de la théorie et de la pratique.

Notre travail s'est concentré sur le domaine J2EE, en particulier sur les composants J2EE tels les EJB (*Enterprise Java Beans*), les pages JSP (*Java Server Pages*) et les servlets. Au cours de notre collaboration avec les clients J2EE qui implémentent ces différents composants, nous en sommes venus à repérer des problèmes communs et des zones de difficultés qui pourraient compromettre la qualité des implémentations. Nous avons également développé des meilleures pratiques et des approches efficaces permettant de combiner les composants J2EE.

Les patterns présentés ici extraient ces "meilleures pratiques" et nous vous les présentons de manière que vous puissiez les utiliser dans vos applications spécifiques et les adapter à vos besoins. Ils expriment clairement et simplement des techniques qui ont fait leurs preuves. Ils facilitent la réutilisation de conceptions et d'architectures réussies. Pour parler simplement, les patterns peuvent vous permettre de concevoir votre système J2EE rapidement et avec succès.

Qu'est-ce qu'un pattern ?

Nous avons vu au Chapitre 1 la manière dont les différents experts définissaient un pattern. Nous avons également exposé certains thèmes connexes, notamment les avantages de leur utilisation. Nous allons réétudier ce thème ici, dans le contexte du catalogue de patterns J2EE.

Comme nous l'avons vu au Chapitre 1, certains experts définissent un pattern comme une *solution* récurrente à un *problème* rencontré dans un *contexte* donné. Ces termes — contexte, problème et solution — méritent quelques explications. Tout d'abord, qu'est-ce qu'un contexte ? Un contexte correspond à l'environnement, à la situation ou aux conditions interdépendantes au sein desquels une chose existe. Ensuite, qu'est-ce qu'un problème ? Il s'agit d'une question non réglée, qui demande à être étudiée et résolue. En général, le problème est fonction du contexte dans lequel il se pose. Enfin, la solution désigne une réponse au problème, dans un contexte donné, permettant de résoudre les différentes questions.

Mais si nous disposons d'une solution à un problème, dans un contexte donné, s'agit-il pour autant d'un pattern ? Pas nécessairement. Il convient également d'associer à la définition d'un pattern le caractère récurrent du problème. Autrement dit, un pattern n'est utile que s'il peut être appliqué à plusieurs reprises. Et ce n'est pas tout. Comme vous pouvez le constater, si le concept de pattern est assez simple, sa définition réelle est plus complexe.

Nous n'omettrons pas de vous renvoyer vers des références, afin que vous puissiez étudier plus en profondeur l'historique des patterns et en apprendre plus sur les patterns dans d'autres domaines. Dans notre catalogue, nous décrivons un pattern en fonction de ses caractéristiques principales : *contexte*, *problème* et *solution*, ainsi que selon d'autres aspects importants, comme les *indications* et les *conséquences*. La section décrivant le modèle de patterns (voir la section "Modèle de patterns", dans ce chapitre) explique ces caractéristiques plus en détail.

Identifier un pattern

Notre activité au *Sun Java Center* nous a amenés à diriger de nombreux projets J2EE et, au fil du temps, nous avons remarqué que des problèmes similaires survenaient à plusieurs reprises. Nous avons également remarqué que des solutions identiques se faisaient jour. Et, même si les stratégies d'implémentation variaient, les solutions étaient globalement assez semblables. Revoyons maintenant, en bref, notre procédure d'identification des patterns.

Lorsque nous découvrons qu'un problème et une solution sont récurrents, nous essayons d'identifier et de documenter leurs caractéristiques grâce au modèle de patterns. En premier lieu, nous considérons ces documents comme des patterns "candidats". Nous ne les ajouterons au catalogue que lorsque nous aurons pu observer et documenter leur utilisation plusieurs fois, sur différents projets. Nous entreprenons également de rechercher l'existence de patterns dans des solutions déjà implémentées.

Dans le cadre du processus de validation du pattern, nous utilisons la *Règle de trois*, telle qu'elle est connue dans la communauté des patterns. Cette règle permet de faire transiter un pattern candidat vers le catalogue. Elle stipule qu'une solution demeure candidate jusqu'à ce qu'elle ait été vérifiée dans au moins trois systèmes différents. Il est certain que cette technique laisse beaucoup de place à l'interprétation, mais elle aide toutefois à proposer un contexte permettant d'identifier les patterns.

Bien souvent, des solutions similaires peuvent constituer un même pattern. Au moment de décider de la manière de former le pattern, il est très important d'envisager la manière de communiquer au mieux la solution. Quelquefois, un nom différent permettra à lui seul d'améliorer la communication parmi les développeurs. Dans ce cas, on peut envisager de documenter deux solutions analogues sous la forme de deux patterns différents. D'autre part, il pourrait être plus approprié de communiquer la solution en faisant passer des idées similaires dans une combinaison pattern/stratégie.

Patterns ou stratégies

Lorsque nous avons commencé à documenter les patterns J2EE, nous avons pris la décision d'adopter un niveau d'abstraction relativement élevé. En même temps, chaque pattern englobe diverses stratégies qui offrent des détails d'implémentation plus concrets. Par le biais de ces stratégies, chaque pattern documente une solution à différents niveaux d'abstraction. Nous aurions pu documenter certaines de ces stratégies sous la forme de patterns indépendants ; toutefois, nous pensons que la structure de notre modèle actuel traduit clairement la relation entre les stratégies et les patterns de plus haut niveau dans lesquels elles sont incluses.

Même si nous continuons à avoir des débats très animés sur la conversion de ces stratégies en patterns, nous avons pour l'instant reporté ces décisions, considérant que la documentation actuelle est suffisamment claire. Nous avons remarqué certaines constantes relatives à la relation des stratégies avec les patterns :

- Les patterns existent à un niveau d'abstraction supérieur à celui des stratégies.
- Les patterns incluent les implémentations les plus recommandées ou les plus communes sous la forme de stratégies.
- Les stratégies fournissent un point d'extension à chaque pattern. Les développeurs découvrent et inventent de nouvelles manières d'implémenter les patterns, générant de nouvelles stratégies pour les patterns connus.
- Les stratégies permettent de mieux communiquer en proposant des noms pour les aspects de plus bas niveau d'une solution particulière.

L'approche par couches

Etant donné que ce catalogue décrit des patterns qui peuvent vous aider à élaborer des applications fonctionnant sur la plate-forme J2EE, et puisqu'une plate-forme (et une application) J2EE est un système multicouche, nous considérerons le système en termes de *couche*s. Une couche représente une partition logique permettant de séparer les responsabilités au sein du système. En outre, chaque couche est faiblement couplée à la couche adjacente. La totalité du système peut être représentée sous la forme d'une pile de couches (voir Figure 6.1).

Couche client

Cette couche représente tous les équipements ou clients qui accèdent au système ou à l'application. Le client peut être un navigateur Web, une application Java ou autre, une applet Java, un téléphone WAP, une application réseau ou tout autre équipement qui pourrait être inventé à l'avenir. Il pourrait même s'agir d'un processus de traitement par lots.

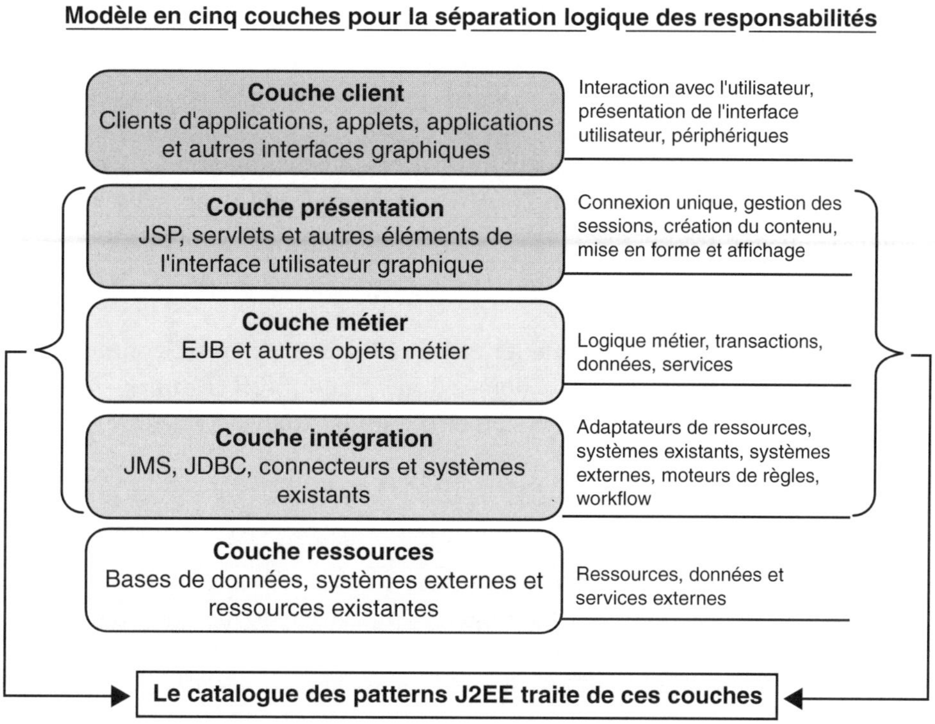

Figure 6.1

L'approche par couches.

Couche présentation

Cette couche encapsule la totalité de la logique de présentation nécessaire pour répondre aux clients qui accèdent au système. Elle intercepte les requêtes du client, fournit une connexion unique, gère les sessions, contrôle l'accès aux services métier, construit les réponses et les affiche au client. Les servlets et les JSP résident dans cette couche. Notez que les servlets et les JSP ne sont pas elles-mêmes des éléments de l'interface utilisateur, mais qu'elles produisent des éléments de cette interface.

Couche métier

Cette couche fournit les services métier nécessaires aux clients de l'application. Elle contient les données et la logique métier. Généralement, la majeure partie du traitement métier de l'application est centralisée dans cette couche. Il est possible, du fait des systèmes existants, que certains traitements métier aient également lieu dans la couche ressources. Les beans entreprise constituent la solution usuelle et préférée pour implémenter les objets métier dans la couche métier.

Couche intégration

Cette couche est responsable de la communication avec les ressources et les systèmes externes comme les banques de données et les applications existantes. La couche métier est couplée à la couche intégration dès que les objets métier demandent des données ou des services qui résident dans la couche ressources. Les composants de cette couche peuvent utiliser les technologies JDBC, les connecteurs J2EE ou certains *middlewares* propriétaires afin de travailler avec la couche ressources.

Couche ressources

Cette couche contient les données métier et les ressources externes, comme les *main-frames* et les systèmes existants, les systèmes d'intégration B2B (*Business-to-Business*) et d'autres services, par exemple les systèmes d'autorisation de cartes de crédit.

Les patterns J2EE

Nous avons adopté l'approche par couches pour classer les patterns J2EE selon leurs fonctionnalités, approche qui sera appliquée à notre catalogue. Les patterns de la couche présentation contiennent ceux liés aux servlets et à la technologie JSP. Ceux de la couche métier contiennent les patterns liés à la technologie EJB. Les patterns de la couche intégration contiennent ceux qui sont liés aux technologies JMS et JDBC (voir Figure 6.2.)

Patterns de la couche présentation

Le Tableau 6.1 énumère les patterns de la couche présentation, et décrit brièvement chacun d'entre eux.

Tableau 6.1 : Patterns de la couche présentation

Nom du pattern	*Résumé*
Intercepting Filter	Facilite le prétraitement et le post-traitement d'une requête
Front Controller	Fournit un contrôleur centralisé permettant de gérer le traitement d'une requête
View Helper	Encapsule la logique qui n'est pas liée à la mise en forme de la présentation dans des composants dits helpers (facilitateurs)

Tableau 6.1 : Patterns de la couche présentation *(suite)*

Nom du pattern	*Résumé*
Composite View	Crée une vue (View) composite à partir de sous-composants atomiques
Service to Worker	Associe un composant Dispatcher aux patterns Front Controller et View Helper
Dispatcher View	Associe un composant Dispatcher aux patterns Front Controller et View Helper, en reportant plusieurs activités au moment du traitement de la vue

Patterns de la couche métier

Le Tableau 6.2 recense les patterns de la couche métier, et décrit brièvement chacun d'entre eux.

Tableau 6.2 : Patterns de la couche métier

Nom du pattern	*Résumé*
Business Delegate	Découple les couches présentation et service et fournit aux services une interface servant de façade ou de *proxy*
Value Object	Facilite l'échange des données entre les couches en réduisant le bavardage du réseau
Session Facade	Masque la complexité de l'objet métier ; centralise la gestion du *workflow*
Composite Entity	Constitue une meilleure pratique visant à concevoir des beans entité à gros grain, en groupant des objets dépendants d'un parent dans un seul bean entité
Value Object Assembler	Assemble un objet valeur composite à partir de plusieurs sources de données
Value List Handler	Gère l'exécution des requêtes, la mise en cache des résultats et le traitement de ceux-ci
Service Locator	Encapsule la complexité de la recherche et de la création du service métier ; localise les "fabriques" de service métier

Patterns de la couche intégration

Le Tableau 6.3 recense les patterns de la couche intégration, et décrit brièvement chacun d'entre eux.

Tableau 6.3 : Patterns de la couche intégration

Nom du pattern	*Résumé*
Data Access Object	Abstrait les sources de données, fournit un accès transparent aux données
Service Activator	Facilite le traitement asynchrone des composants EJB

Un guide du catalogue

Pour vous aider à comprendre et à utiliser efficacement les patterns J2EE du catalogue, nous vous suggérons de vous familiariser avec cette section avant de lire chacun des patterns. Nous présentons ici la terminologie des patterns et expliquons notre utilisation du langage UML (*Unified Modeling Language*), des stéréotypes et du modèle de patterns. En bref, nous expliquons comment utiliser ces patterns. Nous proposons également une carte de haut niveau des patterns du catalogue.

Terminologie

Les acteurs du marché de l'informatique d'entreprise, et en particulier les établissements utilisant des systèmes basés sur Java, ont intégré à leur langage un grand nombre de termes et d'acronymes. Même si ces termes sont déjà familiers à de nombreux lecteurs, leur utilisation varie quelquefois d'un contexte à l'autre. Pour éviter les erreurs de compréhension et pour assurer une certaine cohérence dans notre discours, nous définissons au Tableau 6.4 notre manière de les utiliser.

Tableau 6.4 : Terminologie

Terme	*Description/définition*	*Contexte*
Bean entité	Désigne un bean entité. Peut également désigner collectivement l'interface *home* du bean entité, l'objet distant, l'implémentation du bean et les objets de la clé primaire.	Divers

Tableau 6.4 : Terminologie *(suite)*

Terme	*Description/définition*	*Contexte*
Bean entreprise	Fait référence à un composant Enterprise JavaBean ; il peut s'agir d'une instance de bean session ou entité.	Divers
Bean session	Fait référence à un bean session avec ou sans états. Peut également désigner collectivement le "point d'attache" (*home*) des beans session, l'objet distant et l'implémentation du bean.	Patterns de la couche métier
BMP (*Bean-managed persistence*)	Persistance gérée par les beans : stratégie destinée aux beans entité dans laquelle le développeur implémente la logique de persistance au niveau du bean.	Patterns de la couche métier
CMP (*Container-managed persistence*)	Persistance gérée par le conteneur : une stratégie destinée aux beans entité dans laquelle les services du conteneur gèrent de manière transparente la persistance des beans entité.	Patterns de la couche métier
Composite	Objet complexe contenant d'autres objets. Egalement lié au pattern Composite [GoF] (voir "GoF" ci-après).	Composite View, Composite Entity
Contrôleur	Elément qui interagit avec un client, afin de contrôler et gérer le traitement de chaque requête.	Patterns des couches métier et présentation
Data Access Object (objet d'accès aux données ou DAO)	Objet qui encapsule et abstrait l'accès aux données contenues dans un stockage persistant ou d'un système externe. Actuellement, ces objets sont étroitement liés à la persistance gérée par les beans.	Patterns des couches métier et intégration
Délégué	Objet remplaçant ou substitut d'un autre composant ; un niveau intermédiaire. Un délégué a les qualités d'un *proxy* et d'une façade.	Business Delegate et bien d'autres patterns

Tableau 6.4 : Terminologie *(suite)*

Terme	*Description/définition*	*Contexte*
Dispatcher	Un contrôleur a entre autres responsabilités celle de choisir la vue appropriée et de lui transférer le contrôle. Ce comportement peut être partitionné dans un composant séparé appelé Dispatcher.	Dispatcher View, Service To Worker
Fabriques (Fabrication ou Fabrique abstraite)	Patterns GoF permettant de créer des objets ou des familles d'objets.	Patterns de la couche métier : Data Access Object, Value Object
Façade	Pattern GoF permettant de masquer les complexités sous-jacentes.	Pattern Session Facade
Itérateur	Pattern GoF permettant d'accéder à des collections.	Value List Handler
GoF (Gang of Four) [Bande des quatre]	Acronyme désignant les auteurs d'un ouvrage de référence sur les *design patterns*, *Design Patterns : Catalogue de modèles de conception réutilisables*, par Erich Gamma, Richard Helm, Ralph Johnson et John Vlissides [GoF].	Divers
Helper (Facilitateur)	Elément chargé d'aider le contrôleur ou la vue. Par exemple, le contrôleur et la vue peuvent déléguer les éléments suivants à un helper : extraction de contenu, validation, stockage du modèle ou adaptation du modèle pour l'affichage.	Patterns de la couche présentation, Business Delegate
Locator (Localisateur)	Objet permettant de localiser les objets service ou métier.	Service Locator
Modèle	Représentation physique ou logique d'un système ou d'un sous-système.	Patterns des couches présentation et métier
Objet dépendant	Objet qui n'existe pas par lui-même et dont le cycle de vie est géré par un autre objet.	Pattern Composite Entity
Objet indépendant	Objet qui peut exister par lui-même et gérer le cycle de vie de ses objets dépendants.	Pattern Composite Entity

Tableau 6.4 : Terminologie *(suite)*

Terme	*Description/définition*	*Contexte*
Objet métier	Objet qui implémente une logique ou des données métier. Les données et la logique métier sont implémentées dans des objets à gros grain appelés objets métier (*business objects*). En J2EE, les objets métier sont implémentés sous forme de beans session ou entité. Dans certains cas, un objet métier peut être un objet Java arbitraire fournissant certains services.	Patterns de la couche métier
Objet valeur	Objet Java arbitraire utilisé pour transporter des données entre objets ou entre couches. Ne contient généralement aucune méthode métier. Peut être conçu avec des attributs publics ou des méthodes accesseurs (get) pour obtenir des valeurs d'attributs.	Patterns de la couche métier
Procuration (*Proxy*)	Pattern GoF fournissant un remplaçant à un autre objet afin d'en contrôler l'accès.	Divers
Scriptlet	Logique applicative intégrée directement à une page JSP.	Patterns de la couche présentation
Singleton	Pattern GoF fournissant une instance unique d'un objet.	Divers
Stockage persistant	Représente des systèmes de stockage persistants comme les SGBDR, SGBDO, les systèmes de fichiers, etc.	Patterns des couches présentation et métier
Template (Modèle)	Le terme de "texte modèle" désigne le texte littéral encapsulé dans une vue JSP. "Modèle" peut également faire référence à l'agencement spécifique des composants dans une vue.	Patterns de la couche présentation
Vue	La vue gère les éléments graphiques et textuels constituant l'affichage. Elle interagit avec des helpers pour obtenir les valeurs de données à afficher. Elle peut également déléguer des activités à ces helpers, notamment l'extraction des contenus.	Patterns de la couche présentation

Utilisation d'UML

Le catalogue de patterns fait largement appel au langage UML, et notamment aux éléments suivants :

- **Diagrammes de classe.** Nous utilisons ces diagrammes pour présenter la structure du pattern et celle des stratégies d'implémentation. Ils fournissent une vue statique de la solution.
- **Diagrammes de séquence (ou d'interaction).** Nous utilisons ces diagrammes pour présenter les interactions qui existent entre différents participants à une solution ou une stratégie. Ils offrent une vue dynamique de la solution.
- **Stéréotypes.** Nous utilisons les stéréotypes pour désigner différents types d'objets et de rôles dans les diagrammes de classe et de séquence. La liste des stéréotypes et de leur signification figure au Tableau 6.5.

Chaque pattern du catalogue comprend un diagramme de classe qui présente la structure de la solution, et un diagramme de séquence qui décrit les interactions du pattern. En outre, les patterns comprenant plusieurs stratégies utilisent des diagrammes de classe et de séquence pour décrire chacune d'entre elles.

Pour en savoir plus sur le langage UML, veuillez vous reporter à la Bibliographie.

Stéréotypes UML

Au cours de la lecture des diagrammes, vous rencontrerez certains stéréotypes. Il s'agit de termes forgés ou utilisés par des concepteurs et des architectes. Nous en avons créé et employé afin de présenter les diagrammes de manière concise et simple à comprendre. Notez que certains font référence à la terminologie expliquée dans la section précédente.

Tableau 6.5 : Stéréotypes UML

Stéréotype	*Signification*
EJB	Représente un composant bean entreprise ; associé à un objet métier. Ce rôle est généralement rempli par un bean entité ou session.
SessionEJB	Représente globalement un bean session, sans spécifier son interface distante, son interface ou son implémentation.
EntityEJB	Représente globalement un bean entité sans spécifier son interface distante, son interface *home*, l'implémentation du bean ou la clé primaire.

Tableau 6.5 : Stéréotypes UML *(suite)*

Stéréotype	*Signification*
Vue	Une vue représente et affiche des informations au client.
JSP	Java Server Pages ; une vue est généralement implémentée sous forme de page JSP.
Servlet	Servlet Java ; un contrôleur est généralement implémenté sous forme de servlet.
Singleton	Classe dont il n'existe qu'une seule instance, conformément au pattern Singleton.
Balise personnalisée	Les balises personnalisées JSP sont utilisées pour implémenter des objets helpers, comme des JavaBeans. Un helper est responsable d'activités telles que la collecte des données demandées par la vue et de l'adaptation du modèle de données. Les helpers peuvent répondre aux requêtes de données de la vue en fournissant simplement un accès aux données brutes ou en mettant en forme les données sous forme de contenu Web.

Le modèle de patterns

Les patterns J2EE sont tous structurés selon un modèle défini. Celui-ci est constitué de sections présentant les divers attributs d'un pattern donné. Vous remarquerez également que nous avons essayé de donner à chaque pattern J2EE un nom descriptif. Même s'il est difficile de résumer totalement un seul pattern par son nom, celui-ci a pour objectif de fournir une idée suffisante de sa fonction. Comme les noms du monde réel, ceux des patterns affectent la manière dont le lecteur les interprétera et, en fin de compte, les utilisera.

Nous avons adopté un modèle constitué des sections suivantes :

- **Contexte.** Définit l'environnement du pattern.
- **Problème.** Décrit les problèmes de conception auxquels fait face le développeur.
- **Indications.** Recense les raisons et les motivations qui affectent le problème et la solution. Cette liste énonce les raisons pour lesquelles on pourrait choisir d'utiliser le pattern et propose une justification à son utilisation.
- **Solution.** Décrit en quelques mots l'approche de la solution et détaille les éléments de la solution. Cette section contient deux sous-sections :

Structure. Elle compte deux types de diagrammes UML : des diagrammes de classe qui représentent la structure de base de la solution, et des diagrammes de séquence qui en présentent les mécanismes dynamiques. Y figure également une explication détaillée des participants et des collaborations.

Stratégies. Elle décrit les différentes manières d'implémenter un pattern (voir la section "Patterns ou stratégies" dans ce chapitre). Lorsqu'il est possible de démontrer une stratégie à l'aide d'un fragment de code, il se trouve dans cette section. Si le code est plus élaboré et plus long, nous le faisons figurer dans la section "Exemples de code".

- **Conséquences.** Cette section se concentre sur les résultats de l'utilisation d'un pattern particulier ou de sa stratégie, et énumère les avantages et les inconvénients qui peuvent naître de son application.
- **Exemples de code.** Cette section inclut des exemples d'implémentation et des listings correspondant à un pattern ou une stratégie. Elle est facultative si l'exemple est assez court pour être intégré dans la partie "Stratégies".
- **Patterns apparentés.** Cette section recense d'autres patterns importants du catalogue J2EE ou provenant de sources externes, comme les patterns de conception GoF. Chacun d'eux est brièvement décrit en relation avec le pattern présenté.

Relations entre les patterns J2EE

Récemment, un groupe d'architectes et de concepteurs a fait part d'une préoccupation majeure : la méthode d'application des patterns consistant à les combiner pour former des solutions plus étendues semble encore mal comprise. Pour résoudre ce problème, nous proposons une vue d'ensemble des patterns et de leurs relations. Ce diagramme, intitulé "Diagramme des relations entre les patterns J2EE", est présenté à la Figure 6.2. Dans le Chapitre 10, "Application des patterns J2EE", nous étudierons des exemples de cas pour montrer comment associer plusieurs patterns pour former un *framework* permettant de les réaliser.

Chaque pattern décrit un contexte, un problème et une solution, par rapport à un besoin particulier. Toutefois, il est important de prendre du recul et d'obtenir une vue plus globale pour en tirer le meilleur parti et les appliquer au mieux dans une application J2EE.

Pour reprendre la citation de Christopher Alexander au Chapitre 1, un pattern n'existe pas isolément : il a besoin du soutien des autres patterns pour faire sens et être utile.

Tous les patterns du catalogue sont virtuellement liés à d'autres. Maîtriser ces relations au moment de la mise au point de l'architecture et de la conception d'une solution peut vous aider dans les démarches suivantes :

- Considérer d'autres problèmes qui pourraient apparaître lorsque vous envisagez d'appliquer un pattern pour résoudre un problème. C'est l'effet dominos : quels problèmes l'application d'un pattern particulier dans l'architecture introduira-t-elle ? Il est essentiel d'identifier ces conflits potentiels avant de commencer le codage.
- Vérifier les relations entre les patterns pour déterminer des solutions de rechange. Après avoir identifié les problèmes potentiels, revoyez les relations entre les patterns et recherchez d'autres solutions. Peut-être résoudrez-vous les nouveaux problèmes en sélectionnant un pattern différent, ou en combinant un autre pattern avec celui que vous aviez choisi.

La Figure 6.2 présente les relations entre les patterns.

Intercepting Filter intercepte les requêtes entrantes et les réponses sortantes et leur applique un filtre. Ces filtres peuvent être ajoutés et supprimés de manière déclarative, ce qui permet de les combiner différemment de manière non intrusive. Après avoir effectué ce prétraitement ou ce post-traitement, le dernier filtre du groupe transfère le contrôle à l'objet cible original. Pour une requête entrante, il s'agit souvent d'un Front Controller, mais il peut aussi s'agir d'une vue (View).

Front Controller est un conteneur destiné à contenir la logique de traitement commune au niveau de la couche présentation au lieu de la placer à tort dans une vue. Un contrôleur traite les requêtes et gère l'extraction des contenus, la sécurité, la gestion des vues et la navigation, en déléguant à un composant Dispatcher l'envoi vers une vue.

View Helper vise à séparer le code lié à la mise en forme de la logique métier. Il suggère l'utilisation de composants helpers (facilitateurs) pour encapsuler la logique relative à l'initialisation de l'extraction des contenus, à la validation, à l'adaptation et à la mise en forme du modèle. Le composant View a alors pour tâche d'encapsuler la mise en forme de présentation. Les composants helpers délèguent généralement aux services métier par le biais de Business Delegates, tandis qu'une vue peut être composée de plusieurs sous-composants qui forment un modèle.

Composite View suggère de composer une vue à partir de plusieurs éléments atomiques. Plusieurs vues plus petites, statiques ou dynamiques, sont assemblées pour créer un modèle unique.

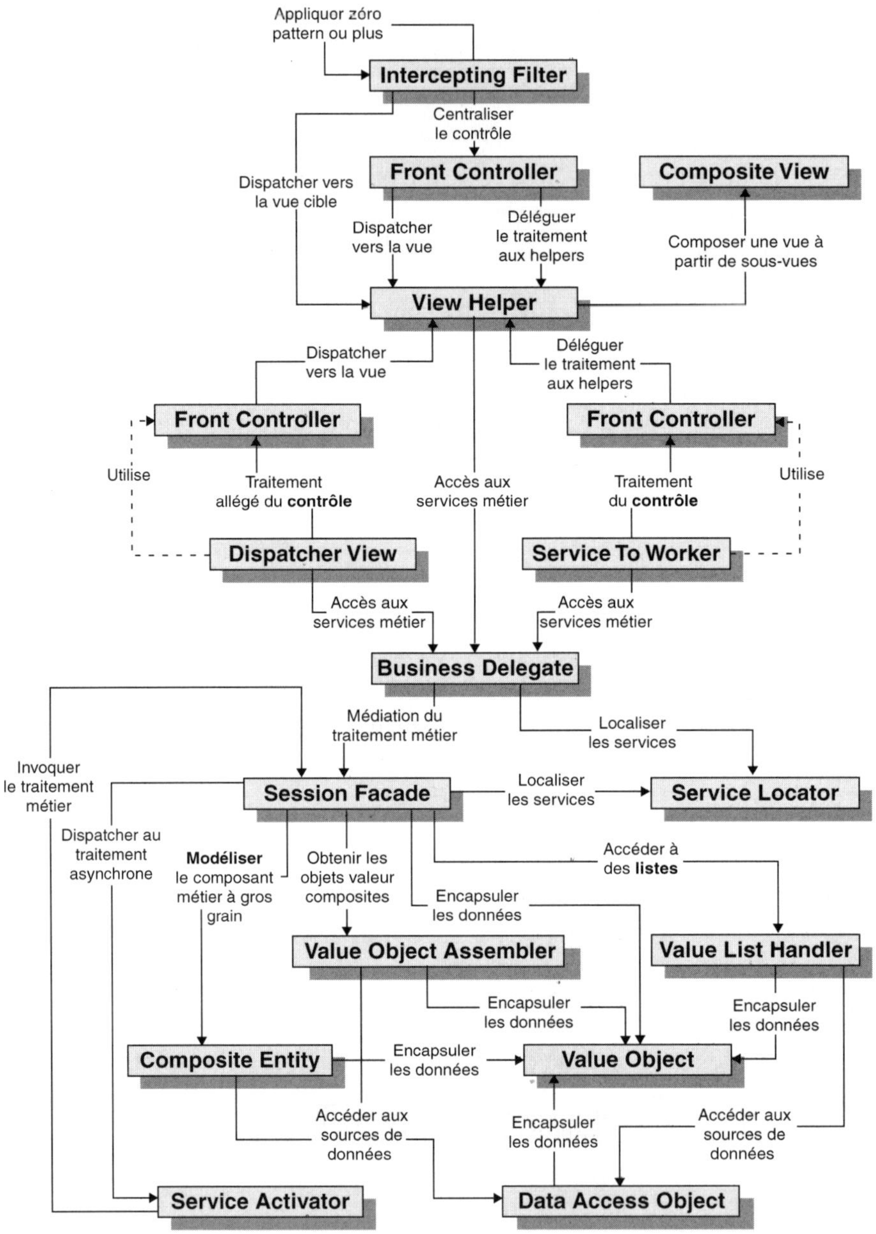

Figure 6.2

Relations entre les patterns J2EE.

Business Delegate réduit le couplage entre les couches et fournit un point d'entrée pour l'accès aux services fournis par une autre couche. Il permet également de mettre en cache les résultats des requêtes courantes, en vue d'améliorer les performances. Business Delegate utilise généralement Service Locator pour localiser les objets de services, comme un objet `EJBHome` ou une `ConnectionFactory` JMS.

Les patterns Service to Worker et Dispatcher View constituent une combinaison typique d'autres patterns du catalogue. Tous deux partagent une structure commune, constituée d'un contrôleur travaillant avec un dispatcher, des vues et des helpers. Ces patterns sont identiques quant aux composants impliqués mais diffèrent dans la division du travail entre ces composants. A la différence du pattern Service to Worker, le pattern Dispatcher View suggère de reporter la récupération du contenu et la gestion des erreurs lors du traitement de la vue. Le pattern Dispatcher View suggère que le dispatcher joue un rôle plus limité dans la gestion de la vue, le choix de celle-ci étant généralement déjà inclus dans la requête.

Session Facade fournit des services à gros grain aux clients, en masquant les complexités des interactions entre les objets métier. Session Facade peut utiliser le pattern Service Locator pour localiser les services. Il peut également utiliser d'autres patterns pour fournir ses services : Value Object, Value Object Assembler, Value List Handler, Service Activator et Data Access Object.

Le pattern Value Object fournit les meilleures techniques et stratégies permettant d'échanger des données entre les couches. Ce pattern tente de réduire la surcharge du réseau en minimisant le nombre d'appels permettant d'obtenir des données de la couche métier.

Value Object Assembler construit un objet valeur composite à partir de différentes sources. Ces sources peuvent être des composants EJB, des DAO ou des objets Java arbitraires. Ce pattern est des plus utiles lorsque le client doit se procurer des données pour le modèle de l'application ou une partie du modèle.

Le pattern Value List Handler utilise le pattern Itérateur [GoF]pour l'exécution des requêtes. Il peut également placer les résultats en cache et renvoyer des sous-ensembles du résultat au client à la demande. Son application permet d'éviter les surcharges associées à la recherche de grands nombres de beans entité.

Le pattern Composite Entity regroupe des objets dépendant d'un parent dans un bean entité à gros grain. Les objets sont groupés sous forme d'arbre, un objet parent gérant ses objets dépendants.

Le pattern Service Activator permet le traitement asynchrone des beans entreprise. La spécification EJB version 2.0 définit un nouveau type de bean entreprise appelé *bean piloté par message* qui offre une fonctionnalité similaire. Toutefois, toutes les applications EJB ayant besoin d'un traitement asynchrone avec des beans entreprise peuvent tirer parti de ce pattern.

Le pattern Data Access Object permet un couplage faible entre les couches métier et ressources lorsque la persistance est gérée par les beans. Le DAO intercepte tous les accès à la couche ressources et en assure le service, rendant les détails de l'implémentation des couches ressources transparents pour les clients. Les données de la couche ressources peuvent résider dans des bases de données, des systèmes propriétaires, ou d'autres systèmes et services externes. L'application de ce pattern vous permet d'élaborer des applications plus flexibles et plus portables.

Relations avec les patterns connus

Les patterns logiciels sont aujourd'hui largement documentés. Ils se situent à différents niveaux d'abstraction : patterns d'architecture, patterns de conception, patterns d'analyse et patterns de programmation. Le plus connu de ces ouvrages et celui qui a exercé le plus d'influence est celui de la "Bande des quatre" : *Design Patterns : Catalogue de modèles de conception réutilisables* [GoF]. Les patterns de cet ouvrage décrivent des solutions expertes pour la conception orientée objet.

Dans notre catalogue, certains décrivent la structure d'une application et d'autres des éléments de conception.

Le thème fédérateur du catalogue réside dans sa spécificité à la plate-forme J2EE. Dans certains cas, les patterns qu'il contient sont basés sur un pattern existant dans la littérature ou y sont apparentés. Nous indiquons alors cette relation par une référence au pattern existant dans le nom du pattern J2EE, et/ou en le citant dans la section "Patterns apparentés" à la fin de la description de chaque pattern. Par exemple, certains patterns sont basés sur les patterns GoF mais sont considérés dans un contexte J2EE. Dans ces cas, le nom du pattern J2EE inclut le nom du pattern GoF ainsi qu'une référence au pattern GoF dans la section "Patterns apparentés".

Une carte des patterns

Nous présentons ici une liste des exigences habituelles que rencontrent les architectes lorsqu'ils créent des solutions avec J2EE. Les besoins ou les motivations font l'objet d'un bref résumé, suivi d'une liste d'un ou plusieurs patterns répondant à ce besoin.

Même si la liste des besoins n'est pas exhaustive, nous espérons qu'elle vous aidera à identifier rapidement les patterns concernés en fonction de vos attentes.

Le Tableau 6.6 présente les fonctions généralement traitées par les patterns de la couche présentation et indique le pattern qui fournit la solution.

Tableau 6.6 : Patterns de la couche présentation

	Si vous cherchez à	*Vous le trouverez ici*
Pattern	Effectuer le prétraitement ou le post-traitement de vos requêtes	Intercepting Filter au Chapitre 7
Pattern	Centraliser le contrôle pour le traitement des requêtes	Front Controller et Intercepting Filter, au Chapitre 7
Pattern	Ajouter une journalisation, un débogage ou un autre comportement à réaliser pour chaque requête	Front Controller et Intercepting Filter au Chapitre 7
Pattern	Créer une interface de commande générique pour déléguer le traitement d'un contrôleur à des composants helpers	Front Controller au Chapitre 7
Pattern	Implémenter votre contrôleur sous la forme d'une servlet ou d'une page JSP	Front Controller, au Chapitre 7
Pattern	Créer une vue à partir de plusieurs sous-vues	Composite View, au Chapitre 7
Pattern	Implémenter votre vue sous forme de servlet ou de page JSP	View Helper au Chapitre 7
Pattern	Partitionner votre vue et votre modèle	View Helper au Chapitre 7
Pattern	Déterminer où encapsuler la logique de mise en forme des données liées à la présentation	View Helper au Chapitre 7
Pattern	Savoir si vous devez implémenter vos composants helpers sous forme de JavaBeans ou de balises personnalisées	View Helper au Chapitre 7

Tableau 6.6 : Patterns de la couche présentation

	Si vous cherchez à	*Vous le trouverez ici*
Pattern	Combiner plusieurs patterns de présentation	Service to Worker et Dispatcher View au Chapitre 7
Pattern	Déterminer où encapsuler la logique de gestion des vues et de la navigation, qui implique de choisir une vue et de lui transmettre la requête	Service to Worker et Dispatcher View au Chapitre 7
Conception	Déterminer où mémoriser l'état des sessions	Etat des sessions sur le client et Etat des sessions dans la couche présentation au Chapitre 3 et Mémoriser un état dans la couche métier, au Chapitre 4
Conception Refactorisation	Contrôler l'accès du client à certaines vues ou sous-vues	Contrôler l'accès client au Chapitre 3 et Masquage des ressources au client, au Chapitre 5
Conception Refactorisation	Contrôler le flux des requêtes entrant dans l'application	Duplication des envois de formulaires, au Chapitre 3 et Introduction d'un jeton de synchronisation au Chapitre 5
Conception Refactorisation	Contrôler la duplication de l'envoi de formulaires	Duplication des envois de formulaires, au Chapitre 3 et Introduction d'un jeton de synchronisation au Chapitre 5
Conception	Résoudre les problèmes liés au mécanisme de remplissage automatique des propriétés standard JSP par le biais de `<jsp:setProperty>`	Propriétés des helpers : intégrité et cohérence, au Chapitre 3
Refactorisation	Réduire le couplage entre la couche présentation et la couche métier	Masquage à la couche métier des détails spécifiques à la couche présentation et Introduction d'un Business Delegate, au Chapitre 5
Refactorisation	Partitionner le code d'accès aux données	Séparation du code d'accès aux données au Chapitre 5

Le Tableau 6.7 présente les fonctions traitées par les patterns de la couche métier et indique les emplacements où vous pouvez trouver le ou les patterns capables de vous fournir la solution.

Tableau 6.7 : Patterns de la couche métier

	Si vous cherchez à	*Vous le trouverez ici*
Pattern	Réduire le couplage entre les couches présentation et métier	Business Delegate au Chapitre 8
Pattern	Masquer les détails du service métier aux clients	Business Delegate au Chapitre 8
Pattern	Masquer les détails de l'implémentation, de la recherche, de la création et de l'accès au service métier	Business Delegate et Service Locator au Chapitre 8
Pattern	Isoler les dépendances vis-à-vis du fournisseur et de la technologie pour la recherche de services	Service Locator au Chapitre 8
Pattern	Fournir une méthode uniforme pour la recherche et la création de services métier	Service Locator au Chapitre 8
Pattern	Masquer la complexité et les dépendances pour la recherche de beans entreprise et de composants JMS	Service Locator au Chapitre 8
Pattern	Transférer des données entre objets métier et clients à travers plusieurs couches	Value Object au Chapitre 8
Pattern	Réduire la duplication du code entre beans entité et classes d'objets valeur	Value Object au Chapitre 8
Pattern	Fournir une interface uniforme et simplifiée aux clients	Business Delegate au Chapitre 8
Pattern	Réduire les appels de méthodes distants en fournissant un accès à granularité importante aux composants de la couche métier	Session Facade au Chapitre 8

Tableau 6.7 : Patterns de la couche métier *(suite)*

	Si vous cherchez à	*Vous le trouverez ici*
Pattern	Gérer les relations entre beans entreprise et masquer la complexité des interactions	Session Facade au Chapitre 8
Pattern	Protéger les composants de la couche métier de l'exposition directe aux clients	Session Facade et Business Delegate au Chapitre 8
Pattern	Fournir un accès uniforme aux composants de la couche métier	Session Facade, au Chapitre 8
Pattern	Concevoir des beans entité complexes	Composite Entity au Chapitre 8
Pattern	Identifier les objets à gros grain et les objets dépendants pour concevoir des beans entité	Composite Entity au Chapitre 8
Pattern	Concevoir des beans entité à gros grain	Composite Entity au Chapitre 8
Pattern	Réduire ou éliminer la dépendance des beans entités au schéma de la base de données	Composite Entity au Chapitre 8
Pattern	Réduire ou éliminer les relations entre beans entité	Composite Entity et Session Facade au Chapitre 8
Pattern	Réduire le nombre de beans entité et améliorer la maniabilité	Composite Entity au Chapitre 8
Pattern	Obtenir le modèle de données pour l'application à partir de divers composants de la couche métier	Value Object Assembler, au Chapitre 8
Pattern	Construire le modèle de données à la volée	Value Object Assembler, au Chapitre 8
Pattern	Masquer la complexité de la construction du modèle de données aux clients	Value Object Assembler au Chapitre 8
Pattern	Fournir un outil de traitement par listes des requêtes et des résultats au niveau de la couche métier	Value List Handler au Chapitre 8

Tableau 6.7 : Patterns de la couche métier *(suite)*

	Si vous cherchez à	*Vous le trouverez ici*
Pattern	Réduire la surcharge liée à l'utilisation des méthodes de recherche des beans entreprise	Value List Handler au Chapitre 8
Pattern	Mettre en cache les résultats des requêtes des clients côté serveur, avec navigation en amont et en aval	Value List Handler au Chapitre 8
Conception	Utiliser des beans session comme façades pour la couche métier	Beans session sous la forme de façades de la couche métier, au Chapitre 4
Conception	Choisir entre beans session avec et sans états	Bean session, avec ou sans états, au Chapitre 4
Refactorisation	Protéger les beans entité de l'accès direct du client	Encapsulation des entités dans une session, au Chapitre 5
Refactorisation	Encapsuler les services métier pour masquer les détails de l'implémentation de la couche métier	Introduction d'un Business Delegate, au Chapitre 5
Conception	Coder la logique métier dans des beans entité	Logique métier dans les beans entité, au Chapitre 4 et Transfert de la logique métier dans une session, au Chapitre 5
Refactorisation	Utiliser des beans session pour fournir des services métier à gros grain	Fusion des beans session et Encapsulation des entités dans une session au Chapitre 5
Refactorisation	Réduire ou éliminer la surcharge du réseau et du conteneur due à la communication entre beans entité	Réduction des communications entre beans entité au Chapitre 5
Refactorisation	Partitionner le code d'accès aux données	Séparation du code d'accès aux données, au Chapitre 5

Le Tableau 6.8 présente les fonctions généralement traitées par les patterns de la couche intégration et indique ceux qui fournissent la solution.

Tableau 6.8 : Patterns de la couche intégration

	Si vous cherchez à	*Vous le trouverez ici*
Pattern	Réduire le couplage entre les couches métier et ressources	Data Access Object au Chapitre 9
Pattern	Centraliser l'accès à la couche ressources	Data Access Object au Chapitre 9
Pattern	Réduire la complexité de l'accès aux ressources dans les composants de la couche métier	Data Access Object au Chapitre 9
Pattern	Fournir un traitement asynchrone pour les beans entreprise	Service Activator, au Chapitre 9
Pattern	Envoyer un message à un bean entreprise	Service Activator au Chapitre 9

Résumé

Nous avons vu jusqu'à présent les concepts de base des patterns J2EE. Nous avons utilisé un modèle en couches pour classer les patterns, exploré les relations entre les différents patterns et proposé une carte qui vous aidera à rechercher un pattern particulier. Dans les chapitres suivants, nous vous présentons chaque pattern un à un. Ils sont regroupés par chapitre, en fonction de la couche à laquelle ils appartiennent.

7

Patterns de la couche présentation

Au sommaire de ce chapitre

- ✔ Intercepting Filter
- ✔ Front Controller
- ✔ View Helper
- ✔ Composite View
- ✔ Service to Worker
- ✔ Dispatcher View

Intercepting Filter

Contexte

Le mécanisme de gestion des requêtes de la couche présentation reçoit de nombreux types de requêtes différents qui nécessitent différents types de traitements. Certaines de ces requêtes sont simplement transmises au composant gestionnaire approprié, tandis que d'autres doivent être modifiées, auditées ou décompressées avant tout traitement ultérieur.

Problème

La requête d'un client Web et la réponse doivent être pré et post-traitées.

Lorsqu'une requête parvient à une application Web, elle doit souvent réussir plusieurs tests d'entrée avant la phase de traitement proprement dite. Par exemple :

- Le client a-t-il été authentifié ?

- Le client a-t-il une session valide ?
- L'adresse IP du client appartient-elle à un réseau de confiance ?
- La requête viole-t-elle des contraintes ?
- Comment le client encode-t-il les données qu'il envoie ?
- Prenons-nous en charge le type de navigateur du client ?

Certaines de ces vérifications sont des tests binaires : une réponse positive ou négative détermine si le traitement peut continuer. D'autres manipulent le flot de données entrant et lui donnent une forme appropriée au traitement.

La solution classique consiste en une suite de tests conditionnels, tout échec provoquant l'abandon de la requête. La stratégie standard emploie des instructions `if/else` imbriquées, mais fragilise le code et favorise un style de programmation "copier-coller", parce que le flot du filtrage et l'action des filtres sont compilés dans l'application.

La clé pour résoudre ce problème de manière souple et discrète consiste à disposer d'un mécanisme simple permettant d'ajouter et de supprimer des composants de traitement, chaque composant assurant une fonction de filtrage spécifique.

Indications

Traitement commun par requête, par exemple vérification du schéma d'encodage ou journalisation des informations sur chaque requête.

Centralisation de la logique commune.

Les services doivent pouvoir s'insérer et se supprimer facilement sans affecter les composants existants, de manière à pouvoir être utilisés dans différentes combinaisons, telles que :

- connexion et authentification ;
- débogage et transformation de la sortie pour un client spécifique ;
- décompression et conversion du schéma d'encodage de l'entrée.

Solution

Créer des filtres insérables pour traiter les services communs de manière standard sans devoir modifier le programme principal de traitement de la requête.

Les filtres interceptent les requêtes entrantes et les réponses sortantes, permettant pré et post-traitement. Nous pouvons ajouter et supprimer ces filtres sans modifier le code existant.

Nous pouvons en effet "décorer" notre traitement principal avec différents services communs tels que sécurité, journalisation, débogage, etc. Ces filtres sont des composants indépendants de l'application principale, et peuvent être ajoutés ou supprimés de manière déclarative. On peut par exemple modifier un fichier de configuration de déploiement pour installer une chaîne de filtres. Le même fichier de configuration pourrait contenir une comparaison d'URL spécifique à cette chaîne de filtres. Lorsqu'un client demande une ressource qui correspond à celle-ci, les filtres sont traités dans l'ordre avant que la ressource cible ne soit appelée.

Structure

La Figure 7.1 représente le pattern Intercepting Filter.

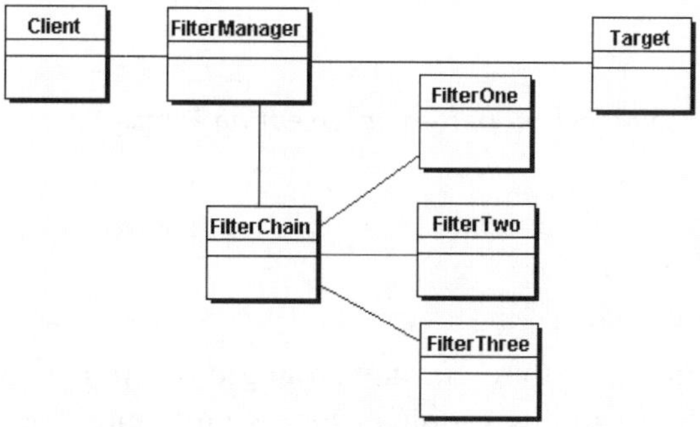

Figure 7.1
Diagramme de classe du pattern Intercepting Filter.

Participants et responsabilités

La Figure 7.2 représente le pattern Intercepting Filter.

FilterManager

Gère le traitement des filtres. Il crée la FilterChain avec les filtres appropriés dans l'ordre correct et lance le traitement.

FilterChain

Collection ordonnée de filtres indépendants.

FilterOne, FilterTwo, FilterThree

Filtres individuels qui sont appariés à une cible. La FilterChain coordonne ce traitement.

Target

Ressource demandée par le client.

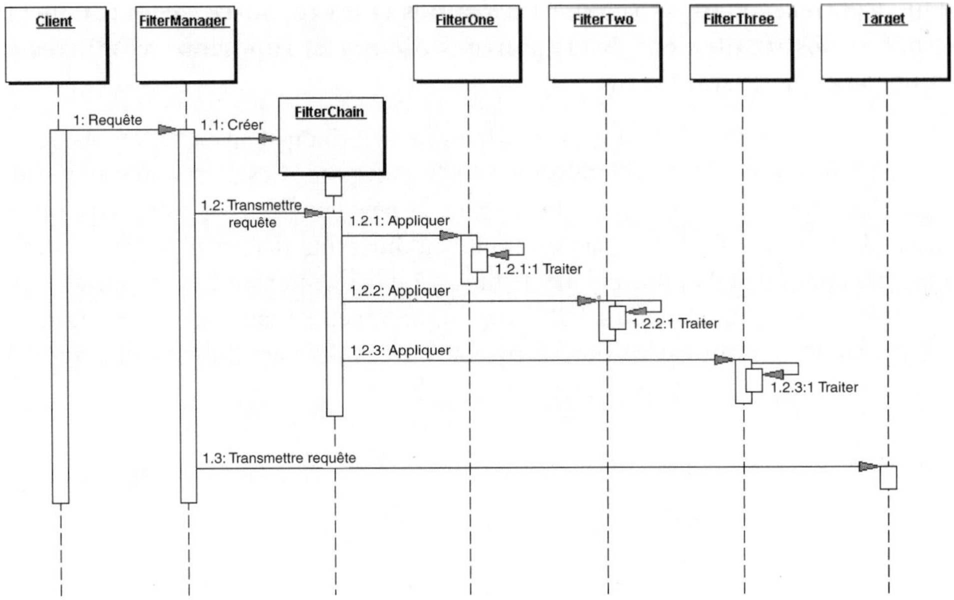

Figure 7.2

Diagramme de séquence du pattern Intercepting Filter.

Stratégies

Filtre personnalisé

Le filtre est mis en œuvre *via* une stratégie personnalisée définie par le développeur. Cette solution est moins souple et moins puissante que la stratégie "Filtre standard", présentée dans la section suivante. Quoique préférable, cette dernière n'est disponible qu'avec les conteneurs supportant la spécification Servlet 2.3. La stratégie "Filtre personnalisé" est moins puissante parce qu'elle ne permet pas d'envelopper les objets requête et réponse de façon standard et portable. En outre, il est impossible de modifier l'objet requête, et il faut introduire un mécanisme de tampon quelconque si les filtres doivent contrôler le flot de sortie. Pour mettre en œuvre la stratégie "Filtre personnalisé", le développeur peut utiliser le pattern Décorateur (*Decorator*) [GoF] pour que les filtres enveloppent la logique principale de traitement de la requête. Il peut par exemple y avoir un filtre de débogage qui enveloppe le filtre d'authentification. Les Exemples 7.1 et 7.2 montrent la façon de créer ce mécanisme par programme.

Exemple 7.1 : Implémentation d'un filtre — DebuggingFilter

```
public class DebuggingFilter implements Processor {
  private Processor target;

  public DebuggingFilter(Processor myTarget) {
    target = myTarget;
  }

  public void execute(ServletRequest req, ServletResponse res) throws
  ➥IOException, ServletException {
    // Traitement de filtrage, par exemple
    // affichage des paramètres de la requête
    target.execute(req, res);
  }
}
```

Exemple 7.2 : Implémentation d'un filtre — CoreProcessor

```
public class CoreProcessor implements Processor {
  private Processor target;
  public CoreProcessor()   {
    this(null);
  }

  public CoreProcessor(Processor myTarget)   {
    target = myTarget;
  }

  public void execute(ServletRequest req, ServletResponse res) throws
  ➥IOException, ServletException   {
    // Traitement principal
  }
}
```

Dans la servlet contrôleur, nous déléguons à une méthode nommée `processRequest()` la gestion des requêtes entrantes, comme le montre l'Exemple 7.3.

Exemple 7.3 : Gestion des requêtes

```
public void processRequest(ServletRequest req, ServletResponse res)
➥throws IOException, ServletException {
  Processor processors = new DebuggingFilter( new AuthenticationFilter
  ➥(new CoreProcessor()));
  processors.execute(req, res);

  // Puis dispatcher à la ressource suivante, qui est
  // probablement la vue à afficher
  dispatcher.dispatch(req, res);
}
```

Uniquement pour les besoins de l'exemple, imaginons que chaque composant écrive sur la sortie standard lorsqu'il est exécuté. L'Exemple 7.4 montre le résultat possible de l'exécution.

Exemple 7.4 : Messages écrits sur la sortie standard

```
Prétraitement du filtre de débogage terminé...
Traitement du filtre d'authentification terminé...
Traitement principal terminé...
Post-traitement du filtre de débogage terminé...
```

Une chaîne de processeurs est exécutée dans l'ordre. Chaque processeur, excepté le dernier de la chaîne, est considéré comme un filtre. Le dernier composant est celui où nous encapsulons le traitement principal que nous voulons accomplir pour chaque requête. Avec cette conception, nous devrons remanier le code de la classe `CoreProcessor`, ainsi que celui de toutes les classes filtres, lorsque nous voudrons modifier notre façon de gérer les requêtes.

La Figure 7.3 est un diagramme de séquence représentant le flot de contrôle lors de l'utilisation du code de filtrage des Exemples 7.1, 7.2 et 7.3.

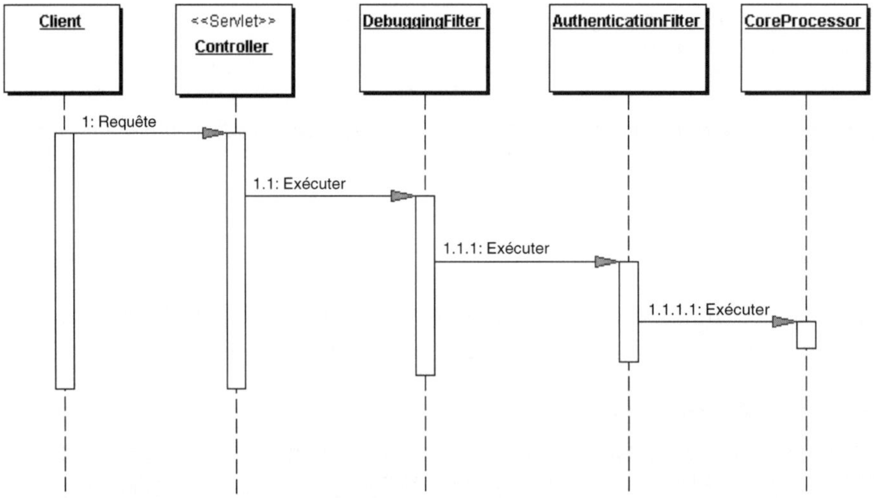

Figure 7.3
Diagramme de séquence pour la stratégie Filtre personnalisé, implémentation avec Décorateur.

Notez que lorsque nous utilisons une implémentation de Décorateur, chaque filtre appelle directement le suivant, bien qu'utilisant une interface générique. Nous pourrions également mettre en œuvre cette stratégie avec un `FilterManager` et une `FilterChain`. Dans ce cas, ces deux composants coordonneraient et géreraient le traitement des filtres, et les filtres ne communiqueraient pas directement. Cette conception approche une implémentation conforme à la spécification Servlet 2.3, même si elle constitue toujours une stratégie personnalisée. L'Exemple 7.5 est le listing d'une classe `FilterManager` qui crée la `FilterChain` de l'Exemple 7.6. La `FilterChain` ajoute des filtres à la chaîne dans l'ordre approprié (pour des raisons de brièveté, cela a lieu dans le constructeur de `FilterChain`, mais devrait normalement se trouver à la place du commentaire), traite les filtres, et enfin traite la ressource cible. La Figure 7.4 est le diagramme de séquence correspondant à ce code.

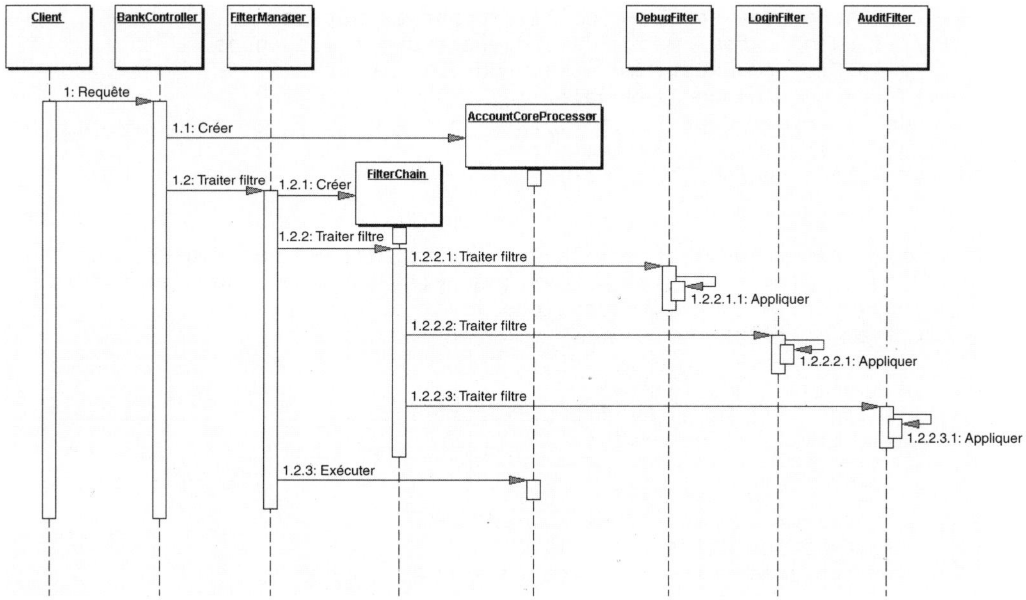

Figure 7.4

Diagramme de séquence pour la stratégie Filtre personnalisé, implémentation sans Décorateur.

Exemple 7.5 : FilterManager — stratégie Filtre personnalisé

```
public class FilterManager {
  public void processFilter(Filter target,
javax.servlet.http.HttpServletRequest request,
javax.servlet.http.HttpServletResponse response) throws
javax.servlet.ServletException,
      java.io.IOException {
    FilterChain filterChain = new FilterChain();

    // Le FilterManager construit la chaîne de filtres ici
    // si nécessaire

    // Tuber la requête dans FilterChain
    filterChain.processFilter(request, response);
```

```
      // Traiter la ressource cible
      target.execute(request, response);
    }
  }
```

Exemple 7.6 : FilterChain — stratégie Filtre personnalisé

```
public class FilterChain {
  // chaîne de filtres
  private Vector myFilters = new Vector();

  // création d'une nouvelle FilterChain
  public FilterChain() {
    // Insérer des services de filtre par défaut pour
    // l'exemple seulement. Ceci devrait avoir lieu dans
    // le FilterManager, mais se trouve ici pour
    // les besoins de l'exemple
    addFilter(new DebugFilter());
    addFilter(new LoginFilter());
    addFilter(new AuditFilter());
  }

  public void processFilter( javax.servlet.http.HttpServletRequest
  ➥request, javax.servlet.http.HttpServletResponse response) throws
  ➥javax.servlet.ServletException, java.io.IOException {
    Filter filter;

    // appliquer les filtres
    Iterator filters = myFilters.iterator();
    while (filters.hasNext())
    {
      filter = (Filter)filters.next();
      // passer la requête et la réponse
      // dans les différents filtres
      filter.execute(request, response);
    }
  }

  public void addFilter(Filter filter) {
    myFilters.add(filter);
  }
}
```

Cette stratégie ne nous permet pas de créer des filtres aussi souples et aussi puissants que nous le voudrions. Tout d'abord, les filtres sont insérés et supprimés par programme. Et même si nous écrivions un mécanisme propriétaire pour gérer l'insertion et la suppression de filtres *via* un fichier de configuration, nous n'aurions toujours aucun moyen d'envelopper les objets requête et réponse. De plus, en l'absence d'un mécanisme de tampon sophistiqué, cette stratégie n'offre pas de souplesse au niveau du post-traitement.

La stratégie "Filtre standard" permet de résoudre ces problèmes, en exploitant les fonctionnalités de la spécification Servlet 2.3, qui fournit une solution standard au dilemme des filtres.

INFO

Au moment de la rédaction, la spécification Servlet 2.3 est au stade de *draft* final.

Filtre standard

On contrôle les filtres de manière déclarative au moyen d'un descripteur de déploiement, conformément à la spécification Servlet 2.3, qui, au moment où nous rédigeons cet ouvrage, est au stade de *draft* final. Celle-ci comprend un mécanisme standard permettant de créer des chaînes de filtres et de les insérer ou de les supprimer de façon non invasive dans ces chaînes. Les filtres sont construits autour d'interfaces, et ajoutés ou supprimés de manière déclarative en modifiant le descripteur de déploiement pour une application Web.

Notre exemple pour cette stratégie consistera à créer un filtre qui prétraite les requêtes quel que soit leur type d'encodage, afin que chaque requête soit traitée de façon similaire dans le programme principal. Quelle pourrait en être l'utilité ? Les formulaires HTML qui contiennent un téléchargement de fichier emploient un type d'encodage différent de celui de la plupart des autres formulaires. En conséquence, les données qui accompagnent le téléchargement ne sont pas disponibles *via* de simples appels de `getParameter()`. Nous créons donc des filtres qui prétraitent les requêtes, traduisant tous les types d'encodage en un seul format cohérent. Celui que nous avons choisi consiste à avoir toutes les données du formulaire disponibles sous forme d'attributs de la requête.

L'un des filtres gère le type d'encodage standard *application/ x-www-form-urlencoded*, et l'autre le type d'encodage moins courant *multipart/form-data*, qui sert pour les formulaires comprenant des téléchargements de fichiers. Ils traduisent toutes les données des formulaires en attributs de requêtes, si bien que le mécanisme principal peut traiter chaque requête de la même manière.

L'Exemple 7.8 montre un filtre qui traduit les requêtes en utilisant le schéma d'encodage standard. L'Exemple 7.9 montre un filtre qui traduit les requêtes encodées selon le schéma *multipart-form*. Le code de ces filtres est basé sur le *draft* final de la spécification Servlet 2.3. Nous utilisons également un filtre de base dont ces deux filtres héritent (voir la section "Base Filter"). Ce filtre de base (voir l'Exemple 7.7) fournit un comportement par défaut pour les méthodes de *callback* du filtre standard.

Exemple 7.7 : BaseFilter — stratégie Filtre standard

```
public class BaseEncodeFilter implements javax.servlet.Filter {
  private javax.servlet.FilterConfig myFilterConfig;

  public BaseEncodeFilter() {  }

  public void doFilter(javax.servlet.ServletRequest servletRequest,
  ➥javax.servlet.ServletResponse servletResponse, javax.servlet
  ➥.FilterChain filterChain) throws java.io.IOException,
    javax.servlet.ServletException {
    filterChain.doFilter(servletRequest, servletResponse);
  }

  public javax.servlet.FilterConfig getFilterConfig() {
    return myFilterConfig;
  }

  public void setFilterConfig(javax.servlet.FilterConfig filterConfig) {
      myFilterConfig = filterConfig;
  }
}
```

Exemple 7.8 : StandardEncodeFilter — stratégie Filtre standard

```
public class StandardEncodeFilter extends BaseEncodeFilter {
  // Crée un nouveau StandardEncodeFilter
  public StandardEncodeFilter()   {  }

  public void doFilter(javax.servlet.ServletRequest servletRequest,
  ➥javax.servlet.ServletResponse servletResponse,javax.servlet
  ➥.FilterChain filterChain) throws java.io.IOException,
  ➥javax.servlet.ServletException {

    String contentType = servletRequest.getContentType();

    if ((contentType == null) ||
      contentType.equalsIgnoreCase("application/x-www-
      ➥form-urlencoded")) {
      translateParamsToAttributes(servletRequest, servletResponse);
    }

    filterChain.doFilter(servletRequest, servletResponse);
  }

  private void translateParamsToAttributes(ServletRequest request,
  ➥ServletResponse response)   {
    Enumeration paramNames = request.getParameterNames();

    while (paramNames.hasMoreElements()) {
      String paramName = (String)
          paramNames.nextElement();

      String [] values;
```

```
        values = request.getParameterValues(paramName);
        System.err.println("paramName = " + paramName);
        if (values.length == 1)
          request.setAttribute(paramName, values[0]);
        else
          request.setAttribute(paramName, values);
      }
    }
  }
```

Exemple 7.9 : MultipartEncodeFilter — stratégie Filtre standard

```
public class MultipartEncodeFilter extends BaseEncodeFilter {
  public MultipartEncodeFilter() { }
    public void doFilter(javax.servlet.ServletRequest servletRequest,
    ➥javax.servlet.ServletResponse servletResponse, javax.servlet
    ➥.FilterChain filterChain) throws java.io.IOException,
    ➥javax.servlet.ServletException {

    String contentType = servletRequest.getContentType();
    // Ne filtrer cette requête que
    // si encodage multipart
    if (contentType.startsWith("multipart/form-data")){
      try  {
        String uploadFolder = getFilterConfig().getInitParameter
        ➥("UploadFolder");
        if (uploadFolder == null) uploadFolder = ".";

        /** La classe MultipartRequest est :
        * Copyright (C) 2001 by Jason Hunter
        * <jhunter@servlets.com>. All rights reserved.
        **/
        MultipartRequest multi = new MultipartRequest(servletRequest,
        ➥uploadFolder, 1 * 1024 * 1024);
        Enumeration params = multi.getParameterNames();
        while (params.hasMoreElements()){
          String name = (String)params.nextElement();
          String value = multi.getParameter(name);
          servletRequest.setAttribute(name, value);
        }

        Enumeration files = multi.getFileNames();
        while (files.hasMoreElements())    {
          String name = (String)files.nextElement();
          String filename = multi.getFilesystemName(name);
          String type = multi.getContentType(name);
          File f = multi.getFile(name);
          // A ce stade, appliquer le traitement
          // nécessaire au fichier
        }
      }
```

```
        catch (IOException e)
        {
          LogManager.logMessage("error reading or saving file"+ e);
        }
    } // fin du if
      filterChain.doFilter(servletRequest, servletResponse);
    } // fin de la méthode doFilter()
}
```

L'extrait de l'Exemple 7.10 provient du descripteur de déploiement pour l'application Web contenant cet exemple. Il montre comment deux filtres sont enregistrés puis associés à une ressource, dans ce cas une simple servlet test. Le diagramme de séquence de cet exemple est la Figure 7.5.

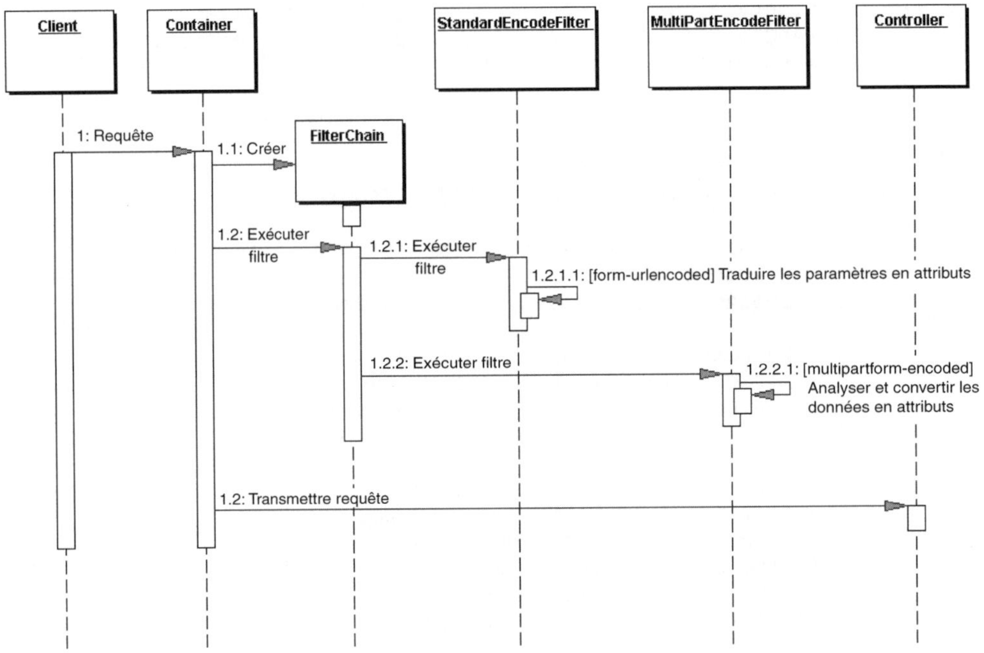

Figure 7.5

Diagramme de séquence pour le pattern Intercepting Filter, stratégie Filtre standard — exemple de conversion de l'encodage.

Exemple 7.10 : Descripteur de déploiement — stratégie Filtre standard

```
<filter>
    <filter-name>StandardEncodeFilter</filter-name>
    <display-name>StandardEncodeFilter</display-name>
    <description></description>
```

```
        <filter-class> corepatterns.filters.encodefilter.
                StandardEncodeFilter</filter-class>
      </filter>
      <filter>
        <filter-name>MultipartEncodeFilter</filter-name>
        <display-name>MultipartEncodeFilter</display-name>
        <description></description>
        <filter-class>corepatterns.filters.encodefilter.
                MultipartEncodeFilter</filter-class>
        <init-param>
          <param-name>UploadFolder</param-name>
          <param-value>/home/files</param-value>
        </init-param>
     </filter>
    <filter-mapping>
        <filter-name>StandardEncodeFilter</filter-name>
        <url-pattern>/EncodeTestServlet</url-pattern>
      </filter-mapping>
      <filter-mapping>
        <filter-name>MultipartEncodeFilter</filter-name>
        <url-pattern>/EncodeTestServlet</url-pattern>
      </filter-mapping>
```

Le `StandardEncodeFilter` et le `MultiPartEncodeFilter` interceptent le contrôle lorsque le client envoie une requête à la servlet contrôleur. Le conteneur joue le rôle de gestionnaire de filtres et passe le contrôle à ces filtres en appelant leur méthode `doFilter()`. A la fin de ce traitement, chaque filtre passe le contrôle à la `FilterChain` qui le contient et à laquelle il indique d'exécuter le filtre suivant. Une fois que les deux filtres ont reçu et rendu le contrôle, le dernier composant à recevoir celui-ci est la ressource cible réelle, en l'occurrence la servlet contrôleur.

Les filtres conformes à la spécification Servlet 2.3 permettent également d'envelopper les objets requête et réponse. Cette fonctionnalité fournit un mécanisme beaucoup plus puissant, que l'on peut construire avec l'implémentation personnalisée suggérée par la stratégie Filtre personnalisé. Nous pourrions naturellement adopter une démarche hybride combinant les deux stratégies, mais elle n'aurait toujours pas la puissance de la stratégie Standard Filter telle qu'elle est définie par la spécification.

Filtre de base

Un filtre de base sert de super-classe commune à tous les filtres. Les fonctionnalités communes peuvent être encapsulées dans le filtre de base et partagées par tous les autres. Par exemple, un filtre de base est un bon endroit pour insérer un comportement par défaut pour les méthodes de *callback* dans la stratégie Declared Filter. L'Exemple 7.11 montre la façon de procéder.

Exemple 7.11 : La stratégie Filtre de base

```
public class BaseEncodeFilter implements javax.servlet.Filter {
  private javax.servlet.FilterConfig myFilterConfig;

  public BaseEncodeFilter() { }

  public void doFilter(javax.servlet.ServletRequest
  servletRequest,javax.servlet.ServletResponse
  servletResponse, javax.servlet.FilterChain
    filterChain) throws java.io.IOException,
    javax.servlet.ServletException {

    filterChain.doFilter(servletRequest, servletResponse);
  }

  public javax.servlet.FilterConfig getFilterConfig() {
    return myFilterConfig;
  }

  public void setFilterConfig(javax.servlet.FilterConfig filterConfig)
{
    myFilterConfig = filterConfig;
  }
}
```

Modèle de filtre

L'utilisation d'un filtre de base dont tous les autres héritent (voir la stratégie "Filtre de base" dans ce chapitre) permet à la classe de base de fournir une fonctionnalité de Patron de méthode (*Template Method*) [Gof]. Dans ce cas, le filtre de base sert à dicter les étapes générales que tous les filtres doivent effectuer, tout en laissant à chaque classe dérivée (filtre) les détails de la *façon* d'effectuer chaque étape. On peut également combiner cette stratégie avec n'importe quelle autre stratégie de filtrage. Les listings des Exemples 7.12 et 7.13 présentent la façon d'utiliser cette stratégie combinée avec Declared Filter.

L'Exemple 7.12 montre un filtre de base nommé `TemplateFilter`.

Exemple 7.12 : Application de la stratégie Modèle de filtre

```
public abstract class TemplateFilter implements javax.servlet.Filter {
  private FilterConfig filterConfig;

  public void setFilterConfig(FilterConfig fc) {
    filterConfig=fc;
  }

  public FilterConfig getFilterConfig() {
    return filterConfig;
  }
```

```
  public void doFilter(ServletRequest request,
    ServletResponse response, FilterChain chain)
    throws IOException, ServletException  {
    // Traitement commun à tous les filtres
    doPreProcessing(request, response, chain);

    // Traitement commun à tous les filtres
    doMainProcessing(request, response, chain);

    // Traitement commun à tous les filtres
    doPostProcessing(request, response, chain);

    // Traitement commun à tous les filtres

    // Passer le contrôle au filtre suivant dans la chaîne
    // ou à la ressource cible
    chain.doFilter(request, response);
  }
  public void doPreProcessing(ServletRequest request,
    ServletResponse response, FilterChain chain)  {
  }

  public void doPostProcessing(ServletRequest request,
    ServletResponse response, FilterChain chain)  {
  }

  public abstract void doMainProcessing(ServletRequest request,
ServletResponse response, FilterChain chain);
}
```

Avec cette définition de classe pour `TemplateFilter`, chaque filtre est implémenté comme une sous-classe qui doit simplement implémenter la méthode `doMainProcessing()`. Ces sous-classes ont toutefois le choix d'implémenter les trois méthodes si elles le désirent. L'Exemple 7.13 est un exemple de sous-classe filtre qui implémente la seule méthode obligatoire (dictée par notre `TemplateFilter`) et la méthode de prétraitement facultative. La Figure 7.6 est un diagramme de séquence pour cette stratégie.

Exemple 7.13 : DebuggingFilter

```
public class DebuggingFilter extends TemplateFilter {
  public void doPreProcessing(ServletRequest req,
    ServletResponse res, FilterChain chain) {
    //prétraitement ici
  }

  public void doMainProcessing(ServletRequest req, ServletResponse res,
  ➥FilterChain chain)  {
  // traitement principal
  }
}
```

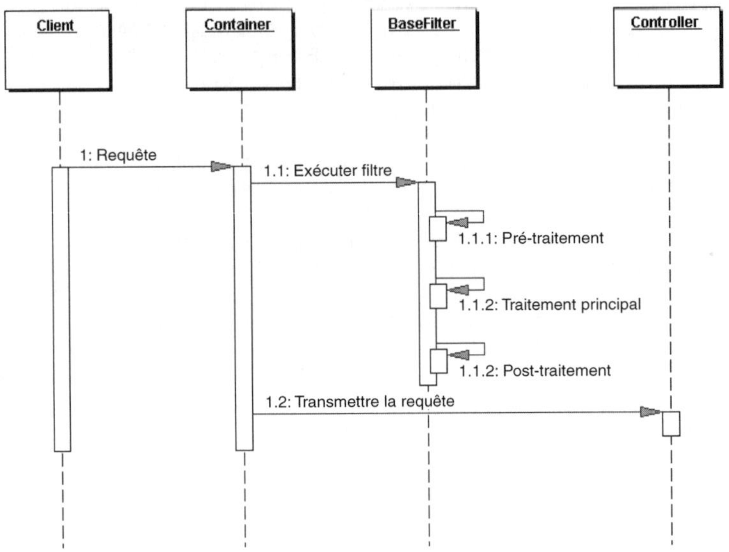

Figure 7.6
Diagramme de séquence du pattern Intercepting Filter, stratégie Modèle de filtre.

Dans le diagramme de séquence de la Figure 7.6, les sous-classes filtres comme `DebuggingFilter` définissent un traitement spécifique en redéfinissant la méthode abstraite `doMainProcessing()` et, facultativement, `doPreProcessing()` et `doPostProcessing()`. Ainsi, le patron impose une structure au traitement de chaque filtre, tout en fournissant un endroit où encapsuler le code commun à chacun d'eux.

Conséquences

- **Contrôle centralisé avec des gestionnaires faiblement couplés.** Les filtres sont un endroit central pour gérer le traitement de multiples requêtes. Ils conviennent bien à la manipulation des requêtes et des réponses qui seront finalement traitées par une ressource cible, telle qu'un contrôleur. De plus, un contrôleur lie souvent la gestion de nombreux services communs sans rapport entre eux, comme l'authentification, la journalisation, le cryptage, etc., tandis que le filtrage autorise des gestionnaires beaucoup plus faiblement couplés, qui peuvent faire l'objet de différentes combinaisons.

- **Amélioration de la réutilisabilité.** Les filtres permettent de partitionner plus nettement les applications et encouragent la réutilisation. Ces intercepteurs insérables sont ajoutés ou supprimés de façon transparente dans le code existant, et, en raison de leur interface standard, se combinent de plusieurs manières et sont réutilisables pour différentes présentations.

- **Configuration souple et déclarative.** De nombreux services se combinent en différentes permutations sans une seule recompilation de la base de code.
- **Inefficacité du partage des informations.** Le partage des informations entre filtres peut être inefficace, puisque chaque filtre est par définition faiblement couplé. Si de gros volumes d'informations doivent être partagés entre différents filtres, cette méthode peut se montrer coûteuse.

Patterns apparentés

Front Controller

Le contrôleur résout des problèmes similaires, mais convient mieux à la gestion du traitement principal.

Décorateur (Decorator) [GoF]

Le pattern Intercepting Filter est apparenté au pattern Décorateur, qui fournit des *wrappers* insérables dynamiquement.

Patron de méthode (Template Method) [GoF]

Le pattern Patron de méthode est utilisé pour implémenter la stratégie Patron de filtre.

Interceptor [POSA2]

Le pattern Intercepting Filter est apparenté au pattern Interceptor, qui permet d'ajouter des services de façon transparente et de les déclencher automatiquement.

Pipes and Filters [POSA1]

Le pattern Intercepting Filter est apparenté à Pipes and Filters.

Front Controller

Contexte

Le mécanisme de gestion des requêtes de la couche présentation doit contrôler et coordonner le traitement de chaque utilisateur lors de requêtes multiples. De tels mécanismes de contrôle peuvent être mis en œuvre de façon centralisée ou décentralisée.

Problème

Le système nécessite un point d'accès centralisé pour la gestion des requêtes de la couche présentation, afin de prendre en charge l'intégration de services système, la récupération des contenus, la gestion des vues et la navigation. Lorsque l'utilisateur accède directement à une vue sans passer par un mécanisme centralisateur, deux problèmes peuvent survenir :

- Chaque vue doit fournir ses propres services système, ce qui provoque souvent une duplication du code.
- La navigation dans les vues est laissée à ces dernières, ce qui peut conduire à mélanger contenu des vues et navigation dans celles-ci.

En outre, un contrôle distribué est plus difficile à maintenir, dans la mesure où le code devra souvent être modifié à de nombreux endroits.

Indications

Le traitement des services système communs se fait par requête. Par exemple, le service de sécurité effectue les tests d'authentification et d'autorisation.

La logique, qui serait mieux gérée de façon centralisée, est dupliquée dans de nombreuses vues.

Il existe des points de décision par rapport à l'extraction et la manipulation des données.

Plusieurs vues servent à répondre à des requêtes métier identiques.

Un point de contact centralisé pour gérer une requête peut être utile, par exemple pour contrôler et journaliser la progression d'un utilisateur dans le site.

La logique de gestion des vues et les services système sont relativement sophistiqués.

Solution

Utiliser un contrôleur comme point de contact initial pour traiter une requête : appel des services de sécurité tels qu'authentification et autorisation, délégation de la logique métier, gestion du choix d'une vue appropriée, traitement des erreurs et gestion de la sélection des stratégies de création de contenu.

Le contrôleur fournit un point d'entrée centralisé qui contrôle et gère le traitement des requêtes Web. En centralisant les points de décision et les contrôles, il contribue également à réduire le volume de code Java, les *scriptlets*, encapsulé dans la JSP.

La centralisation du contrôle dans le contrôleur et la délégation de la logique métier à la vue encouragent la réutilisation du code dans les différentes requêtes. C'est une démarche préférable à celle qui consiste à encapsuler le code dans plusieurs vues, parce que cette solution peut entraîner une réutilisation par copier-coller, qui prédispose aux erreurs.

En général, un contrôleur coordonne avec un composant "dispatcher". Les dispatchers sont responsables de la gestion des vues et de la navigation. Un dispatcher choisit la vue suivante pour l'utilisateur et transfère le contrôle à la ressource. Il peut être encapsulé directement dans le contrôleur ou constituer un composant séparé.

Si le pattern Front Controller suggère la centralisation de la gestion de toutes les requêtes, il ne limite pas le nombre de gestionnaires dans le système, comme le fait un Singleton. Une application peut utiliser plusieurs contrôleurs, chacun d'eux correspondant à un ensemble de services distincts.

Structure

La Figure 7.7 représente le diagramme de classe du pattern Front Controller.

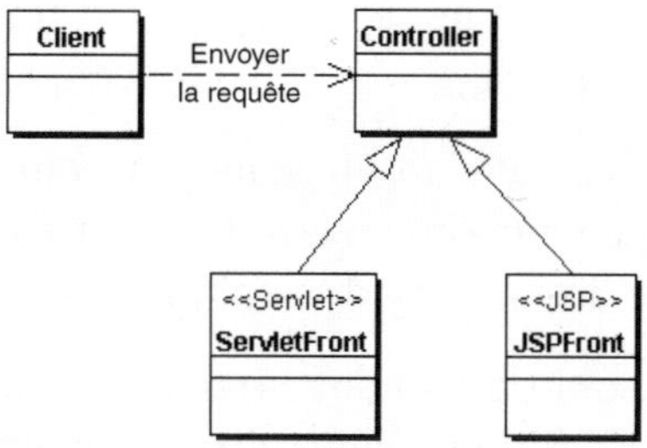

Figure 7.7
Diagramme de classe de Front Controller.

Participants et responsabilités

La Figure 7.8 montre le diagramme de séquence représentant le pattern Front Controller, qui décrit la façon dont le contrôleur gère une requête.

Controller

Le contrôleur est le point de contact initial de la gestion de toutes les requêtes dans le système. Il peut déléguer à un helper l'authentification et l'autorisation de la requête ou lancer l'extraction des contenus.

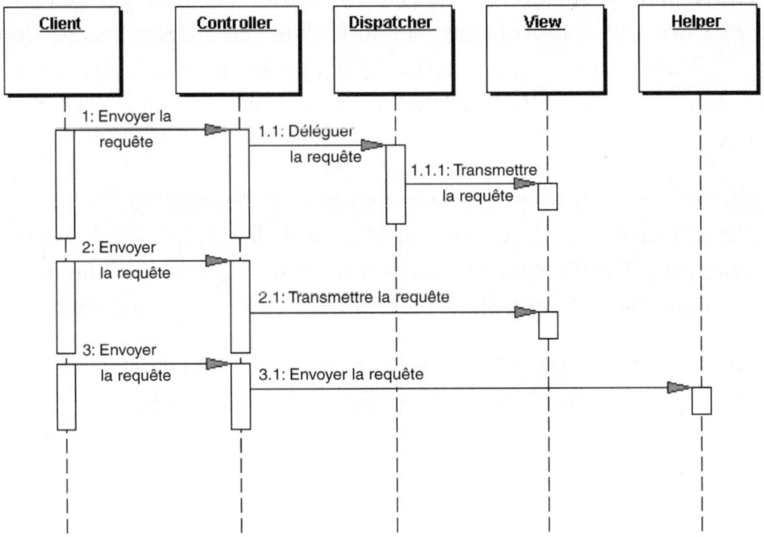

Figure 7.8
Diagramme de séquence de Front Controller.

Dispatcher

Un dispatcher est responsable de la gestion des vues et de la navigation. Il gère le choix de la prochaine vue à présenter à l'utilisateur et fournit le mécanisme pour transmettre le contrôle à cette ressource.

Un dispatcher peut être encapsulé dans un contrôleur ou constituer un composant séparé qui fonctionne en coordination. Il peut fournir un dispatching statique à la vue ou un mécanisme de dispatching dynamique plus évolué.

Le dispatcher utilise l'objet `RequestDispatcher` (supporté dans la spécification Servlet) et encapsule des traitements supplémentaires.

Helper

Un helper a pour tâche d'aider une vue ou un contrôleur à effectuer son traitement. C'est pourquoi les helpers ont de nombreuses responsabilités, dont la collecte des données nécessaires à la vue et la mémorisation de ce modèle intermédiaire, auquel cas on les nomme souvent *beans valeur*. De plus, ils peuvent adapter ce modèle de données que la vue utilisera. Ils peuvent servir les requêtes de données de la vue, en fournissant un simple accès aux données brutes ou en les présentant sous forme de contenu Web.

Une vue peut fonctionner avec un nombre quelconque de helpers, qui sont généralement implémentés sous forme de JavaBeans (JSP 1.0+) et de balises personnalisées (*custom tags*) (JSP 1.1+). En outre, un helper peut représenter un objet `Command`, un délégué (voir "Business Delegate" au Chapitre 8), ou un Transformer XSL utilisé en conjonction avec une feuille de style pour adapter et convertir le modèle au format approprié.

View

Une vue représente et affiche les informations au client. Elle les extrait d'un modèle. Les helpers assistent les vues en encapsulant et en adaptant le modèle de données sous-jacent qui sera utilisé dans l'affichage.

Stratégies

Il existe plusieurs stratégies pour implémenter un contrôleur.

Servlet contrôleur

Cette stratégie suggère d'implémenter le contrôleur sous forme de servlet. Bien qu'équivalente du point de vue sémantique, elle est préférable à la stratégie JSP Front. Le contrôleur gère les aspects du traitement des requêtes qui sont liés à la logique métier et au flot de contrôle. Ces responsabilités sont liées au formatage de l'affichage, mais elles en sont logiquement indépendantes, et il est plus indiqué de les encapsuler dans une servlet que dans une JSP.

La stratégie "Servlet contrôleur" présente sûrement quelques inconvénients potentiels. En particulier, elle n'exploite pas certaines fonctionnalités de l'environnement d'exécution JSP, comme la recopie automatique des paramètres des requêtes dans les propriétés des helpers. Cet inconvénient est heureusement minime, parce qu'il est relativement facile de créer ou de se procurer des utilitaires similaires. Il est également possible que les fonctionnalités de certains utilitaires JSP fassent partie des caractéristiques standard des servlets dans une prochaine version de la spécification. L'Exemple 7.14 est un exemple de stratégie Servlet Front.

Exemple 7.14 : La stratégie Servlet contrôleur

```
public class EmployeeController extends HttpServlet {
  // Initialise la servlet.
  public void init(ServletConfig config) throws ServletException {
    super.init(config);
  }

  // Détruit la servlet.
  public void destroy() {
  }
```

```
/** Traite les requêtes pour les deux méthodes HTTP
 * <code>GET</code> and <code>POST</code>.
 * @param request servlet request
 * @param response servlet response
 */
protected void processRequest(HttpServletRequest request,
➥HttpServletResponse response)
  throws ServletException, java.io.IOException {
  String page;

  /**ApplicationResources fournit une API simple
   * pour récupérer les constantes
   * et autres valeurs préconfigurées**/
  ApplicationResources resource = ApplicationResources.getInstance();
  try {

    // Utiliser un objet helper pour recueillir les informations
    // spécifiques aux paramètres.
    RequestHelper helper = new RequestHelper(request);

    Command cmdHelper= helper.getCommand();

    // Command helper perform custom operation
    page = cmdHelper.execute(request, response);

  }
  catch (Exception e) {

    LogManager.logMessage("EmployeeController:exception : "
    ➥+ e.getMessage());
    request.setAttribute(resource.getMessageAttr(),
    ➥"Exception occurred : " + e.getMessage());
    page = resource.getErrorPage(e);
  }
   // passer le contrôle à la vue
  dispatch(request, response, page);
}

/** Gère la méthode HTTP <code>GET</code>.
 * @param request servlet request
 * @param response servlet response
 */
protected void doGet(HttpServletRequest request, HttpServletResponse
➥response)
  throws ServletException, java.io.IOException {
    processRequest(request, response);
}

/** Gère la méthode HTTP <code>POST</code>.
 * @param request servlet request
 * @param response servlet response
 */
protected void doPost(HttpServletRequest request,
```

```
      HttpServletResponse response)
      throws ServletException, java.io.IOException {
          processRequest(request, response);
    }

    /** Retourne une courte description de la servlet */
    public String getServletInfo() {
      return "Front Controller Pattern" + " Servlet Front Strategy
      ➥Exemple";
    }

    protected void dispatch(HttpServletRequest request,
    ➥HttpServletResponse response,
      String page)
    throws javax.servlet.ServletException, java.io.IOException {
      RequestDispatcher dispatcher = ().getRequestDispatcher(page);
      dispatcher.forward(request, response);
    }
  }
```

JSP contrôleur

Cette stratégie suggère d'implémenter le contrôleur sous forme de JSP. Bien qu'équivalente du point de vue sémantique, la stratégie JSP Front lui est préférable. Puisque le contrôleur gère le traitement qui n'est pas spécifiquement lié au formatage de l'affichage, une JSP constitue une incohérence.

L'implémentation du contrôleur dans une JSP n'est pas souhaitable pour une autre raison évidente. Elle oblige le développeur à travailler avec une page de code balisé pour modifier la logique de gestion des requêtes. Celui-ci trouvera donc généralement que cette méthodologie est plus lourde lors du cycle codage-compilation-test-débogage. L'Exemple 7.15 est un exemple de stratégie JSP Front.

Exemple 7.15 : La stratégie JSP contrôleur

```
<%@page contentType="text/html"%>
<%@ page import="corepatterns.util.*" %>
<html>
<head><title>JSP Front Controller</title></head>
<body>

<h3><center> Employee Profile </h3>

<%
/**Ici, la logique de contrôle...
  A un point donné de ce bloc de code, nous extrayons l'information sur
l'employé, l'encapsulons dans un objet valeur et nous plaçons ce bean
dans la portée de la requête avec la clé "employee". Ce code a été omis.
Puis nous dispatchons à une autre JSP, ou nous permettons simplement
l'exécution des portions restantes du code du scriptlet **/
```

```
%>
  <jsp:useBean id="employee" scope="request"
    class="corepatterns.util.EmployeeVO"/>
<FORM method=POST >
<table width="60%">
<tr>
    <td>  First Name : </td>
<td>  <input type="text"
        name="<%=Constants.FLD_FIRSTNAME%>"
        value="<jsp:getProperty name="employee"
        property="firstName"/>"> </td>
</tr>

<tr>
    <td>  Last Name : </td>
    <td>    <input type="text"
        name="<%=Constants.FLD_LASTNAME%>"
        value="<jsp:getProperty name="employee"
        property="lastName"/>"></td>
</tr>
<tr>
    <td>  Employee ID : </td>
    <td>    <input type="text"
        name="<%=Constants.FLD_EMPID%>"
        value="<jsp:getProperty name="employee"
        property="id"/>"> </td>
</tr>
<tr>
    <td>    <input type="submit"
        name="employee_profile"> </td>
    <td> </td>
</tr>
</table>
</FORM>

</body>
</html>
```

Commande et Contrôleur

Basée sur le pattern Commande [GoF], la stratégie "Commande et Contrôleur" suggère de fournir une interface générique aux composants helpers auxquels le contrôleur peut déléguer une responsabilité, minimisant ainsi le couplage entre ces composants (voir "View Helper" plus loin dans ce chapitre). Augmenter ou modifier la tâche qui doit être accomplie par ces helpers ne nécessite aucun changement de l'interface entre eux et le contrôleur, et ne concerne que le type et/ou le contenu des commandes. Cela permet aux développeurs d'ajouter des comportements de gestion des requêtes grâce à un mécanisme souple et facilement extensible.

Enfin, comme le traitement des commandes n'est pas couplé avec leur invocation, le mécanisme de traitement des commandes peut être réutilisé avec différents types de clients qui ne se limitent pas aux navigateurs Web. Cette stratégie facilite également la création de commandes composites (voir le pattern "Composite" [GoF]). L'Exemple 7.16 contient un exemple de code et la Figure 7.9 un diagramme de séquence.

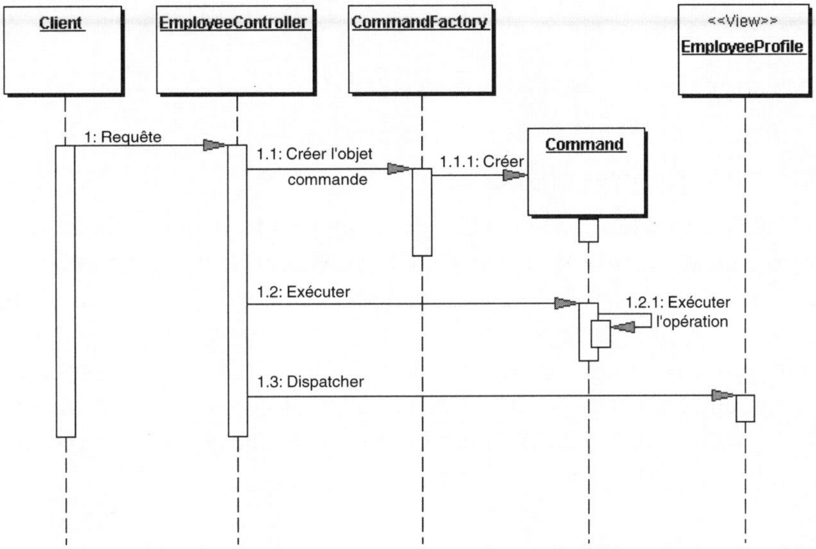

Figure 7.9

Diagramme de séquence de la stratégie Commande et Contrôleur.

Exemple 7.16 : La stratégie Commande et Contrôleur

```
/** Cette méthode processRequest() est appelée par les
  * deux méthodes de servlet doGet() et doPost()**/
protected void processRequest(HttpServletRequest request,
HttpServletResponse response)
  throws ServletException, java.io.IOException {

  String resultPage;
  try {
    RequestHelper helper = new RequestHelper(request);

  /** la méthode getCommand() utilise en interne une "fabrique" pour
   ➥extraire les objets Command comme suit :
    Command command =
CommandFactory.create(request.getParameter("op"));
```

```
**/
    Command command =  helper.getCommand();

    // déléguer la requête à un objet helper Command
    resultPage = command.execute(request, response);
  }
  catch (Exception e)   {
    LogManager.logMessage("EmployeeController",e.getMessage() );
    resultPage = ApplicationResources.getInstance().getErrorPage(e);
  }

  dispatch(request, response, resultPage);
}
```

Association aux ressources physiques

Toutes les requêtes sont faites à des noms de ressources physiques spécifiques, et non à des noms logiques. Un exemple est l'URL suivante : `http://some.server.com/resource1.jsp`. Dans le cas d'un contrôleur, un exemple d'URL pourrait être `http://some.server.com/servlet/Controller`. On préfère généralement la stratégie "Association aux ressources logiques" à celle-ci, parce qu'elle procure plus de souplesse et qu'elle permet de modifier les associations de ressources de manière déclarative, *via* un fichier de configuration. En revanche, la stratégie "Association aux ressources physiques" oblige à modifier chaque ressource.

Association aux ressources logiques

Toutes les requêtes sont faites à des noms de ressources logiques spécifiques, et non à des noms physiques. Les ressources physiques que ces noms logiques désignent peuvent alors être modifiées de manière déclarative.

Par exemple, l'URL `http://some.server.com/process` peut être associée à :

```
process=resource1.jsp
    OU
process=resource2.jsp
    OU
process=servletController
```

Association aux ressources multiplexées

Il s'agit en réalité d'une sous-stratégie de "Association aux ressources logiques". Cette stratégie n'associe pas un seul nom logique mais tout un ensemble de noms logiques à une seule ressource physique. Par exemple, un joker pourrait associer toutes les requêtes qui se terminent par `.ctrl`) à un gestionnaire donné.

Une requête et une association pourraient ressembler à celles du Tableau 7.1.

Tableau 7.1

Requête	*Association*
`http://some.server.com/action.ctrl`	`*.ctrl = servletController`

En fait, c'est cette stratégie que le moteur de JSP utilise pour garantir que les requêtes de ressources JSP (autrement dit les ressources dont les noms se terminent par `.jsp`) sont traitées par un gestionnaire spécifique.

On peut également ajouter des informations supplémentaires à une requête afin d'exploiter cette association logique (voir le Tableau 7.2).

Tableau 7.2

Requête	*Association*
`http://some.server.com/pro-file.ctrl ?usecase = create`	`*.ctrl = servletController`

L'un des avantages essentiels de cette stratégie est qu'elle permet une grande souplesse lors de la conception des composants gestionnaires de la requête. Combinée à d'autres stratégies comme "Commande et Contrôleur", elle permet de créer une puissante architecture de gestion des requêtes.

Considérons un contrôleur qui traite toutes les requêtes de terminant par `.ctrl`, comme précédemment. Considérons également que la partie gauche de ce nom de ressource qui précède le point (`profile` dans notre exemple) est une partie du nom d'un cas d'utilisation. Combinons maintenant ce nom avec la valeur du paramètre de la requête (en l'occurrence `create`). Ce faisant, nous signalons au gestionnaire de requêtes que nous voulons qu'il traite un cas d'utilisation nommé `Create profile`. Notre association à une requête multiplexée transmet la requête à notre `servletController`, qui fait partie de l'association du Tableau 7.2. Notre contrôleur crée l'objet `Command` approprié comme décrit dans la stratégie Command and Controller. Comment le contrôleur sait-il à quel objet `Command` il doit déléguer ? En exploitant les informations supplémentaires qui suivent l'URL, il délègue à l'objet `Command` qui gère la création de profils. Il peut s'agir d'un objet `ProfileCommand` qui sert les requêtes de création et de modification de profils ou un objet `ProfileCreationCommand` plus spécifique.

Dispatcher intégré au contrôleur

Lorsque la fonctionnalité du dispatcher est minimale, elle peut être incorporée au contrôleur, comme le montre la Figure 7.10.

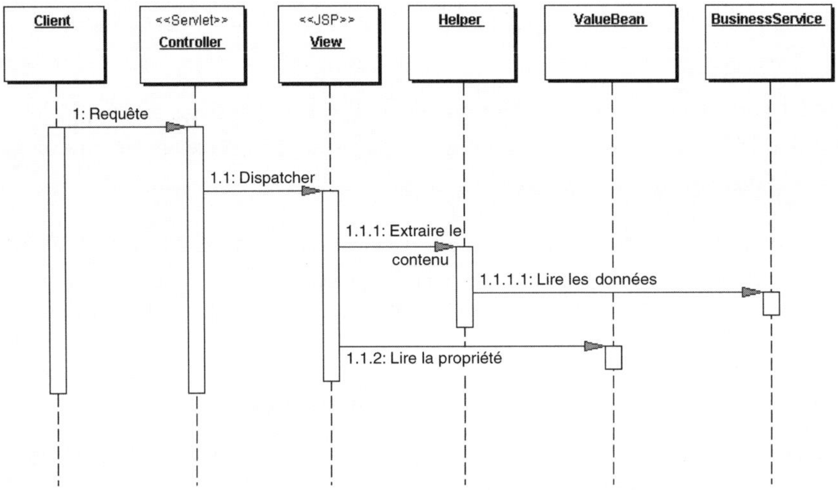

Figure 7.10

Diagramme de séquence de Dispatcher intégré au contrôleur.

Classe de base contrôleur

Combinée avec la stratégie Servlet contrôleur, celle-ci suggère de créer une classe de base contrôleur, dont l'implémentation des autres contrôleurs peut dériver. Cette classe peut contenir des implémentations communes et par défaut que chaque sous-classe pourra redéfinir. L'inconvénient est qu'une super-classe partagée, tout en encourageant partage et réutilisation, soulève le problème de la création d'une hiérarchie fragile, où les modifications à apporter à une super-classe affectent toutes les sous-classes.

Filtre contrôleur

Les filtres permettent également de centraliser le contrôle de la gestion des requêtes (voir le pattern "Intercepting Filter"). En conséquence, il est raisonnable d'implémenter certains aspects d'un contrôleur sous forme de filtre. Parallèlement, l'objet premier des filtres est l'interception et la décoration des requêtes, non le traitement de celles-ci et la génération des réponses. Si certaines responsabilités se recouvrent, par exemple la journalisation et le débogage, chaque composant est complémentaire de l'autre lorsqu'ils sont employés de manière appropriée.

Conséquences

- **Centralisation du contrôle.** Un contrôleur permet de centraliser la gestion des services système et la logique métier pour de multiples requêtes. Un accès centralisé à une application signifie que les requêtes sont facilement suivies et journalisées. N'oubliez pas toutefois que si le contrôle est centralisé, il est possible d'introduire un point unique de défaillance. Mais c'est rarement un problème dans la pratique, car il existe généralement plusieurs contrôleurs, que ce soit sur un seul serveur ou sur un *cluster*.
- **Amélioration de la gestion de la sécurité.** Un contrôleur centralise le contrôle, créant un point d'étranglement pour les tentatives d'accès illicites à l'application Web. En outre, auditer une seule entrée dans l'application nécessite moins de ressources que la répartition des tests de sécurité dans toutes les pages.
- **Augmentation de la réutilisabilité.** Un contrôleur permet de partitionner plus nettement les applications et encourage la réutilisation, puisque le code commun aux différents composants passe au contrôleur ou est géré par celui-ci.

Patterns apparentés

View Helper

Combiné au pattern View Helper, Front Controller extrait la logique métier de la vue et fournit un seul point de contrôle et de dispatching. Le flux de contrôle est placé dans le contrôleur et le code de gestion des données dans les helpers.

Intercepting Filter

Intercepting Filter et Front Controller décrivent tous deux la façon de centraliser le contrôle de certains types de traitements des requêtes, tout en suggérant deux approches différentes du problème.

Dispatcher View et Service to Worker

Les patterns Dispatcher View et Service to Worker sont une autre façon de nommer la combinaison du pattern View Helper avec un dispatcher, et le pattern Front Controller. Dispatcher View et Service to Worker, tout en étant structurellement identiques, décrivent différentes divisions du travail entre les composants.

View Helper

Contexte

Le système crée le contenu de la présentation, ce qui nécessite de traiter des données métier dynamiques.

Problème

Les modifications de la couche présentation sont fréquentes et difficiles à développer et à maintenir lorsque la logique d'accès aux données métier et la logique de formatage de la présentation sont intriquées. Le système est alors plus rigide et généralement moins résistant au changement.

Le mélange de la logique système et métier avec le traitement des vues réduit la modularité et entraîne une médiocre séparation des rôles entre les équipes de développement logiciel et de production Web.

Indications

- Les exigences d'assimilation des données métiers sont complexes.
- L'incorporation de la logique métier dans la vue encourage un style de réutilisation de type copier-coller. Cela provoque des problèmes de maintenance et des bogues, parce qu'un fragment de code est utilisé dans la même vue ou dans une vue différente par simple duplication au nouvel emplacement.
- Il est souhaitable d'encourager une division du travail nette entre les développeurs et les membres de l'équipe de production Web.
- Une vue est couramment employée pour répondre à une requête métier particulière.

Solution

Une vue contient le code de formatage, déléguant ses responsabilités de traitement à ses classes helpers, implémentées sous forme de JavaBeans ou de balises personnalisées. Les helpers mémorisent également le modèle de données intermédiaire de la vue et servent d'adaptateurs de données métier.

Il existe plusieurs stratégies pour implémenter un composant vue. La stratégie JSP View suggère d'utiliser pour ce faire une JSP. C'est la stratégie préférée et la plus couramment adoptée. L'autre principale stratégie est Servlet View, qui utilise une servlet (voir la section "Stratégies" pour de plus amples informations).

L'encapsulation de la logique métier dans un helper et non dans une vue rend notre application plus modulaire, et facilite la réutilisation des composants. Plusieurs clients, tels les contrôleurs et les vues, peuvent exploiter le même helper pour récupérer et adapter de plusieurs façons un état similaire du modèle, à des fins de présentation. La seule façon de réutiliser la logique incorporée dans une vue est de la copier et de la coller autre part. De plus, la duplication par copier-coller rend la maintenance du système plus difficile, car le même bogue éventuel doit être corrigé en plusieurs endroits.

Un signe qu'il y a peut-être lieu d'appliquer ce pattern au code existant est le fait que le code du *scriptlet* domine la vue JSP. L'objectif primordial de l'adoption de ce pattern est alors le partitionnement de la logique métier en dehors de la vue. S'il vaut mieux encapsuler certaines parties de la logique dans des objets helpers, d'autres trouvent mieux leur place dans un composant centralisé qui réside en avant des vues et des helpers. Il peut s'agir par exemple de la logique commune à plusieurs requêtes, comme les tests d'authentification ou les services de journalisation. Voir les patterns "Intercepting Filter" et "Front Controller" pour de plus amples renseignements concernant ces problèmes.

Si l'on n'emploie pas un contrôleur séparé dans l'architecture, ou s'il ne sert pas à gérer toutes les requêtes, le composant vue devient le point de contact initial pour la gestion de certaines d'entre elles. Ce scénario peut fonctionner correctement, en particulier pour celles qui impliquent un traitement minimal. En général, cette situation est celle des pages basées sur des informations statiques, par exemple la première d'un ensemble de pages qui sera envoyé à un utilisateur pour recueillir des informations (voir "Dispatcher View"). En outre, ce scénario a lieu dans certains cas où un mécanisme sert à créer des pages composites (voir "Composite View").

L'objectif principal du pattern View Helper est de recommander des façons de partitionner les responsabilités de votre application. Pour les questions concernant le fait de diriger directement les requêtes du client vers une vue, voir la section "Dispatcher View".

Structure

La Figure 7.11 est le diagramme de classe représentant le pattern View Helper.

Figure 7.11

Diagramme de classe de View Helper.

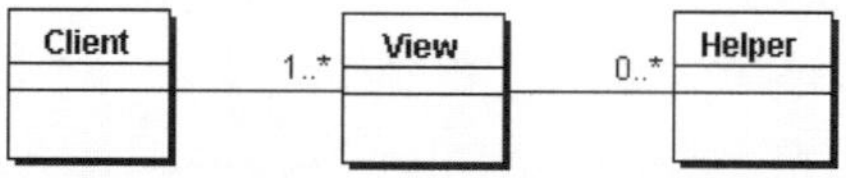

Participants et responsabilités

La Figure 7.12 montre le diagramme de séquence représentant le pattern View Helper. Un contrôleur sert généralement d'intermédiaire entre le client et la vue. Dans certains cas, le contrôleur est toutefois absent et la vue devient le point de contact initial pour le traitement de la requête (voir également le pattern "Dispatcher View").

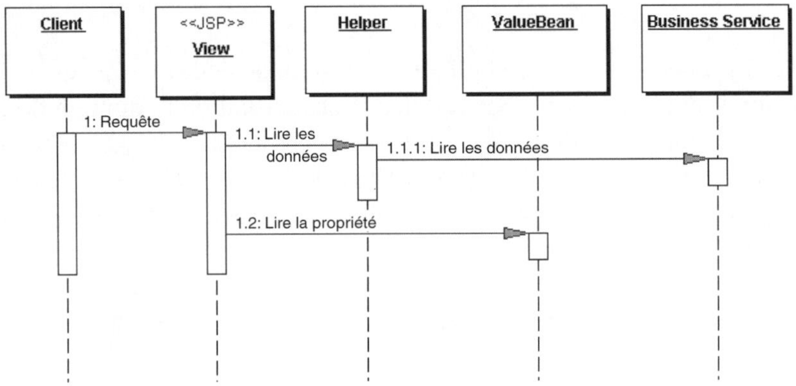

Figure 7.12

Diagramme de séquence de View Helper.

Comme on le voit dans le diagramme de classe, il arrive qu'aucun helper ne soit associé à une vue. Dans ce cas, la page peut être entièrement statique ou contenir de très petits volumes de scriptlets insérés en ligne. Ce scénario est décrit dans le diagramme de séquence de la Figure 7.13.

Figure 7.13

Diagramme de séquence simple de View Helper.

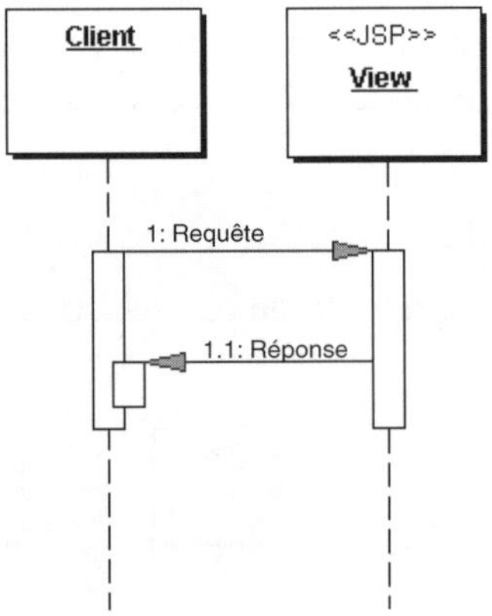

View

Une vue représente et affiche les informations au client. Les informations utilisées dans un affichage dynamique sont extraites d'un modèle. Les helpers assistent les vues en encapsulant et en adaptant le modèle qui sera utilisé dans l'affichage.

Helper

Un helper a pour tâche d'aider une vue ou un contrôleur à effectuer son traitement. C'est pourquoi les helpers ont de nombreuses responsabilités, dont la collecte des données nécessaires à la vue et la mémorisation de ce modèle intermédiaire, auquel cas on les nomme souvent *beans valeur*. De plus, ils peuvent adapter ce modèle de données que la vue utilisera. Ils peuvent servir les requêtes de données de la vue, en fournissant un simple accès aux données brutes ou en les présentant sous forme de contenu Web.

Une vue peut fonctionner avec un nombre quelconque de helpers, qui sont généralement implémentés sous forme de JavaBeans (JSP 1.0+) et de balises personnalisées (JSP 1.1+). En outre, un helper peut représenter un objet `Command`, un délégué (voir "Business Delegate" au Chapitre 8), ou un Transformer XSL utilisé en conjonction avec une feuille de style pour adapter et convertir le modèle au format approprié.

ValueBean

Un bean valeur est un autre nom pour désigner un helper qui doit contenir le modèle de données intermédiaire utilisé par une vue. Un cas typique, comme le montre le diagramme de séquence de la Figure 7.12, est celui d'un service métier retournant un bean valeur en réponse à une requête. Dans ce cas, ValueBean joue le rôle d'un Value Object (voir "Value Object" au Chapitre 8).

BusinessService

Le service métier est le rôle que joue le service auquel le client cherche à accéder. En général, on y accède *via* un Business Delegate. Le rôle de ce dernier est de fournir contrôle et protection au service métier (voir "Business Delegate" au Chapitre 8).

Stratégies

Vue implémentée avec une JSP

La stratégie JSP View suggère d'implémenter le composant vue dans une JSP. Elle est préférée à la stratégie d'implémentation avec une servlet. Bien qu'elle lui soit équivalente d'un point de vue sémantique, c'est une solution plus élégante et plus couramment utilisée.

Les vues sont le domaine des concepteurs Web, qui préfèrent les langages à balises au code Java. L'Exemple 7.17 montre un échantillon de code pour cette stratégie. Il est extrait d'un fichier source nommé `welcome.jsp`, vers lequel une servlet contrôleur dispatche après avoir placé le JavaBean WelcomeHelper dans la portée de la requête.

Exemple 7.17 : Vue implémentée avec une JSP

```
<jsp:useBean id="welcomeHelper" scope="request"
class="corepatterns.util.WelcomeHelper" />

<HTML>
<BODY bgcolor="FFFFFF">
<% if (welcomeHelper.nameExists())
{
%>
<center><H3> Welcome <b>
<jsp:getProperty name="welcomeHelper" property="name" />
</b><br><br> </H3></center>
<%
}

%>

<H4><center>Merci de votre visite !</center></H4>

</BODY>
</HTML>
```

L'autre solution, Vue implémentée avec une servlet, consiste généralement à encapsuler du code HTML dans le code Java de la servlet. Le mélange de Java et de HTML empêche de bien séparer les rôles d'utilisateur dans un projet, et augmente les dépendances aux mêmes ressources entre plusieurs membres de différentes équipes. Lorsqu'un individu travaille dans un langage qui ne lui est pas familier, la probabilité d'insertion de modifications accidentelles se trouve accrue. L'efficacité de l'environnement de travail est également réduite (trop de personnes partageant la même ressource physique) et la gestion du contrôle des sources devient plus complexe.

Ces problèmes sont plus susceptibles de survenir dans les grandes entreprises, qui ont des exigences système plus complexes et emploient des équipes de développeurs. Ils sont moins probables dans les petites structures, qui ont des exigences plus simples et emploient peu de développeurs, parce qu'un même individu peut y jouer les deux rôles mentionnés ci-dessus. Mais n'oubliez pas que les projets commencent souvent à petite échelle, avec des exigences simples et des développeurs peu nombreux, et peuvent évoluer pour devenir suffisamment complexes et bénéficier ainsi de ces suggestions.

Vue implémentée avec une servlet

Cette stratégie implémente la vue sous forme de servlet. Du point de vue sémantique, elle est analogue à la précédente. Mais, comme nous le constatons dans l'Exemple 7.18, elle est souvent moins maniable pour les équipes de développement logiciel et de production Web, parce qu'elle incorpore du HTML directement dans le code Java. Dans ce cas, le modèle de vue est plus difficile à mettre à jour et à modifier.

Exemple 7.18 : Vue implémentée avec une servlet

```
public class Controller extends HttpServlet {
  public void init(ServletConfig config) throws
    ServletException {
    super.init(config);
  }

  public void destroy() { }

  /** Traitement de la requête pour les deux méthodes HTTP
   * <code>GET</code> et <code>POST</code>.
   * @param request servlet request
   * @param response servlet response
   */
  protected void processRequest(HttpServletRequest
    request, HttpServletResponse response)
    throws ServletException, java.io.IOException   {
    String title = "Servlet View Strategy";
    try {
      response.setContentType("text/html");
      java.io.PrintWriter out = response.getWriter();
      out.println("<html><title>"+title+"</title>");
      out.println("<body>");
      out.println("<h2><center>Employees List</h2>");
      EmployeeDelegate delegate = new EmployeeDelegate();

      /** ApplicationResources fournit une API simple
        * pour extraire les constantes et
        * autres valeurs préconfigurées **/
      Iterator employees = delegate.getEmployees(
               ApplicationResources.getInstance()getAllDepartments());
      out.println("<table border=2>");
      out.println("<tr><th>First Name</th>" + "<th>Last Name</th>"
                + "<th>Designation</th><th>Id</th></tr>");
      while (employees.hasNext()) {
        out.println("<tr>");
        EmployeeVO emp = (EmployeeVO)employees.next();
        out.println("<td>"+emp.getFirstName() + "</td>");
        out.println("<td>"+emp.getLastName() + "</td>");
        out.println("<td>"+emp.getDesignation() + "</td>");
        out.println("<td>"+emp.getId()+"</td>");
        out.println("</tr>");
```

```
        }
        out.println("</table>");
        out.println("<br><br>");
        out.println("</body>");
        out.println("</html>");
        out.close();
      }
      catch (Exception e)     {
        LogManager.logMessage("Gestion de cette exception",
        ➥e.getMessage() );
      }
    }

    /** Gère la méthode HTTP <code>GET</code>.
      * @param request servlet request
      * @param response servlet response
      */
    protected void doGet(HttpServletRequest request, HttpServletResponse
    ➥response)
      throws ServletException, java.io.IOException {
          processRequest(request, response);
    }

    /** Gère la méthode HTTP <code>POST</code>.
      * @param request servlet request
      * @param response servlet response
      */
    protected void doPost(HttpServletRequest request, HttpServletResponse
    ➥response)
      throws ServletException, java.io.IOException {
          processRequest(request, response);
    }

    /** Retourne une courte description de la servlet. */
    public String getServletInfo()   {
      return "Exemple de Servlet View. " + "JSP View est préférable.";
    }

    /** méthode dispatcher **/
    protected void dispatch(HttpServletRequest request,
    ➥HttpServletResponse response, String page) throws
    ➥javax.servlet.ServletException,
        java.io.IOException {
      RequestDispatcher dispatcher = getServletContext()
      ➥.getRequestDispatcher(page);
      dispatcher.forward(request, response);
    }
  }
```

Helper implémenté avec un JavaBean

Dans cette stratégie, le helper est implémenté sous forme de JavaBean. Le recours à des helpers permet de séparer plus nettement la vue du traitement métier dans une application, puisque la logique métier est extraite de la vue et placée dans le composant helper.

Dans ce cas, elle est encapsulée dans un JavaBean, qui aide à extraire les contenus, et adapte et mémorise le modèle pour que la vue l'utilise.

L'application de la stratégie JavaBean Helper nécessite moins de travail préalable que celle de la stratégie suivante, qui emploie des balises personnalisées, puisque les JavaBeans sont plus faciles à construire et à intégrer dans un environnement JSP. En outre, même les développeurs novices comprennent les JavaBeans. Cette stratégie est également plus intéressante du point de vue de la facilité de gestion, dans la mesure où les seuls artefacts résultants sont les JavaBeans construits. Elle est illustrée dans l'Exemple 7.19.

Exemple 7.19 : Helper implémenté avec un JavaBean

```
<jsp:useBean id="welcomeHelper" scope="request"
class="corepatterns.util.WelcomeHelper" />

<HTML>
<BODY bgcolor="FFFFFF">
<% if (welcomeHelper.nameExists())
{
%>
<center><H3> Welcome <b>
<jsp:getProperty name="welcomeHelper" property="name" />
</b><br><br> </H3></center>
<%
}
%>

<H4><center>Bienvenue sur notre site!</center></H4>

</BODY>
</HTML>
```

Helper implémenté avec une balise personnalisée

Ici, le helper est implémenté sous forme de balise personnalisée ou *custom tag* (JSP 1.1+ seulement). Le recours à des helpers permet de séparer plus nettement la vue du traitement métier dans une application, puisque la logique métier est extraite de la vue et placée dans le composant helper. Dans ce cas, elle est encapsulée dans une balise personnalisée, qui aide à extraire les contenus, et adapte et mémorise le modèle pour que la vue l'utilise.

L'application de cette stratégie nécessite plus de travail préalable que l'utilisation d'un helper JavaBean, parce que le développement de balises personnalisées est un peu plus difficile. Elles sont en effet plus complexes en termes de processus de développement, mais aussi en termes d'intégration et de gestion. Cette stratégie nécessite de configurer l'environnement en générant de nombreux artefacts, dont la balise elle-même, un descripteur de bibliothèque de balises et des fichiers de configuration. Vous trouverez un extrait de JSP View exploitant cette stratégie dans l'Exemple 7.20.

Exemple 7.20 : Helper implémenté avec une balise personnalisée

```
<%@ taglib uri="/Web-INF/corepatternstaglibrary.tld"
prefix="corepatterns" %>
<html>
<head><title>Employee List</title></head>
<body>

<div align="center">
<h3> List of employees in <corepatterns:department attribute="id"/>
➥department - Using Custom Tag Helper Strategy. </h3>
<table border="1" >
    <tr>
        <th> First Name </th>
        <th> Last Name </th>
        <th> Designation </th>
        <th> Employee Id </th>
        <th> Tax Deductibles </th>
        <th> Performance Remarks </th>
        <th> Yearly Salary</th>
    </tr>
    <corepatterns:employeelist id="employeelist_key">
    <tr>
        <td><corepatterns:employee
            attribute="FirstName"/> </td>
        <td><corepatterns:employee
            attribute= "LastName"/></td>
        <td><corepatterns:employee
            attribute= "Designation"/> </td>
        <td><corepatterns:employee
            attribute= "Id"/></td>
        <td><corepatterns:employee
            attribute="NoOfDeductibles"/></td>
        <td><corepatterns:employee
            attribute="PerformanceRemarks"/></td>

        <td><corepatterns:employee
            attribute="YearlySalary"/></td>
        <td>
     </tr>
    </corepatterns:employeelist>
</table>
</div>
</body>
</html>
```

Business Delegate comme helper

Les composants helpers émettent souvent des appels distribués vers la couche métier. Nous suggérons de recourir à un Business Delegate pour masquer les détails d'implémentation de ces requêtes, de sorte que le helper invoque simplement un service métier, sans connaître les détails de son implémentation et de sa distribution physiques (voir "Business Delegate" au Chapitre 8).

Helper et Business Delegate peuvent tous deux être implémentés sous forme de JavaBean. En conséquence, on peut combiner les notions du composant helper et du Business Delegate et mettre en œuvre ce dernier sous forme de type de helper spécialisé. Toutefois, l'une des distinctions majeures entre un helper et un Business Delegate est la suivante : un composant helper est écrit par un développeur travaillant au niveau de la couche présentation, alors que c'est généralement un développeur travaillant sur les services de la couche métier qui écrit le délégué. (Note : Le délégué peut également faire partie d'un *framework*.) Si les rôles de développeurs se recouvrent en partie, c'est alors une stratégie à envisager.

Exemple 7.21 : Business Delegate comme Helper

```
/**Une servlet délègue à un objet helper Command, comme dans cet
 ➥extrait :**/
String resultPage = command.execute(request, response);

/**L'objet Command utilise le Business Delegate, qui est simplement un
 ➥autre helper JavaBean, comme dans l'extrait suivant :**/

  AccountDelegate accountDelegate = new AccountDelegate();
```

Note sur les helpers

Les helpers JavaBean conviennent mieux à l'extraction des contenus et à la mémorisation et l'adaptation du modèle pour la vue. Ils sont souvent employés également comme des objets `Command`.

Comme les JavaBeans, les balises personnalisées peuvent remplir chacun de ces rôles, sauf celui d'objet `Command`. En revanche, elles conviennent mieux au flux de contrôle et aux itérations au sein d'une vue. Utilisées de cette façon, elles encapsulent la logique qui serait autrement incorporée directement dans la JSP sous forme de scriptlet. Un autre domaine où elles sont préférables est le formatage des données brutes pour l'affichage. Une balise personnalisée est capable d'opérer des itérations dans une collection de résultats, de formater ceux-ci dans un tableau HTML, et d'insérer la table dans une vue JSP sans qu'aucun scriptlet Java ne soit nécessaire.

Considérons un exemple dans lequel un client Web demande à un système des informations sur des comptes, comme dans la Figure 7.14. Ce diagramme compte cinq helpers. Les quatre JavaBeans sont les objets `AccountCommand`, `Account`, `AccountDAO` et `AccountDetails`. La seule balise personnalisée est l'objet `TableFormatter`.

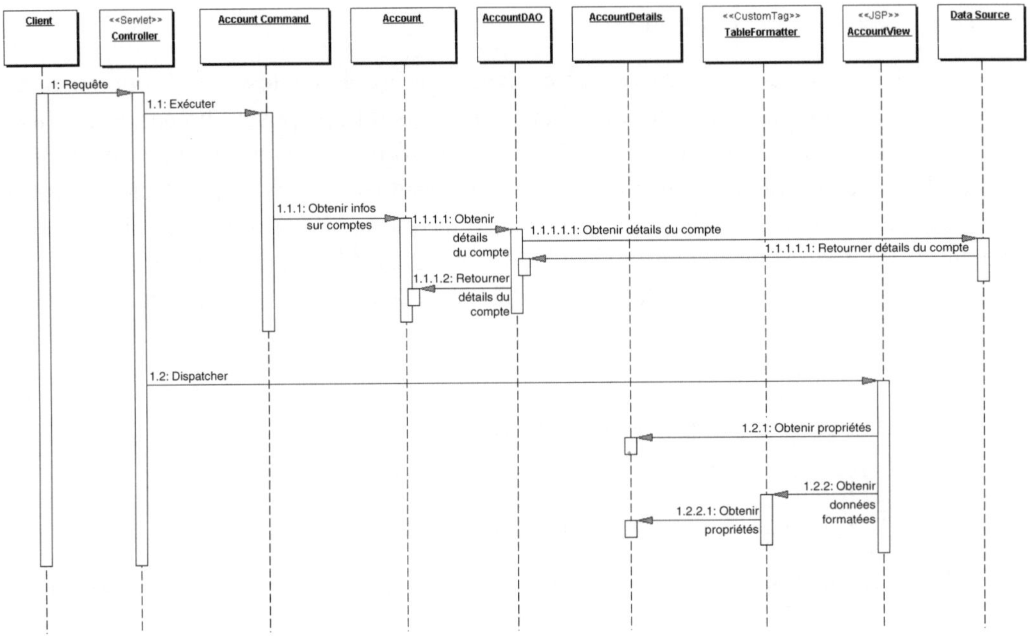

Figure 7.14

Utilisation des helpers.

Le contrôleur traite la requête. Il crée ou recherche l'objet `Command` approprié, qui est implémenté sous forme de helper JavaBean. Dans ce cas, c'est un objet `Command` qui traite les requêtes demandant des informations sur un compte. Le contrôleur invoque l'objet `Command`, qui demande à un objet JavaBean `Account` les informations sur le compte. L'objet `Account` invoque le service métier, demandant ces détails qui sont retournés sous la forme d'un objet `Value` (voir "Value Object" au Chapitre 8), implémenté sous forme de JavaBean.

Comment l'objet `Account` accède-t-il donc aux services métier ? Examinons deux cas, l'un simple et l'autre plus complexe. Dans le cas le plus simple, imaginons qu'un projet adopte une démarche de livraison par phases, remettant à plus tard l'introduction des EJB (*Enterprise JavaBeans*) dans la couche métier. Supposons pour le moment que l'on accède à la base de données *via* des appels JDBC émis par la couche présentation. Dans ce cas, l'objet `Account` utilise un objet `DataAccess` (voir "Data Access Object" au Chapitre 9), masquant les détails de l'implémentation de l'accès à la base. L'objet `DataAccess` connaît les ordres SQL nécessaires pour extraire les informations. Ces détails sont cachés au reste de l'application, ce qui réduit le couplage et augmente la modularité et la réutilisabilité de chaque composant. Ce cas est décrit dans le diagramme de séquence précédent.

Lorsque l'architecture évolue et que les EJB sont introduits dans la couche métier, l'objet `DataAccess` est remplacé par un délégué (voir "Business Delegate" au Chapitre 8), généralement écrit par les développeurs du service métier. Ce délégué cache au client les détails d'implémentation de la recherche et de l'appel de l'EJB et de la gestion des erreurs. Il peut également améliorer les performances en fournissant des services de cache. Encore une fois, l'objet réduit le couplage entre les couches, tout en augmentant la modularité et la réutilisabilité des différents composants. Indépendamment de l'implémentation spécifique de cet objet, son interface peut demeurer inchangée durant cette transition. La Figure 7.15 décrit ce scénario après l'introduction du délégué.

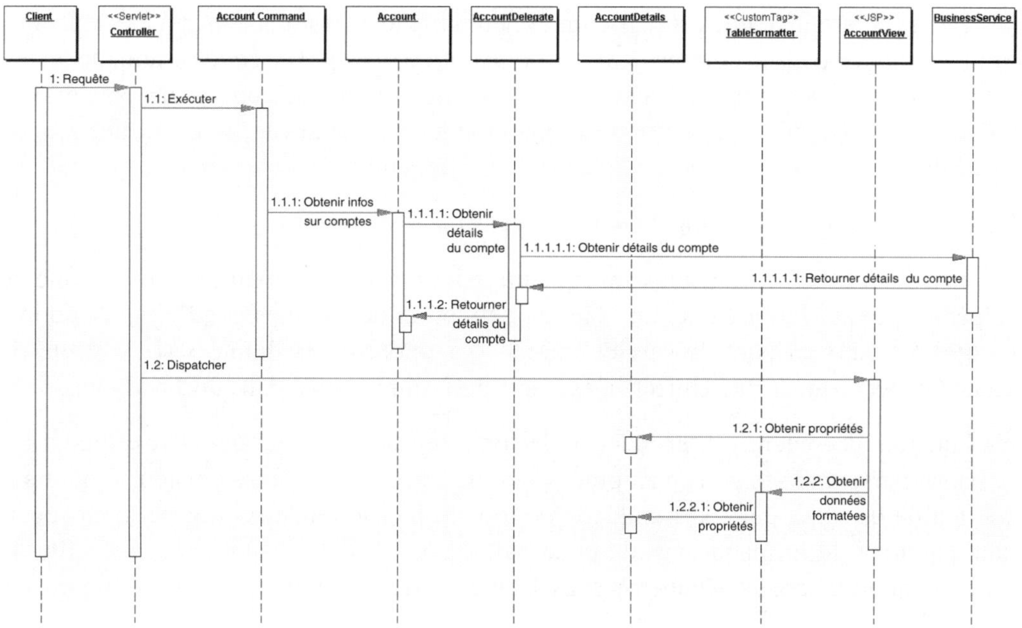

Figure 7.15

Accès aux services métier.

L'objet `Command` a maintenant une "poignée" sur l'objet `AccountDetails`, qu'il mémorise avant de rendre le contrôle au contrôleur. Ce dernier dispatche à la vue appropriée, nommée `AccountView.jsp`. Celle-ci reçoit alors une combinaison de données brutes du helper `AccountDetails` et de données formatées du helper `TableFormatter`. Ce dernier est implémenté sous forme de balise personnalisée, qui opère des itérations dans les données brutes et les présente sous forme de tableau HTML. Comme nous l'avons vu, cette conversion ne nécessite aucun scriptlet dans la vue, ce qui serait nécessaire pour obtenir la même fonctionnalité avec un JavaBean.

De plus, l'objet `Account` ou le helper `AccountDetails` pourraient fournir des méthodes commodes pour adapter les données brutes d'autres façons. Tout en n'introduisant aucun code HTML dans les données, elles pourraient fournir différentes combinaisons de données. Un exemple consiste à retourner le nom de l'utilisateur sous différentes formes, comme "Nom, Prénom" ou "Prénom Nom", etc.

La vue construite est alors affichée à l'utilisateur.

Helper implémenté avec un transformateur XSL

Le helper est implémenté sous forme de Transformer XSL (*eXtensible Stylesheet Language*). Cette méthode est particulièrement utile avec les modèles qui existent sous forme de code balisé, comme XML (*eXtensible Markup Language*), soit de façon native dans des systèmes existants, soit *via* une forme quelconque de conversion. L'emploi de cette stratégie contribue à séparer le modèle de la vue, parce qu'une grande partie du code de celle-ci doit être placée dans une feuille de style séparée.

La Figure 7.16 décrit une implémentation possible de cette stratégie.

Le contrôleur traite la requête et invoque un objet `Command` implémenté sous forme de helper JavaBean. L'objet `Command` lance l'extraction des données de l'objet `Account`. L'objet `Account` invoque le service métier, qui retourne les données sous forme de Value Object (voir "Value Object" au Chapitre 8), implémenté dans un JavaBean.

L'extraction du contenu est terminée, et le contrôle transmis à `AccountView`, qui utilise sa balise personnalisée pour manipuler l'état du modèle. Le transformateur repose sur une feuille de style, qui décrit la façon de transformer le modèle, en général en spécifiant comment le formater avec du code balisé pour l'afficher au client. La feuille de style est habituellement récupérée sous forme de fichier statique, bien qu'elle puisse être également générée dynamiquement.

Voici à quoi peut ressembler une balise personnalisée dans `AccountView` :

```
<xsl:transform model="accounthelper"
stylesheet="/transform/styles/basicaccount.xsl"/>
```

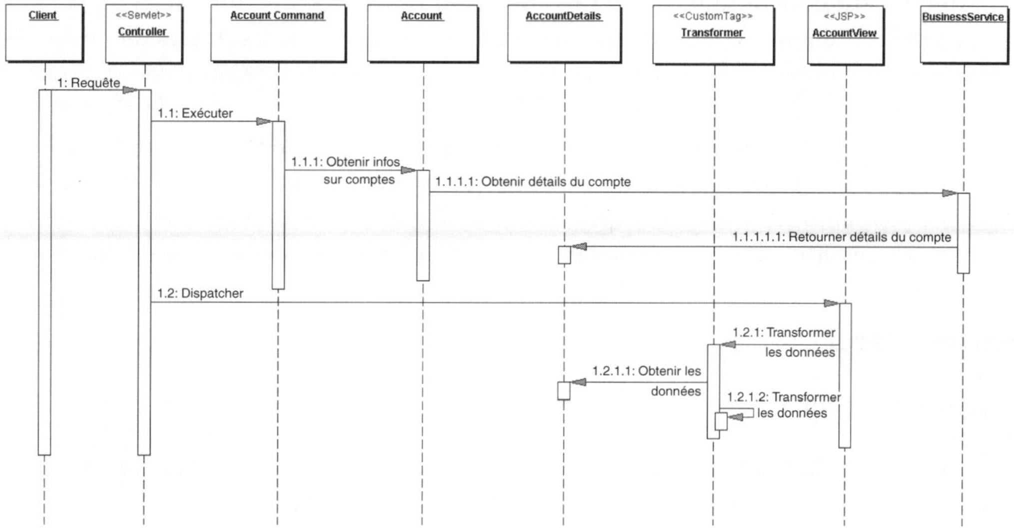

Figure 7.16

Helper implémenté avec un transformateur XSL — Diagramme de séquence.

L'intégration de feuilles de style extensibles et de XML avec JSP évolue à mesure que les bibliothèques de balises dans ce domaine continuent à se développer. Pour le moment, c'est une stratégie moins souhaitable, étant donné l'immaturité des bibliothèques et la complexité supplémentaire des techniques nécessaires pour générer et maintenir les feuilles de style.

Conséquences

- **Amélioration du partitionnement de l'application, de la réutilisabilité et de la facilité de maintenance.** L'emploi de helpers permet de séparer plus nettement la vue du traitement métier dans une application. Les helpers, implémentés sous forme de JavaBeans (JSP 1.0+) ou de balises personnalisées (JSP 1.1+), constituent un emplacement externe où encapsuler la logique métier. Sinon, le code des scriptlets encombre la JSP, ce qui devient lourd et difficile à manier, surtout dans les projets de grande taille.

  En outre, la logique métier extraite des JSP et incorporée dans les JavaBeans ou les balises personnalisées est réutilisable, réduisant la duplication et facilitant la maintenance.

- **Amélioration de la séparation des rôles.** Séparer le code de formatage de la logique métier réduit les dépendances que des individus différents pourraient avoir par rapport aux mêmes ressources. Par exemple, un développeur d'application pourrait posséder le code encapsulé dans le HTML, tandis qu'un membre de l'équipe de production Web pourrait avoir besoin de modifier l'agencement de la page et concevoir des composants entremêlés à la logique métier. Si chacun des deux individus n'est pas familiarisé avec les spécificités de l'implémentation de l'autre, la probabilité de modifications accidentelles et d'introductions de bogues augmente.

Patterns apparentés

Business Delegate

Les composants helpers doivent accéder à l'API service métier. Il est également important de réduire le couplage entre helpers de la couche présentation et entre services de la couche métier. L'emploi d'un délégué est recommandé parce que ces couches peuvent être distribuées physiquement sur un réseau. Le délégué cache aux clients les détails sous-jacents de la recherche et de l'accès aux services métier, et peut également fournir une mise en cache intermédiaire afin de réduire le trafic.

Dispatcher View et Service to Worker

Quand un contrôle centralisé devient souhaitable pour traiter des problèmes tels que la sécurité, la gestion des workflows, l'extraction de contenus et la navigation, il y a lieu d'envisager les patterns Dispatcher View ou Service to Worker.

Front Controller

Ce pattern est couplé au pattern View Helper pour créer le pattern Dispatcher View ou le pattern Service to Worker.

Composite View

Contexte

Des pages Web complexes présentent des contenus provenant de différentes sources de données, utilisant plusieurs sous-vues qui forment une seule page affichée. En outre, différents individus dotés de compétences variées contribuent au développement et à la maintenance de ces pages Web.

Problème

Au lieu d'employer un mécanisme pour combiner des portions de code modulaires et atomiques d'une vue dans un tout composite, on construit les pages en incorporant le code de formatage directement dans chaque vue.

La modification de l'agencement de multiples vues est difficile et sujette à l'erreur, en raison de la duplication du code.

Indications

- Des portions atomiques du contenu des vues changent fréquemment.
- Plusieurs vues composites utilisent des sous-vues similaires, par exemple des tables de stocks. Ces portions atomiques sont présentées différemment, ou apparaissent à un emplacement différent dans la page.
- Les modifications d'agencement sont plus difficiles à gérer et le code plus difficile à maintenir lorsque les sous-vues sont directement incoporées et dupliquées dans plusieurs vues.
- Incorporer directement dans les vues des portions de modèles de présentation textuels qui changent fréquemment peut également affecter la disponibilité et l'administration du système. Le serveur peut nécessiter un redémarrage avant que les clients ne voient les modifications ou les mises à jour de ces composants.

Solution

Employer des vues composites composées de plusieurs sous-vues atomiques. Chaque composant peut être inclus dynamiquement dans le tout, et l'agencement de la page peut être géré indépendamment du contenu.

Cette solution permet de créer une vue composite basée sur l'inclusion et la substitution de fragments modulaires, dynamiques et statiques. Elle favorise la réutilisation de portions atomiques de la vue en encourageant une conception modulaire. Il est approprié d'utiliser une vue composite pour générer des pages contenant des composants que l'on peut combiner de différentes façons. C'est par exemple le scénario des sites portails, qui comptent de nombreuses sous-vues indépendantes, comme des flashs d'information, des prévisions météorologiques et des cours de la Bourse sur une seule page. L'agencement de celle-ci est géré et modifié indépendamment du contenu des sous-vues.

Un autre avantage de ce pattern est que les concepteurs Web peuvent créer un prototype de la maquette d'un site, en insérant des contenus statiques dans chaque région. A mesure que le développement du site progresse, on remplace ces éléments de substitution par des contenus réels.

La Figure 7.17 est une capture d'écran de la page d'accueil Java de Sun, `java.sun.com`. Quatre régions sont identifiées : Navigation, Recherche, Articles de fond et Gros titres. Si le contenu de chacune de ces sous-vues peut provenir de différentes sources de données, on les agence de façon homogène pour former une seule page composite.

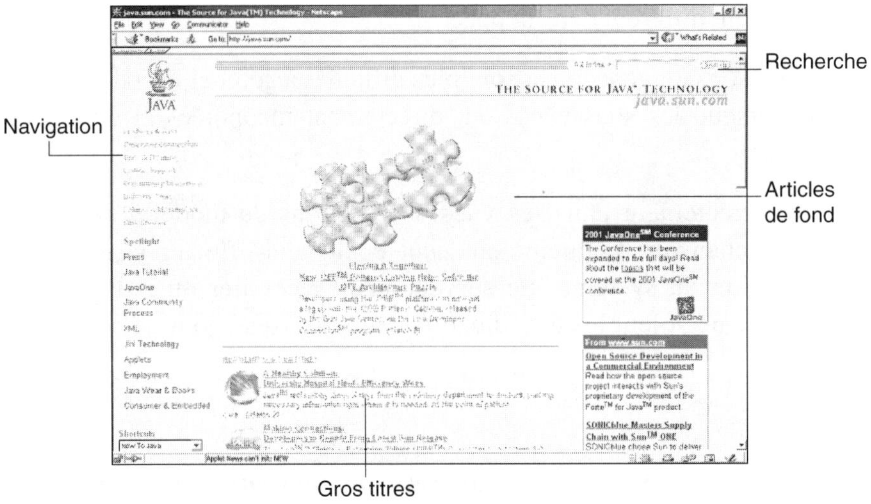

Figure 7.17

Capture d'écran d'une page modulaire, avec quatre régions.

Ce pattern n'est pas dépourvu d'inconvénients. Un surcoût à l'exécution lui est associé, ce qui est le prix à payer pour le supplément de souplesse qu'il offre. Le recours à un mécanisme d'agencement plus évolué s'accompagne également de difficultés de gestion et de développement, puisqu'il y a plus d'artefacts à maintenir et un niveau supplémentaire d'indirection à maîtriser.

Structure

La Figure 7.18 est un diagramme de classe qui représente le pattern Composite View.

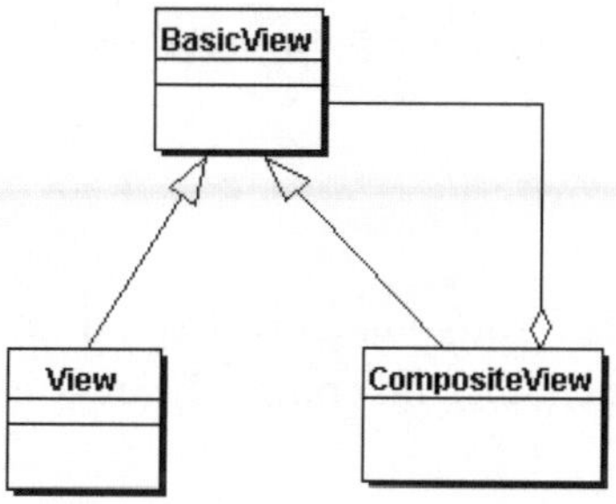

Figure 7.18
Diagramme de classe de Composite View.

Participants et responsabilités

La Figure 7.19 est le diagramme de séquence du pattern Composite View.

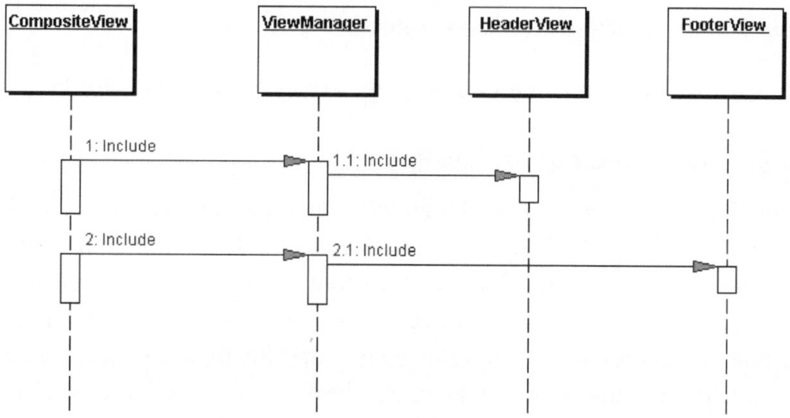

Figure 7.19
Diagramme de séquence de Composite View.

CompositeView

Une vue composite est un agrégat de plusieurs sous-vues.

ViewManager

Le `ViewManager` gère l'inclusion de portions modèles dans la vue composite. Il peut faire partie d'un moteur d'exécution JSP standard, sous la forme de la balise JSP standard `include` (`<jsp:include>`), ou être encapsulé dans un helper JavaBean (JSP 1.0+) ou une balise personnalisée (JSP 1.1+) pour obtenir une fonctionnalité plus robuste.

L'un des avantages d'un mécanisme différent de la balise standard `include` est la facilité d'inclusion conditionnelle. On peut par exemple n'inclure certains fragments que si l'utilisateur joue un rôle particulier ou si certaines conditions système sont satisfaites. De plus, l'emploi d'un composant helper tel qu'un `ViewManager` autorise un contrôle plus évolué sur la structure de la page dans son ensemble, ce qui est utile pour créer des maquettes réutilisables.

IncludedView

Une vue incluse est une sous-vue constituée d'un fragment atomique d'une vue générale. Elle peut également être un composite et contenir elle-même plusieurs sous-vues.

Stratégies

Vue implémentée avec une JSP

- *Voir "Vue implémentée avec une JSP" dans le pattern View Helper.*

Vue implémentée avec une servlet

- *Voir "Vue implémentée avec une servlet" dans le pattern View Helper.*

Gestion de la vue par un JavaBean

Cette stratégie suggère d'implémenter la gestion des vues avec des JavaBeans, comme le montre l'Exemple 7.22. La vue délègue au JavaBean, qui implémente la logique personnalisée pour contrôler l'agencement et la composition de la vue. Les décisions d'agencement peuvent être fondées sur des rôles d'utilisateur ou sur des politiques de sécurité, ce qui rend cette stratégie beaucoup plus puissante que l'emploi de la fonctionnalité JSP `include` standard. Bien qu'équivalente du point de vue sémantique à la stratégie "Gestion des vues par des balises personnalisées", elle n'est pas aussi élégante car elle introduit des scriptlets dans les vues.

L'application de cette stratégie nécessite moins de travail préliminaire que l'emploi de balises personnalisées, cependant préférable, puisqu'il est plus facile de construire des JavaBeans et de les intégrer dans un environnement JSP. De plus, même les développeurs novices comprennent les JavaBeans. Elle est également plus intéressante en termes de maniabilité, parce que les JavaBeans construits sont les seuls artefacts résultants à gérer et à configurer.

Exemple 7.22 : Gestion de la vue par un JavaBean

```
<%@page import="corepatterns.compositeview.beanhelper.ContentHelper" %>

<% ContentHelper personalizer = new ContentHelper(request); %>


<table valign="top" cellpadding="30%"  width="100%">
     <% if (personalizer.hasWorldNewsInterest() ) { %>
        <tr>
            <td><jsp:getProperty name="feeder"
               property="worldNews"/></td>
        </tr>
        <%
        }

        if ( personalizer.hasCountryNewsInterest() ) {
        %>
        <tr>
            <td><jsp:getProperty name="feeder"
               property="countryNews"/></td>
        </tr>
        <%
        }

        if ( personalizer.hasCustomNewsInterest() ) {
        %>
        <tr>
            <td><jsp:getProperty name="feeder"
               property="customNews"/></td>
        </tr>
        <%
        }

        if ( personalizer.hasAstronomyInterest() ) {
        %>

        <tr>
            <td><jsp:getProperty name="feeder"
                property="astronomyNews"/></td>
            </tr>
        <%
        }
        %>
    </table>
```

Gestion de la vue par des balises standard

La gestion des vues est implémentée avec des balises JSP standard, comme `<jsp:include>`. L'emploi de balises standard pour la gestion de l'agencement et la composition des vues constitue une stratégie facile à mettre en œuvre, mais n'offre pas la puissance et la souplesse de l'emploi de balises personnalisées, parce que l'agencement d'une page reste encapsulé dans celle-ci. En conséquence, si cette méthode permet au contenu sous-jacent de varier dynamiquement, toute modification de la maquette à l'échelle du site nécessiterait de modifier individuellement de nombreuses JSP. C'est ce que montre l'Exemple 7.23.

Exemple 7.23 : Gestion d'une vue par des balises standard

```
<html>
<body>
<jsp:include
  page="/jsp/CompositeView/javabean/banner.html" flush="true"/>
<table width="100%">
  <tr align="left" valign="middle">
    <td width="20%">
      <jsp:include
    page="/jsp/CompositeView/javabean/ProfilePane.jsp"
      flush="true"/>
    </td>
    <td width="70%" align="center">
    <jsp:include
      page="/jsp/CompositeView/javabean/mainpanel.jsp"
      flush="true"/>
    </td>
  </tr>
</table>
<jsp:include
  page="/jsp/CompositeView/javabean/footer.html"
    flush="true"/>
</body>
</html>
```

Lorsqu'on crée une vue composite avec des balises standard, il est possible d'insérer à la fois des contenus statiques comme des fichiers HTML et des contenus dynamiques comme des JSP. En outre, le contenu peut être inclus au moment de la traduction ou de l'exécution. Dans le premier cas, l'affichage de la page demeure inchangé jusqu'à ce que la JSP soit recompilée, moment auquel les modifications apportées au contenu seront visibles. Autrement dit, la page est agencée et générée une fois, lors de chaque recompilation. L'Exemple 7.24 montre un extrait de JSP qui génère une page composite de cette manière, en utilisant la directive standard `<%@ include %>`, qui incorpore le contenu au moment de la traduction.

L'inclusion au moment de l'exécution signifie que les changements des sous-vues sous-jacentes seront visibles dans la page composite la prochaine fois que quelqu'un accédera à la page. C'est une méthode beaucoup plus dynamique, qui peut se mettre en œuvre avec la balise JSP standard `<jsp:include>`, comme le montre l'Exemple 7.25. Un surcoût à l'exécution est naturellement associé à ce type de génération des vues, mais c'est le prix à payer pour le surplus de souplesse offert par les modifications à la volée.

Exemple 7.24 : Composite View avec inclusion de contenu au moment de la traduction

```
<table border=1 valign="top" cellpadding="2%"
    width="100%">
    <tr>
       <td><%@ file="news/worldnews.html" %> </td>
    </tr>
    <tr>
       <td><%@ file="news/countrynews.html" %> </td>
    </tr>
    <tr>
       <td><%@ file="news/customnews.html" %> </td>
    </tr>
    <tr>
       <td><%@ file="news/astronomy.html" %> </td>
    </tr>
</table>
```

Exemple 7.25 : Composite View avec inclusion de contenu au moment de l'exécution

```
<table border=1 valign="top" cellpadding="2%"  width="100%">
    <tr>
        <td><jsp:include page="news/worldnews.jsp"
            flush="true"/> </td>
    </tr>
    <tr>
        <td><jsp:include page="news/countrynews.jsp"
            flush="true"/> </td>
    </tr>
    <tr>
        <td><jsp:include page="news/customnews.jsp"
            flush="true"/> </td>
    </tr>
    <tr>
        <td><jsp:include page="news/astronomy.jsp"
            flush="true"/> </td>
    </tr>
</table>
```

Gestion de la vue par des balises personnalisées

La gestion des vues est implémentée avec des balises personnalisées (JSP 1.1+), ce qui constitue la stratégie préférable. La logique mise en œuvre dans la balise contrôle l'agencement et la composition de la vue. Ces balises offrent beaucoup plus de puissance et de souplesse que la balise JSP standard `include`, mais nécessitent également plus de travail. Les actions personnalisées peuvent baser l'agencement et la composition des pages sur des éléments tels que des rôles d'utilisateur ou des politiques de sécurité.

L'application de cette stratégie demande plus de travail préliminaire que celle des autres types de gestion des vues, car le développement de balises personnalisées est plus complexe que le simple emploi de JavaBeans ou de balises standard. Sa complexité ne réside pas seulement dans le processus de développement, mais aussi dans l'intégration et la gestion des balises. Elle nécessite de générer de nombreux artefacts, dont la balise elle-même, un descripteur de bibliothèque de balises, des fichiers de configuration, et de configurer l'environnement avec ces artefacts.

L'extrait de JSP suivant montre une implémentation possible de cette stratégie, et est tiré de l'Exemple 7.26. Veuillez vous reporter à cet exemple de code pour plus de détails.

```
<region:render template='/jsp/CompositeView/templates/portal.jsp'>

<region:put section='banner' content='/jsp/CompositeView/templates/
➥banner.jsp' />

<region:put section='controlpanel' content= '/jsp/CompositeView/
➥templates/ProfilePane.jsp' />

<region:put section='mainpanel' content= '/jsp/CompositeView/templates/
➥mainpanel.jsp' />

<region:put section='footer' content= '/jsp/CompositeView/templates/
➥footer.jsp' />
</region:render>
```

Gestion de la vue par un transformateur XSL

La gestion des vues est implémentée au moyen d'un transformateur XSL. Elle est généralement indiquée pour se combiner avec l'emploi de balises personnalisées, ces dernières servant à implémenter et à déléguer aux composants appropriés. Son emploi peut contribuer à assurer la séparation du modèle et de la vue, puisqu'une grande partie du code balisé de celle-ci doit être placée dans une feuille de style séparée. Parallèlement, elle fait appel à des technologies dont la mise en œuvre correcte nécessite des compétences nouvelles et complexes. Ce problème peut la rendre irréaliste dans de nombreux environnements où ces technologies ne sont pas encore bien établies.

L'extrait suivant illustre l'utilisation d'une balise personnalisée depuis une JSP pour convertir un modèle *via* une feuille de style et un transformateur :

```
<xsl:transform model="portfolioHelper"
  stylesheet="/transform/styles/generalPortfolio.xsl"/>
```

Association statique d'une ressource

Synonyme d'inclusion de contenu au moment de la compilation (voir "Gestion des vues par des balises standard" et l'Exemple 7.24), cette stratégie convient bien à la maintenance et à la mise à jour de modèles relativement statiques, et elle est recommandée si une vue contient des en-têtes et des pieds de page qui changent rarement.

Association dynamique d'une ressource

Synonyme d'inclusion de contenu au moment de l'exécution (voir la stratégie " Gestion d'une vue par une balise standard" et l'Exemple 7.25), elle est adaptée aux pages composites susceptibles de changer fréquemment. Notons que si la sous-vue insérée au moment de l'exécution est une ressource dynamique, une JSP par exemple, elle peut également être une vue composite, comportant plus de contenu à l'exécution. Il y a lieu de comparer la souplesse offerte par de telles structures composites imbriquées à la surcharge qu'elles entraînent lors de l'exécution, et de les considérer à la lumière des besoins spécifiques du projet.

Conséquences

- **Augmentation de la modularité et de la réutilisation.** Ce pattern favorise une conception modulaire. Il est possible de réutiliser des portions atomiques d'un modèle, par exemple un tableau de cotations boursières, dans de nombreuses vues et de les "décorer" en réutilisant des portions de différentes informations. Le tableau peut résider dans son propre module et être simplement inclus en fonction des besoins. Ce type d'agencement et de composition dynamiques réduit la duplication, encourage la réutilisation et augmente la facilité de maintenance.
- **Augmentation de la souplesse.** Une implémentation sophistiquée peut comprendre l'inclusion conditionnelle de fragments de vue en fonction de décisions prises au moment de l'exécution, fondées par exemple sur des rôles d'utilisateur ou des politiques de sécurité.
- **Augmentation de la facilité de gestion et de maintenance.** Les modifications apportées à des portions de modèle sont gérées beaucoup plus efficacement lorsque ce dernier n'est pas codé en dur directement dans la vue. Lorsqu'il est séparé de celle-ci, il est possible d'en modifier des portions de contenu modulaires, indépendamment de son agencement. De plus, ces modifications sont immédiatement visibles par le client, selon la stratégie de mise en œuvre. Il est également plus facile de gérer les modifications de la maquette, puisque celles-ci sont centralisées.
- **Diminution de la facilité de gestion.** L'agrégation de fragments atomiques pour créer une vue unique entraîne potentiellement des erreurs d'affichage, puisque les sous-vues sont des fragments de page. C'est là une limitation qui peut pénaliser la gestion. Par exemple, si une JSP génère une page HTML au moyen d'une page principale qui compte trois sous-vues, et si chaque sous-vue contient les balises HTML d'ouverture et de fermeture (autrement dit `<HTML>` et `</HTML>`), la page composée sera invalide. Il importe donc lorsqu'on applique ce pattern d'être conscient que les

sous-vues doivent être des vues complètes. L'usage des balises doit être pris en compte de façon très stricte, afin de créer des vues composites valides, ce qui peut rendre la gestion plus difficile.

- **Impact sur les performances.** La génération d'un affichage qui comprend de nombreuses sous-vues peut ralentir la performance. L'inclusion de sous-vues au moment de l'exécution provoque un délai chaque fois que la page est servie au client. Dans un environnement soumis à des accords de niveau de service (SLA, *Service Level Agreement*) qui impliquent des temps de réponse obligatoires, de tels ralentissements, même s'ils sont en général extrêmement minimes, peuvent ne pas être acceptables. Une solution de rechange consiste à transférer l'inclusion de la sous-vue au moment de la compilation, même si, dans ce cas, la sous-vue ne change que lorsque la page est retraduite.

Exemples de code

Le pattern Composite View peut être mis en œuvre en appliquant de nombreuses stratégies, mais l'une des plus répandues est la gestion des vues par des balises personnalisées. Un certain nombre de bibliothèques de balises sont maintenant disponibles : elles permettent d'implémenter des vues composites en séparant l'agencement du contenu, et fournissent des modèles de sous-vues modulaires et insérables.

Cet échantillon de code utilise une bibliothèque de modèles écrite par David Geary et décrite en détail dans *Advanced JavaServer Pages* [Geary].

Cette bibliothèque décrit trois composants fondamentaux : les sections, les régions et les modèles (*templates*).

- Une **section** est un composant réutilisable qui construit une page HTML ou JSP.
- Une **région** décrit un contenu en définissant des sections.
- Un **modèle** (*template*) contrôle l'agencement des régions et des sections dans la page construite.

L'Exemple 7.26 montre comment définir une région.

Exemple 7.26 : Région et sections

```
<region:render template='portal.jsp'>
  <region:put section='banner' content = 'banner.jsp' />
  <region:put section = 'controlpanel' content = ProfilePane.jsp' />
  <region:put section='mainpanel' content = 'mainpanel.jsp' />
  <region:put section='footer' content='footer.jsp' />
</region:render>
```

Une région définit son contenu en associant des noms de section logiques à une portion de contenu, par exemple banner.jsp.

L'agencement de la région et de ses sections est défini par un template, auquel chaque région est associée. Dans notre cas, le nom du template est portal.jsp, (voir l'Exemple 7.27).

Exemple 7.27 : Définition d'un modèle

```
<region:render section='banner'/>
<table width="100%">
    <tr align="left" valign="middle">
        <td width="20%">
      <!-- region menu -->
      <region:render section='controlpanel' />
        </td>
        <td width="70%" align="center">
      <!-- contenus-->
      <region:render section='mainpanel' />
        </td>
    </tr>
</table>
```

Un site comptant de nombreuses vues et une seule mise en page cohérente a une JSP dont le code est comparable à la définition de l'Exemple 7.27, et de nombreuses JSP ressemblant à l'Exemple 7.26, qui définissent des régions et des sections.

Les sections sont des fragments de JSP qui sont utilisés comme sous-vues pour construire un tout composite selon la définition du modèle. L'Exemple 7.28 montre la section banner.jsp.

Exemple 7.28 : La section banner.jsp

```
<table width="100%" bgcolor="#C0C0C0">
<tr align="left" valign="middle">
  <td width="100%">

  <TABLE ALIGN="left" BORDER=1 WIDTH="100%">
  <TR ALIGN="left" VALIGN="middle">
    <TD>Logo</TD>
    <TD><center>Sun Java Center</TD>
  </TR>
  </TABLE>

  </td>
</tr>
</table>
```

Les vues composites constituent une façon modulaire, souple et extensible de construire des vues JSP dans une application J2EE.

Patterns apparentés

View Helper

Composite View peut être utilisé comme vue dans le pattern View Helper.

Composite [GoF]

Composite View est basé sur le pattern Composite, qui décrit des hiérarchies composant-composé, où un objet composite est constitué de nombreuses pièces, toutes étant traitées comme logiquement équivalentes.

Service to Worker

Contexte

Le système contrôle le flux d'exécution et l'accès aux données métier, à partir de quoi il crée le contenu de la présentation.

INFO

Service to Worker, comme Dispatcher View, expose une combinaison courante d'autres patterns du catalogue. Ces deux "macro-patterns" décrivent la combinaison d'un contrôleur et d'un dispatcher avec des vues et des helpers. Malgré cette structure commune, ils mettent l'accent sur des emplois apparentés mais différents.

Problème

Le problème est une combinaison de ceux que résolvent Front Controller et View Helper dans la couche présentation. Il n'y a pas de composant centralisé pour assurer le contrôle d'accès, l'extraction des contenus ou la gestion des vues, et le code de contrôle est dupliqué et éparpillé entre les différentes vues. En outre, la logique métier et la logique de formatage de la présentation sont mélangées dans ces vues, rendant le système moins souple, moins réutilisable, et de façon plus générale, moins résistant au changement.

L'association de la logique métier et de la gestion des vues réduit également la modularité, et distingue mal les rôles entre les équipes de développement logiciel et de production Web.

Indications

Les tests d'authentification et d'autorisation sont effectués par requête.

Le code des scriptlets doit être minimisé dans les vues.

La logique métier doit être encapsulée dans d'autres composants que la vue.

Le flux de contrôle est relativement complexe et basé sur des valeurs provenant d'un contenu dynamique.

La logique de gestion des vues est relativement sophistiquée, plusieurs vues pouvant correspondre à la même requête.

Solution

Combiner un contrôleur et un dispatcher avec des vues et des helpers (voir "Front Controller" et "View Helper") pour gérer les requêtes des clients et préparer la réponse sous forme de présentation dynamique. Les contrôleurs délèguent l'extraction des contenus aux helpers, qui gèrent la constitution du modèle intermédiaire destiné à la vue. Un dispatcher est responsable de la gestion des vues et de la navigation, et peut être encapsulé dans le contrôleur ou dans un composant séparé.

Service to Worker est une combinaison de Front Controller et de View Helper avec un composant dispatcher.

Si ce pattern et Dispatcher View présentent une structure similaire, ils suggèrent une division du travail différente entre les composants. Dans Service to Worker, le contrôleur et le dispatcher ont plus de responsabilités.

Bien que les patterns Service to Worker et Dispatcher View représentent une combinaison courante d'autres patterns du catalogue, chacun permet à lui seul une communication efficace entre développeurs. A la différence de Service to Worker, Dispatcher View suggère de reporter l'extraction du contenu au moment du traitement de la vue.

Dans le pattern Dispatcher View, le dispatcher joue généralement un rôle modéré, voire limité, dans la gestion des vues. Dans le pattern Service to Worker, le rôle du dispatcher dans la gestion des vues peut rester modéré ou prendre plus d'importance.

Le rôle du dispatcher est limité lorsque aucune ressource externe n'est utilisée pour choisir la vue. Les informations encapsulées dans la requête suffisent à déterminer quelle vue il doit transmettre. Par exemple :

```
http://some.server.com/servlet/Controller ?next=login.jsp
```

Dans ce cas, la seule responsabilité du dispatcher consiste à envoyer la vue `login.jsp`.

Un exemple de dispatcher jouant un rôle modéré est le cas où le client soumet directement une requête à un contrôleur, avec un paramètre indiquant une action à effectuer. Par exemple :

```
http://some.server.com/servlet/Controller ?action=login
```

Ici, la responsabilité du composant dispatcher est de traduire le nom logique de la ressource en une vue appropriée, `login.jsp` par exemple, et de retourner celle-ci. Pour effectuer cette traduction, le dispatcher peut accéder à des ressources telles qu'un fichier de configuration XML qui spécifie la vue à afficher.

Dans le pattern Service to Worker, le dispatcher peut en revanche être plus complexe. Il peut invoquer un service métier pour déterminer la vue qu'il doit afficher.

La structure commune de Service to Worker et de Dispatcher View consiste en un contrôleur collaborant avec un dispatcher, des vues et des helpers.

Structure

Le diagramme de classe de la Figure 7.20 représente le pattern Service to Worker.

Figure 7.20

Diagramme de classe de Service to Worker.

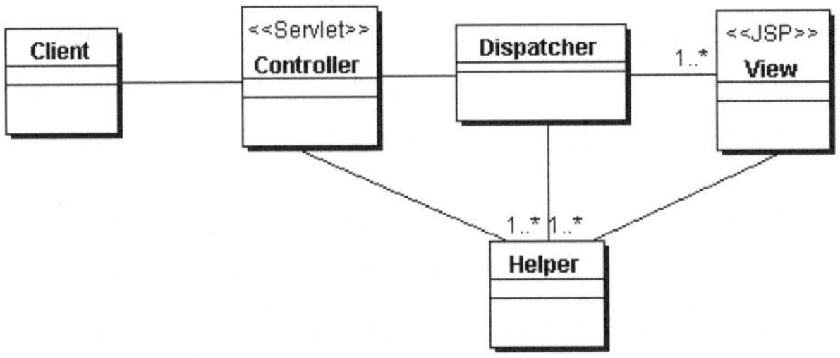

Participants et responsabilités

Le diagramme de séquence de la Figure 7.21 représente le pattern Service to Worker.

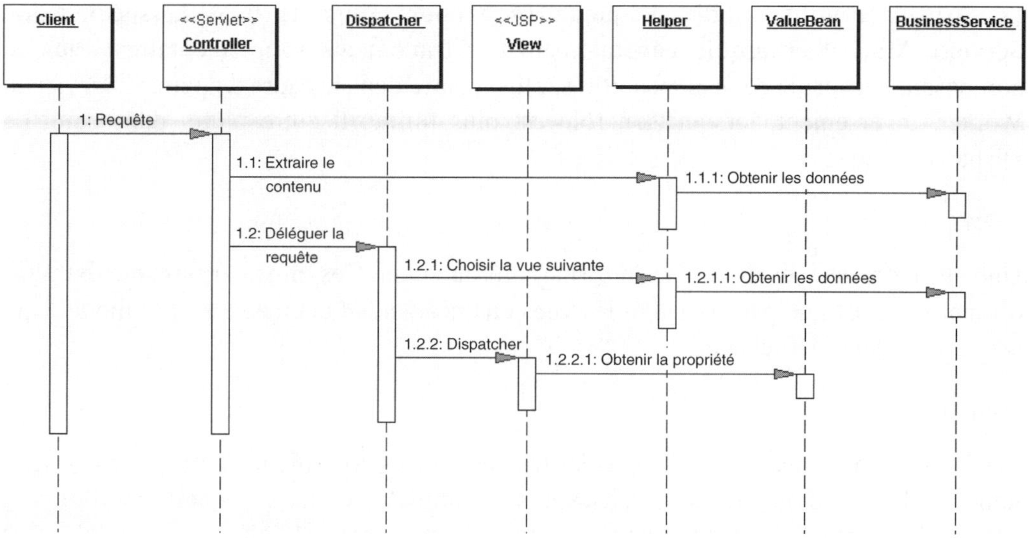

Figure 7.21

Diagramme de séquence de Service to Worker.

Comme nous l'avons vu, Service to Worker et Dispatcher View présentent une structure similaire. La principale différence est que Service to Worker décrit des architectures où le comportement du contrôleur et du dispatcher est plus "en avant", alors que dans Dispatcher View ce comportement est reporté au moment où la vue est traitée. Ces deux patterns suggèrent donc un continuum, dans lequel le comportement est encapsulé soit plus près du début soit plus près de la fin dans le flux de traitement.

Controller

Le contrôleur est généralement le point de contact initial de traitement de la requête. Il collabore avec le dispatcher pour la gestion des vues et la navigation. Il gère l'authentification, l'autorisation, l'extraction des contenus, la validation et d'autres aspects du traitement des requêtes. Il délègue à des helpers des portions de ce travail.

Dispatcher

Un dispatcher a la responsabilité de la gestion des vues et de la navigation, choisissant la prochaine vue à présenter à l'utilisateur et fournissant le mécanisme pour transférer le contrôle à cette ressource.

Un dispatcher peut être encapsulé dans un contrôleur (voir "Front Controller" en début de chapitre) ou être un composant séparé fonctionnant en coordination avec celui-ci. Le dispatching peut être statique, ou plus évolué et dynamique.

Le dispatcher utilise l'objet `RequestDispatcher` (supporté dans la spécification Servlet). Mais il encapsule généralement des traitements supplémentaires. Plus ce composant encapsule de responsabilités, plus il entre dans le cadre du pattern Service to Worker. Inversement, lorsque son rôle est plus limité, il entre plutôt dans celui de Dispatcher View.

View

Une vue représente et affiche des informations au client. Ces informations sont extraites d'un modèle. Les helpers assistent les vues en encapsulant et en adaptant le modèle qui sera utilisé dans l'affichage.

Helper

Les helpers ont la responsabilité d'aider les vues ou les contrôleurs à effectuer leur traitement. Ils ont donc de nombreuses responsabilités, dont le recueil des données nécessitées par la vue et la mémorisation de ce modèle intermédiaire, auquel cas ils sont souvent des ValueBeans. En outre, ils peuvent adopter le modèle de données pour que la vue l'utilise. Les helpers peuvent servir les requêtes de données depuis la vue, en fournissant simplement un accès aux données brutes ou en les formatant sous forme de contenu Web.

Une vue peut fonctionner avec un nombre quelconque de helpers, qui sont généralement implémentés sous forme de JavaBeans (JSP 1.0+) ou de balises personnalisées (JSP 1.1+). De plus, un helper peut représenter un objet `Command` ou un délégué (voir "Business Delegate" au Chapitre 8).

ValueBean

Bean valeur est synonyme de helper dont la fonction est de contenir l'état du modèle intermédiaire qui sera utilisé par une vue. Un cas typique, comme le montre le diagramme de séquence de la Figure 7.12, est celui où le service métier retourne un bean valeur en réponse à une requête. Dans ce cas, ValueBean joue le rôle d'un objet valeur (voir "Value Object" au Chapitre 8).

BusinessService

Le service métier est un rôle joué par le service auquel le client cherche à accéder. En général, on accède au service métier *via* un Business Delegate. Le rôle de ce dernier est de fournir contrôle et protection au service métier (voir "Business Delegate" au Chapitre 8).

Stratégies

Servlet contrôleur

▶ *Voir "Servlet contrôleur".*

JSP contrôleur

▶ *Voir "JSP contrôleur".*

Vue implémentée avec une JSP

▶ *Voir "Vue implémentée avec une JSP".*

Vue implémentée avec une servlet

▶ *Voir "Vue implémentée avec une servlet".*

Helper implémenté avec un JavaBean

▶ *Voir "Helper implémenté avec un JavaBean".*

Helper implémenté avec une balise personnalisée

▶ *Voir "Helper implémenté avec une balise personnalisée".*

Dispatcher intégré au contrôleur

▶ *Voir "Dispatcher intégré au contrôleur".*

Comme nous l'avons vu, les patterns Service to Worker et Dispatcher View suggèrent un continuum, dans lequel le comportement est encapsulé plus tôt ou plus tard dans le flux de contrôle. Dans le scénario de la Figure 7.22, le contrôleur a une lourde charge de travail préliminaire, mais la fonction du dispatcher est minimale.

Helper implémenté avec un transformateur XSL

▶ *Voir " Helper implémenté avec un transformateur XSL ".*

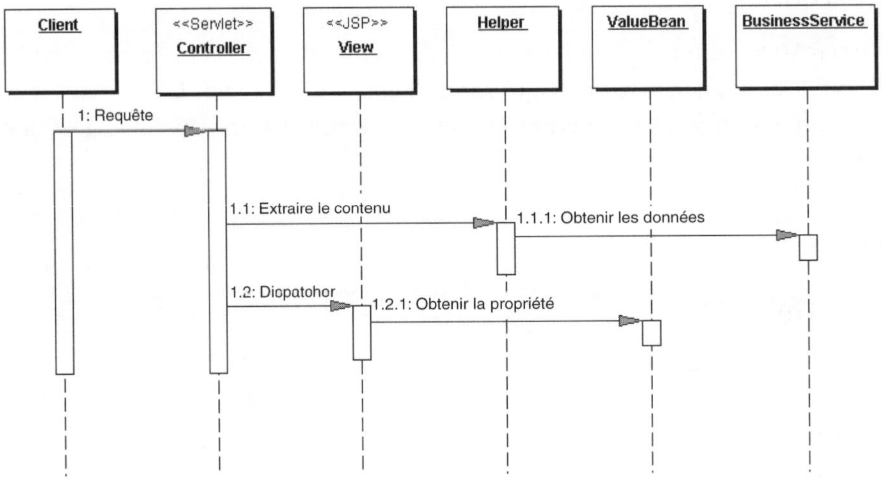

Figure 7.22
Inclusion du dispatcher dans le contrôleur.

Conséquences

- **Centralisation du contrôle et amélioration de la modularité et de la réutilisation.** Ce pattern suggère un emplacement centralisé pour gérer les services système et la logique métier dans de multiples requêtes. Le contrôleur gère la logique métier et le traitement des requêtes. N'oubliez pas toutefois que la centralisation du contrôle peut introduire un point de défaillance unique.

  Ce pattern permet également de partitionner plus nettement une application et encourage la réutilisation. Le code commun est placé dans un contrôleur, réutilisé dans chaque requête et transféré dans des composants helpers auxquels les contrôleurs et les vues délèguent. L'augmentation de la modularité et de la réutilisation signifie une diminution de la duplication, et donc généralement un environnement sans bogues.

- **Amélioration du partitionnement des applications.** L'emploi de helpers contribue à mieux séparer la vue du traitement métier dans une application. Implémentés sous forme de JavaBeans (JSP 1.0+) ou de balises personnalisées (JSP 1.1+), les helpers permettent d'extraire la logique métier de la JSP. Si celle-ci reste dans la JSP, les projets de grande taille sont encombrés de scriptlets difficiles à manier.

- **Amélioration de la séparation des rôles.** Séparer le formatage de la logique métier réduit également les dépendances aux mêmes ressources que pourraient avoir des individus assurant des fonctions différentes. Sans cette séparation par exemple, un développeur d'application pourrait être propriétaire du code encapsulé dans le HTML, tandis qu'un membre de l'équipe de production Web aurait besoin de modifier l'agencement d'une page et concevoir des composants mélangés à la logique métier. Comme aucun de ces individus n'est familiarisé avec les spécificités du travail de l'autre, la probabilité de modifications accidentelles et d'introduction de bogues dans le système s'en trouve augmentée.

Exemples de code

L'exemple de code suivant illustre l'application du pattern Service to Worker, avec une servlet contrôleur, un helper `Command`, un dispatcher et une vue. Cette implémentation applique les stratégies Servlet contrôleur, Commande et Contrôleur, Vue implémentée avec une JSP et Helper implémenté avec un JavaBean, ainsi qu'une vue composite très élémentaire. La Figure 7.23 est une capture d'écran du résultat.

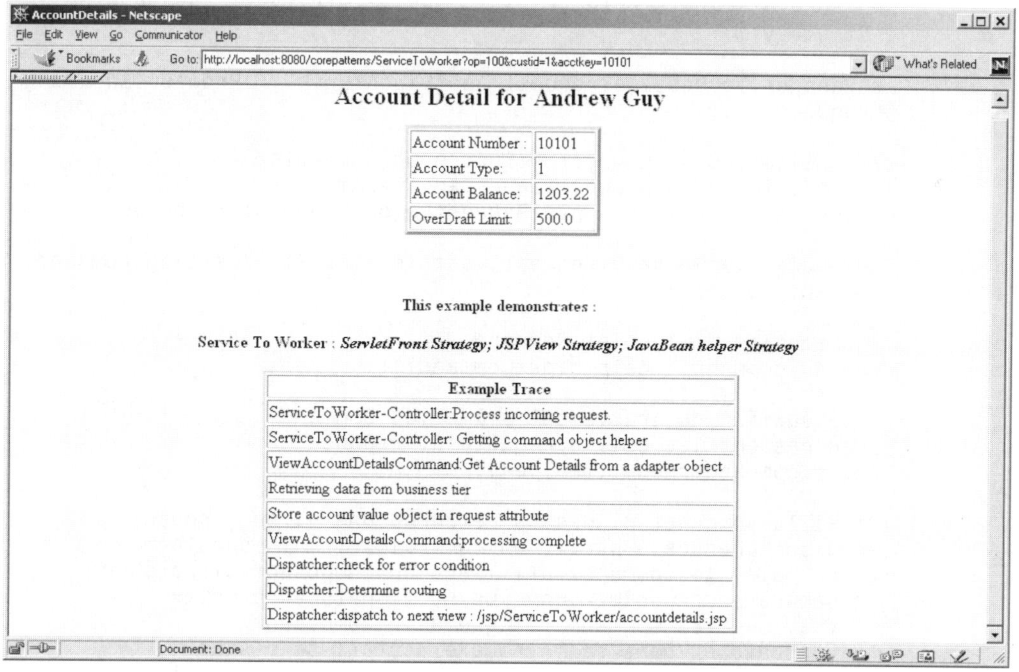

Figure 7.23

Exemple de capture d'écran de Service to Worker.

L'Exemple 7.29 montre comment la servlet contrôleur délègue à un objet Command (stratégie Commande et Contrôleur) le traitement du contrôle. L'objet Command est extrait *via* une invocation d'une "fabrique", qui retourne le type Command générique, une interface visible dans l'Exemple 7.30. Un LogManager journalise les messages. Les captures d'écran des Figures 7.23 et 7.28 montrent ces messages affichés en bas de page, pour les besoins de cet exemple.

Exemple 7.29 : Servlet contrôleur — Stratégie Commande et Contrôleur

```
public class Controller extends HttpServlet {
  /** Traitement des requêtes des deux méthodes HTTP
   * <code>GET</code> et <code>POST</code>.
   * @param request servlet request
   * @param response servlet response
   */
  protected void processRequest(HttpServletRequest request,
  ➥HttpServletResponse response)throws ServletException,
  ➥java.io.IOException {
    String next;

    try {
      // Journalisation des informations
      LogManager.recordStrategy(request, "Service To Worker",
      ➥" ServletFront Strategy;" + " JSPView Strategy; JavaBean helper
      ➥Strategy");

      LogManager.logMessage(request, getSignature(), "Process incoming
      ➥request. ");

      // Utilisation d'un objet helper pour collecter
      // les informations spécifiques aux paramètres.
      RequestHelper helper = new RequestHelper(request,response);

      LogManager.logMessage(request, getSignature(), "Getting command
      ➥object helper");

      // Obtention de l'objet Command
      Command command = helper.getCommand();

      // Délégation du traitement à l'objet Command,
      // en passant les objets requête et réponse
      next = command.execute(helper);

      /** Si la commande ci-dessus retourne une valeur, nous
        * dispatcherons à partir du contrôleur. Mais dans cet
        * exemple, la commande utilisera un composant dispatcher
        * séparé pour choisir une vue et dispatcher à cette
        * vue. L'objet Command délègue à ce composant
        *  dispatcher dans sa méthode execute() ci-dessus
        *  et le contrôle ne doit pas revenir à ce point **/
    }
```

```
      catch (Exception e)     {
        LogManager.logMessage( "EmployeeController(CommandStrategy)",
        ➥e.getMessage() );

        /** ApplicationResources fournit une API simple
          *  pour extraire les constantes et autres
          *  valeurs préconfigurées **/
        next = ApplicationResources.getInstance(). getErrorPage(e);
      }

      dispatch(request, response, next);

    }

    /** Traitement de la méthode HTTP <code>GET</code>.
     * @param request servlet request
     * @param response servlet response
     */
    protected void doGet(HttpServletRequest request, HttpServletResponse
    ➥response) throws ServletException, java.io.IOException {
        processRequest(request, response);
    }

    /** Traitement de la méthode HTTP <code>POST</code>.
     * @param request servlet request
     * @param response servlet response
     */
    protected void doPost(HttpServletRequest request, HttpServletResponse
    ➥response) throws ServletException, java.io.IOException {
        processRequest(request, response);
    }

    /** Retourne une courte description de la servlet. */
    public String getServletInfo()   {
      return getSignature();
    }

    /** Méthode dispatcher */
    protected void dispatch(HttpServletRequest request,
    ➥HttpServletResponse response, String page) throws
    ➥javax.servlet.ServletException, java.io.IOException {
        RequestDispatcher dispatcher = ().getRequestDispatcher(page);
        dispatcher.forward(request, response);
    }

    public void init(ServletConfig config) throws ServletException   {
      super.init(config);
    }

    public void destroy() { }

    private String getSignature()   {
      return "ServiceToWorker-Controller";
    }
}
```

Exemple 7.30 : L'interface Command

```
public interface Command {
    public String execute(RequestHelper helper) throws
javax.servlet.ServletException, java.io.IOException;
}
```

Chaque objet helper `Command` implémente cette interface générique, qui est un exemple du modèle Commande [GoF]. L'objet `Command` est une instance de la classe `ViewAccountDetailsCommand` (voir l'Exemple 7.31). L'instance de `Command` délègue à un `AccountingAdapter` l'invocation de la couche métier *via* le Business Delegate. La classe Adaptateur est visible dans l'Exemple 7.32. Elle utilise un composant dispatcher séparé pour déterminer la prochaine vue à laquelle transmettre le contrôle et pour l'afficher.

Exemple 7.31 : La classe ViewAccountDetailsCommand

```
public class ViewAccountDetailsCommand implements Command {
  public ViewAccountDetailsCommand() { }

  // voir les détails de l'opération sur le compte
  public String execute(RequestHelper helper) throws
javax.servlet.ServletException, java.io.IOException {
    /** Ceci dit à l'utilisateur qu'une erreur système
      *  est survenue et ne sera généralement jamais vue.
      *  Doit être stocké à part dans un fichier de ressource**/
    String systemerror = "/jspdefaultprocessingerror.jsp";

    LogManager.logMessage(helper.getRequest(),
"ViewAccountDetailsCommand",
"Get Account Details from an adapter object");

    /** Utiliser un adaptateur pour extraire les données du service
      * métier, et les stocker dans un attribut de requête.
      * Note : on peut éviter de créer l'objet avec une
      * factory, mais, pour les besoins de l'exemple
      * nous montrons l'instanciation**/
    AccountingAdapter adapter = new AccountingAdapter();
    adapter.setAccountInfo(helper);

    LogManager.logMessage(helper.getRequest(),
"ViewAccountDetailsCommand", "processing complete");

      * Note : on peut éviter de créer l'objet avec une
      * factory, mais, pour les besoins de l'exemple
      * nous montrons l'instanciation**/
    Dispatcher dispatcher = new Dispatcher();
    dispatcher.dispatch(helper);

    /** Cette chaîne ne sera pas envoyée dans une
      * exécution normale de ce scénario, parce que
      * le contrôle est transmis à une autre ressource
      * avant d'atteindre ce point. Mais certaines commandes
      * retournent une chaîne, et la valeur de retour est
```

```
        * incluse pour des raisons de correction. **/
      return systemerror;
    }
  }
```

Exemple 7.32 : La classe AccountingAdapter

```
public class AccountingAdapter {
    public void setAccountInfo(RequestHelper requestHelper) {
        LogManager.logMessage(requestHelper.getRequest(), "Retrieving
        ➥data from business tier");

        // Extraction des données de la couche métier via un
        // délégué. Bloc try/catch omis pour abréger.
        AccountDelegate delegate = new AccountDelegate();
        AccountVO account = elegate.getAccount(requestHelper
        ➥.getCustomerId(),requestHelper.getAccountKey());

        LogManager.logMessage(requestHelper.getRequest(),"Store account
        ➥value object in request attribute");

      // Transport des données en utilisant l'objet requête
      requestHelper.getRequest().setAttribute( "account", account);
    }
}
```

L'invocation du service métier *via* le délégué génère un objet `AccountValue`, que l'adaptateur mémorise dans un attribut de la requête que la vue utilisera. L'Exemple 7.33 montre le code de `accountdetails.jsp`, la JSP à laquelle la requête est transmise. L'objet valeur est importé *via* la balise standard `<jsp:useBean>` et l'on accède à ses propriétés *via* la balise standard `<jsp:getProperty>`. La vue utilise également une stratégie composite très simple, introduisant au moment de la compilation la sous-vue `trace.jsp`, qui a la responsabilité d'afficher les données journalisées, uniquement pour les besoins de cet exemple.

Exemple 7.33 : La vue accountdetails.jsp

```
<html>
<head><title>AccountDetails</title></head>
<body>

<jsp:useBean id="account" scope="request"
class="corepatterns.util.AccountVO" />

<h2><center> Account Detail for <jsp:getProperty name="account"
➥property="owner" />
</h2> <br><br>
<table border=3>
<tr>
<td>
Account Number :
</td>
<td>
<jsp:getProperty name="account" property="number" />
```

```
</td>
</tr>

<tr>
<td>
Account Type:
</td>
<td>
<jsp:getProperty name="account" property="type" />
</td>
</tr>

<tr>
<td>
Account Balance:
</td>

<td>
<jsp:getProperty name="account" property="balance" />
</td>
</tr>

<tr>
<td>
OverDraft Limit:
</td>
<td>
<jsp:getProperty name="account" property="overdraftLimit" />
</td>
</tr>

</table>

<br>
<br>

</center>
<%@ include file="/jsp/trace.jsp" %>
</body>
</html>
```

Patterns apparentés

Front Controller et View Helper

Le pattern Service to Worker résulte de la combinaison du pattern View Helper avec un dispatcher, en coordination avec le pattern Front Controller.

Dispatcher View

Dispatcher View est une autre façon de nommer la combinaison du pattern Front Controller avec un dispatcher et le modèle View Helper. Service to Worker et Dispatcher View sont identiques du point de vue des composants impliqués, mais différents au niveau de la division du travail entre ces composants. Dispatcher View suggère de reporter l'extraction du contenu au moment du traitement de la vue. En outre, le dispatcher joue un rôle plus limité dans le traitement de la vue, puisque le choix de celle-ci est généralement déjà inclus dans la requête.

Dispatcher View

Contexte

Le système contrôle le flux d'exécution et le traitement de l'accès à la présentation, qui a la responsabilité de générer le contenu dynamique.

INFO

Comme Service to Worker, Dispatcher View décrit une combinaison courante d'autres patterns du catalogue. Ces "macro-patterns" combinent tous deux un contrôleur et un dispatcher avec des vues et des helpers. Malgré cette structure commune, ils mettent l'accent sur différents modèles d'utilisation.

Problème

Le problème est une combinaison de ceux que résolvent Front Controller et View Helper dans la couche présentation. Il n'y a pas de composant centralisé pour assurer le contrôle d'accès, l'extraction des contenus ou la gestion des vues, et le code de contrôle est dupliqué et éparpillé entre les différentes vues. En outre, la logique métier et la logique de formatage de la présentation sont mélangées dans ces vues, rendant le système moins souple, moins réutilisable, et de façon plus générale, moins résistant au changement.

L'association de la logique métier et de la gestion des vues réduit également la modularité, et distingue mal les rôles entre les équipes de développement logiciel et de production Web.

Indications

- Les tests d'authentification et d'autorisation sont effectués par requête.
- Le code des scriptlets doit être minimisé dans les vues.
- La logique métier doit être encapsulée dans d'autres composants que la vue.

- Le flux de contrôle est relativement simple et basé sur des valeurs encapsulées dans la requête.
- La logique de gestion des vues est d'une complexité limitée.

Solution

Combiner un contrôleur et un dispatcher avec des vues et des helpers (voir "Front Controller"et "View Helper") pour traiter les requêtes du client et préparer la réponse sous forme de contenu dynamique. Les contrôleurs ne délèguent pas l'extraction des contenus aux helpers, parce qu'elle est reportée au moment où la vue est traitée. Un dispatcher est responsable de la gestion des vues et de la navigation, et on peut l'encapsuler dans un contrôleur, une vue ou un composant séparé.

Dispatcher View décrit la combinaison des patterns Front Controller et View Helper avec un composant dispatcher. Si ce pattern et Service to Worker présentent une structure similaire, ils suggèrent tous deux une division du travail différente entre composants. Le contrôleur et le dispatcher ont généralement des responsabilités plus limitées que dans le pattern Service to Worker, puisque le traitement préliminaire et la logique de gestion des vues sont élémentaires. De plus, si la centralisation du contrôle des ressources sous-jacentes est considérée comme inutile, le contrôleur est supprimé et le dispatcher peut être transféré dans une autre vue.

Si les patterns Service to Worker et Dispatcher View représentent une combinaison courante d'autres patterns du catalogue, chacun promeut à lui seul une communication efficace entre développeurs. A la différence de Service to Worker, Dispatcher View suggère de reporter l'extraction du contenu au moment du traitement de la vue.

Dans le pattern Dispatcher View, le dispatcher joue généralement un rôle modéré, voire limité, dans la gestion des vues. Dans le pattern Service to Worker, le rôle du dispatcher dans la gestion des vues peut rester modéré ou prendre plus d'importance.

Le rôle du dispatcher est limité lorsque aucune ressource externe n'est utilisée pour choisir la vue. Les informations encapsulées dans la requête suffisent à déterminer quelle vue lui transmettre. Par exemple :

```
http://some.server.com/servlet/Controller ?next=login.jsp
```

Dans ce cas, la seule responsabilité du dispatcher consiste à envoyer la vue `login.jsp`.

Un exemple de dispatcher jouant un rôle modéré est le cas où le client soumet directement une requête à un contrôleur, avec un paramètre indiquant une action à effectuer. Par exemple :

```
http://some.server.com/servlet/Controller ?action=login
```

Ici, la responsabilité du composant dispatcher est de traduire le nom logique de la ressource en une vue appropriée, `login.jsp` par exemple, et de retourner celle-ci. Pour effectuer cette traduction, le dispatcher peut accéder à des ressources telles qu'un fichier de configuration XML qui spécifie la vue à afficher.

Dans le pattern Service to Worker, le dispatcher peut être en revanche plus complexe. Il peut invoquer un service métier pour déterminer la vue qu'il doit afficher.

La structure commune de Service to Worker et de Dispatcher View consiste en un contrôleur collaborant avec un dispatcher, des vues et des helpers.

Structure

La Figure 7.24 est le diagramme de classe qui représente le pattern Dispatcher View.

Figure 7.24

Diagramme de classe de Dispatcher View.

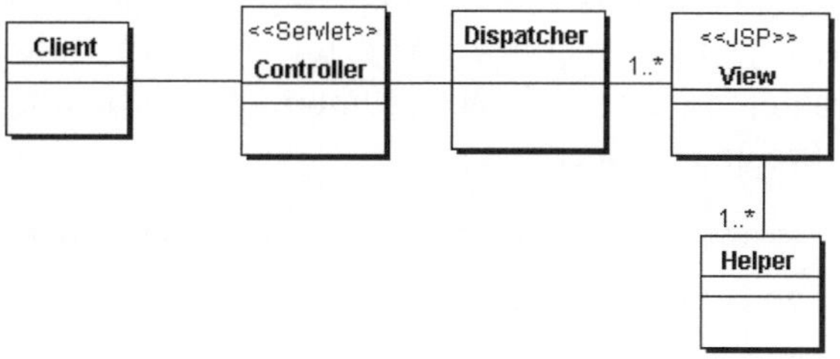

Participants et responsabilités

La Figure 7.25 est le diagramme de séquence qui représente le pattern Dispatcher View.

Même si les responsabilités du contrôleur sont limitées aux services système, comme l'authentification et l'autorisation, il demeure souvent avantageux de centraliser ces aspects. Notez également que, à la différence de Service to Worker, le dispatcher n'appelle pas un service métier pour effectuer le traitement de la vue.

La fonctionnalité du dispatcher peut être encapsulée dans son propre composant. Mais si ses responsabilités sont limitées, comme le suggère ce pattern, sa fonctionnalité est souvent placée dans un autre composant, comme le contrôleur ou la vue (voir les stratégies "Dispatcher intégré au contrôleur" et "Dispatcher intégré à la vue").

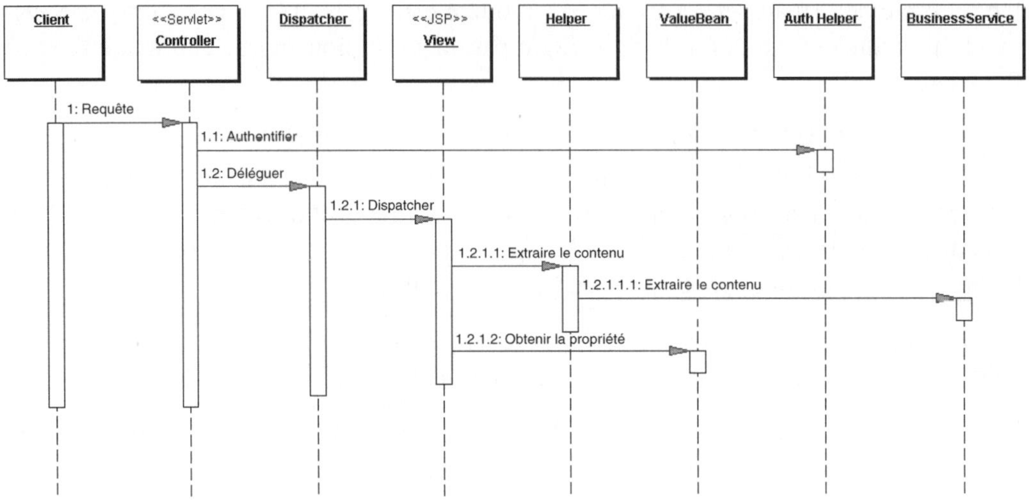

Figure 7.25

Diagramme de séquence de Dispatcher View.

En fait, la fonctionnalité du dispatcher peut même être assurée par le contrôleur, au cas où aucune logique de niveau extra-application n'est nécessaire, par exemple une vue nommée `main.jsp` qui reçoit d'abord un nom symbolique. Le conteneur traitera la requête suivante, remplacera le nom symbolique par le nom de la ressource physique et transmettra directement à celle-ci :

```
http://some.server.com/first --> /mywebapp/main.jsp
```

Dans ce cas, nous nous retrouvons avec le pattern View Helper, la requête étant gérée directement par la vue. Comme elle constitue le point de contact initial pour le traitement de la requête, on utilise généralement des helpers sous forme de balises personnalisées pour effectuer le traitement métier ou le déléguer à d'autres composants. Voir le listing de l'Exemple 7.35 dans la section "Exemples de code" pour un exemple d'implémentation.

Le pattern Dispatcher View décrit donc un continuum de scénarios apparentés, passant d'un scénario très comparable du point de vue structurel à Service to Worker à un autre analogue à View Helper.

Controller

Le contrôleur est, en principe, le point de contact initial pour le traitement d'une requête. Il gère l'authentification et l'autorisation, et délègue à un dispatcher la gestion de la vue.

Dispatcher

Un dispatcher a la responsabilité de la gestion des vues et de la navigation, choisissant la prochaine vue à présenter à l'utilisateur et fournissant le mécanisme pour transférer le contrôle à cette ressource.

Un dispatcher peut être encapsulé dans un contrôleur (voir "Front Controller" en début de chapitre) ou être un composant séparé fonctionnant en coordination avec celui-ci. Le dispatching peut être statique, ou plus évolué et dynamique.

View

Une vue représente et affiche des informations au client. Ces informations sont extraites d'un modèle. Les helpers assistent les vues en encapsulant et en adaptant le modèle qui sera utilisé dans l'affichage.

Helper

Les helpers ont la charge d'aider les vues ou les contrôleurs à effectuer leur traitement. Ils ont donc de nombreuses responsabilités, dont le recueil des données nécessitées par la vue et la mémorisation de ce modèle intermédiaire, auquel cas ils sont souvent des Value-Beans. En outre, ils peuvent adapter le modèle de données pour que la vue l'utilise. Les helpers peuvent servir les requêtes de données depuis la vue, en fournissant simplement un accès aux données brutes ou en les formatant sous forme de contenu Web.

Une vue peut fonctionner avec un nombre quelconque de helpers, qui sont implémentés sous forme de JavaBeans (JSP 1.0+) ou de balises personnalisées (JSP 1.1+). De plus, un helper peut représenter un objet `Command` ou un délégué (voir "Business Delegate" au Chapitre 8).

ValueBean

Bean valeur est synonyme de helper, dont la responsabilité est de contenir l'état du modèle intermédiaire qui sera utilisé par une vue. Un cas typique, comme le montre le diagramme de séquence de la Figure 7.12, est celui où le service métier retourne un bean valeur en réponse à une requête. Dans ce cas, ValueBean joue le rôle d'un objet valeur (voir "Value Object" au Chapitre 8).

BusinessService

Le service métier est un rôle joué par le service auquel le client cherche à accéder. En général, on accède au service métier *via* un Business Delegate. Le rôle de ce dernier est de fournir contrôle et protection au service métier (voir "Business Delegate" au Chapitre 8).

Stratégies

Servlet contrôleur

- *Voir "Servlet contrôleur".*

JSP contrôleur

- *Voir "JSP contrôleur".*

Vue implémentée avec une JSP

- *Voir "Vue implémentée avec une JSP".*

Vue implémentée avec une servlet

- *Voir "Vue implémentée avec une servlet".*

Helper implémenté avec un JavaBean

- *Voir "Helper implémenté avec un JavaBean".*

Helper implémenté avec une balise personnalisée

- *Voir "Helper implémenté avec une balise personnalisée".*

Dispatcher intégré au contrôleur

- *Voir "Dispatcher intégré au contrôleur".*

Comme nous l'avons vu, les patterns Service to Worker et Dispatcher View suggèrent un continuum, dans lequel le comportement est encapsulé plus près du début du traitement dans Service to Worker ou plus loin dans Dispatcher View.

La Figure 7.26 illustre les interactions pour cette stratégie.

Le contrôleur ne crée pas explicitement d'objets dispatchers, et prend directement en charge la transmission à la vue. Une autre solution consisterait à implémenter un dispatcher auquel le contrôleur pourrait déléguer cette fonction.

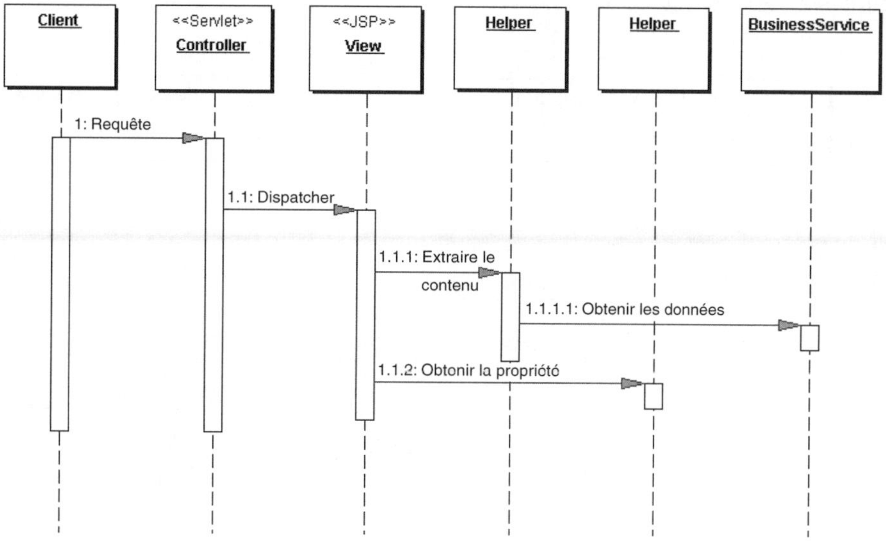

Figure 7.26

La stratégie Dispatcher intégré au contrôleur.

Dispatcher intégré à la vue

Si le contrôleur est supprimé en raison de son rôle limité, le dispatcher peut être transféré dans une vue. Cette conception peut être utile dans les cas où il n'y a qu'une seule vue associée à une requête spécifique, et où une vue secondaire existe mais est rarement utilisée. Par exemple : en fonction des informations contenues dans une requête ou des résultats d'un traitement dans une vue, un helper implémenté sous forme de balise personnalisée dans la vue peut passer le contrôle à une vue secondaire. Le cas typique est celui où la requête du client est soumise à une vue spécifique et sera servie par celle-ci dans presque tous les cas. Considérons le cas où l'utilisateur n'a pas été authentifié, mais où les requêtes accèdent à l'une des quelques JSP protégées d'un site. Comme le site n'a que quelques pages protégées et un contenu dynamique limité, l'authentification peut être effectuée par ces JSP, au lieu d'utiliser un contrôleur centralisé à l'échelle du site. Les pages qui nécessitent une authentification comportent une balise personnalisée en haut de page. Ce helper effectue le test d'authentification et affiche la page ou dirige l'utilisateur vers une page d'authentification.

La Figure 7.27 représente ce scénario.

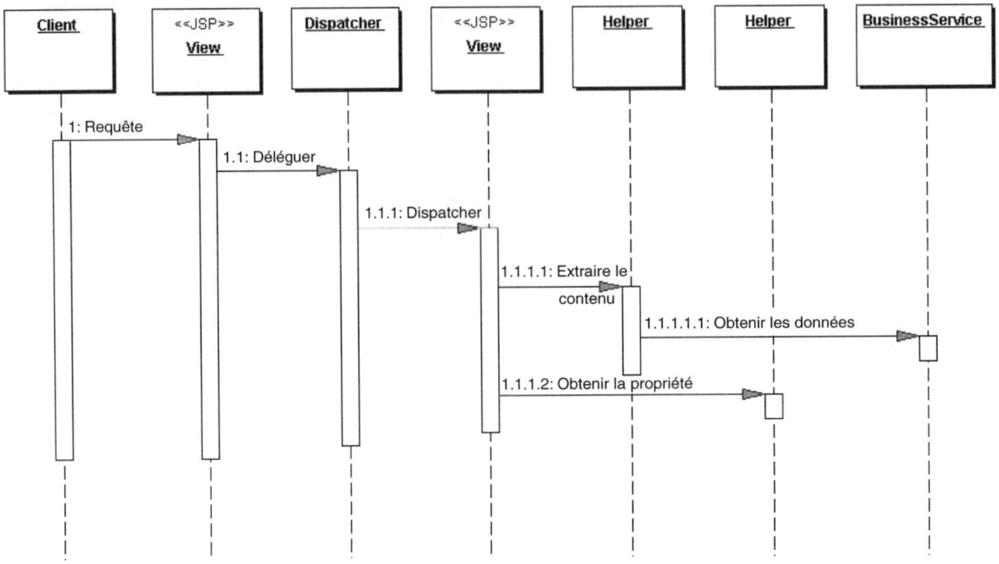

Figure 7.27
La stratégie Dispatcher intégré à la vue.

Helper implémenté avec un transformateur XSL

▶ *Voir "Helper implémenté avec un transformateur XSL".*

Conséquences

- **Centralisation du contrôle et augmentation de la réutilisabilité et de la facilité de maintenance.** Le contrôle est géré de façon centralisée pour de multiples requêtes. Il est plus facile de gérer ces activités et d'effectuer le dispatching depuis un point centralisé, puisqu'un seul point d'accès signifie que le code est réutilisé pour toutes les requêtes, réduisant la duplication et facilitant la maintenance.
- **Amélioration du partitionnement des applications.** L'emploi de helpers permet de séparer plus nettement la vue du traitement métier dans une application. Les helpers, implémentés sous forme de JavaBeans (JSP 1.0+) ou de balises personnalisées (JSP 1.1+), permettent d'extraire la logique métier de la JSP, où le code des scriptlets peut devenir lourd et difficile à manier dans les projets de grande taille.

- **Amélioration de la séparation des rôles.** Séparer le formatage de la logique métier réduit également les dépendances aux mêmes ressources que pourraient avoir des individus assurant des fonctions différentes. Sans cette séparation par exemple, un développeur d'application pourrait être propriétaire du code encapsulé dans le HTML, tandis qu'un membre de l'équipe de production Web aurait besoin de modifier l'agencement d'une page et concevoir des composants mélangés à la logique métier. Comme aucun de ces individus n'est familiarisé avec les spécificités du travail de l'autre, la probabilité de modifications accidentelles et d'introduction de bogues dans le système s'en trouve augmentée.

Exemples de code

L'échantillon de code suivant montre une implémentation du pattern Dispatcher View, qui utilise une servlet contrôleur et une vue avec un JavaBean et des balises personnalisées. Les stratégies appliquées sont Servlet contrôleur, Dispatcher intégré au contrôleur, Vue implémentée avec une JSP, Helper implémenté avec une balise personnalisée et Helper implémenté avec un JavaBean. Une vue composite très élémentaire est également utilisée. La Figure 7.28 est une capture d'écran du résultat.

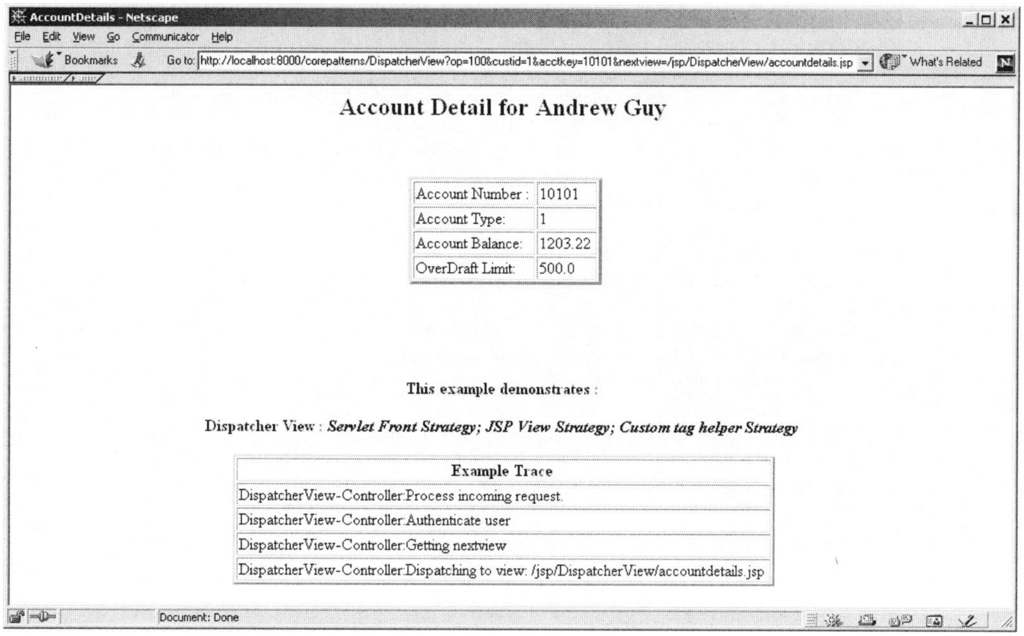

Figure 7.28

Capture d'écran d'un exemple de Dispatcher View.

L'Exemple 7.34 montre la servlet contrôleur, qui effectue simplement un test d'authentification et passe le contrôle à la vue appropriée. Notez que le contrôleur ne délègue pas directement à des helpers les invocations de la couche métier *via* un délégué. Ces responsabilités sont laissées à la vue, nommée `accountdetails.jsp` et visible dans l'Exemple 7.35. Le code utilise un `LogManager` pour journaliser les messages. Ceux-ci sont affichés en bas de la page de résultats pour les besoins de cet exemple, comme le montrent les captures d'écran des Figures 7.23 et 7.28.

Exemple 7.34 : Implémentation de Dispatcher View avec une servlet contrôleur

```
public class Controller extends HttpServlet {

  /** Traitement des requêtes pour les deux méthodes HTTP
    * <code>GET</code> et <code>POST</code>
    * @param request servlet request
    * @param response servlet response
    */
  protected void processRequest(HttpServletRequest request,
  ➥HttpServletResponse response) throws ServletException,
  ➥java.io.IOException {
    String nextview;
    try {
      LogManager.recordStrategy(request, "Dispatcher View", " Servlet
      ➥Front Strategy; " + "JSP View Strategy; Custom tag helper
      ➥Strategy");
      LogManager.logMessage(request, getSignature(), "Process incoming
      ➥request. ");

      // Utilisation d'un objet helper pour collecter les
      // informations spécifiques aux paramètres.
      RequestHelper helper = new RequestHelper(request, response);
      LogManager.logMessage(request, getSignature(),
      ➥" Authenticate user");

      Authenticator auth = new BasicAuthenticator();
      auth.authenticate(helper);

      // Ici nous simplifions à l'extrême.
      // Normalement il y aurait une association
      // du nom logique au nom de la ressource.

      LogManager.logMessage(request, getSignature(), "Getting
      ➥nextview");
      nextview = request.getParameter("nextview");

      LogManager.logMessage(request, getSignature(), "Dispatching to
      ➥view: " + nextview);
    }
    catch (Exception e) {
      LogManager.logMessage("Handle exception appropriately",
      ➥e.getMessage() );

      /** ApplicationResources fournit une API simple
```

```
         * pour extraire les constantes et autres
         * valeurs préconfigurées**/
        nextview = ApplicationResources.getInstance().getErrorPage(e);
      }
      dispatch(request, response, nextview);
    }

    /** Traitement de la méthode HTTP <code>GET</code>.
      * @param request servlet request
      * @param response servlet response
      */
    protected void doGet(HttpServletRequest request, HttpServletResponse
    ➥response) throws ServletException, java.io.IOException {
      processRequest(request, response);
    }

    /** Traitement de la méthode HTTP <code>POST</code>.
      * @param request servlet request
      * @param response servlet response
      */
    protected void doPost(HttpServletRequest request, HttpServletResponse
    ➥response) throws ServletException, java.io.IOException {
      processRequest(request, response);
    }

    /** Retourne une courte description de la servlet. */
    public String getServletInfo() {
        return getSignature();
    }

    public void init(ServletConfig config) throws ServletException {
      super.init(config);
    }

    public void destroy() { }

    /**
      * dispatcher method
      */
    protected void dispatch(HttpServletRequest request,
    ➥HttpServletResponse response, String page) throws
    ➥javax.servlet.ServletException, java.io.IOException {
          RequestDispatcher dispatcher = getServletContexte()
          ➥.getRequestDispatcher(page);
          dispatcher.forward(request, response);
    }

    private String getSignature()  {
      return "DispatcherView-Controller";
    }
  }
```

Notez que la vue utilise des helpers sous forme de balises personnalisées pour gérer l'extraction des contenus, puisque le contrôleur ne l'a pas fait. Lorsqu'on emploie de cette façon des balises personnalisées, elles deviennent généralement des façades pour les composants autonomes auxquels elles délèguent ce traitement. Ainsi, la logique de traitement principal est faiblement couplée à l'implémentation de la balise. Si l'on n'utilise pas des balises personnalisées avec Dispatcher View, trop de code de scriptlet se retrouve dans la JSP, ce qui est une situation à éviter.

Exemple 7.35 : La vue accountdetails.jsp

```
<%@ taglib uri="/Web-INF/corepatternstaglibrary.tld"
prefix="corepatterns" %>

<html>
<head><title>AccountDetails</title></head>
<body>

<corepatterns:AccountQuery queryParams="custid,acctkey" scope="request" />

<h2><center> Account Detail for <corepatterns:Account attribute="owner" />
➥</h2> <br><br>

<tr>
  <td>Account Number :</td>
  <td><corepatterns:Account attribute="number" /></td>
</tr>

<tr>
  <td>Account Type:</td>
  <td><corepatterns:Account attribute="type" /></td>
</tr>

<tr>
  <td>Account Balance:</td>
  <td><corepatterns:Account attribute="balance" /></td>
</tr>

<tr>
  <td>OverDraft Limit:</td>
  <td><corepatterns:Account attribute="overdraftLimit" /></td>
</tr>
<table border=3>
</table>
</corepatterns:AccountQuery>

<br>
<br>

</center>
<%@ include file="/jsp/trace.jsp" %>
</body>
</html>
```

Patterns apparentés

Front Controller

Le pattern Service to Worker résulte de la combinaison du pattern View Helper avec un dispatcher en coordination avec le pattern Front Controller.

View Helper

Le pattern Service to Worker résulte de la combinaison du pattern View Helper avec un dispatcher en coordination avec le pattern Front Controller.

Service to Worker

Service to Worker est synonyme de la combinaison du pattern Front Controller avec un dispatcher et le pattern View Helper. Service to Worker et Dispatcher View sont identiques du point de vue des composants impliqués, mais différents au niveau de la division du travail entre ces composants. Dispatcher View suggère de reporter l'extraction du contenu au moment du traitement de la vue. En outre, le dispatcher joue un rôle plus limité dans le traitement de la vue, puisque le choix de celle-ci est généralement déjà inclus dans la requête.

8

Patterns de la couche métier

Au sommaire de ce chapitre

- ✓ Business Delegate
- ✓ Value Object
- ✓ Session Facade
- ✓ Composite Entity
- ✓ Value Object Assembler
- ✓ Value List Handler
- ✓ Service Locator

Business Delegate

Contexte

Un système distribué multicouche nécessite l'appel de méthodes distantes pour l'émission et la réception de données entre les couches. Les clients sont alors exposés à la complexité de l'utilisation des composants distribués.

Problème

Les composants de la couche présentation interagissent directement avec les services métier. Cette interaction directe expose les détails d'implémentation de l'API services métier à la couche présentation. En conséquence, les composants de la couche présentation sont vulnérables aux modifications apportées à l'implémentation des services métier : dans ce cas, le code exposé dans la couche présentation doit également changer.

De plus, l'impact sur les performances réseau peut-être préjudiciable, puisque les composants de la couche présentation qui utilisent l'API services métier émettent trop d'appels sur le réseau. C'est le cas lorsque ces composants utilisent directement l'API sous-jacente, sans service d'agrégation ni mécanisme de cache côté client.

Enfin, l'exposition directe de l'API au client oblige ce dernier à traiter les problèmes de réseau associés à la nature distribuée de la technologie EJB.

Indications

- Les clients de la couche présentation ont besoin d'accéder aux services métier.
- Différents clients, comme des équipements divers, des clients Web ou des "gros clients" doivent accéder aux services métier.
- L'API services métier change à mesure que les exigences évoluent.
- Il est souhaitable de minimiser le couplage entre les clients de la couche présentation et le service métier, en masquant les détails d'implémentation sous-jacents du service, comme la recherche et l'accès.
- Les clients peuvent avoir besoin de mettre en œuvre des mécanismes de mise en cache des données du service métier.
- Il est souhaitable de réduire le trafic réseau entre le client et les services métier.

Solution

Utiliser un Business Delegate (délégué métier) pour réduire le couplage entre les clients de la couche présentation et les services métier. Le Business Delegate cache les détails d'implémentation du service métier, tels que ceux de la recherche et de l'accès aux détails de l'architecture EJB.

Le Business Delegate se comporte comme une abstraction métier côté client : il fournit une abstraction de l'implémentation des services métier, et, de ce fait, la masque. Son emploi réduit le couplage entre les clients de la couche présentation et les services métier du système. Selon la stratégie mise en œuvre, le Business Delegate peut protéger les clients d'une possible instabilité dans l'implémentation de l'API services métier. Cela réduit potentiellement le nombre de modifications qu'il faut apporter au code du client de la couche présentation lorsque l'API ou son implémentation sous-jacente change.

Mais les méthodes d'interface du Business Delegate peuvent continuer à nécessiter des modifications si l'API change. On admet toutefois qu'il est plus probable que les changements soient effectués au niveau du service métier plutôt qu'à celui du Business Delegate.

Les développeurs sont souvent sceptiques lorsqu'un objectif de conception tel que l'abstraction de la couche métier entraîne un supplément de travail en échange de bénéfices futurs. Mais l'emploi de ce pattern ou de ces stratégies ne demande que peu de travail supplémentaire et apporte des avantages considérables. Le principal est le masquage des détails du service sous-jacent. Le client peut, par exemple, devenir transparent aux services de recherche et de nommage. Le Business Delegate gère également les exceptions des services métier, telles celles de `java.rmi.Remote`, celles de JMS, etc. Il peut intercepter ces exceptions de niveau service et générer à la place des exceptions de niveau application. Ces dernières sont plus faciles à gérer par les clients, et peuvent être plus "conviviales". Le Business Delegate peut également effectuer de façon transparente toutes les opérations de nouvel essai et de récupération nécessaires en cas d'échec du service, sans exposer le client au problème, jusqu'à ce qu'il soit certain que ce dernier est insoluble. Ces avantages constituent une raison des plus convaincantes d'appliquer ce pattern.

Un autre avantage est que le délégué peut mettre en cache les résultats et les références aux services métier distants. Cette opération peut améliorer les performances de façon significative, parce qu'elle limite les aller et retour inutiles et potentiellement coûteux sur le réseau.

Un Business Delegate utilise un composant nommé Lookup Service (service de recherche). Celui-ci a la responsabilité de masquer les détails d'implémentation sous-jacents du code de recherche du service métier. Il peut faire partie du délégué, mais nous recommandons de l'implémenter sous forme de composant séparé, comme le décrit le pattern Service Locator (voir "Service Locator" à la fin de ce chapitre).

Lorsque le Business Delegate est combiné à une Session Facade, il existe généralement une relation un-à-un entre les deux. La raison en est que la logique qui aurait pu être encapsulée dans un Business Delegate pour qu'il interagisse avec plusieurs services métier (créant une relation un-à-*n*) sera souvent incorporée dans la Session Facade.

Notons enfin que ce pattern ne se limite pas à la réduction du couplage entre couche présentation et couche métier, et que son emploi peut s'étendre à d'autres couches.

Structure

La Figure 8.1 est un diagramme de classe représentant le pattern Business Delegate. Le client demande à un `BusinessDelegate` de lui permettre d'accéder au service métier sous-jacent. Le `BusinessDelegate` utilise un `LookupService` pour rechercher le composant `BusinessService` demandé.

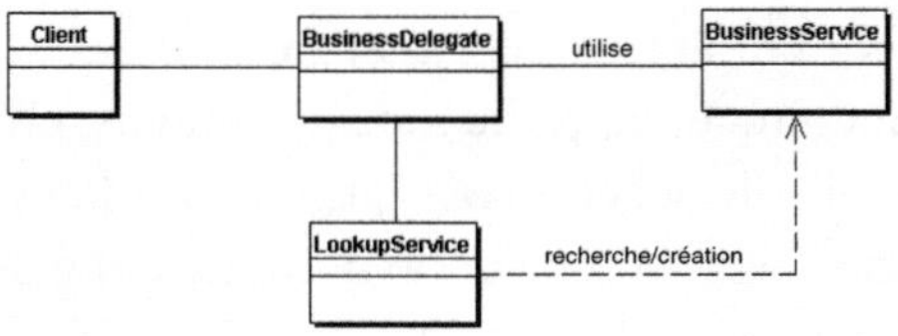

Figure 8.1

Diagramme de classe de `Business-Delegate`.

Participants et responsabilités

Les Figures 8.2 et 8.3 sont des diagrammes de séquence qui illustrent les interactions classiques pour le pattern Business Delegate.

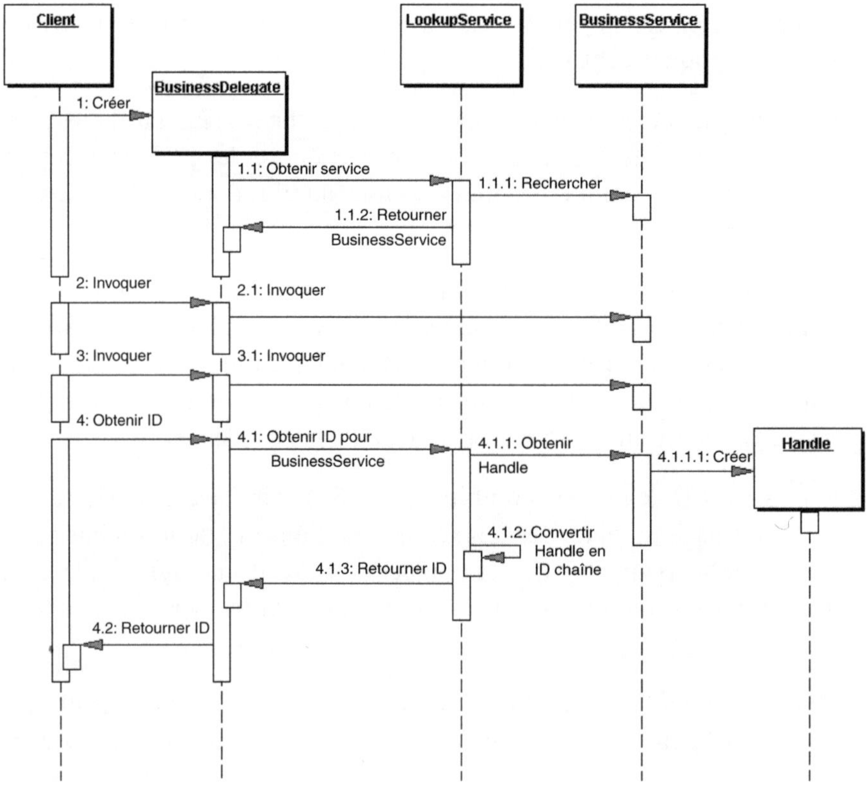

Figure 8.2

Diagramme de séquence de `BusinessDelegate`.

Le BusinessDelegate utilise un LookupService pour localiser le service métier. Celui-ci sert à appeler les méthodes métier de la part du client. La méthode GetID() montre que le BusinessDelegate peut obtenir une version de type String de l'identificateur (comme un objet EJBHandle) du service métier et le retourner au client sous forme de chaîne. Le client peut alors utiliser cette version ultérieurement pour se reconnecter au service qu'il utilisait quand il a obtenu l'identificateur. Cette technique évite une nouvelle recherche, puisque l'identificateur est capable de reconnecter à son instance du service métier. Notons que les objets identificateurs sont implémentés par le fournisseur du conteneur, et peuvent ne pas être portables entre conteneurs de différents fournisseurs.

Le diagramme de séquence de la Figure 8.3 montre l'obtention d'un service métier (un bean entité ou un bean session) en utilisant son identificateur.

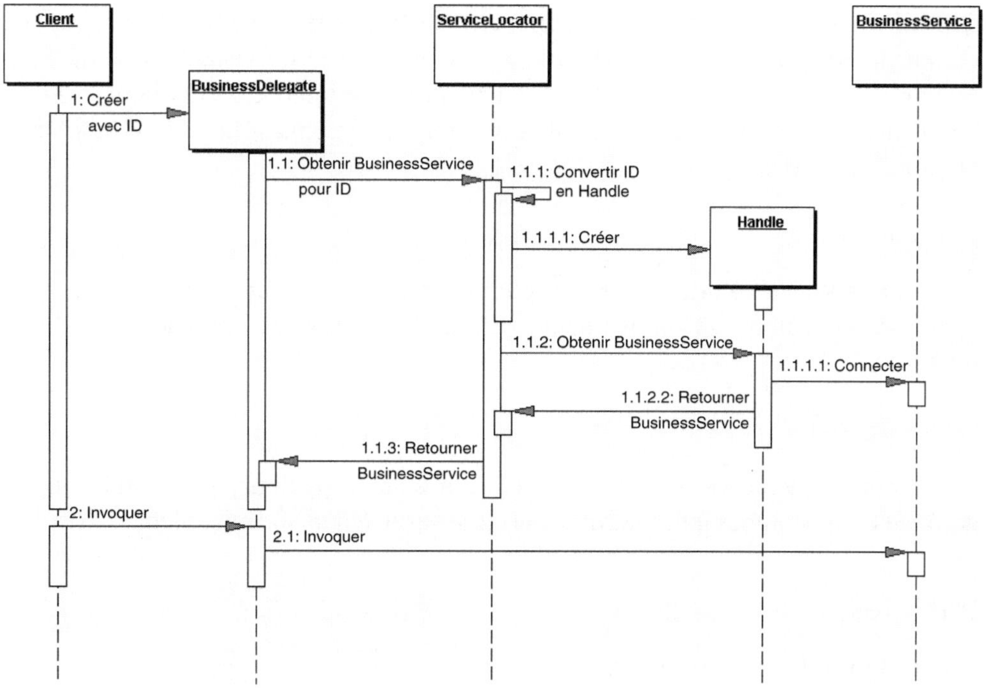

Figure 8.3

Diagramme de séquence de BusinessDelegate *avec identificateur.*

BusinessDelegate

Le rôle du `BusinessDelegate` consiste à fournir contrôle et protection au service métier. Il peut exposer deux types de constructeurs aux clients. L'un des deux types de requête instancie le `BusinessDelegate` sans identificateur, tandis que l'autre l'instancie avec un identificateur, qui est une version `String` de la référence à un objet distant, par exemple `EJBHome` ou `EJBObject`.

Lorsqu'il est initialisé sans identificateur, le `BusinessDelegate` demande le service au `LookupService`, généralement implémenté sous forme de Service Locator (voir le pattern "Service Locator" à la fin de ce chapitre), qui retourne une ServiceFactory, par exemple `EJBHome`. Le `BusinessDelegate` demande à la ServiceFactory de localiser, créer ou supprimer un `BusinessService`, par exemple un bean entreprise.

Lorsqu'il est initialisé avec un identificateur sous forme de chaîne, le `BusinessDelegate` utilise cette chaîne pour se reconnecter au `BusinessService`. Il masque ainsi au client les détails de l'implémentation du nommage et de la recherche du `BusinessService`. De plus, le client de la couche présentation n'effectue jamais directement d'invocation distante à une `BusinessSession`, mais utilise à la place le `BusinessDelegate`.

LookupService

Le `BusinessDelegate` utilise le `LookupService` pour localiser le `BusinessService`. Le `LookupService` encapsule les détails d'implémentation de la recherche du `BusinessService`.

BusinessService

Le `BusinessService` est un composant de la couche métier, par exemple un bean entreprise ou un composant JMS, qui fournit le service demandé au client.

Stratégies

Proxy délégué (Delegate Proxy)

Le Business Delegate expose une interface qui permet aux clients d'accéder aux méthodes sous-jacentes de l'API du service métier. Dans cette stratégie, un Business Delegate fournit une fonction de *proxy* qui passe les méthodes du client au bean session qu'il encapsule. Il peut, en outre, mettre en cache toutes les données nécessaires, dont les références distantes au "point d'attache" *(home)* du bean session ou aux objets distants, afin d'améliorer les performances en réduisant le nombre de recherches. Il peut également convertir ces références en chaînes (identificateurs) et inversement, en recourant aux services d'un Service Locator.

Une implémentation possible de cette stratégie est présentée dans la section "Exemples de code" de ce pattern.

Adaptateur délégué (Delegate Adapter)

Le Business Delegate est très bien adapté aux environnements B2B communiquant avec des services J2EE. Des systèmes disparates peuvent utiliser XML comme langage d'intégration. L'intégration d'un système à un autre nécessite généralement un Adaptateur [GoF]. La Figure 8.4 en donne un exemple.

Figure 8.4

Application du pattern Business Delegate avec Adaptateur.

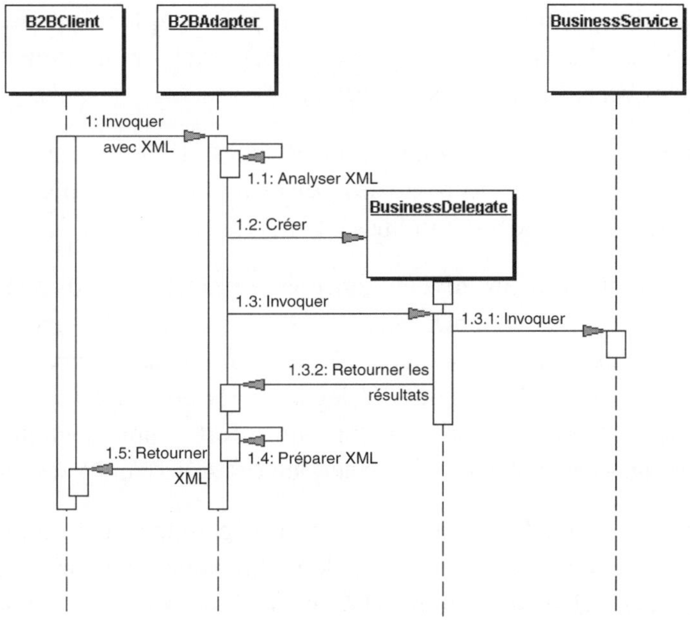

Conséquences

- **Réduction du couplage et augmentation de la facilité de gestion.** Le Business Delegate réduit le couplage entre la couche présentation et la couche métier en masquant tous les détails d'implémentation de cette dernière. Les modifications sont plus faciles à gérer parce qu'elles sont centralisées uniquement dans le Business Delegate.

- **Traduction des exceptions.** Le Business Delegate a la responsabilité de traduire toutes les exceptions liées au réseau et à l'infrastructure en exceptions métier, sans que les clients aient besoin de connaître les détails de l'implémentation sous-jacente.
- **Récupération des erreurs et synchronisation des threads.** En cas de défaillance d'un service métier, le Business Delegate peut mettre en œuvre des fonctionnalités de récupération automatique, sans exposer le problème au client. Si la récupération réussit, le client n'a pas besoin d'être au courant de la panne. Si elle échoue, le Business Delegate doit en informer le client. En outre, les méthodes du Business Delegate peuvent être synchronisées si nécessaire.
- **Exposition d'une interface uniforme plus simple à la couche métier.** Pour mieux servir ses clients, le Business Delegate peut exposer une variante de l'interface fournie par les beans entreprise sous-jacents.
- **Impacts sur la performance.** Le Business Delegate peut fournir des services de mise en cache (et accroître les performances) à la couche présentation pour les requêtes de services communes.
- **Introduction d'un niveau supplémentaire.** Le Business Delegate ajoute un niveau, qui peut sembler inutile entre le client et le service, augmentant ainsi la complexité et diminuant la souplesse. Certains développeurs peuvent penser que le développement de Business Delegates avec des implémentations qui appliquent la stratégie Proxy délégué constitue un effort supplémentaire. D'un autre côté, les avantages de ce pattern sont généralement supérieurs à ses inconvénients.
- **Masquage de la distance.** Si la transparence de l'emplacement est l'un des avantages de ce pattern, un problème différent peut surgir si le développeur traite un service distant comme s'il était local. Cela peut se produire si le développeur du client ne comprend pas que le Business Delegate est un *proxy* côté client à un service distant. En général, les appels de méthode au Business Delegate génèrent "en coulisse" des appels de méthode distants. Le développeur qui n'en a pas conscience peut avoir tendance à écrire de nombreux appels de méthode pour effectuer une seule tâche, augmentant ainsi le trafic réseau.

Exemples de code

Considérons une application PSA (*Professional Services Automation*), où un client de la couche Web doit accéder à un bean session qui implémente le pattern Session Facade. Il est possible d'appliquer le pattern Business Delegate pour concevoir une classe `ResourceDelegate`, qui encapsule la complexité du traitement du bean session `ResourceSession`. L'Exemple 8.1 est le code de l'implémentation du `ResourceDelegate`, et l'interface distante correspondante pour le bean `ResourceSession` est listée dans l'Exemple 8.2.

Exemple 8.1 : Implémentation du pattern Business Delegate — ResourceDelegate

```
// importations

public class ResourceDelegate {

  // Référence distante pour Session Facade
  private ResourceSession session;

  // Classe pour l'objet Home de Session Facade
  private static final Class homeClazz =
corepatterns.apps.psa.ejb.ResourceSessionHome.class;

  // Constructeur par défaut. Recherche Home et connecte
  // à la session en en créant une nouvelle.
  public ResourceDelegate() throws ResourceException {
    try {
      ResourceSessionHome home = (ResourceSessionHome)
        ServiceLocator.getInstance().getHome("Resource", homeClazz);
      session = home.create();
    } catch(ServiceLocatorException ex) {
      // Traduction de ServiceLocatorException
      // en exception de l'application
      throw new ResourceException(...);
    } catch(CreateException ex) {
      // Traduction de CreateException
     // en exception de l'application
      throw new ResourceException(...);
    } catch(RemoteException ex) {
      // Traduction de RemoteException
      // en exception de l'application

      throw new ResourceException(...);
    }
  }

  // Constructeur qui accepte un ID (Handle id) et
  // reconnecte au bean session précédent au lieu
```

```
// d'en créer un nouveau
public BusinessDelegate(String id) throws ResourceException {
  super();
  reconnect(id);
}

// Retourne un ID de type String que le client peut utiliser
// plus tard pour se reconnecter au bean session
public String getID() {
  try {
    return ServiceLocator.getId(session);
  } catch (Exception e) {
    // Lancer une exception de l'application
  }
}

// Méthode pour se reconnecter avec l'ID String
public void reconnect(String id)
  throws ResourceException {
  try {
    session = (ResourceSession) ServiceLocator.getService(id);
  } catch (RemoteException ex) {
    // Traduire RemoteException
    // en exception de l'application
    throw new ResourceException(...);
  }
}

// Les méthodes suivantes sont des méthodes métier
// proxy à la Session Facade. Si une exception de
// service est rencontrée, ces méthodes les convertissent en
// exceptions de l'application, par exemple
// ResourceException, SkillSetException, etc.

public ResourceVO setCurrentResource(

  String resourceId)
  throws ResourceException {
  try {
    return session.setCurrentResource(resourceId);
  } catch (RemoteException ex) {
    // Traduit l'exception du service
    // en exception de l'application
    throw new ResourceException(...);
  }
}

public ResourceVO getResourceDetails()
  throws ResourceException {
```

```
      try {
        return session.getResourceDetails();
      } catch(RemoteException ex) {
        // Traduit l'exception du service
        // en exception de l'application
        throw new ResourceException(...);
      }
    }

    public void setResourceDetails(ResourceVO vo)
      throws ResourceException {
      try {
        session.setResourceDetails(vo);
      } catch(RemoteException ex) {
        throw new ResourceException(...);
      }
    }

    public void addNewResource(ResourceVO vo)throws ResourceException {
      try {
        session.addResource(vo);
      } catch(RemoteException ex) {
        throw new ResourceException(...);
      }
    }

    // toute autre méthode proxy au bean session
    ...
  }
```

Exemple 8.2 : Interface distante pour ResourceSession

```
// importations

public interface ResourceSession extends EJBObject {

  public ResourceVO setCurrentResource(String resourceId) throws
  ➥RemoteException, ResourceException;

  public ResourceVO getResourceDetails() throws RemoteException,
  ➥ResourceException;
  public void setResourceDetails(ResourceVO resource) throws
  ➥RemoteException, ResourceException;

  public void addResource(ResourceVO resource) throws RemoteException,
  ➥ResourceException;

  public void removeResource()throws RemoteException,
  ➥ResourceException;

  // méthodes pour gérer le temps de blocage de la ressource
  public void addBlockoutTime(Collection blockoutTime) throws
  ➥RemoteException, BlockoutTimeException;
```

```
    public void updateBlockoutTime(Collection blockoutTime) throws
    ➥RemoteException, BlockoutTimeException;

    public void removeBlockoutTime(Collection blockoutTime) throws
    ➥RemoteException, BlockoutTimeException;

    public void removeAllBlockoutTime()throws RemoteException,
    ➥BlockoutTimeException;

    //méthodes de gestion des compétences des ressources (skillsets)
    public void addSkillSets(Collection skillSet) throws RemoteException,
    ➥SkillSetException;

    public void updateSkillSets(Collection skillSet) throws
    ➥RemoteException, SkillSetException;

    public void removeSkillSet(Collection skillSet) throws
    ➥RemoteException, SkillSetException;
    ...
}
```

Patterns apparentés

Service Locator

On peut utiliser le pattern Service Locator pour créer le Service Locator du Business Delegate, masquant ainsi les détails d'implémentation de la recherche des services métier et du code d'accès.

Procuration (Proxy) [GoF]

Un Business Delegate peut se comporter comme un *proxy*, fournissant des suppléants pour les objets de la couche métier.

Adaptateur [GoF]

Un Business Delegate peut utiliser le pattern Adaptateur pour assurer le couplage entre systèmes disparates.

Broker [POSA1]

Un Business Delegate joue le rôle de "courtier" pour découpler les objets de la couche métier des clients dans d'autres couches.

Value Object

Contexte

Les clients de l'application doivent échanger des données avec les beans entreprise.

Problème

Les applications J2EE implémentent des composants métier côté serveur, tels que des beans session et des beans entité. Certaines méthodes exposées par les composants métier retournent des données au client. Il est fréquent que le client appelle plusieurs fois les méthodes accesseurs d'un objet métier jusqu'à ce qu'il ait obtenu toutes les valeurs des attributs.

Les beans session représentent les services métier et ne sont pas partagés entre les utilisateurs. Ils fournissent des méthodes de service à gros grain en cas d'implémentation selon le pattern Session Facade.

En revanche, les beans entité sont des objets transactionnels, multi-utilisateurs, représentant des données persistantes. Ils exposent les valeurs des attributs en fournissant des méthodes accesseurs (souvent nommées méthodes `get`) pour chaque attribut qu'il veut exposer.

Chaque appel de méthode à l'objet du service métier, qu'il s'agisse d'un bean entité ou d'un bean session, est potentiellement distant. Dans une application EJB, de tels appels distants passent par la couche réseau indépendamment de la distance entre le client et le bean, créant ainsi une surcharge de trafic. Les appels de méthode des beans entreprise peuvent se répandre dans les couches réseau du système, même si le client et le conteneur EJB du bean entité s'exécutent tous deux dans la même JVM, sous le même système d'exploitation ou sur la même machine physique. Certains fournisseurs peuvent implémenter des mécanismes qui permettent de réduire cette surcharge, en adoptant une méthode d'accès plus directe et en court-circuitant le réseau.

Plus ces appels de méthode sont nombreux, plus les performances de l'application peuvent se dégrader de manière significative. C'est pourquoi multiplier les appels de méthodes accesseurs qui retournent une seule valeur d'attribut est inefficace pour obtenir des valeurs d'un bean entreprise.

Indications

- Tout accès à un bean entreprise s'effectue *via* des interfaces distantes, et tout appel à un bean entreprise est potentiellement un appel de méthode à distance qui entraîne une surcharge du réseau.
- Dans une application, les transactions comptent généralement plus de lectures que de mises à jour. Le client demande des données à la couche métier pour les présenter, les afficher ou effectuer tout autre traitement en lecture seule. Il actualise les données de la couche métier beaucoup moins fréquemment qu'il ne les lit.
- Le client a généralement besoin d'obtenir plusieurs valeurs d'un EJB, sans se limiter à un seul attribut ou objet dépendant. En conséquence, il peut effectuer plusieurs appels à distance pour obtenir ces valeurs.
- Le nombre d'appels effectués par le client au bean entreprise a un impact sur les performances du réseau. Les applications plus "bavardes" — qui impliquent un trafic important entre client et serveur — dégradent souvent ces performances.

Solution

Utiliser un Value Object pour encapsuler les données métier. Un seul appel de méthode sert à envoyer et extraire l'objet valeur. Lorsque le client demande des données au bean entreprise, celui-ci construit l'objet valeur, lui affecte les valeurs des attributs, et le passe par valeur au client.

Les clients ont généralement besoin d'obtenir plusieurs valeurs d'un bean entreprise. Pour réduire les appels à distance et éviter le surcroît de trafic qui leur est associé, mieux vaut utiliser des objets valeur pour transporter les données du bean entreprise vers son client.

Lorsqu'un bean entreprise utilise un objet valeur, le client envoie un seul appel de méthode au bean pour lui demander la valeur de celui-ci au lieu d'effectuer plusieurs appels de méthode pour récupérer les valeurs de chaque attribut. Le bean entreprise construit alors une nouvelle instance de l'objet valeur, et copie les valeurs dans l'objet qu'il retourne au client. Le client reçoit l'objet valeur et peut alors invoquer les méthodes accesseurs (ou `get`) sur celui-ci pour obtenir les valeurs de ses attributs. Ou bien l'implémentation de l'objet valeur peut être telle que tous ses attributs sont publics. Comme l'objet est passé par valeur au client, tous les appels à son instance sont des appels locaux au lieu d'être des appels à distance.

Structure

La Figure 8.5 est un diagramme de classe qui représente le pattern Value Object sous sa forme la plus simple.

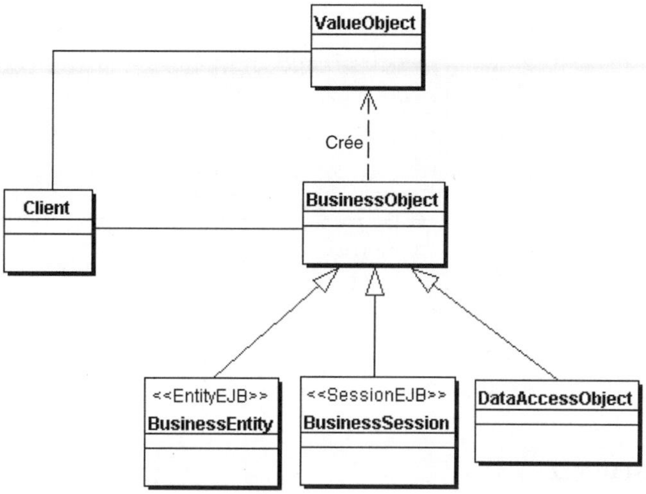

Figure 8.5
Diagramme de classe de Value Object.

Comme le montre ce diagramme de classe, l'objet valeur est construit à la demande par le bean entreprise et retourné au client distant. Mais le pattern Value Object permet d'adopter différentes stratégies en fonction des besoins. La section "Stratégies" explique ces différentes approches.

Participants et responsabilités

La Figure 8.6 est un diagramme de séquence qui montre les interactions pour le pattern Value Object.

Client

Il représente le client du bean entreprise. Le client peut être l'application d'un utilisateur final, comme dans le cas d'une application "client riche" conçue pour accéder directement aux beans entreprise. Il peut être un Business Delegate (voir "Business Delegate" au début de ce chapitre) ou un `BusinessObject` différent.

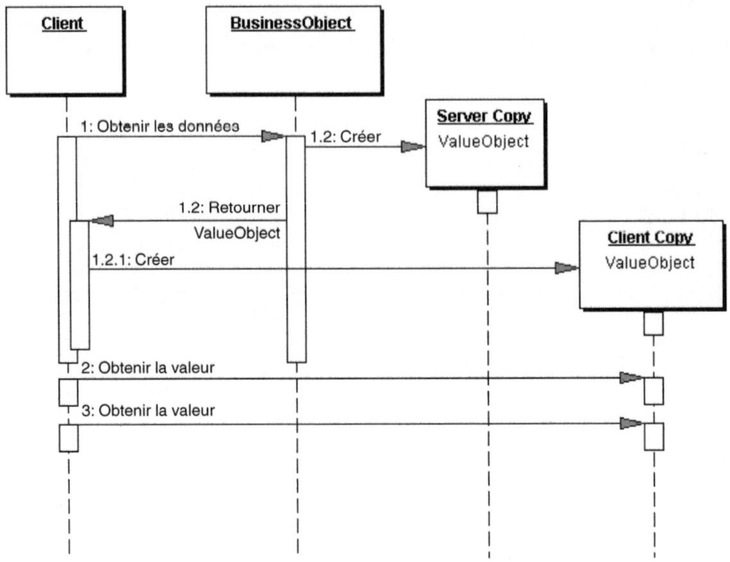

Figure 8.6
Diagramme de séquence de Value Object.

BusinessObject

Le `BusinessObject` représente un rôle qui peut être joué par un bean session, un bean entité ou un DAO (*Data Access Object*, ou objet d'accès aux données). Il a la responsabilité de créer l'objet valeur et de le retourner au client à sa demande. Il peut également recevoir des données du client sous forme d'objet valeur et utiliser ces données pour effectuer une mise à jour.

ValueObject

Le `ValueObject` est un objet Java arbitraire sérialisable. Une classe d'objets valeur peut fournir un constructeur qui accepte tous les attributs nécessaires pour créer ces objets. Le constructeur peut accepter toutes les valeurs d'attributs d'un bean entité que l'objet valeur peut contenir. En général, les membres de l'objet valeur sont définis comme `public`, éliminant ainsi la nécessité de méthodes `get` (accesseurs) et `set` (mutateurs). Si une protection est nécessaire, les membres peuvent être définis `protected` ou `private`, et des méthodes sont fournies pour accéder aux valeurs. En n'offrant aucune méthode permettant de modifier les valeurs, on protège l'objet valeur contre les changements après sa création. Si l'on veut autoriser la modification de quelques membres pour faciliter les mises à jour, on peut fournir des méthodes `set`. La création de l'objet valeur varie donc en fonction des exigences de l'application. Le fait que ses attributs soient `private` et qu'on y accède par des méthodes `get` et `set` ou que tous les attributs soient `public` est un choix de conception.

Stratégies

Les deux premières stratégies présentées sont applicables lorsque le bean entreprise est implémenté sous forme de bean session ou de bean entité. Ce sont les stratégies Objets valeur modifiables et Objets valeur multiples.

Ces stratégies ne sont applicables que si le `BusinessObject` est implémenté sous forme de bean entité : Entity Inherits Value Object et Value Object Factory.

Objets valeur modifiables (Updatable Value Objects)

Dans cette stratégie, l'objet valeur, outre qu'il retourne au client les valeurs du `BusinessObject`, peut également retourner à l'objet métier les modifications demandées par le client.

La Figure 8.7 est un diagramme de classe montrant les relations entre le `BusinessObject` et l'objet valeur.

Figure 8.7

Updatable Value Object — diagramme de classe.

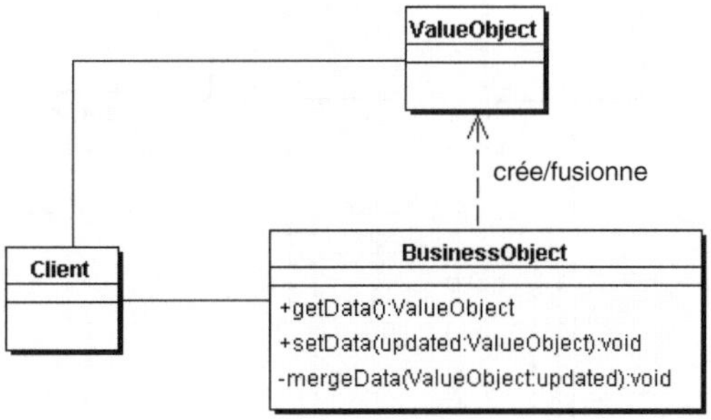

Le `BusinessObject` crée l'objet valeur. Souvenez-vous qu'un client peut avoir besoin d'accéder aux valeurs du `BusinessObject` non seulement pour les lire mais aussi pour les modifier. Pour ce faire, le `BusinessObject` doit fournir des méthodes `set`.

Au lieu de fournir des méthodes `set` à grain fin pour chaque attribut, ce qui provoque une surcharge du réseau, le `BusinessObject` peut exposer une méthode `setData()` à gros grain qui accepte un objet valeur comme argument. L'objet valeur passé à cette méthode contient les valeurs mises à jour par le client. Comme l'objet valeur doit être modifiable, sa classe doit fournir des méthodes `set` pour chaque attribut modifiable par le client. Ces méthodes `set` peuvent comprendre des validations au niveau du champ, et des tests d'intégrité si c'est utile. Une fois que le client a obtenu un objet valeur du

`BusinessObject`, il invoque localement les méthodes `set` nécessaires pour modifier les valeurs des attributs. De telles modifications locales n'ont pas d'impact sur le `BusinessObject` tant que la méthode `setData()` n'est pas appelée.

La méthode `setData()` sérialise la copie de l'objet valeur du client et la transmet au `BusinessObject`. Celui-ci reçoit l'objet valeur modifié du client et fusionne les changements dans ses propres attributs. L'opération de fusion peut compliquer la conception du `BusinessObject` et de l'objet valeur (voir la section "Conséquences"). Une stratégie à appliquer ici consiste à ne mettre à jour que les attributs modifiés au lieu de les actualiser tous. Un drapeau placé dans l'objet valeur peut servir à déterminer les attributs à mettre à jour, et évite une comparaison directe.

L'utilisation d'objets valeur modifiables a un impact sur la conception en termes de propagation des mises à jour, de synchronisation et de contrôle des versions.

La Figure 8.8 est un diagramme de séquence d'une opération de mise à jour.

Figure 8.8

Objet valeur modifiable — diagramme de séquence.

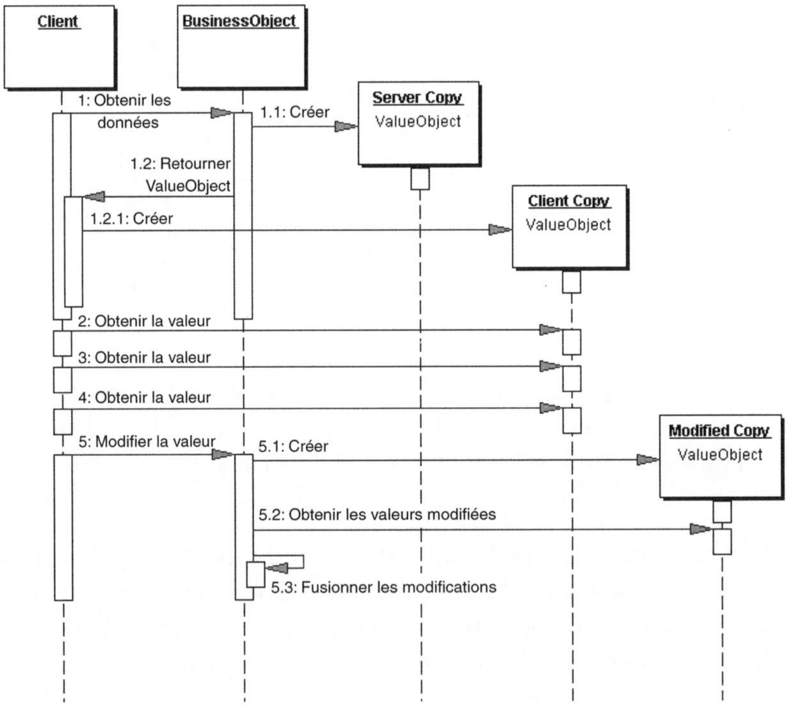

Objets valeur multiples (Multiple Value Objects)

Les objets métier de certaines applications peuvent être très complexes. En de tels cas, il se peut qu'un seul objet métier produise différents objets valeur, en fonction de la requête du client. Il existe une relation plurielle entre l'objet métier et les objets valeur qu'il peut produire. Dans ces circonstances, cette stratégie peut être envisagée.

Lorsque, par exemple, l'objet métier est implémenté sous forme de bean session, généralement en appliquant le pattern Session Facade, le bean peut interagir avec de nombreux autres composants métier pour fournir le service. Le bean session produit son objet valeur à partir de différentes sources. De même, lorsque le `BusinessObject` est implémenté sous forme de bean entité à gros grain, ordinairement en appliquant le pattern Composite Entity, le bean entité entretient une relation complexe avec un certain nombre d'objets dépendants. Dans ces deux cas, la bonne pratique consiste à fournir des mécanismes pour produire des objets valeur qui représentent réellement des parties des composants à gros grain sous-jacents.

Dans une application boursière par exemple, une Composite Entity qui représente le portefeuille d'un client peut être un composant à gros grain très complexe qui peut produire des objets valeur fournissant des données pour des parties du portefeuille : informations sur le client, liste des actions détenues, etc. Un exemple similaire est celui d'un bean session destiné à gérer les clients, qui fournit des services en interagissant avec un certain nombre d'autres `BusinessObjects` et de composants. Ce bean peut produire de petits objets valeur discrets, comme une adresse de client, une liste de contacts, etc., pour représenter des parties de son modèle.

Dans ces deux scénarios, il est possible d'adopter et d'appliquer Multiple Value Objects, de sorte que le composant métier, qu'il s'agisse d'un bean session ou d'un bean entité, puisse créer plusieurs types d'objets valeur. Dans cette stratégie, l'entité métier fournit différentes méthodes pour obtenir différents objets valeur. Chacune de ces méthodes crée et retourne un type d'objet valeur différent. La Figure 8.9 est le diagramme de classe de cette stratégie.

Lorsqu'un client a besoin d'un objet valeur de type `ValueObjectA`, il appelle la méthode `getDataA()` de l'entité en demandant `ValueObjectA`. Lorsqu'il a besoin d'un objet valeur de type `ValueObjectB`, il appelle la méthode `getDataB()` de l'entité en demandant `ValueObjectB`, et ainsi de suite. C'est ce que montre le diagramme de séquence de la Figure 8.10.

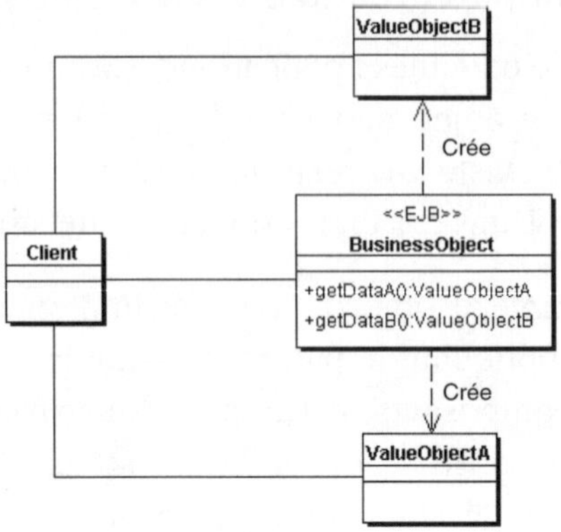

Figure 8.9

Objets valeur multiples — diagramme de classe.

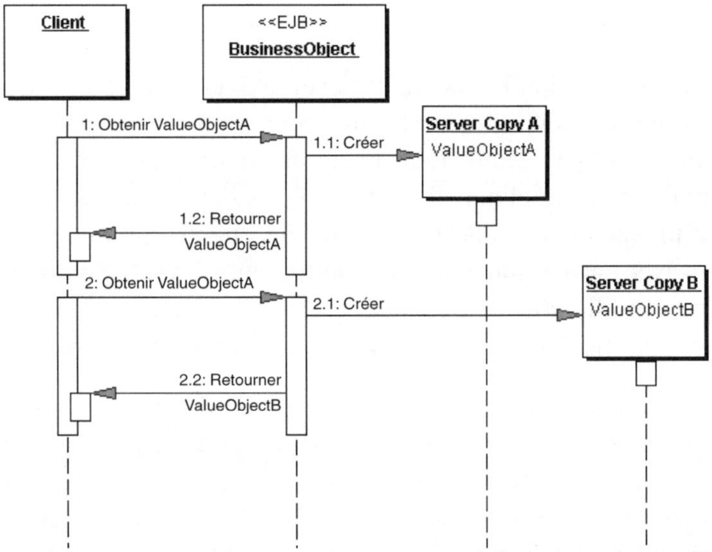

Figure 8.10

Objets valeur multiples — diagramme de séquence.

Entité héritant de l'objet valeur (Entity Inherits Value Object)

Lorsque le Business Object est implémenté sous forme de bean entité et que les clients ont besoin d'accéder à toutes les données de celui-ci, alors le bean entité et l'objet valeur ont tous deux les mêmes attributs. Dans ce cas, puisqu'il existe une relation unaire entre le bean entité et son objet valeur, le bean entité peut utiliser l'héritage pour éviter la duplication du code.

Dans cette stratégie, le bean entité étend (ou hérite de) la classe de l'objet valeur. Le seul présupposé est que le bean entité et l'objet valeur partagent les mêmes définitions d'attributs. Le diagramme de classe de la Figure 8.11 représente cette stratégie.

Figure 8.11
Entité héritant de l'objet valeur — diagramme de classe.

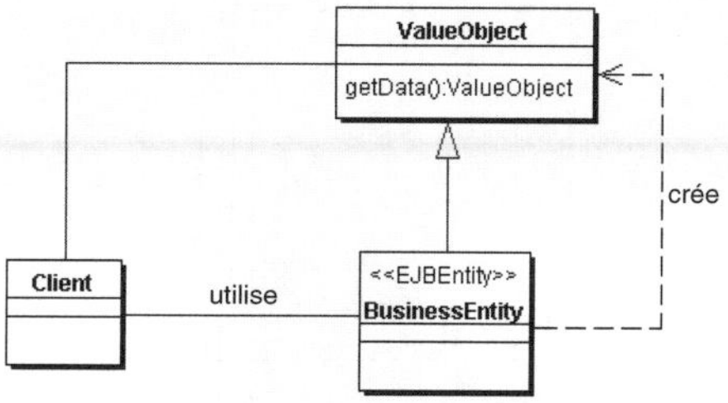

Le `ValueObject` implémente une ou plusieurs méthodes `getData()`, comme nous l'avons vu pour la stratégie Multiple Value Objects. Lorsque l'entité hérite de la classe de cet objet valeur, le client appelle sur le bean entité une méthode `getData()` héritée afin d'obtenir un objet valeur.

En conséquence, cette stratégie élimine la duplication du code entre l'entité et l'objet valeur. Elle aide également à gérer les modifications apportées aux exigences de l'objet valeur en isolant celles-ci dans sa classe et en les empêchant d'affecter le bean entité.

Cette stratégie présente un inconvénient lié à l'héritage. Si l'objet valeur est partagé par héritage, toutes les modifications de sa classe affecteront toutes les sous-classes, induisant potentiellement des changements dans toute la hiérarchie.

Le diagramme de séquence de la Figure 8.12 illustre cette stratégie.

Une implémentation possible de la stratégie Entité héritant de l'objet valeur se trouve dans l'Exemple 8.10 (`ContactVO` — Classe de l'objet valeur) et l'Exemple 8.11 (`ContactEntity` — Classe du bean entité).

Fabrique d'objets valeur (Value Object Factory)

Il est possible d'étendre la stratégie Entité héritant de l'objet valeur pour prendre en charge plusieurs objets valeur par bean entité en employant une "fabrique" d'objets valeur (`ValueObjectFactory`) pour créer des objets valeur à la demande, de façon réflexive. Il en résulte une stratégie de création d'objets valeur encore plus dynamique.

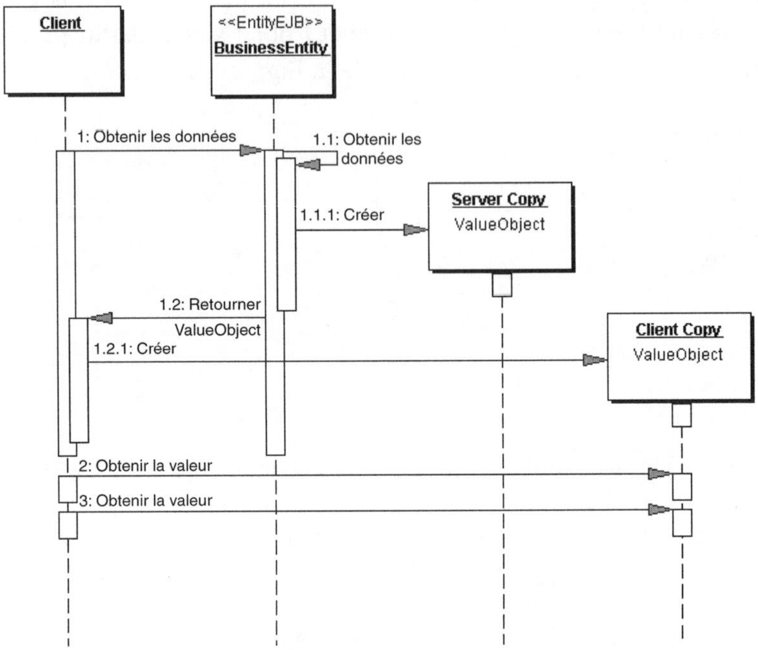

Figure 8.12
Entité héritant de l'objet valeur — diagramme de séquence.

Pour ce faire, on définit une interface différente pour chaque type d'objet valeur devant être retourné. L'implémentation sous forme de bean entité de la super-classe de l'objet valeur doit implémenter toutes ces interfaces. De plus, il faut créer une classe d'implémentation séparée pour chaque interface définie, comme le montre le diagramme de classe de la Figure 8.13.

Une fois toutes les interfaces définies et implémentées, on crée dans `ValueObjectFactory` une méthode à laquelle on passe deux arguments :

- L'instance du bean entité pour laquelle un objet valeur doit être créé.
- L'interface qui identifie le type d'objet valeur à créer.

La `ValueObjectFactory` peut alors instancier un objet de la classe appropriée, définir ses valeurs et retourner cette nouvelle instance d'objet valeur.

La Figure 8.14 est le diagramme de séquence représentant cette stratégie.

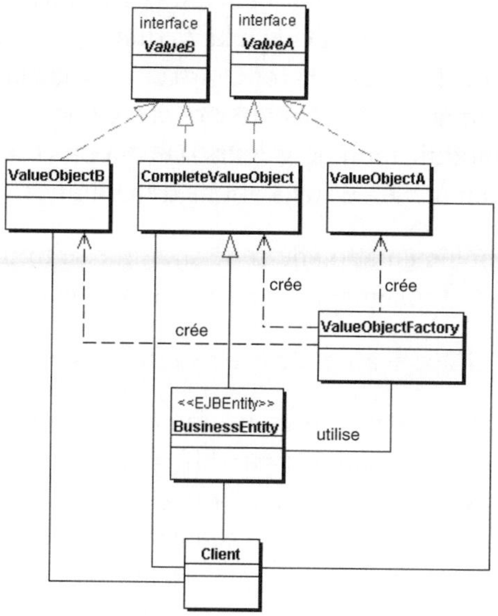

Figure 8.13
Fabrique d'objets valeur — diagramme de classe.

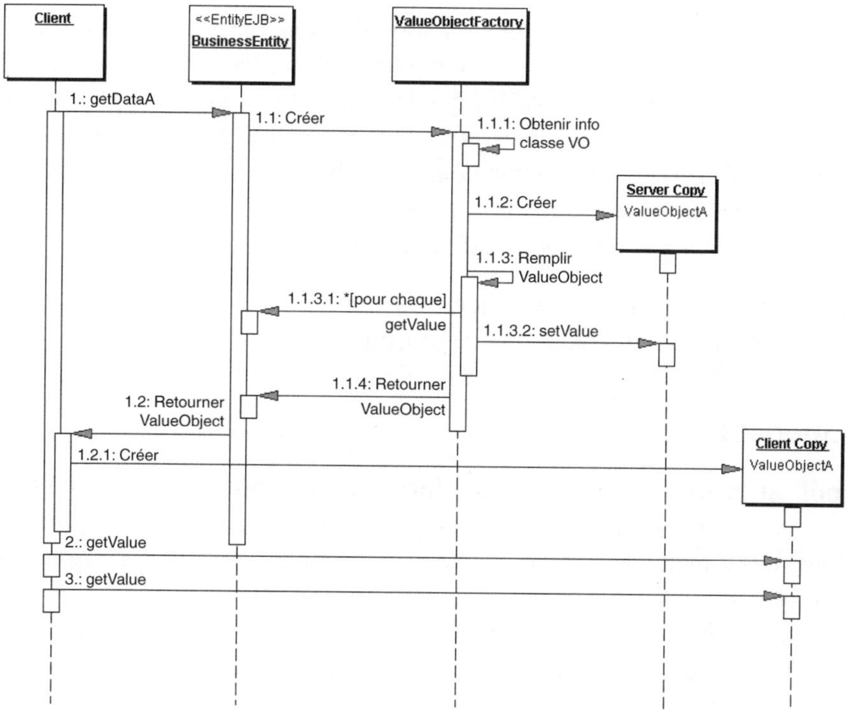

Figure 8.14
Fabrique d'objets valeur — diagramme de séquence.

Le client demande l'objet valeur à une `BusinessEntity` (entité métier). Celle-ci passe la classe de l'objet valeur demandé à la `ValueObjectFactory`, qui crée un nouvel objet de la classe donnée. La `ValueObjectFactory` utilise la réflexivité pour obtenir dynamiquement les informations sur la classe et créer une nouvelle instance de l'objet valeur. La lecture et la modification de valeurs dans la `BusinessEntity` par la `ValueObjectFactory` se font au moyen d'invocations dynamiques.

Un exemple d'implémentation de cette stratégie se trouve dans la section "Exemples de code" sous le titre "Implémentation d'une fabrique d'objets valeur".

Les avantages de l'application de cette stratégie sont les suivants :

La création d'objets valeur nécessite moins de code. La même classe de fabrication d'objets valeur peut être réutilisée par différents beans entreprise. Lorsque la définition de la classe d'objets valeur change, la fabrique gère automatiquement les modifications sans qu'il soit nécessaire d'écrire du code supplémentaire. La maintenance en est facilitée, et il y a moins de risques d'erreurs dues aux modifications des définitions des objets valeur.

La stratégie Fabrique d'objets valeur a diverses conséquences.

Elle est fondée sur le fait que l'implémentation du bean entreprise étend (hérite de) la totalité de l'objet valeur. L'objet valeur complet doit implémenter toutes les interfaces définies pour les différents objets valeur que le bean entité doit fournir. Des conventions de nommage doivent être appliquées pour que cette stratégie fonctionne. Puisque la réflexivité est utilisée pour inspecter et construire dynamiquement les objets valeur, il y a une légère perte de performance à la construction. Mais si l'on considère le temps global de communication, cette perte est négligeable.

Cette stratégie présente un inconvénient. Sa puissance et sa souplesse doivent être mises en balance avec la dégradation de performance à l'exécution.

Conséquences

- **Simplification du bean entité et de l'interface distante.** Le bean entité fournit une méthode `getData()` qui permet d'accéder à l'objet valeur contenant les valeurs des attributs. Cette méthode élimine la nécessité d'implémenter plusieurs méthodes `get` dans le bean et de les définir dans son interface distante. De même, si le bean entité fournit une méthode `setData()` pour mettre à jour les valeurs des attributs du bean entité avec un seul appel de méthode, la nécessité d'implémenter plusieurs méthodes set dans le bean et de les définir dans son interface distante est éliminée.

- **Transferts de données plus nombreuses avec moins d'appels à distance.** Au lieu que le client ait besoin d'envoyer sur le réseau plusieurs appels de méthode au `BusinessObject` pour obtenir les valeurs des attributs, cette solution permet de n'avoir qu'un seul appel de méthode. Parallèlement, cet unique appel de méthode retourne au client plus de données que n'en retournerait chacune des méthodes accesseurs individuelles. Si vous envisagez d'appliquer ce pattern, vous devez considérer le compromis entre la réduction des appels sur le réseau et le fait de transmettre plus de données par appel. Vous pouvez également fournir à la fois des méthodes `get` et `set` à grain fin pour les attributs individuels et à gros grain pour l'objet valeur. Le développeur peut alors choisir la technique appropriée en fonction des besoins.

- **Réduction du trafic réseau.** Un objet valeur transfère les valeurs d'un bean entité au client en un seul appel de méthode distant. Il se comporte comme un "transporteur" de données et réduit le nombre d'appels de méthode sur le réseau, nécessaires pour obtenir les valeurs des attributs des beans entité. Si les applications sont moins "bavardes", les performances du réseau s'en trouvent améliorées.

- **Réduction de la duplication du code.** En appliquant les stratégies Entité héritant de l'objet valeur et Fabrique d'objets valeur, il est possible de réduire ou d'éliminer la duplication de code entre l'entité et son objet valeur. Mais la stratégie Fabrique d'objets valeur peut complexifier l'implémentation. Elle peut également entraîner un surcoût à l'exécution en raison de la réflexivité dynamique. Dans la plupart des cas, Entité héritant de l'objet valeur peut suffire à satisfaire les besoins.

- **Possibilité de péremption des objets valeur.** L'adoption de la stratégie Objets valeur modifiables permet au client d'effectuer des modifications sur une copie locale de l'objet valeur. Une fois ces modifications terminées, il peut appeler la méthode `setData()` de l'entité et passer à celle-ci l'objet valeur modifié. L'entité reçoit les modifications et fusionne les nouvelles valeurs (modifiées) avec ses attributs. Mais un problème d'intégrité peut se poser. L'entité met à jour ses valeurs, mais elle ne sait pas si d'autres clients ont précédemment demandé le même objet valeur. Ces clients peuvent avoir dans leur cache local des instances de l'objet valeur qui ne reflètent pas la copie actuelle des données de l'entité. Comme l'entité n'a pas connaissance de ces clients, il est impossible de propager la mise à jour aux objets valeur périmés détenus par d'autres clients.

- **Complexité due à la synchronisation et au contrôle des versions.** L'entité fusionne les valeurs modifiées avec ses propres valeurs lorsqu'elle reçoit un objet valeur modifiable d'un client. Mais elle doit gérer la situation où deux clients ou plus demandent simultanément des mises à jour incompatibles entre elles. Autoriser de telles mises à jour pourrait provoquer des conflits de données. Le contrôle des versions est l'une des façons d'éviter ceux-ci. Dans l'un de ses attributs, l'entité peut mémoriser un numéro de version ou une date de dernière modification. Ces valeurs sont copiées depuis le bean entité dans l'objet valeur. Une transaction de mise à jour peut résoudre les conflits en utilisant l'attribut contenant la date ou le numéro de version. Si un client détenant un objet valeur périmé tente de mettre à jour l'entité, celle-ci peut détecter la date ou le numéro périmé dans l'objet valeur et informer le client de l'erreur. Le client doit alors obtenir l'objet valeur le plus récent et retenter la mise à jour. Dans les cas extrêmes, le client peut ne jamais parvenir à valider ses modifications.

- **Transactions et accès concurrents.** Lorsque deux clients ou plus accèdent simultanément au `BusinessObject`, le conteneur applique la sémantique de transaction de l'architecture EJB. Si, pour un bean entreprise, le niveau d'isolation de la transaction est positionné à `TRANSACTION_SERIALIZED` dans le descripteur de déploiement, le conteneur fournit la protection maximale à la transaction et assure son intégrité. Supposons, par exemple, que l'enchaînement de tâches de la première transaction comprenne l'obtention d'un objet valeur, puis la modification des attributs d'un `BusinessObject`. La seconde transaction, puisqu'elle est limitée à des transactions sérialisées, obtiendra l'objet contenant les valeurs correctes (les plus récemment mises à jour). Mais pour les transactions ayant des restrictions moins importantes que `serialized`, la protection est moins rigide, et peut laisser passer des incohérences dans les objets valeur obtenus par des accès concurrents. En outre, on doit faire face à des problèmes liés à la synchronisation, à la péremption des objets valeur et au contrôle des versions.

Exemples de code

Implémentation du pattern Value Object

Considérons un exemple où un objet métier nommé `Project` est modélisé et implémenté sous forme de bean entité. Le bean entité `Project` doit envoyer à ses clients des données contenues dans un objet valeur lorsque ceux-ci appellent sa méthode `getProjectData()`. La classe de l'objet valeur, `ProjectVO`, est listée dans l'Exemple 8.3.

Exemple 8.3 : Implémentation du pattern Value Object — la classe de l'objet valeur

```
// Objet valeur pour contenir les détails de Project
public class ProjectVO implements java.io.Serializable {
    public String projectId;
    public String projectName;
    public String managerId;
    public String customerId;
    public Date startDate;
    public Date endDate;
    public boolean started;
    public boolean completed;
    public boolean accepted;
    public Date acceptedDate;
    public String projectDescription;
    public String projectStatus;

    // Constructeurs de l'objet valeur...
}
```

Le code du bean entité qui utilise cet objet valeur est listé dans l'Exemple 8.4.

Exemple 8.4 : Implémentation du pattern Value Object — la classe du bean entité

```
public class ProjectEntity implements EntityBean {
    private EntityContext context;
    public String projectId;
    public String projectName;
    public String managerId;
    public String customerId;
    public Date startDate;
    public Date endDate;
    public boolean started;
    public boolean completed;
    public boolean accepted;
    public Date acceptedDate;
    public String projectDescription;
    public String projectStatus;
    private boolean closed;

    // autres attributs...

    private ArrayList commitments;
    ...

    // Méthode pour obtenir l'objet valeur pour les données de Project
    public ProjectVO getProjectData() {
      return createProjectVO();
    }

    // Méthode pour créer un nouvel objet valeur
    // et y copier les données du bean entité
    private ProjectVO createProjectVO() {
        ProjectVO proj = new ProjectVO();
```

```
            proj.projectId = projectId;
            proj.projectName = projectName;
            proj.managerId = managerId;
            proj.startDate = startDate;
            proj.endDate = endDate;
            proj.customerId = customerId;
            proj.projectDescription = projectDescription;
            proj.projectStatus = projectStatus;
            proj.started = started;
            proj.completed = completed;
            proj.accepted = accepted;
            proj.closed = closed;
            return proj;
        }
        ...
    }
```

Implémentation de la stratégie Objets valeur modifiables

Nous pouvons étendre l'Exemple 8.4 pour implémenter la stratégie Objets valeur modifiables. Dans ce cas, nous devons avoir une méthode `setProjectData()` pour mettre à jour le bean entité en passant un objet valeur qui contient les données nécessaires à cette mise à jour. L'Exemple 8.5 contient le code correspondant à cette stratégie.

Exemple 8.5 : Implémentation de la stratégie Objets valeur modifiables

```
public class ProjectEntity implements EntityBean {
    private EntityContext context;
  ...
  // attributs et autres méthodes comme dans l'Exemple 8.4
  ...

  // Méthodes pour modifier les valeurs de l'entité
  // avec un objet valeur
  public void setProjectData(ProjectVO updatedProj) {
    mergeProjectData(updatedProj);
  }

  // Méthode pour fusionner les valeurs de l'objet valeur
  // dans les attributs du bean entité
  private void mergeProjectData(ProjectVO updatedProj) {
    // Un contrôle de version peut être nécessaire ici
    // avant de fusionner les valeurs pour empêcher
    // les autres clients de perdre des mises à jour
    projectId = updatedProj.projectId;
    projectName = updatedProj.projectName;
    managerId = updatedProj.managerId;
    startDate = updatedProj.startDate;
    endDate = updatedProj.endDate;
    customerId = updatedProj.customerId;
    projectDescription = updatedProj.projectDescription;
    projectStatus = updatcdProj.projectStatus;
```

```
      started = updatedProj.started;
      completed = updatedProj.completed;
      accepted = updatedProj.accepted;
      closed = updatedProj.closed;
    }
    ...
  }
```

Implémentation de la stratégie Objets valeur multiples

Considérons un exemple où les clients accèdent à un bean entité `Resource` pour demander différents objets valeur. Le premier type d'objet valeur, `ResourceVO`, sert à transférer des valeurs pour un ensemble restreint d'attributs. Le second type d'objet valeur, `ResourceDetailsVO`, sert à transférer des valeurs pour un ensemble d'attributs plus important. Le client peut utiliser le premier objet valeur s'il n'a besoin que des données les plus élémentaires représentées par cet objet valeur, et utiliser l'autre s'il a besoin d'informations plus détaillées. Notez que cette stratégie peut être appliquée pour produire deux ou plusieurs objets valeur contenant des données différentes, et pas seulement un sur-ensemble et un sous-ensemble comme c'est le cas ici.

Le code de ces deux objets valeur est listé dans les Exemples 8.6 et 8.7. Le code du bean entité qui produit ces objets se trouve dans l'Exemple 8.8, et enfin celui du bean entité client dans l'Exemple 8.9.

Exemple 8.6 : Objets valeur multiples — ResourceVO

```
// ResourceVO: Cette classe contient les informations
// de base sur la ressource
public class ResourceVO implements java.io.Serializable {
  public String resourceId;
  public String lastName;
  public String firstName;
  public String department;
  public String grade;
  ...
}
```

Exemple 8.7 : Objets valeur multiples — ResourceDetailsVO

```
// ResourceDetailsVO : Cette classe contient les informations
// détaillées sur la ressource
public class ResourceDetailsVO {
  public String resourceId;
  public String lastName;
  public String firstName;
  public String department;
  public String grade;
  // autres données...
  public Collection commitments;
```

```
    public Collection blockoutTimes;
    public Collection skillSets;
  }
```

Exemple 8.8 : Objets valeur multiples — le bean entité Resource

```
  // importations
  public class ResourceEntity implements EntityBean {
    // attributs du bean entité
    ...

    // méthodes métier du bean entité
    ...

    // Méthode Objets valeur multiples : Obtention de ResourceVO
    public ResourceVO getResourceData() {

      // Création d'une nouvelle instance de ResourceVO
      // et copie des valeurs du bean entité dans VO
      ...
      return createResourceVO();
    }

    // Méthode Objets valeur multiples : Obtention de ResourceDetailsVO
  public ResourceDetailsVO getResourceDetailsData() {

      // Création d'une nouvelle instance de ResourceDetailsVO
      // et copie des valeurs du bean entité dans VO
      ...
      return createResourceDetailsVO();
    }

    // autres méthodes du bean entité
    ...
  }
```

Exemple 8.9 : Multiple Value Objects — le bean entité client

```
    private ResourceEntity resourceEntity;
    private static final Class homeClazz =
  corepatterns.apps.psa.ejb.ResourceEntityHome.class;
    ...
    try {
      ResourceEntityHome home = (ResourceEntityHome)
          ServiceLocator.getInstance().getHome("Resource", homeClazz);
          resourceEntity = home.findByPrimaryKey(resourceId);
    } catch(ServiceLocatorException ex) {
      // Traduction de l'exception ServiceLocator
      // en exception de l'application
      throw new ResourceException(...);
    } catch(FinderException ex) {
      // Traduction de FinderException
      // en exception de l'application
      throw new ResourceException(...);
```

```
    } catch(RemoteException ex) {
      // Traduction de RemoteException
      // en exception de l'application
      throw new ResourceException(...);
    }
    ...
    // extraction des données de base de la ressource
    ResourceVO vo = resourceEntity.getResourceData();
    ...
    // extraction des données détaillées de la ressource
    ResourceDetailsVO = resourceEntity.getResourceDetailsData();
    ...
```

Implémentation de la stratégie Entité héritant de l'objet valeur

Considérons un exemple où un bean entité nommé `ContactEntity` hérite toutes ses propriétés d'un objet valeur nommé ContactVO. L'Exemple 8.10 est un échantillon de code pour cet objet, qui illustre cette stratégie.

Exemple 8.10 : Entity Inherits Value Object — la classe de l'objet valeur

```
// Classe de l'objet valeur
// dont hérite le bean entité
public class ContactVO implements java.io.Serializable {
  // membres publics
  public String firstName;
  public String lastName;
  public String address;

  // constructeur par défaut
  public ContactVO() {}

  // constructeur acceptant toutes les valeurs
  public ContactVO(String firstName, String lastName, String address){
      init(firstName, lastName, address);
  }

  // constructeur pour créer une nouvelle instance de VO
  // en utilisant une instance existante
  public ContactVO(ContactVO contact) {
    init (contact.firstName, contact.lastName, contact.address);
  }

  // méthode pour définir toutes les valeurs
  public void init(String firstName, String lastName, String address) {
    this.firstName = firstName;
    this.lastName = lastName;
      this.address = address;
  }

  // création d'un nouvel objet valeur
  public ContactVO getData() {
```

```
        return new ContactVO(this);
    }
}
```

L'Exemple 8.11 est le code du bean entité correspondant à cette stratégie.

Exemple 8.11 : Entité héritant de l'objet valeur — la classe du bean entité

```
public class ContactEntity extends ContactVO implements
javax.ejb.EntityBean {
  ...
  // Le client appelle la méthode getData()
  // sur l'instance du bean ContactBean.
  // getData() est héritée de l'objet valeur
  // et retourne l'objet valeur ContactVO
  ...
}
```

Implémentation de la stratégie Fabrique d'objets valeur

L'Exemple 8.12 illustre la stratégie Fabrique d'objets valeur. Le bean entité dérive d'un objet valeur nommé `CustomerContactVO`, lequel implémente deux interfaces, `Customer` et `Contact`. L'objet valeur `CustomerVO` implémente `Customer`, et l'objet valeur `ContactVO` implémente `Contact`.

Exemple 8.12 : Fabrique d'objets valeur — objets valeur et interfaces

```
public interface Contact extends java.io.Serializable {
  public String getFirstName();
  public String getLastName();
  public String getContactAddress();
  public void setFirstName(String firstName);
  public void setLastName(String lastName);
  public void setContactAddress(String address);
}
public class ContactVO implements Contact {
  // attributs des membres
  public String firstName;
  public String lastName;
  public String contactAddress;

  // implémenter ici les méthodes get et set
  // selon l'interface Contact.
  ...
}
public interface Customer extends java.io.Serializable {
  public String getCustomerName();
  public String getCustomerAddress();
  public void setCustomerName(String customerName);
  public void setCustomerAddress(String customerAddress);
}
```

```
public class CustomerVO implements Customer {
  public String customerName;
  public String customerAddress;

  // implémenter ici les méthodes get et set
  // selon l'interface Customer.
  ...
}

public class CustomerContactVO implements Customer, Contact {
  public String firstName;
  public String lastName;
  public String contactAddress;
  public String customerName;
  public String customerAddress;

  // implémenter ici les méthodes get et set
  // selon les interfaces Contact et Customer.
  ...
}
```

L'Exemple 8.13 contient le code du bean entité permettant d'obtenir ces trois objets valeur.

Exemple 8.13 : Fabrique d'objets valeur — la classe du bean entité

```
public class CustomerContactEntity extends CustomerContactVO implements
➥javax.ejb.EntityBean {
  // implémentation des autres méthodes du bean ... code omis

  // définir une constante pour contenir le nom de classe
  // de l'objet valeur complet. Nécessité par
  // ValueObjectFactory.createValueObject(...)
  public static final String COMPLETE_VO_CLASSNAME =
  ➥"CustomerContactVO";

  // méthode pour retourner l'objet valeur CustomerContactVO
  public CustomerContactVO getCustomerContact() {
    return (CustomerContactVO)
      ValueObjectFactory.createValueObject(this, "CustomerContactVO",
      ➥COMPLETE_VO_CLASSNAME);
  }

// méthode pour retourner l'objet valeur CustomerVO

  public CustomerVO getCustomer() {
    return (CustomerVO)
      ValueObjectFactory.createValueObject(this, "CustomerVO",
      ➥COMPLETE_VO_CLASSNAME);
  }

  // Méthode pour retourner l'objet valeur ContactVO
  public ContactVO getContact() {
```

```
        return (ContactVO)
          ValueObjectFactory.createValueObject(this, "ContactVO",
          ➥COMPLETE_VO_CLASSNAME);
      }

      // autres méthodes métier du bean entité
      ...
    }
```

L'Exemple 8.14 est le code de la classe `ValueObjectFactory`.

Exemple 8.14 : Fabrique d'objets valeur — la classe ValueObjectFactory

```
import java.util.HashMap;
import java.lang.*;

/**
* La classe "fabrique" qui crée un objet valeur
* pour un EJB donné.
*/
public class ValueObjectFactory {

/**
* Utiliser une HashMap pour mettre en cache les informations
* de la classe pour les classes d'objets valeur
*/
private static HashMap classDataInfo = new HashMap();

/**
* Création d'un objet valeur pour l'objet donné.
* L'objet donné doit être une implémentation EJB et avoir
* une super-classe qui sert de classe à l'objet valeur
* de l'entité. Seuls les champs définis dans cette super-classe
* sont copiés dans l'objet valeur.
*/
public static java.io.Serializable
  createValueObject(Object ejb, String whichVOType, String
   ➥completeVOType) {
      try {
      // Obtenir les données de la classe
      // pour le type d'objet valeur complet
      ClassData cData = getClassData (completeVOType);

      // Obtenir les données de la classe pour le type de VO requis
      ClassData voCData = getClassData (whichVOType);

      // Créer l'objet valeur du type requis
      java.lang.Object whichVO =
Class.forName(whichVOType).newInstance();

      // Obtenir de ClassData les champs VO
      // pour le VO demandé
      java.lang.reflect.Field[] voFields = voCData.arrFields;
```

```
        // Obtenir de ClassData tous les champs
        // pour le VO complet
        java.lang.reflect.Field[] beanFields = cData.arrFields;

        // copier les champs communs du VO complet
        // dans les champs du VO demandé
        for (int i = 0; i < voFields.length; i++) {
          try {
            String voFieldName = voFields[i].getName();
            for (int j=0; j < beanFields.length; j++) {
              // si les noms de champs sont identiques, copier la valeur
              if ( voFieldName.equals(beanFields[j].getName())) {
                // Copier la valeur du champ correspondant
                // de l'instance du bean dans le nouvel objet
                // valeur précédemment créé
                voFields[i].set(whichVO, beanFields[j].get(ejb));
                break;

              }
            }
          } catch (Exception e) {
            // traiter les exceptions pouvant être lancées
            // par les méthodes réflexives
          }
        }
      // retourner l'objet valeur demandé
      return (java.io.Serializable)whichVO;
    } catch (Exception ex) {
      // Traiter toutes les exceptions ici...
    }
    return null;
  }

  /**
  * Retourner un objet ClassData qui contient les
  * informations nécessaires pour créer un objet valeur
  * pour la classe donnée. Ces informations ne sont obtenues
  * réflexivement de la classe qu'une fois
  * après quoi elles seront obtenues de la HashMap classDataInfo.
  */
  private static ClassData getClassData(String className){

    ClassData cData = (ClassData)classDataInfo.get(className);

    try {
      if (cData == null) {
        // Obtenir la classe de l'objet donné et
        // de l'objet valeur à créer
        java.lang.reflect.Field[] arrFields ;
        java.lang.Class ejbVOClass = Class.forName(className);
```

```
            // Déterminer les champs à copier
            arrFields = ejbVOClass.getDeclaredFields();

            cData = new ClassData(ejbVOClass, arrFields);
            classDataInfo.put(className, cData);
          }
        } catch (Exception e) {
          // traiter les exceptions ici...

        }
        return cData;
        }
    }

    /**
    * Classe interne contenant les données
    * pour les classes d'objets valeur
    */
    class ClassData {
      // Classe de l'objet valeur
      public Class    clsValueObject;

      // Champs de l'objet valeur
      public java.lang.reflect.Field[] arrFields;

      // Constructeur
      public ClassData(Class cls, java.lang.reflect.Field[] fields) {
        clsValueObject = cls;
        arrFields = fields;
      }
    }
```

Patterns apparentés

Session Facade

Session Facade, qui est l'interface métier pour les clients des applications J2EE, utilise fréquemment des objets valeur comme mécanisme d'échange avec les beans entité participants. Lorsque la façade sert de *proxy* au service métier sous-jacent, l'objet valeur obtenu des beans entité peut être passé au client.

Value Object Assembler

Value Object Assembler est un pattern qui construit des objets valeur composites à partir de différentes sources de données. Celles-ci sont généralement des beans session ou des beans entité auxquels on peut demander de fournir des données au Value Object Assembler sous forme d'objets valeur. On considère que ces objets valeur sont des parties de l'objet composite que le Value Object Assembler assemble.

Value List Handler

Value List Handler est un autre pattern qui fournit des listes d'objets valeur construites dynamiquement en accédant au stockage persistant au moment de la requête.

Composite Entity

Le pattern Value Object résout le problème de l'obtention de données d'objets métier entre plusieurs couches. Ce n'est certainement que l'un des aspects de la conception des beans entité. Le pattern Composite Entity vise à résoudre des problèmes que présente la conception de beans entité à gros grain. Il traite des exigences complexes et d'autres facteurs et considérations qu'implique la conception de beans entité.

Session Facade

Contexte

Les beans entreprise encapsulent la logique et les données métier, et exposent leurs interfaces, et donc la complexité des services distribués, à la couche client.

Problème

Un environnement d'application J2EE multicouche pose les problèmes suivants :

- couplage fort, entraînant une dépendance directe entre clients et objets métier ;
- appels de méthode trop nombreux entre client et serveur, provoquant des problèmes de performance du réseau ;
- hétérogénéité des stratégies d'accès des clients, exposant les objets métier à une mauvaise utilisation.

Une application J2EE multicouche a de nombreux objets métier côté serveur, qui sont implémentés sous forme de beans entreprise. En outre, certains objets arbitraires peuvent fournir des services, des données ou les deux. Ces objets reçoivent le nom collectif d'objets métier, parce qu'ils encapsulent les données métier et la logique métier.

Les applications J2EE implémentent des objets métier qui fournissent des services de traitement sous forme de beans session. Les objets métier à gros grain, qui représentent une vue objet d'un stockage persistant et sont partagés par plusieurs utilisateurs, sont habituellement implémentés sous forme de beans entité.

Les clients des applications doivent accéder aux objets métier pour s'acquitter de leurs responsabilités et répondre aux besoins des utilisateurs. Ils peuvent interagir directement avec ces objets métier parce qu'ils exposent leurs interfaces. Lorsqu'on expose des objets métier au client, celui-ci doit comprendre et être responsable des relations entre objets de données métier et pouvoir gérer le flux du traitement métier.

Toutefois, l'interaction directe entre le client et les objets métier entraîne un couplage fort entre les deux, qui rend le client directement dépendant de l'implémentation des objets métier. Cette dépendance directe signifie que le client doit représenter les interactions complexes concernant les recherches et les créations d'objets métier, et doit gérer les relations entre les objets métier participants et comprendre la responsabilité de la démarcation des transactions.

Si les exigences du client augmentent, la complexité des interactions entre les différents objets métier s'accroît d'autant. Le client prend de l'importance et devient plus complexe pour répondre à ces exigences. Il devient très sensible aux modifications de la couche des objets métier, et se trouve de plus inutilement exposé à la complexité sous-jacente du système.

Un couplage étroit entre objets se produit également lorsque les objets gèrent leurs relations de façon interne. Il est fréquent que l'endroit où la relation est gérée ne soit pas clair. Cela entraîne des relations complexes entre objets métier et rigidifie l'application. Une telle absence de souplesse la rend plus difficile à gérer lorsque des modifications sont nécessaires.

Lorsqu'ils accèdent à des beans entreprise, les clients interagissent avec des objets distants. Des problèmes de performance du réseau peuvent survenir si le client interagit directement avec tous les objets métier participants. Chaque invocation émise par le client est potentiellement un appel de méthode à distance. La granularité de chaque accès à l'objet métier est relativement fine. A mesure que le nombre de participants à un scénario augmente, celui des appels distants s'accroît d'autant, ainsi que le "bavardage" entre le client et les objets métier côté serveur. Cela peut provoquer une dégradation des performances réseau pour l'application, parce que le volume élevé des appels de méthode distants augmente celui des interactions qui traversent la couche réseau.

Un autre problème surgit lorsqu'un client interagit directement avec les objets métier. Ceux-ci étant directement exposés aux clients, il n'existe aucune stratégie unifiée pour y accéder. En l'absence d'une telle stratégie uniforme, l'utilisation des objets métier peut manquer de cohérence.

Indications

- Fournir aux clients une interface plus simple en cachant toutes les interactions complexes entre composants métier.
- Réduire le nombre d'objets métier exposés au client à travers la couche service sur le réseau.
- Masquer au client les interactions et les interdépendances sous-jacentes entre composants métier. Cela facilite la gestion, centralise les interactions (responsabilité), offre plus de souplesse et permet de mieux faire face aux changements.
- Fournir une couche service à gros grain uniforme, pour séparer l'implémentation des objets métier de l'abstraction du service métier.
- Eviter d'exposer directement les objets métier au client, afin de réduire au minimum le couplage entre les deux couches.

Solution

Utiliser un bean session comme façade pour encapsuler la complexité des interactions entre les objets métier participant à un workflow. La Session Facade gère les objets métier et fournit aux clients une couche service à gros grain uniforme.

La Session Facade abstrait les interactions sous-jacentes entre objets métier et fournit une couche service qui n'expose que les interfaces requises. Ce faisant, elle cache à la vue du client les interactions complexes entre les participants. Elle gère les interactions entre les données métier et les objets du service métier qui participent au workflow, et elle encapsule la logique métier associée aux exigences. En conséquence, le bean session (représentant la Session Facade) gère les relations entre objets métier, ainsi que le cycle de vie de ces participants en créant, localisant (recherchant), modifiant et supprimant ceux-ci selon les besoins du workflow. Dans une application complexe, la Session Facade peut déléguer cette gestion du cycle de vie à un objet séparé. Pour gérer par exemple le cycle de vie des beans session et entité participants, la Session Facade peut déléguer ce travail à un objet Service Locator (voir "Service Locator" à la fin de ce chapitre).

Il importe d'examiner la relation qui existe entre les objets métier. Certaines de ces relations sont temporaires, ce qui signifie qu'elles ne s'appliquent qu'à une interaction ou un scénario. D'autres relations peuvent être permanentes. La meilleure façon de modéliser les relations temporaires est un workflow dans une façade, qui gère les relations entre les objets métier. Il y a lieu d'étudier les relations permanentes entre deux objets métier, afin de déterminer lequel des deux objets (sinon les deux) maintient la relation.

Cas d'utilisation et Session Facades

Comment alors identifier les Session Facades en étudiant les cas d'utilisation ? L'association de chaque cas d'utilisation à une Session Facade multiplie à l'excès ces dernières, contredisant l'intention de diminuer le nombre de beans session à gros grain. Il faut donc, en revanche, lors de la modélisation tenter de les regrouper dans un plus petit nombre de beans session, en fonction d'un partitionnement logique.

Dans le cas d'une application bancaire, vous pouvez par exemple grouper les interactions liées à la gestion d'un compte dans une seule façade. Les cas d'utilisation Créer un compte, Modifier les données d'un compte, Afficher les données d'un compte, etc., concernent tous la manipulation d'un compte, et donc l'entité à gros grain `Account`. La création d'un bean servant de façade de session pour chaque cas d'utilisation n'est pas recommandée. En conséquence, les fonctions nécessitées par ces cas d'utilisation apparentée peuvent être groupées dans une seule Session Facade nommée `AccountSessionFacade`.

Dans ce cas, la Session Facade devient un contrôleur extrêmement à gros grain, avec des méthodes de haut niveau qui peuvent faciliter chaque interaction — autrement dit, `createNewAccount()`, `changeAccount()`, `getAccount()`. C'est pourquoi, nous vous recommandons de concevoir les façades de manière à agréger un groupe d'interactions apparentées en une seule Session Facade. L'application a ainsi moins de Session Facades application, ce qui tire parti des avantages du pattern.

Structure

La Figure 8.15 est un diagramme de classe représentant le pattern Session Facade.

Participants et collaborations

La Figure 8.16 est un diagramme de séquence qui montre les interactions d'une Session Facade avec deux beans entité, un seul bean session et un objet d'accès aux données (DAO), tous intervenant dans la réponse à la requête du client.

Client

Il représente le client de la `SessionFacade` qui a besoin d'accéder au service métier. Ce client peut être un autre bean session (Session Facade) dans la même couche métier ou un Business Delegate (voir "Business Delegate" au début de ce chapitre) dans une autre couche.

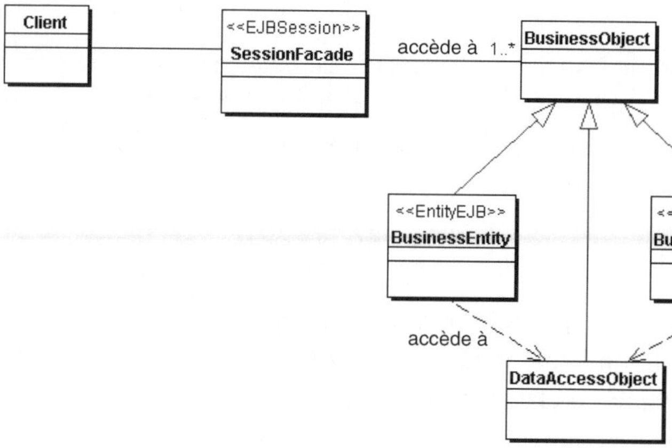

Figure 8.15

Diagramme de classe de Session Facade.

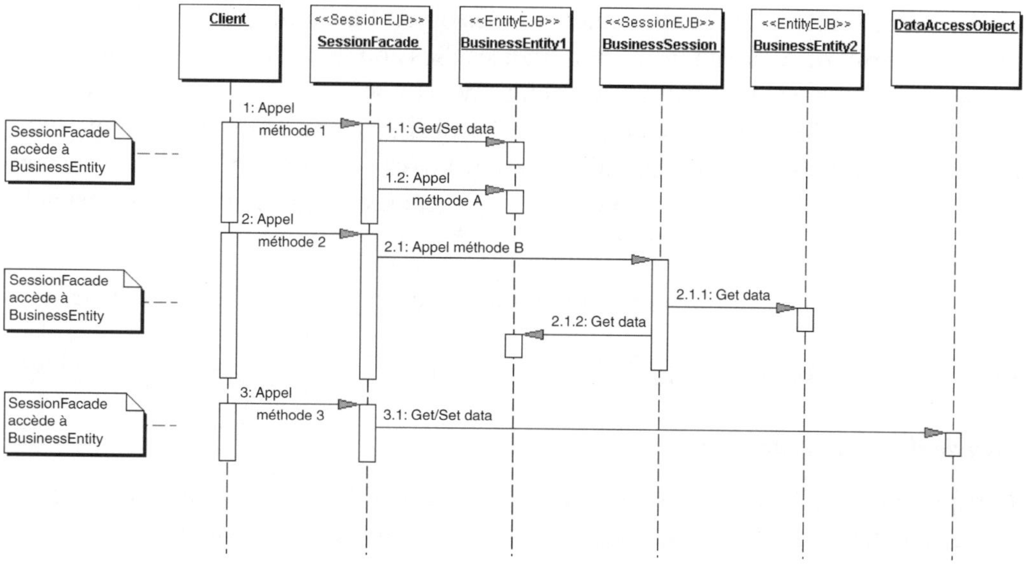

Figure 8.16

Diagramme de séquence de Session Facade.

SessionFacade

La `SessionFacade` est implémentée sous forme de bean session. Elle gère les relations entre de nombreux `BusinessObjects` et fournit une abstraction de haut niveau au client. Elle offre un accès à gros grain au `BusinessObject` participant, représenté par l'invocation `Invoke` au bean session.

BusinessObject

Le `BusinessObject` est un objet "rôle" qui facilite l'application de différentes stratégies, comme un bean session, un bean entité ou un DAO (voir la prochaine section, "Stratégies"). Dans le diagramme de classe, le `BusinessObject` fournit des données et/ou un service. La `SessionFacade` interagit avec plusieurs instances du `BusinessObject` pour fournir le service.

Stratégies

La Session Facade est un objet contrôleur de la couche métier, qui contrôle les interactions entre le client, les données métier et les objets du service métier. Une application complexe peut compter de nombreuses Session Facades qui peuvent servir d'intermédiaire entre le client et ces objets. Vous pouvez déterminer l'utilité éventuelle d'une Session Facade en étudiant les besoins du client et les interactions généralement détaillées dans les cas d'utilisation et les scénarios. Cette analyse vous permet d'identifier une couche contrôleur — composée de plusieurs Session Facades — qui sert de façade à ces scénarios.

Cette section explique différentes stratégies d'implémentation de Session Facade.

Stratégies de Session Facade

Façade de session sans état

Lorsque vous implémentez Session Facade, vous devez d'abord décider si la façade est un bean à états (*stateful*) ou sans état (*stateless*). Prenez cette décision en fonction du processus métier que la session modélise.

Un processus métier qui n'a besoin que d'un appel de méthode pour fournir un service est dit non conversationnel. Un bean session sans état convient bien à l'implémentation d'un tel processus.

Une étude soigneuse des cas d'utilisation et des scénarios permet de déterminer le type de Session Facade. Si le cas d'utilisation est non conversationnel, le client déclenche le cas d'utilisation en n'appelant qu'une seule méthode dans la Session Facade. Quand la méthode se termine, le cas d'utilisation se termine également. Il n'est pas nécessaire de sauvegarder l'état conversationnel entre une invocation de méthode et la suivante. Dans ce scénario, la Session Facade peut être implémentée sous forme de bean session sans état.

Façade de session à états

Un processus métier qui a besoin de plusieurs appels de méthode pour fournir un service est dit conversationnel. L'état conversationnel doit être sauvegardé entre chaque invocation de méthode par le client. Dans ce scénario, un bean session à états peut constituer une méthode qui convient mieux à l'implémentation de la Session Facade.

Dans ces deux stratégies — Façade de session à états et Façade de session sans état —, le rôle de l'objet métier peut être rempli de différentes façons, comme nous allons maintenant l'expliquer.

Stratégies de Business Object

Vous pouvez implémenter un objet métier sous forme de bean session, de bean entité, de DAO ou d'objet Java ordinaire. Nous verrons chacun de ces choix dans les stratégies suivantes.

Bean Session

L'objet métier peut être implémenté sous forme de bean session. Celui-ci fournit généralement un service métier, et, dans certains cas, des données. Lorsqu'un tel bean session a besoin d'accéder à des données, il peut utiliser un DAO pour les manipuler. La Session Facade peut "envelopper" un ou plusieurs de ces beans session orientés données ou orientés service, qui représentent des objets métier.

Bean Entité

Représenter l'objet métier par un bean entité est l'emploi le plus courant de Session Facade. Lorsque plusieurs beans entité participent à un cas d'utilisation, il n'est pas nécessaire de les exposer tous aux clients. En revanche, la Session Facade peut envelopper ces beans et fournir une méthode à gros grain pour assurer la fonction métier, masquant ainsi la complexité des interactions entre beans.

DAO

La Session Facade peut utiliser directement un ou plusieurs DAO pour représenter les données métier. C'est le cas lorsque l'application est si simple qu'elle ne nécessite aucun bean entité, ou lorsque son architecture n'est basée que sur des beans session et n'utilise pas de beans entité. L'emploi de DAO dans des beans session simule partiellement la nature persistante des beans entité.

L'application pourrait avoir besoin des services fournis par un objet Java arbitraire (autrement dit un objet qui n'est pas un bean entreprise ni un DAO, bien que l'on puisse considérer un DAO comme un type d'objet Java arbitraire). Dans de tels cas, la Session Facade accède à cet objet pour fournir la fonctionnalité nécessaire.

Conséquences

- **Introduction d'une couche contrôleur dans la couche métier.** Les Session Facades peuvent représenter une couche de contrôle entre les clients et la couche métier, identifiée dans la modélisation de la phase d'analyse. Une Session Facade englobe les interactions entre le client et les composants métier. Dans une application complexe, on peut identifier de nombreuses Session Facades qui peuvent servir d'intermédiaires entre le client et les objets de la couche métier participants. Dans les applications plus simples, on peut avoir l'impression que Session Facade n'ajoute pas beaucoup de valeur, dans la mesure où elle peut servir quasi exclusivement de *proxy* entre les requêtes du client et un seul composant métier. Mais l'application peut devenir plus complexe avec le temps, et l'utilisation anticipée d'une Session Facade peut se montrer avantageuse à un stade ultérieur.
- **Exposition d'une interface uniforme.** Les interactions entre composants métier peuvent être très complexes. Le pattern Session Facade permet de faire abstraction de cette complexité, et de présenter au client une interface plus simple, plus facile à comprendre et à utiliser. En appliquant ce pattern, vous pouvez concevoir une couche service qui expose des interfaces simples à l'ensemble du système. La façade fournit ainsi une couche d'accès uniforme à gros grain à tous les types de clients, et peut protéger et masquer les composants métier sous-jacents.
- **Réduction du couplage et augmentation de la facilité de gestion.** L'application de Session Facade découple les objets métier des clients, réduisant ainsi la dépendance de ces derniers aux objets métier. Mieux vaut utiliser une Session Facade pour gérer l'enchaînement des tâches entre objets métier, et éviter que ceux-ci aient connaissance les uns des autres. Un objet métier ne doit être responsable que

de sa propre gestion (données et logique). Les interactions entre ces objets peuvent être abstraites sous forme de workflow dans une façade. La gestion s'en trouve facilitée, les interactions (responsabilité et workflow) sont centralisées, et la souplesse et la résistance aux changements augmentent.

Isoler un workflow dans une Session Facade élimine la dépendance directe du client aux objets participants et permet une conception plus souple. Même si les modifications apportées aux participants nécessitent des changements dans la Session Facade, la centralisation du workflow dans la façade facilite la gestion de ces changements. On ne modifie que la façade au lieu de devoir modifier tous les clients. Le code du client est également plus simple, parce qu'il délègue maintenant la responsabilité du workflow à la façade. Le client ne gère plus les interactions complexes entre objets métier, pas plus qu'il n'a conscience des interdépendances entre ces objets.

- **Amélioration des performances et diminution du nombre de méthodes à grain fin.** Session Facade a également un impact sur les performances. Ce pattern réduit la surcharge du réseau entre client et serveur, parce que son emploi élimine les interactions directes du client avec les données et les objets du service métier. En revanche, toutes les interactions sont routées *via* la Session Facade avec un niveau de granularité important. La façade et ses participants sont plus proches les uns des autres, et la façade gère donc plus efficacement les interactions entre les objets participants. Même si tous les transferts de données et les appels de méthode de la façade vers les participants transitent sur un réseau à relativement haut débit, il est possible d'optimiser encore les performances de celui-ci, et d'obtenir un débit maximal sur un réseau à relativement haut débit en appliquant le pattern Value Object pour les objets participants lorsque c'est possible.
- **Accès à gros grain.** Une Session Facade a pour finalité d'être une abstraction du workflow dont la granularité est extrêmement importante. Il est donc indésirable d'avoir une Session Facade par interaction avec un bean entité, ce qui diminuerait la granularité au lieu de l'augmenter. Analysez l'interaction entre le client et les services de l'application en rédigeant des cas d'utilisation et des scénarios pour déterminer la granularité optimale de la façade, en partitionnant l'application en sous-systèmes logiques et en fournissant une Session Facade pour chaque sous-système. Mais une seule façade à l'échelle du système pourrait devenir une Session Facade très importante, avec de nombreux appels de méthode qui la rendraient inefficace. Une façade peut être suffisante pour des applications très simples qui ne justifient pas de sous-systèmes.

- **Centralisation de la sécurité.** Les politiques de sécurité d'une application peuvent être gérées au niveau de la Session Facade, puisque c'est la couche présentée aux clients. Comme l'accès de la Session Facade a une granularité importante, les politiques de sécurité sont plus faciles à définir et à maîtriser à ce niveau qu'à celui des composants métier participants. Les composants métier offrent des points de contrôle à grain fin. Il est plus facile de gérer la sécurité au niveau des Session Facades qui fournissent un accès à gros grain, parce qu'il y a relativement moins de méthodes à gros grain à sécuriser.

- **Centralisation du contrôle des transactions.** Comme la Session Facade représente le workflow pour les cas d'utilisation, il est plus logique d'appliquer le contrôle des transactions à ce niveau. La centralisation de ce contrôle présente des avantages analogues à ceux d'une sécurité centralisée. La façade offre un point central pour définir et gérer le contrôle des transactions à un niveau de granularité important. La gestion des transactions au niveau de chaque composant métier représente beaucoup plus de travail, en particulier parce qu'ils sont plus à grain fin que la façade. De plus, ne pas utiliser de Session Facade et permettre au client d'accéder directement aux beans entreprise impose à ce dernier le fardeau de la démarcation des transactions et peut produire des résultats indésirables.

- **Diminution des interfaces distantes exposées aux clients.** Les clients qui interagissent directement avec les données et les services de la couche métier provoquent une augmentation du "bavardage" entre client et serveur, qui peut entraîner une dégradation des performances du réseau. Tout accès à un objet métier doit se faire *via* l'abstraction de haut niveau représentée par la façade. Comme celle-ci présente un mécanisme d'accès à gros grain aux composants métier, elle réduit le nombre de ces composants exposés au client. La portée de la dégradation des performances d'une application est donc également réduite, à cause du nombre limité d'interactions entre les clients et la façade par rapport à une interaction directe avec les composants métier.

Exemples de code

Implémentation de Session Facade

Considérons une application PSA(*Professional Services Application*), dans laquelle le workflow lié aux beans entité (par exemple `Project`, `Resource`) est encapsulé dans `ProjectResourceManagerSession`, et implémenté en appliquant le pattern Session Facade. L'Exemple 8.15 montre l'interaction avec les beans entité `Resource` et `Project`, ainsi que les autres composants métier, comme un Value List Handler (gestionnaire de listes de valeurs) ou un Value Object Assembler (assembleur d'objets valeur) (voir "Value List Handler" et "Value Object Assembler" plus loin dans ce chapitre).

Exemple 8.15 : Implémentation de Session Facade — bean session

```
package corepatterns.apps.psa.ejb;

import java.util.*;
import java.rmi.RemoteException;
import javax.ejb.*;
import javax.naming.*;
import corepatterns.apps.psa.core.*;
import corepatterns.util.ServiceLocator;
import corepatterns.util.ServiceLocatorException;

// Note : les détails de try/catch sont omis pour la brièveté.

public class ProjectResourceManagerSession implements SessionBean {

  private SessionContext context;

  // Références distantes pour les
  // beans entité encapsulés par cette façade
  private Resource resourceEntity = null;
  private Project projectEntity = null;
  ...

  // création par défaut
  public void ejbCreate()
  throws CreateException {
  }

  // Créer la méthode pour créer cette façade et pour
  // établir les connexions à l'entité requise

  // beans utilisant des valeurs de clés primaires
  public void ejbCreate(String resourceId, String projectId, ...)
  ➥throws CreateException, ResourceException {

    try {
      // localisation et connexion aux beans entité
      connectToEntities(resourceId, projectId, ...);
    } catch(...) {
      // Traitement des exceptions
    }
  }

  // méthode pour connecter la façade à ses beans entité
  // en utilisant les valeurs de clés primaires
  private void connectToEntities (String resourceId, String projectId)
  ➥throws ResourceException {
    resourceEntity = getResourceEntity(resourceId);
    projectEntity = getProjectEntity(projectId);
    ...
  }
```

```
// méthode pour reconnecter la façade à un autre ensemble
// de beans entité en utilisant des valeurs de
// clés primaires
public resetEntities(String resourceId, String projectId, ...) throws
➥PSAException {

  connectToEntities(resourceId, projectId, ...);
}

// Méthode privée pour obtenir Home pour Resource
private ResourceHome getResourceHome()
throws ServiceLocatorException {
  return ServiceLocator.getInstance().getHome("ResourceEntity",
  ➥ResourceHome.class);
}

// Méthode privée pour obtenir Home pour Project
private ProjectHome getProjectHome() throws ServiceLocatorException {
  return ServiceLocator.getInstance().getHome( "ProjectEntity",
  ➥ProjectHome.class);
}

// Méthode privée pour obtenir l'entité Resource
private Resource getResourceEntity(String resourceId) throws
➥ResourceException {
  try {
    ResourceHome home = getResourceHome();
    return (Resource)
      home.findByPrimaryKey(resourceId);
  } catch(...) {
    // Traitement des exceptions
  }
}

// Méthode privée pour obtenir l'entité Project
private Project getProjectEntity(String projectId) throws
➥ProjectException {
  // comparable à getResourceEntity()
  ...
}

// Méthode pour encapsuler un workflow lié
// à l'affectation d'une ressource à un projet
// utilisant les beans entité Project et Resource
public void assignResourceToProject(int numHours) throws PSAException {

  try {
    if ((projectEntity == null) || (resourceEntity == null)) {

      // SessionFacade n'est pas connectée aux entités
      throw new PSAException(...);
    }
```

```
            // Obtention des données de Resource
            ResourceVO resourceVO = resourceEntity.getResourceData();

            // Obtention des données de Project
            ProjectVO projectVO = projectEntity.getProjectData();
            // Ajout de Resource à Project
            projectEntity.addResource(resourceVO);

            // Création d'un nouveau Commitment (affectation) pour le Project
            CommitmentVO commitment = new CommitmentVO(...);

            // Ajout du Commitment à la Resource
            projectEntity.addCommitment(commitment);

          } catch(...) {
            // Traitement des exceptions
          }
        }

        // Implémenter de même les autres méthodes métier pour
        // faciliter les différents cas d'utilisation/interactions
        public void unassignResourceFromProject() throws PSAException {
          ...
        }

        // Méthodes travaillant avec ResourceEntity
        public ResourceVO getResourceData()throws ResourceException {
          ...
        }

        // Mise à jour du bean entité Resource
        public void setResourceData(ResourceVO resource) throws
        ➥ResourceException {
          ...
        }

        // Création d'un nouveau bean entité Resource
        public ResourceVO createNewResource(ResourceVO, resource)throws
        ➥ResourceException {
          ...
        }

        // Méthodes pour gérer le temps de blocage d'une ressource
        public void addBlockoutTime(Collection blockoutTime) throws
        ➥RemoteException, BlockoutTimeException {
          ...
        }

        public void updateBlockoutTime(Collection blockoutTime) throws
        ➥RemoteException, BlockoutTimeException {
          ...
        }
```

```
public Collection getResourceCommitments() throws RemoteException,
➥ResourceException {
  ...
}

// Méthodes travaillant avec ProjectEntity
public ProjectVO getProjectData() throws ProjectException {
  ...
}

// Mise à jour du bean entité Project
public void setProjectData(ProjectVO project) throws ProjectException {
  ...
}

// Création d'un nouveau bean entité Project
public ProjectVO createNewProject(ProjectVO project) throws
➥ProjectException {
  ...
}

...

// Autres exemples de méthode de la façade

// Celle-ci sert de proxy à l'appel d'un ValueObjectAssembler
// pour obtenir un objet valeur composite.
// Voir le pattern Value Object Assembler
public ProjectCVO getProjectDetailsData()throws PSAException {
  try {
    ProjectVOAHome projectVOAHome = (ProjectVOAHome)
ServiceLocator.getInstance().getHome("ProjectVOA",
ProjectVOAHome.class);
    // Bean session Value Object Assembler
    ProjectVOA projectVOA = projectVOAHome.create();
    return projectVOA.getData();
  } catch () {

      // Lancement/traitement des exceptions
  }
}

// Cette méthode sert de proxy à l'appel d'un ValueListHandler
// pour obtenir une liste des projets.
// Voir le pattern Value List Handler.
public Collection getProjectsList(Date start, Date end) throws
➥PSAException {
  try {
    ProjectListHandlerHome projectVLHHome = (ProjectVLHHome)
    ServiceLocator.getInstance().getHome("ProjectListHandler",
    ➥ProjectVLHHome.class);
    // Bean session Value List Handler
    ProjectListHandler projectListHandler = projectVLHHome.create();
```

```
            return projectListHandler.getProjects(start, end);
        } catch (...) {
            // Lancement/traitement des exceptions
        }
    }

    ...

    public void ejbActivate() {
        ...
    }

    public void ejbPassivate() {
        context = null;
    }

    public void setSessionContext(SessionContext ctx) {
            this.context = ctx;
    }

    public void ejbRemove() {
        ...
    }
}
```

L'Exemple 8.16 est le listing de l'interface distante pour la Session Facade.

Exemple 8.16 : Implémentation de Session Facade — interface distante

```
package corepatterns.apps.psa.ejb;

import java.rmi.RemoteException;
import javax.ejb.*;
import corepatterns.apps.psa.core.*;

// Note : tous les détails de try/catch omis pour la brièveté.

public interface ProjectResourceManager extends EJBObject {

  public resetEntities(String resourceId, String projectId, ...) throws
  ➥RemoteException, ResourceException;

  public void assignResourceToProject(int numHours) throws
RemoteException, ResourceException ;

  public void unassignResourceFromProject() throws RemoteException,
  ➥ResourceException;

  ...

  public ResourceVO getResourceData()throws RemoteException,
  ➥ResourceException;

  public void setResourceData(ResourceVO resource) throws
  ➥RemoteException, ResourceException;
```

```
    public ResourceVO createNewResource(ResourceVO resource) throws
    ➥ResourceException;

    public void addBlockoutTime(Collection blockoutTime) throws
    ➥RemoteException,BlockoutTimeException;

    public void updateBlockoutTime(Collection blockoutTime) throws
    ➥RemoteException,BlockoutTimeException;

    public Collection getResourceCommitments() throws RemoteException,
    ➥ResourceException;

    public ProjectVO getProjectData() throws RemoteException,
    ➥ProjectException;

    public void setProjectData(ProjectVO project) throws RemoteException,
    ➥ProjectException;

    public ProjectVO createNewProject(ProjectVO project) throws
    ➥RemoteException, ProjectException;

    ...

    public ProjectCVO getProjectDetailsData() throws RemoteException,
    ➥PSAException;

    public Collection getProjectsList(Date start, Date end) throws
    ➥RemoteException, PSAException;

    ...
}
```

L'Exemple 8.17 est le code de l'interface Home pour la Session Facade.

Exemple 8.17 : Implémentation de Session Facade — interface Home

```
package corepatterns.apps.psa.ejb;

import javax.ejb.EJBHome;
import java.rmi.RemoteException;
import corepatterns.apps.psa.core.ResourceException;
import javax.ejb.*;

public interface ProjectResourceManagerHome extends EJBHome {

    public ProjectResourceManager create() throws
RemoteException,CreateException;
    public ProjectResourceManager create(String resourceId, String
    ➥projectId, ...) throws RemoteException, CreateException;
}
```

Patterns apparentés

Façade [GoF]

Session Facade est basé sur le pattern Façade.

Data Access Object

Dans le pattern Session Facade, l'une des stratégies d'implémentation du composant métier consiste à utiliser un DAO. Ce peut être le cas des applications les plus simples, conçues avec des beans session et des DAO au lieu de beans entité.

Service Locator

Une Session Facade est un objet à gros grain qui permet d'encapsuler le workflow en gérant les interactions avec les objets de données métier et les objets de services métier. Les objets correspondant aux données métier peuvent être des beans entité ou des DAO, tandis que ceux qui correspondent aux services métier peuvent être des beans session ou d'autres objets qui fournissent un service. La Session Facade peut utiliser le pattern Service Locator pour réduire la complexité du code et exploiter les avantages offerts par ce pattern.

Business Delegate

Session Facade est utilisé par Business Delegate lorsqu'un client demande à accéder aux services métier. Le Business Delegate sert de *proxy* ou adapte la requête du client à une Session Facade qui fournit le service demandé.

Broker (courtier) [POSA1]

Session Facade joue un rôle de courtier en découplant les beans entité de leurs clients.

Composite Entity

Contexte

La finalité des beans entité n'est pas de représenter tous les objets persistants dans le modèle objet. Ils sont mieux adaptés aux objets métier persistants à gros grain.

Problème

Dans une application J2EE, les clients (applications, JSP, servlets, JavaBeans) accèdent à des beans entité *via* leurs interfaces distantes. En conséquence, toute invocation cliente passe potentiellement sur le réseau par des souches et des squelettes, même si le client et le bean entreprise s'exécutent sur la même JVM, le même système d'exploitation ou la même machine physique. Lorsque les beans entité sont des objets à grain fin, les clients ont tendance à appeler individuellement plus de méthodes du bean entité, provoquant une importante surcharge du réseau.

Les beans entité représentent des objets métier distribués persistants. Que l'on développe ou que l'on fasse migrer une application sur la plate-forme J2EE, la granularité des objets est très importante quand il s'agit de décider ce qu'il faut implémenter sous forme de bean entité. Les beans entité doivent représenter des objets métier à gros grain, tels ceux dont les comportements complexes dépassent le simple fait de lire et modifier des valeurs de champs. Ces objets à gros grain ont généralement des objets dépendants. Un objet dépendant est un objet qui n'a pas de signification de domaine réelle tant qu'il n'est pas associé à son parent à gros grain.

Un problème récurrent se pose lorsqu'on fait correspondre directement le modèle objet à un modèle EJB (en particulier des beans entité). Cela crée une relation entre les objets bean entité sans prendre en compte leur caractère d'objets à gros grain ou à grain fin (ou dépendants). Il est généralement difficile de déterminer quel doit être le niveau de granularité des objets, et la meilleure méthode consiste à modéliser les relations en UML (*Unified Modeling Language*).

La conception de beans entité à grain fin a un impact sur un certain nombre de domaines :

- **Relations entre les entités.** La correspondance directe entre un modèle objet et un modèle EJB ne prend pas en compte l'impact des relations entre les objets. Les relation entre objets sont directement transformées en relations entre beans entité. Il en résulte qu'un bean entité peut contenir une référence distante à un autre bean entité. Mais la maintenance de références distantes à des objets distribués implique d'autres techniques et sémantiques que celle des références à des objets locaux. Outre qu'elle augmente la complexité du code, elle offre moins de souplesse, parce qu'il faut modifier le bean entité s'il y a un changement quelconque dans ses relations.

  De plus, il n'y a aucune garantie quant à la validité dans le temps des références d'un bean entité à d'autres beans entité. De telles références sont établies dynamiquement en utilisant l'objet home de l'entité et la clé primaire pour cette instance du bean entité. Cela implique un important surcroît de travail pour vérifier la validité de telles références entre beans entité.

- **Facilité de gestion.** L'implémentation d'objets à grain fin sous forme de beans entité produit un grand nombre de beans entité dans le système. Plusieurs classes sont nécessaires pour définir un bean entité. Pour chaque composant, le développeur doit fournir une classe pour l'interface home, l'interface distante, l'implémentation du bean et la clé primaire.

  En outre, le conteneur peut générer des classes pour supporter l'implémentation du bean entité. Lorsque le bean est créé, ces classes sont réalisées sous formes d'objets réels dans le conteneur. En bref, le conteneur crée un certain nombre d'objets pour supporter chaque instance du bean. Un grand nombre de beans entité implique plus de classes et de code à maintenir pour l'équipe de développement, et un plus grand nombre d'objets dans le conteneur, ce qui peut avoir un impact négatif sur les performances de l'application.

- **Performances du réseau.** Les beans entité à grain fin ont potentiellement plus de relations interbeans entité. Les beans entité sont des objets distribués. Lorsqu'un bean entité invoque une méthode sur un autre bean entité, l'appel est potentiellement traité comme un appel distant par le conteneur, même si les deux beans sont dans le même conteneur ou dans la même JVM. Si le nombre de relations entre beans entité augmente, l'évolutivité du système diminue en raison d'une lourde surcharge du réseau.

- **Dépendance au schéma de la base de données.** Lorsque la granularité des beans entité est fine, chaque instance de bean représente généralement une seule ligne dans une base de données. Ce n'est pas une conception souhaitable, dans la mesure où les beans entité conviennent mieux aux composants à gros grain. Une implémentation à base de beans entité à grain fin est habituellement une représentation directe du schéma de la base de données. Lorsque les clients utilisent ces beans entité à grain fin, ils opèrent essentiellement au niveau de la ligne dans la base de données, puisque chaque bean entité est effectivement une ligne. Comme le bean entité modélise directement une seule ligne, les clients deviennent dépendants du schéma. Lorsque le schéma change, les définitions du bean entité doivent changer également. De plus, comme les clients opèrent au même niveau de granularité, ils doivent observer ce changement et y réagir. Cette dépendance au schéma entraîne une perte de souplesse et augmente la maintenance chaque fois que des modifications du schéma sont nécessaires.

- **Granularité des objets (à gros grain *vs* à grain fin).** La granularité des objets a un impact sur le transfert des données entre le bean entreprise et le client. Dans la plupart des applications, les clients ont généralement besoin d'un ensemble de données plus important qu'une ligne ou deux d'une table. Dans ce cas, l'implémentation de chacun de ces objets à grain fin sous forme de bean entité signifie que le client doit gérer les relations entre tous ces objets à grain fin. Selon les besoins en matière de données, le client peut devoir effectuer des recherches sur un certain nombre de beans entité pour obtenir les informations requises.

Indications

- Les beans entité conviennent mieux à l'implémentation d'objets à gros grain, en raison de la surcharge importante associée à chaque entité. Chaque bean entité nécessite plusieurs objets, comme un objet `EJBHome`, un objet distant, une implémentation du bean et une clé primaire, et chacun est géré par les services du conteneur.

- Les applications qui traduisent directement le schéma de la base de données en beans entité (où chaque ligne d'une table est représentée par une instance de bean) ont tendance à contenir un plus grand nombre de beans entité à grain fin. Il est souhaitable que la granularité des beans entité demeure importante, et il y a donc lieu de réduire le nombre de beans entité dans l'application.

- La correspondance directe entre le modèle objet et le modèle EJB oblige à employer des beans entité à grain fin, qui correspondent au schéma. Cette correspondance directe entité-ligne cause des problèmes liés à la performance, la facilité d'administration, la sécurité et la gestion des transactions. Les relations entre tables sont implémentées sous forme de beans entité, ce qui signifie que ceux-ci contiennent des références à d'autres beans entité pour implémenter les relations à grain fin. La gestion de ces relations entre beans entité est très coûteuse, parce que ces dernières doivent être établies dynamiquement en utilisant les objets *home* des entités et les clés primaires des beans entreprise.

- Les clients n'ont pas besoin de savoir comment le schéma de la base de données est implémenté pour utiliser les beans entité. Avec des beans entité à grain fin, la correspondance est telle que chaque instance de bean entité correspond à une seule ligne dans la base de données. Cette correspondance à grain fin crée une dépendance entre le client et le schéma sous-jacent, puisque le client a affaire aux beans à grain fin, et que ceux-ci sont essentiellement une représentation directe du schéma. Il en résulte un couplage étroit entre le schéma de la base de données et les beans entité.

Une modification apportée au schéma entraîne une modification équivalente du bean entité, et requiert une modification des clients.

- En outre, le "bavardage" des applications augmente en raison de l'intercommunication entre beans entité à grain fin. Une communication excessive entre ces beans provoque souvent un goulet d'étranglement sur le réseau. Chaque appel de méthode au bean entité transite par la couche réseau, même si l'appelant réside dans le même espace d'adresses que le bean appelé (autrement dit le client, ou le bean entité appelant, et le bean entité appelé sont tous deux dans le même conteneur). Si certains fournisseurs de conteneurs optimisent ceux-ci pour ce scénario, le développeur ne peut pas se reposer sur cette optimisation pour tous les conteneurs.
- L'on peut également observer une augmentation du "bavardage" entre le client et les beans entité parce que le client peut devoir communiquer avec de nombreux beans entité à grain fin pour satisfaire une exigence. Il est souhaitable de réduire la communication entre beans entité et le "bavardage" entre le client et la couche des beans.

Solution

Utiliser une entité composite (Composite Entity) pour modéliser, représenter et gérer un ensemble d'objets persistants apparentés au lieu de les représenter comme des beans entité à grain fin séparés. Un bean entité composite représente un graphe d'objets.

Pour mieux comprendre cette solution, définissons d'abord ce que recouvre le terme d'objets persistants et étudions leurs relations.

Un objet persistant est un objet qui est mémorisé dans un stockage de données quelconque. Les objets persistants sont généralement partagés par plusieurs clients. On peut les classer en deux types : les objets à gros grain et les objets dépendants.

Un objet à gros grain se suffit à lui-même. Il a son propre cycle de vie et gère ses relations aux autres objets. Il peut référencer ou contenir un ou plusieurs autres objets, dont il gère habituellement le cycle de vie. C'est pourquoi l'on qualifie ces derniers objets de dépendants. Un objet dépendant peut être un simple objet autonome ou contenir à son tour d'autres objets dépendants.

Le cycle de vie d'un objet dépendant est fortement couplé à celui de l'objet à gros grain.

Un client ne peut accéder à l'objet dépendant qu'indirectement, *via* l'objet à gros grain. Autrement dit, les objets dépendants ne sont pas directement exposés aux clients parce que leur parent (à gros grain) les gère. Ils ne peuvent pas exister seuls, mais doivent toujours avoir un objet à gros grain (ou parent) pour justifier leur existence.

En général, on peut voir la relation entre un objet à gros grain et ses objets dépendants sous forme d'arbre. L'objet à gros grain est la racine de l'arbre (le nœud racine). Chaque objet dépendant peut être un objet autonome (un nœud feuille) qui est un enfant de l'objet à gros grain. Ou bien, l'objet dépendant peut avoir des relations parent-enfant avec d'autres objets dépendants, auquel cas on le considère comme un nœud branche.

Une entité composite peut représenter un objet à gros grain et tous ses objets dépendants. L'agrégation combine des objets persistants apparentés en un seul bean entité, réduisant ainsi radicalement le nombre de beans entité nécessités par l'application. Cette démarche aboutit à un bean entité dont la granularité est extrêmement importante, et qui est mieux à même d'exploiter les avantages des beans entité que si sa granularité était plus fine.

Sans entité composite, il existe une tendance à voir chaque objet à gros grain et dépendant comme un bean entité séparé, ce qui en multiplie le nombre.

Structure

S'il existe de nombreuses stratégies pour implémenter le pattern Composite Entity, la première que nous étudierons est représentée par le diagramme de classe de la Figure 8.17. Ici, l'entité composite contient l'objet à gros grain, et l'objet à gros grain contient des objets dépendants.

Figure 8.17
Diagramme de classe de Composite Entity.

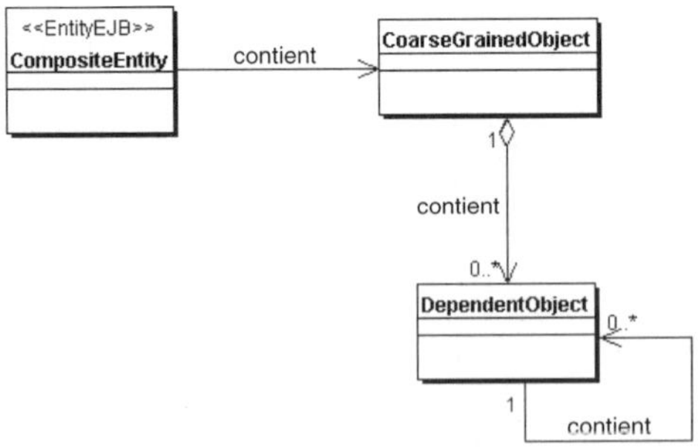

Le diagramme de séquence de la Figure 8.18 montre les interactions de ce pattern.

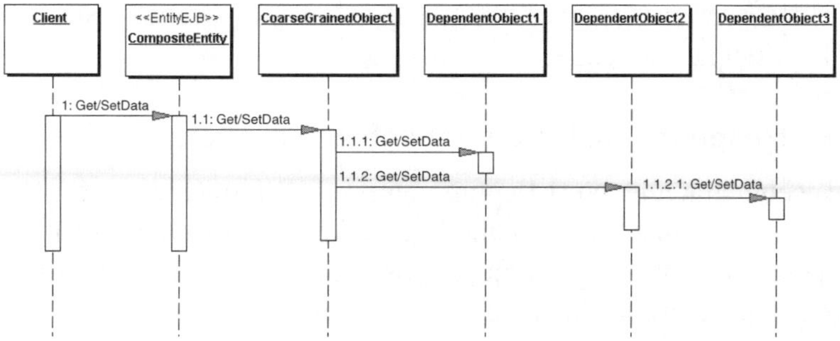

Figure 8.18
Diagramme de séquence de Composite Entity.

Participants et responsabilités

CompositeEntity

CompositeEntity est le bean entité à gros grain. Cette entité composite peut-être un objet à gros grain ou contenir une référence à l'objet à gros grain. La section "Stratégies" explique les différentes possibilités d'implémentation de Composite Entity.

CoarseGrainedObject

Un objet à gros grain est un objet qui a son propre cycle de vie et gère ses propres relations aux autres objets. Il peut s'agir d'un objet Java contenu dans CompositeEntity. Ou bien, CompositeEntity lui-même peut être un objet à gros grain qui contient des objets dépendants (voir la section "Stratégies").

DependentObject1, DependentObject2 et DependentObject3

Un objet dépendant est un objet qui dépend d'un objet à gros grain qui gère son cycle de vie. Il peut contenir d'autres objets dépendants : l'entité composite contient alors une arborescence d'objets.

Stratégies

Cette section expose différentes stratégies permettant d'implémenter Composite Entity. Celles-ci envisagent différentes solutions et options pour les objets persistants (à gros grain et dépendants) et l'emploi d'objets valeur.

Entité composite contenant l'objet à gros grain

Dans cette stratégie, l'entité composite contient l'objet à gros grain. Celui-ci continue à avoir des relations avec ses objets dépendants. La section "Structure" de ce pattern en fait la principale stratégie.

Entité composite implémentant l'objet à gros grain

Dans cette stratégie, c'est l'entité composite elle-même qui est l'objet à gros grain, et elle en a les attributs et les méthodes. Les objets dépendants sont les attributs de l'entité composite. Comme c'*est* l'objet à gros grain, le bean entité exprime et gère les relations entre l'objet à gros grain et les objets dépendants.

La Figure 8.19 est le diagramme de classe représentant cette stratégie.

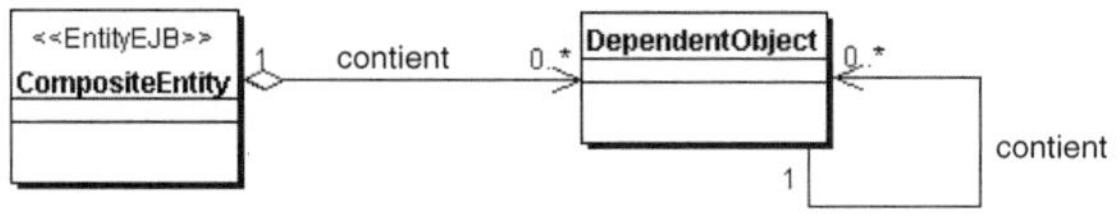

Figure 8.19
Entité composite contenant l'objet à gros grain — diagramme de classe.

La Figure 8.20 est le diagramme de séquence représentant cette stratégie.

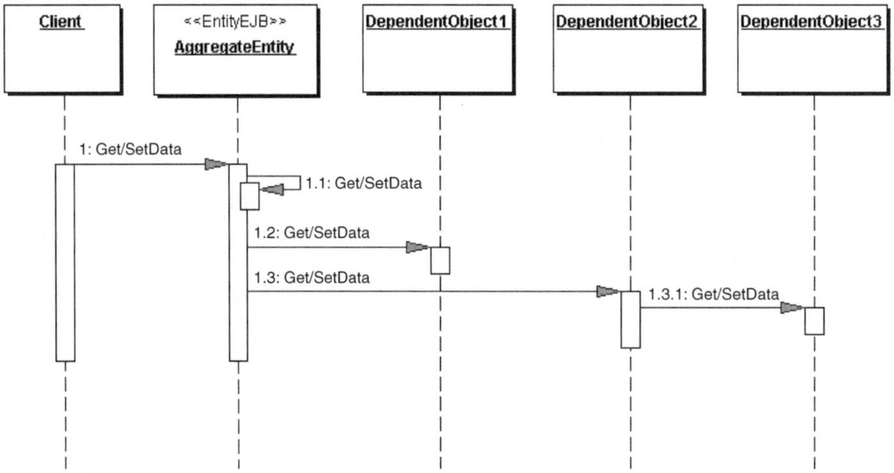

Figure 8.20
Entité composite implémentant l'objet à gros grain — diagramme de séquence.

Chargement retardé (Lazy Loading)

Une entité composite peut être une arborescence d'objets dépendants comptant plusieurs niveaux. Le chargement de tous les objets dépendants lorsque le conteneur EJB appelle la méthode `ejbLoad()` de CompositeEntity peut consommer un temps et des ressources considérables. Une solution d'optimisation consiste à employer une stratégie de chargement retardé pour les objets dépendants. Lors de l'appel de la méthode `ejbLoad()`, on ne charge d'abord que ceux qui sont essentiels pour les clients de l'entité composite. Ensuite, lorsque les clients requièrent l'accès à un objet dépendant qui n'a pas encore été extrait de la base de données, l'entité composite peut effectuer un chargement à la demande. Les objets dépendants qui ne sont pas utilisés ne sont donc pas chargés à l'initialisation, mais lorsque le client en a besoin. Une fois un objet dépendant chargé, les appels de la méthode `ejbLoad()` suivants doivent inclure ces objets dépendants pour qu'ils soient rechargés et que les modifications soient synchronisées avec le stockage persistant.

Optimisation du stockage (Dirty Marker)

Un problème courant de la gestion de la persistance au niveau du bean survient lorsqu'on sauvegarde le graphe d'objets complet durant une opération `ejbStore()`. Comme le conteneur EJB n'a aucun moyen de savoir quelles données ont changé dans le bean entité et ses objets dépendants, il laisse au développeur la charge de déterminer lesquelles mémoriser à long terme et comment. Certains conteneurs EJB disposent d'une fonctionnalité pour identifier les objets du graphe qui doivent être mémorisés à cause d'une mise à jour antérieure. Les développeurs peuvent implémenter une méthode spéciale dans les objets dépendants, `isDirty()` par exemple, que le conteneur appelle pour vérifier si l'objet a été modifié depuis l'opération `ejbStore()` précédente.

Une solution générique peut consister à utiliser une interface, `DirtyMarker`, comme le montre le diagramme de classe de la Figure 8.21. Les objets dépendants implémentent alors l'interface `DirtyMarker` pour faire savoir à l'appelant — en général la méthode `ejbStore()` — si l'état de l'objet dépendant a changé. L'appelant peut ainsi choisir d'obtenir les données pour les stocker ultérieurement.

La Figure 8.22 est un diagramme de séquence montrant un exemple d'interaction pour cette stratégie.

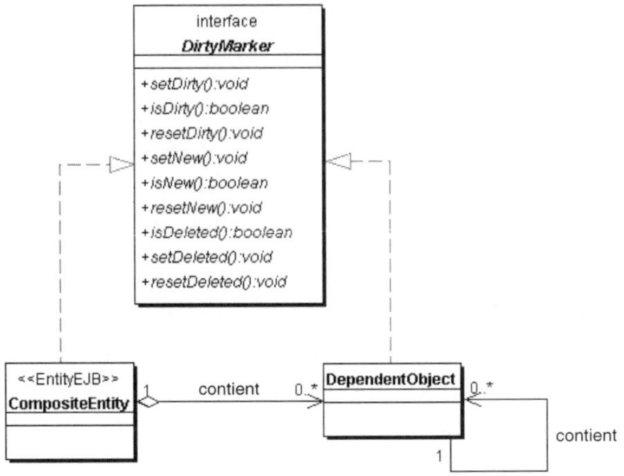

Figure 8.21

Optimisation du stockage — diagramme de classe.

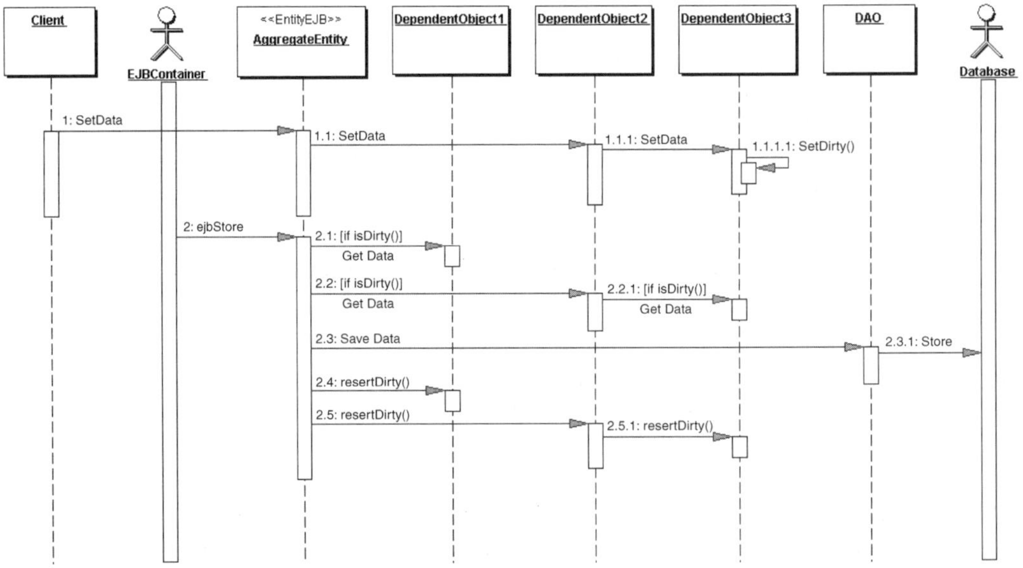

Figure 8.22

Optimisation du stockage — diagramme de séquence.

Le client met à jour une `CompositeEntity`, ce qui entraîne une modification de `DependentObject3`. On accède à `DependentObject3` *via* son parent, `DependentObject2`. La Composite Entity est le parent de `DependentObject2`. Lorsque cette mise à jour est effectuée, la méthode `setDirty()` est invoquée dans `DependentObject3`.

Ensuite, le conteneur invoque la méthode `ejbStore()` sur cette instance de Composite Entity, `ejbStore()` peut vérifier quels objets dépendants ont été modifiés et sauvegarder sélectivement ces changements dans la base de données. Les marqueurs sont réinitialisés une fois la sauvegarde terminée.

L'interface `DirtyMarker` peut également comporter des méthodes capables de reconnaître d'autres états de persistance des objets dépendants. Si, par exemple, un nouvel objet dépendant est inséré dans l'entité composite, la méthode `ejbStore()` doit être capable de savoir quelle opération utiliser. Dans ce cas, l'objet dépendant n'est pas un objet modifié mais un nouvel objet. Si l'on étend l'interface `DirtyMarker` pour lui ajouter une méthode nommée `isNew()`, la méthode `ejbStore()` peut invoquer une opération d'insertion au lieu d'une opération de mise à jour. De même, en incluant une méthode `isDeleted()`, la méthode `ejbStore()` peut invoquer une suppression.

Dans les cas où `ejbStore()` est invoquée sans mises à jour intermédiaires de l'entité composite, aucun des objets dépendants n'a été mis à jour.

Cette stratégie évite l'énorme surcharge de devoir sauvegarder la totalité du graphe d'objets dépendants dans la base de données chaque fois que le conteneur appelle la méthode `ejbStore()`.

NOTE

La spécification EJB 2.0, au stade de *draft* final au moment de cette rédaction, traite des stratégies Lazy Loading et Store Optimization. Mais il est possible de les utiliser dans les implémentations antérieures à EJB 2.0. Suivez les développements de EJB 2.0 pour savoir comment elles seront finalisées dans la spécification.

Objet valeur composite

Avec une entité composite, un client peut obtenir toutes les informations nécessaires avec un seul appel de méthode distant. Comme l'entité composite implémente ou contient l'objet à gros grain et la hiérarchie (ou arborescence) des objets dépendants, elle peut créer l'objet valeur requis et le retourner au client en appliquant le pattern Value Object (voir "Value Object" dans ce chapitre). La Figure 8.23 est un diagramme de séquence représentant cette stratégie.

L'objet valeur peut être un objet simple ou un objet composite qui a des sous-objets (un graphe), selon les données demandées par le client. Il est sérialisable et passé par valeur au client. Il ne fonctionne que comme objet de transfert de données, et n'a aucune responsabilité en ce qui concerne la sécurité, les transactions et la logique métier.

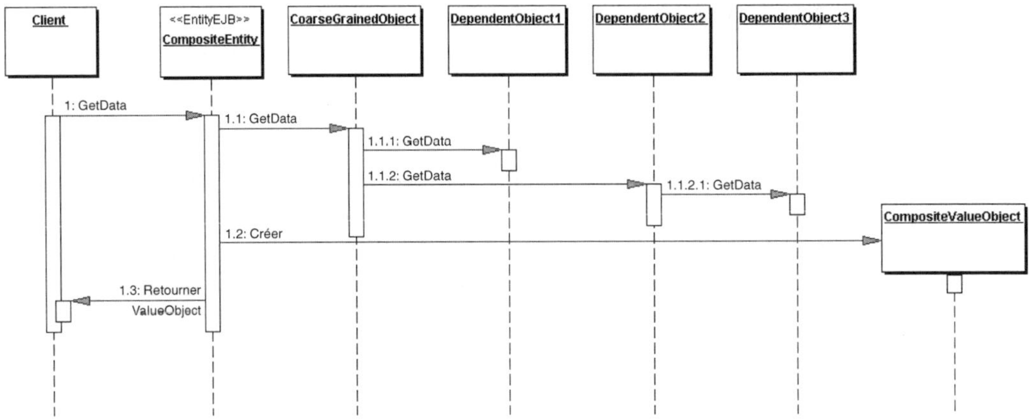

Figure 8.23
Objet valeur composite — diagramme de séquence.

L'objet valeur enveloppe toutes les informations dans un seul objet, informations qu'il obtient au moyen d'un seul appel de méthode distant et non de plusieurs appels. Une fois que le client reçoit l'objet valeur, tous les appels ultérieurs du client à l'objet valeur sont locaux au client.

Nous mettons ici l'accent sur la façon dont l'entité peut envelopper toutes ses données dans un objet valeur composite et le retourner au client. Mais cette stratégie permet aussi au bean entité de ne lui retourner que les données demandées. Si le client n'a besoin que de données contenues dans un sous-ensemble d'objets dépendants, l'objet valeur composite retourné peut ne contenir que des données provenant de ce sous-ensemble et non de tous les objets dépendants. Ce serait alors une application de la stratégie Objets valeur multiples à partir du pattern Value Object (voir "Value Object" dans ce chapitre).

Conséquences

- **Elimination des relations entre entités.** Avec le pattern Composite Entity, les objets dépendants sont rassemblés dans un seul bean entité, éliminant ainsi toutes les relations entre beans entité. Ce pattern fournit un point central pour gérer à la fois les relations et la hiérarchie d'objets.
- **Facilitation de la gestion en réduisant le nombre de beans entité.** Comme nous l'avons vu, l'implémentation d'objets persistants sous forme de beans entité à grain

fin entraîne un grand nombre de classes qu'il faut développer et maintenir. L'application de Composite Entity réduit le nombre de classes EJB et le volume de code, et facilite la maintenance. L'application devient plus facile à gérer avec quelques composants à gros grain au lieu de nombreux composants à grain fin.

- **Amélioration des performances réseau.** L'agrégation des objets dépendants améliore les performances globales. Elle élimine les communications à grain fin entre objets dépendants sur le réseau. Si chaque objet dépendant était conçu comme un bean entité à grain fin, il s'ensuivrait une énorme surcharge en raison des communications entre beans.
- **Réduction de la dépendance au schéma de la base de données.** L'application du pattern Composite Entity entraîne des implémentations à base de beans entité à gros grain. Le schéma de la base de données est caché aux clients, puisque la correspondance du bean entité au schéma est interne au bean entité à gros grain. Les modifications du schéma nécessitent des modifications des entités composites, mais les clients n'en sont pas affectés, puisque ces beans entité n'exposent pas le schéma au monde extérieur.
- **Augmentation de la granularité des objets.** Avec une entité composite, le client interroge généralement un seul bean entité au lieu d'un grand nombre de beans entité à grain fin. Il adresse des requêtes de données à l'entité composite. Celle-ci peut créer un objet valeur composite qui contient toutes les données du bean entité, et retourner l'objet valeur au client avec un seul appel de méthode distant. Cela réduit le "bavardage" entre le client et la couche métier.
- **Facilitation de la création d'objets valeur composites.** Cette stratégie réduit les excès de communication entre le client et le bean entité, puisque le bean composite peut retourner un objet valeur composite, en fournissant un mécanisme pour envoyer des objets valeur sérialisés. Même si un objet valeur retourne toutes les données en un seul appel distant, le volume de données retournées par cet unique appel est très supérieur à celui retourné par des appels séparés pour obtenir les propriétés des beans individuels. Ce compromis fonctionne bien lorsque l'objectif est d'éviter la répétition des appels distants et les interrogations multiples.
- **Surcharge due au graphe d'objets dépendants multiniveau.** Si le graphe d'objets dépendants géré par l'entité composite compte de nombreux niveaux, la surcharge due au chargement et à la mémorisation des objets dépendants augmente. On peut réduire celle-ci en appliquant des stratégies d'optimisation, mais il peut y avoir une surcharge associée à la vérification des objets modifiés (*dirty*).

Exemples de code

Considérons une application PSA où l'on implémente un objet métier `Resource` en appliquant le pattern Composite Entity. `Resource` représente les ressources humaines affectées aux projets. Chaque objet `Resource` peut avoir différents objets dépendants comme suit :

BlockOutTime

Cet objet dépendant représente la période (temps de blocage) pendant laquelle la ressource est indisponible (elle est en formation, en vacances, en RTT, etc.). Comme chaque ressource peut avoir plusieurs temps de blocage, la relation entre `Resource` et `BlockOutTime` est une relation un-à-plusieurs.

SkillSet

Cet objet dépendant représente les compétences (*skills*) qu'une ressource possède. Comme chaque ressource peut avoir plusieurs temps de blocage, la relation entre `Resource` et `SkillSet` est une relation un-à-plusieurs.

Implémentation du pattern Composite Entity

L'objet métier `Resource` est implémenté sous forme d'entité composite (`ResourceEntity`), comme le montre l'Exemple 8.18. Les relations plurielles avec ses objets dépendants (`BlockOutTime` et `SkillSet`) sont implémentées avec des collections.

Exemple 8.18 : Entité implémentant l'objet à gros grain

```
package corepatterns.apps.psa.ejb;

import corepatterns.apps.psa.core.*;
import corepatterns.apps.psa.dao.*;
import java.sql.*;

import javax.sql.*;
import java.util.*;
import javax.ejb.*;
import javax.naming.*;

public class ResourceEntity implements EntityBean {
  public String employeeId;
  public String lastName;
  public String firstName;
  public String departmentId;
  public String practiceGroup;
  public String title;
  public String grade;
```

```
    public String email;
    public String phone;
    public String cell;
    public String pager;
    public String managerId;

    // Collection d'objets dépendants BlockOutTime
    public Collection blockoutTimes;

    // Collection d'objets dépendants SkillSet
    public Collection skillSets;

    ...

    private EntityContext context;
  // Implémentation des méthodes du bean entité
  public String ejbCreate(ResourceVO resource) throws CreateException {
      try {
        this.employeeId = resource.employeeId;
        setResourceData(resource);
        getResourceDAO().create(resource);
      } catch(Exception ex) {
        throw new EJBException("Reason:" + ...);
      }
      return this.employeeId;
  }

  public String ejbFindByPrimaryKey(String primaryKey) throws
  ➥FinderException {
      boolean result;
      try {

        ResourceDAO resourceDAO = getResourceDAO();
        result = resourceDAO.selectByPrimaryKey(primaryKey);
      } catch(Exception ex) {
        throw new EJBException("Reason:" + ...);
      }
      if(result) {
        return primaryKey;
      }
      else {
        throw new ObjectNotFoundException(...);
      }
    }

    public void ejbRemove() {
      try {
        // Supprimer les objets dépendants
        if(this.skillSets != null) {

          SkillSetDAO skillSetDAO = getSkillSetDAO();
          skillSetDAO.setResourceID(employeeId);
          skillSetDAO.deleteAll();
```

```
        skillSets = null;
      }
      if(this.blockoutTime != null) {
        BlockOutTimeDAO blockouttimeDAO = getBlockOutTimeDAO();
        blockouttimeDAO.setResourceID(employeeId);
        blockouttimeDAO.deleteAll();
        blockOutTimes = null;
      }

      // Supprimer la ressource du stockage persistant
      ResourceDAO resourceDAO = new ResourceDAO(employeeId);
      resourceDAO.delete();
    } catch(ResourceException ex) {
      throw new EJBException("Reason:"+...);
    } catch(BlockOutTimeException ex) {
      throw new EJBException("Reason:"+...);
    } catch(Exception exception) {
      ...
    }
  }


  public void setEntityContext(EntityContext context) {
    this.context = context;
  }

  public void unsetEntityContext() {
    context = null;
  }

  public void ejbActivate() {
    employeeId = (String)context.getPrimaryKey();
  }

  public void ejbPassivate() {
    employeeId = null;
  }

  public void ejbLoad() {
    try {
      // Charger les informations sur la ressource
      ResourceDAO resourceDAO = getResourceDAO();
      setResourceData((ResourceVO) resourceDAO.load(employeeId));

      // Charger les autres objets dépendants si nécessaire
      ...
    } catch(Exception ex) {
      throw new EJBException("Reason:" + ...);
    }
  }

  public void ejbStore() {
    try {
```

```
      // Mémoriser les informations sur la ressource
      getResourceDAO().update(getResourceData());

      // Mémoriser l'objet dépendant
      ...
    } catch(SkillSetException ex) {
      throw new EJBException("Reason:" + ...);
    } catch(BlockOutTimeException ex) {
      throw new EJBException("Reason:" + ...);
    }
    ...
  }

  public void ejbPostCreate(ResourceVO resource) {
  }

  // Méthode pour obtenir l'objet valeur Resource
  public ResourceVO getResourceVO() {
    // Créer un nouvel objet valeur pour la ressource
    ResourceVO resourceVO = new ResourceVO(employeeId);

    // copier toutes les valeurs
    resourceVO.lastName = lastName;
    resourceVO.firstName = firstName;
    resourceVO.departmentId = departmentId;
    ...
    return resourceVO;
  }

  public void setResourceData(ResourceVO resourceVO) {
    // Copier les valeurs de l'objet valeur dans le bean entité
    employeeId = resourceVO.employeeId;
    lastName = resourceVO.lastName;
    ...
  }

  // Méthode pour lire les objets valeur dépendants
  public Collection getSkillSetsData() {
    // Si skillSets n'est pas chargé, le charger d'abord.
    // Voir l'implémentation de la stratégie Lazy Loading.

    return skillSets;
  }
  ...

  // Autres méthodes get et set nécessaires
  ...

  // Méthodes métier du bean entité
  public void addBlockOutTimes(Collection moreBOTs) throws
  ➥BlockOutTimeException {
    // Note : moreBOTs est une collection
    // d'objets BlockOutTimeVO
```

```
  try {
    Iterator moreIter = moreBOTs.iterator();
    while(moreIter.hasNext()) {

      BlockOutTimeVO botVO = (BlockOutTimeVO) moreIter.next();
      if (! (blockOutTimeExists(botVO))) {
        // ajouter BlockOutTimeVO à la collection
        botVO.setNew();
        blockOutTime.add(botVO);
      } else {
        // BlockOutTimeVO existe déjà, ajout impossible
        throw new BlockOutTimeException(...);
      }
    }
  } catch(Exception exception) {
    throw new EJBException(...);
  }
}

public void addSkillSet(Collection moreSkills)
throws SkillSetException {
  // analogue à l'implémentation de addBlockOutTime()
  ...
}

...

public void updateBlockOutTime(Collection updBOTs) throws
➥BlockOutTimeException {
  try {
    Iterator botIter = blockOutTimes.iterator();
    Iterator updIter = updBOTs.iterator();
    while (updIter.hasNext()) {
      BlockOutTimeVO botVO = (BlockOutTimeVO)
        updIter.next();
      while (botIter.hasNext()) {
        BlockOutTimeVO existingBOT = (BlockOutTimeVO) botIter.next();
        // Comparer les valeurs des clés pour localiser BlockOutTime
        if (existingBOT.equals(botVO)) {
          // BlockOutTime trouvé dans la collection
          // remplacer l'ancien BlockOutTimeVO par le nouveau
          botVO.setDirty(); // ancien objet dépendant modifié
          botVO.resetNew(); // par un nouvel objet dépendant
          existingBOT = botVO;
        }
      }
    }

  } catch (Exception exc) {
    throw new EJBException(...);
  }
}
```

```
  public void updateSkillSet(Collection updSkills) throws
CommitmentException {
    // Comparable à updateBlockOutTime...
    ...
  }

  ...

}
```

Implémentation de la stratégie de chargement retardé (Lazy Loading)

Supposons que, lorsque l'entité composite est d'abord chargée dans la méthode `ejbLoad()` par le conteneur, on ne doive charger que les données de la ressource. Il s'agit des attributs listés dans l'entité `ResourceBean`, à l'exclusion des collections d'objets dépendants. Les objets dépendants peuvent alors n'être chargés que si le client invoque une méthode métier qui a besoin qu'ils soient chargés. Ensuite, `ejbLoad()` doit conserver la trace des objets dépendants chargés de cette manière et les inclure pour le rechargement.

L'Exemple 8.19 montre les méthodes pertinentes de la classe `ResourceEntity`.

Exemple 8.19 : Implémentation de la stratégie de chargement retardé

```
...
public Collection getSkillSetsData() {
throws SkillSetException {
  checkSkillSetLoad();
  return skillSets;
}

private void checkSkillSetLoad() throws SkillSetException {
  try {
    // Lazy Load... Chargement à la demande
    if (skillSets == null)
      skillSets = getSkillSetDAO(resourceId).loadAll();
  } catch(Exception exception) {
    // Pas de compétences, lancer une exception
    throw new SkillSetException(...);
  }
}

...

public void ejbLoad() {
  try {
    // Charger les informations de la ressource
    ResourceDAO resourceDAO = new ResourceDAO(employeeId);
    setResourceData((ResourceVO)resourceDAO.load());
```

```
      // Si les objets chargés par "lazy load" sont
      // déjà chargés, il faut les recharger.
      // Sinon, ne pas les charger ici
      // lazy load les chargera plus tard.
      if (skillSets != null) {
        reloadSkillSets();
      }
      if (blockOutTimes != null) {
        reloadBlockOutTimes();
      }
      ...
      throw new EJBException("Reason:"+...);
    }
  }
```

Implémentation de la stratégie d'optimisation du stockage (Dirty Marker)

Pour pouvoir appliquer cette stratégie, les objets dépendants doivent avoir implémenté l'interface `DirtyMarker`, comme le montre l'Exemple 8.20. La méthode `ejbStore()` pour optimiser cette stratégie est listée dans l'Exemple 8.21.

Exemple 8.20 : L'objet dépendant SkillSet implémente l'interface DirtyMarker

```
public class SkillSetVO implements DirtyMarker, java.io.Serializable {
  private String skillName;
  private String expertiseLevel;
  private String info;
  ...

  // flag "dirty"
  private boolean dirty = false;

  // nouveau flag
  private boolean isnew = true;

  // flag "deleted"
  private boolean deleted = false;

  public SkillSetVO(...) {
    // initialisation
    ...
    // nouveau VO
    setNew();
  }

  // méthodes get, set et autres méthodes pour SkillSet
  // toutes les méthodes modificateurs
  // doivent appeler setDirty()
  public setSkillName(String newSkillName) {
```

```
      skillName = newSkillName;
      setDirty();
    }
    ...

    // Méthodes de DirtyMarker
    // utilisées pour modifier les objets valeur uniquement

    public void setDirty() {
      dirty = true;
    }
    public void resetDirty() {
      dirty = false;
    }
    public boolean isDirty() {
      return dirty;
    }

    // utilisée uniquement pour les nouveaux objets valeur
    public void setNew() {
      isnew = true;
    }
    public void resetNew() {
      isnew = false;
    }
    public boolean isNew() {
      return isnew;
    }

    // utilisée uniquement pour les objets supprimés
    public void setDeleted() {
      deleted = true;
    }
    public boolean isDeleted() {
      return deleted;
    }
    public void resetDeleted() {
      deleted = false;
    }

}
```

Exemple 8.21 : Implémentation de l'optimisation du stockage

```
    ...

    public void ejbStore() {
      try {
        // Charger les données obligatoires
        getResourceDAO().update(getResourceData());

        // Store Optimization pour les objets dépendants
        // tester dirty et mémoriser
        // tester et mémoriser les "commitments"
```

```
        if (skillSets != null) {
          // Obtenir le DAO à utiliser pour mémoriser
          SkillSetDAO skillSetDAO = getSkillSetDAO();
          Iterator skillIter = skillSet.iterator();
          while(skillIter.hasNext()) {
            SkillSetVO skill = (SkillSetVO) skillIter.next();
            if (skill.isNew()) {
              // Nouvel objet dépendant, l'insérer
              skillSetDAO.insert(skill);
              skill.resetNew();
              skill.resetDirty();
            }
            else if (skill.isDeleted()) {
              // supprimer Skill
              skillSetDAO.delete(skill);
              // Supprimer de la liste des dépendants
              skillSets.  remove(skill);
            }
            else if (skill.isDirty()) {
              // Mémoriser Skill, s'il a été modifié
              skillSetDAO.update(skill);
              // Sauvegardé réinitialiser dirty.
              skill.resetDirty();
              skill.resetNew();
            }
          }
        }

        // De même, implémenter Store Optimization
        // pour les autres objets dépendants comme
        // BlockOutTime, ...
        ...
      } catch(SkillSetException ex) {

        throw new EJBException("Reason:"+...);
      } catch(BlockOutTimeException ex) {
        throw new EJBException("Reason:"+...);
      } catch(CommitmentException ex) {
        throw new EJBException("Reason:"+...);
      }
    }

  ...
```

Implémentation de la stratégie Objet valeur composite

Considérons maintenant le cas dans lequel le client a besoin de toutes les données de `ResourceEntity`, et pas seulement d'une partie. C'est ce que permet la stratégie Objet valeur composite, comme le montre l'Exemple 8.22.

Exemple 8.22 : Implémentation de la stratégie Objet valeur composite

```
public class ResourceCompositeVO {
  private ResourceVO resourceData;
  private Collection skillSets;
  private Collection blockOutTimes;

  // Constructeurs de l'objet valeur
  ...

  // Méthodes get et set
  ...
}
```

La `ResourceEntity` fournit une méthode `getResourceDetailsData()` pour retourner l'objet valeur composite `ResourceCompositeVO`, comme le montre l'Exemple 8.23.

Exemple 8.23 : Création de l'objet valeur composite

```
public ResourceCompositeVO getResourceDetailsData() {
  ResourceCompositeVO compositeVO = new ResourceCompositeVO
  ➥(getResourceData(), getSkillsData(), getBlockOutTimesData());
  return compositeVO;
}
```

Patterns apparentés

Value Object

Le pattern Composite Entity utilise le pattern Value Object pour créer l'objet valeur et le retourner au client. Le Value Object sert à sérialiser l'objet à gros grain et l'arbre d'objets dépendants, ou une partie de l'arbre, en fonction des besoins.

Session Facade

Si les objets dépendants tendent à être des beans entité et non des objets Java arbitraires, essayez d'appliquer le pattern Session Facade pour gérer les relations entre beans entité.

Value Object Assembler

Quand il s'agit d'obtenir un objet valeur composite de l'entité composite (voir "Facilitation de la création de l'objet valeur composite" dans la section "Conséquences"), ce pattern est analogue au pattern Value Object Assembler. Dans ce cas toutefois, les sources de données de tous les objets valeur du composite sont des parties de l'entité composite elle-même, alors que dans le cas de Value Object Assembler, les sources de données peuvent être d'autres beans entité, des beans session, des DAO, des objets Java objets, etc.

Si le bean entité est un objet dépendant : problèmes et recommandations

En général, nous concevons les objets dépendants sous forme d'objets Java qui ont une relation directe avec l'objet parent à gros grain. Mais il peut y avoir des situations dans lesquelles l'objet dépendant peut être le bean entité lui-même. Ces situations sont les suivantes :

- L'objet dépend de deux objets parents différents (comme dans le cas des classes associations).
- L'objet dépendant existe déjà sous forme de bean entité dans la même application ou est importé d'une application différente.

Dans ces deux cas, le cycle de vie de l'objet dépendant peut ne pas se trouver directement relié à un seul objet parent à gros grain ni géré par lui. Que faire, alors, quand un objet dépendant est un bean entité ? Que faire quand un tel objet n'est pas totalement dépendant de son parent ou quand on ne peut pas identifier un parent unique ?

Considérons chaque cas un peu plus en détail.

Cas 1 : L'objet dépendant a deux objets parents

Etudions ce cas à l'aide de l'exemple suivant. Un `Commitment` représente une relation entre une `Resource` et un `Project`.

La Figure 8.24 est un exemple de diagramme de classe représentant les relations entre `Project`, `Resource` et `Commitment`.

Figure 8.24
Exemple d'objet dépendant ayant deux objets parents.

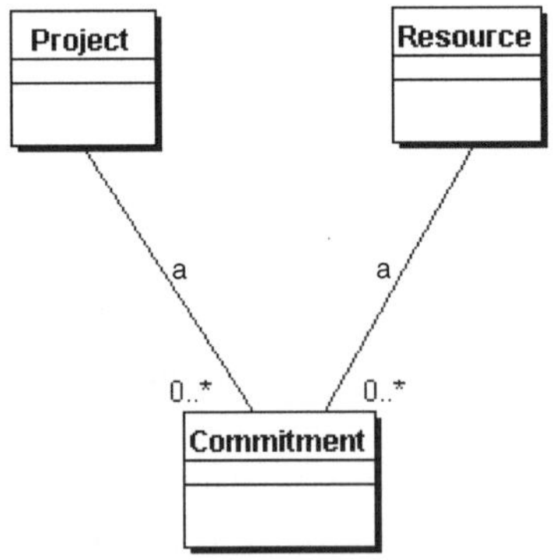

`Commitment` est un objet dépendant. `Project` et `Resource` sont tous deux des objets à gros grain. Chaque projet a une relation plurielle avec des objets `Commitment`. Chaque `Resource` a également une relation plurielle avec des objets `Commitment`. `Commitment` est-il un objet dépendant de `Project` ou de `Resource` ? La réponse se trouve dans l'analyse des interactions pour les cas d'utilisation qui comprennent ces trois objets. Si vous faites dépendre `Commitment` de `Project`, la `Resource` qui accède à sa liste d'objets `Commitment` doit le faire *via* l'objet `Project`. En revanche, si le `Commitment` dépend de `Resource`, le `Project` qui accède à sa liste d'objets `Commitment` doit le faire *via* l'objet `Resource`. Ces deux choix introduisent des relations de bean entité à bean entité dans la conception.

Mais que se passe-t-il si nous faisons de `Commitment` un bean entité au lieu d'un objet dépendant ? Dans ce cas, les relations entre `Project` et sa liste d'objets `Commitment`, et entre `Resource` et sa liste d'objets `Commitment`, seront des relations de bean entité à bean entité. Cela ne fait qu'aggraver le problème : nous avons maintenant deux relations de bean entité à bean entité, ce qui n'est pas recommandé en raison de la surcharge associée à la maintenance de ces relations.

Cas 2 : L'objet dépendant existe déjà et est un bean entité

Dans ce cas, il peut sembler qu'une façon de mémoriser cette relation consiste à mémoriser la clé primaire de l'objet dépendant dans l'objet à gros grain. Lorsque ce dernier a besoin d'accéder à l'objet dépendant, il en résulte une invocation de bean entité à bean entité. La Figure 8.25 est le diagramme de classe représentant cet exemple.

Figure 8.25

L'objet dépendant est un bean entité — diagramme de classe.

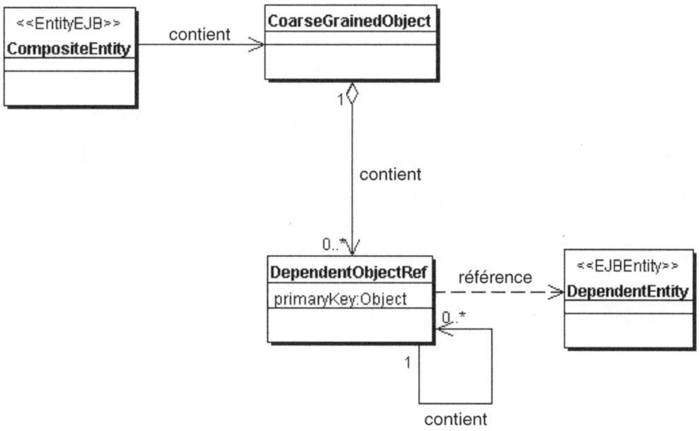

La Figure 8.26 est un diagramme de séquence correspondant à ce scénario. L'entité composite utilise les références de l'objet dépendant pour rechercher les beans entité dépendants dont elle a besoin. Dans ce cas, l'objet dépendant est un *proxy* pour le bean entité dépendant, comme on le constate dans le diagramme.

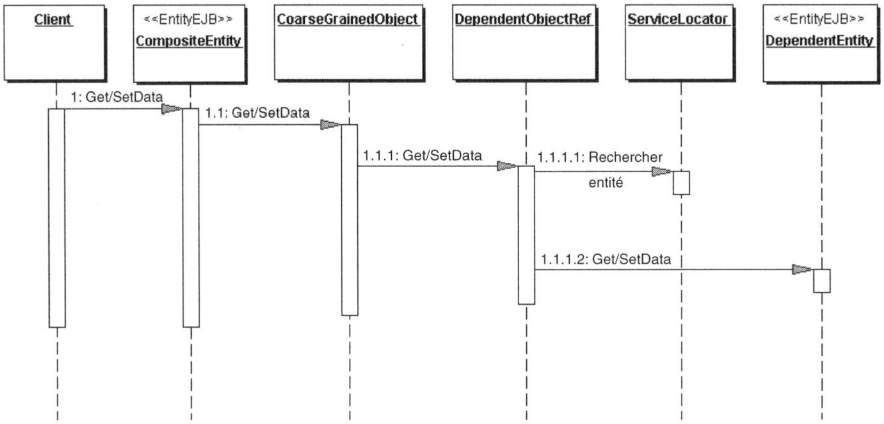

Figure 8.26

L'objet dépendant est un bean entité — diagramme de séquence.

Si cette méthode peut répondre au besoin d'utiliser un bean entité dépendant d'un bean entité parent, la solution manque toutefois d'élégance. Pour éviter la complexité de la conception et de la gestion de relations entre entités, envisagez plutôt d'utiliser un bean session pour aider à gérer les relations entre beans entité. Notre expérience nous a permis de constater que le pattern Session Facade aidait à éviter ce problème et constituait une meilleure façon de gérer ces relations.

Nous recommandons donc d'éviter les relations de bean entité à bean entité, et de transférer ces relations dans un bean session, en appliquant le pattern Session Facade (voir "Session Facade" dans ce chapitre).

Value Object Assembler

Contexte

Dans une application J2EE, on implémente les composants métier côté serveur au moyen de beans session, de beans entité, de DAO, etc. Les clients de l'application doivent fréquemment accéder à des données composées à partir de plusieurs objets.

Problème

Les clients d'une application ont généralement besoin de données du modèle ou de parties du modèle pour les présenter à l'utilisateur, ou pour effectuer une étape de traitement intermédiaire avant de fournir un service. Le modèle de l'application est une abstraction des données et de la logique métier implémentée côté serveur sous forme de composants métier. On peut exprimer un modèle sous forme de collections d'objets assemblés de façon structurée (arbre ou graphe). Dans une application J2EE, le modèle est une collection distribuée d'objets : beans session, beans entité, DAO et autres objets. Pour qu'un client obtienne des données du modèle, pour les afficher à l'utilisateur ou effectuer un traitement particulier, il doit accéder séparément à chaque objet distribué qui définit le modèle. Cette méthode présente les inconvénients suivants :

- Comme le client doit accéder séparément à chaque composant distribué, il est fortement couplé aux composants.
- Le client accède aux composants distribués *via* la couche réseau, ce qui peut entraîner une dégradation des performances si le modèle est complexe et compte de nombreux composants. Les performances du réseau et du client se dégradent lorsqu'un certain nombre de composants métier distribués implémentent le modèle, et que le client interagit directement avec eux pour en obtenir des données. Chacun de ces accès provoque un appel de méthode distant, qui augmente le "bavardage" entre le client et la couche métier et entraîne une surcharge du réseau.
- Le client doit reconstruire le modèle après en avoir obtenu des parties auprès des composants. Il doit donc disposer de la logique métier nécessaire pour ce faire. Si la construction du modèle est complexe et que de nombreux objets participent à sa définition, il peut s'ensuivre une dégradation supplémentaire des performances due au processus de construction. En outre, le client doit contenir la logique métier nécessaire pour gérer les relations entre les composants, ce qui implique qu'il soit plus gros et plus complexe. La construction du modèle ayant lieu côté client, les performances de celui-ci peuvent diminuer significativement si ses ressources sont limitées.
- Comme le client est étroitement couplé au modèle, les modifications apportées à ce dernier doivent être répercutées sur le client. De plus, si les clients sont de type différent, les modifications côté client sont beaucoup plus difficiles à gérer. Lorsqu'il existe un couplage fort entre le client et l'implémentation du modèle, ce qui est le cas lorsque le client a directement connaissance du modèle et gère les

relations entre composants métier, les changements du modèle nécessitent des modifications sur le client. En outre, se pose le problème de la duplication du code d'accès au modèle lorsqu'une application a de nombreux types de clients. Cette duplication complique la gestion du code du client lorsque le modèle change.

Indications

- Une séparation de la logique métier est nécessaire entre le client et les composants côté serveur.
- Comme le modèle consiste en composants distribués, l'accès à chaque composant est associé à une surcharge du réseau. Il est souhaitable de minimiser le nombre d'appels de méthode distants.
- Le client n'a en général besoin d'obtenir que le modèle à présenter à l'utilisateur. S'il doit agir avec plusieurs composants pour construire le modèle à la volée, le "bavardage" entre le client et l'application augmente et peut réduire les performances du réseau.
- Même si le client veut effectuer des mises à jour, celles-ci ne concernent souvent que certaines parties du modèle et non le modèle entier.
- Les clients n'ont pas besoin de connaître les intrications et les dépendances dans l'implémentation du modèle. Il est souhaitable d'avoir un couplage faible entre les clients et les composants métier qui implémentent le modèle.
- Les clients n'ont pas autrement besoin de contenir la logique métier supplémentaire nécessaire pour construire le modèle à partir de différents composants métier.

Solution

Utiliser un assembleur d'objets valeur (Value Object Assembler) pour construire le modèle ou le sous-modèle requis. Le Value Object Assembler utilise des objets valeur pour extraire des données de différents objets métier et d'autres objets qui définissent le modèle ou une partie du modèle.

L'assembleur construit un objet valeur composite qui représente les données de différents composants métier. L'objet valeur transfère les données au client en un seul appel de méthode. Comme les données peuvent être complexes, il est recommandé que l'objet valeur soit immuable. Autrement dit, le client obtient ces objets valeur dans le seul objectif de les utiliser (pour le traitement ou la présentation) en lecture seule. Il n'est pas autorisé à les modifier.

Lorsque le client a besoin des données, et si le modèle est représenté par un seul composant à gros grain (par exemple une entité composite), alors le processus d'obtention est simple. Le client demande simplement au composant à gros grain son objet valeur composite. Mais le modèle de la plupart des applications du monde réel est constitué de nombreux composants à gros grain et à grain fin. Dans ce cas, le client doit interagir avec ces nombreux composants métier pour obtenir les données nécessaires à la représentation du modèle. Les inconvénients immédiats de cette démarche sont évidents : le client devient fortement couplé à l'implémentation du modèle (ses éléments) et a tendance à effectuer de nombreux appels de méthode distants pour obtenir les données de chaque composant.

Dans certains cas, un seul composant à gros grain fournit tout ou partie du modèle avec un seul objet valeur (simple ou composite). Mais lorsque de multiples composants représentent le modèle, un seul objet valeur (simple ou composite) ne peut pas représenter la totalité du modèle. Pour représenter le modèle, il est nécessaire d'obtenir des objets valeur de différents composants et de les assembler pour en faire un nouvel objet valeur composite. C'est le serveur, non le client, qui doit construire ainsi le modèle "à la volée".

Structure

La Figure 8.27 est un diagramme de classe qui représente les relations pour le pattern Value Object Assembler.

Participants et responsabilités

Le diagramme de séquence de la Figure 8.28 représente les interactions entre les différents participants au pattern Value Object Assembler.

ValueObjectAssembler

`ValueObjectAssembler` est la classe principale de ce pattern. Elle construit un nouvel objet valeur en fonction des exigences de l'application lorsque le client demande un nouvel objet valeur composite. Le `ValueObjectAssembler` localise alors les instances de `BusinessObject` nécessaires pour extraire les données et construire l'objet. Les `BusinessObject` sont des composants de la couche métier : beans entité, beans session, DAO, etc.

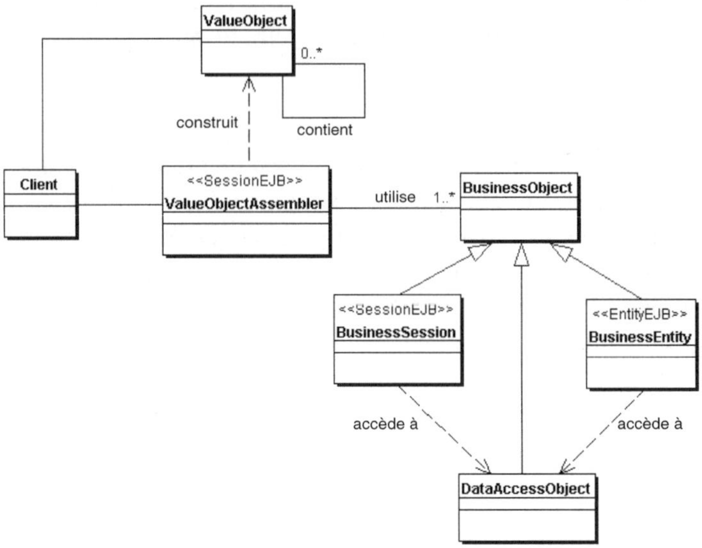

Figure 8.27
Diagramme de classe de Value Object Assembler.

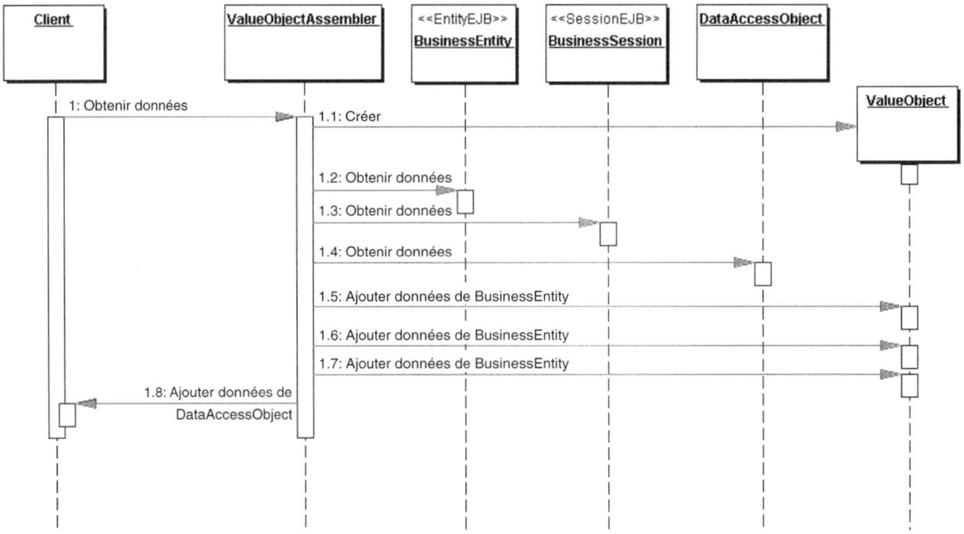

Figure 8.28
Diagramme de séquence de Value Object Assembler.

Client

Si l'implémentation de `ValueObjectAssembler` est un objet Java arbitraire, le client est généralement une Session Facade qui fournit une couche de contrôle à la couche métier. Si le `ValueObjectAssembler` est implémenté sous forme de bean session, alors le client peut être une Session Facade ou un Business Delegate.

BusinessObject

Le `BusinessObject` participe à la construction du nouvel objet valeur en fournissant les données requises au `ValueObjectAssembler`. `BusinessObject` est donc un rôle que peut jouer un bean session, un bean entité, un DAO ou un objet Java ordinaire.

ValueObject

`ValueObject` est un objet valeur composite construit par `ValueObjectAssembler` et retourné au client. Il représente les données complexes provenant des différents composants qui définissent le modèle de l'application.

BusinessObject

`BusinessObject` est un rôle que peut jouer un bean session, un bean entité ou un DAO. Lorsque l'assembleur a besoin d'obtenir directement des données du stockage persistant pour construire l'objet valeur, il peut utiliser un DAO. Dans les diagrammes, c'est l'objet `DataAccessObject`.

Stratégies

Cette section expose les différentes stratégies permettant d'implémenter le pattern Value Object Assembler.

Objet Java

Le `ValueObjectAssembler` peut être un objet Java arbitraire et n'est pas nécessairement un bean entreprise. Dans de telles implémentations, un bean session est généralement frontal à un `ValueObjectAssembler`. Ce bean session est généralement une Session Facade qui s'acquitte de ses autres obligations liées à la fourniture de services métier. Le `ValueObjectAssembler` s'exécute dans la couche métier, indépendamment des stratégies d'implémentation, pour empêcher les invocations distantes du `ValueObjectAssembler` aux objets source de traverser la couche.

Bean Session

Cette stratégie implémente le `ValueObjectAssembler` sous forme de bean session (comme le montre le diagramme de classe). Si l'on préfère implémenter le `ValueObjectAssembler` sous forme de bean session pour fournir un service métier, on choisit généralement un bean session sans état. Les composants métier qui constituent le modèle de l'application sont constamment impliqués dans des transactions avec différents clients. En conséquence, lorsqu'un `ValueObjectAssembler` construit un nouvel objet valeur composite à partir de différents composants, il produit un instantané du modèle au moment de sa construction. Le modèle pourrait changer immédiatement après si un autre client modifiait un ou plusieurs composants métier.

Il s'ensuit que l'implémentation d'un `ValueObjectAssembler` sous forme de bean session à états n'offre aucun avantage par rapport au choix d'un bean session sans état, puisque la préservation de l'état des valeurs lorsque le modèle sous-jacent change ne présente aucun intérêt. Si le modèle change, l'objet valeur que contient l'assembleur est de ce fait périmé. Lorsqu'on lui demande ensuite l'objet valeur, le `ValueObjectAssembler` retourne un état périmé ou reconstruit l'objet valeur pour obtenir l'instantané le plus récent. Il est donc recommandé que l'assembleur soit un bean session sans état, pour pouvoir exploiter les avantages de ce dernier.

En revanche, si le modèle sous-jacent change rarement, l'assembleur peut être un bean session à états et conserver l'objet valeur nouvellement construit. Dans ce cas, le `ValueObjectAssembler` doit contenir des mécanismes permettant de détecter les changements du modèle et de le reconstruire en vue de la prochaine requête du client.

Objet métier (Business Object)

Dans ce pattern, différents types d'objets peuvent aider le `BusinessObject` à jouer son rôle.

Le `BusinessObject` peut être un bean session. Le `ValueObjectAssembler` peut utiliser un Service Locator (voir "Service Locator" à la fin de ce chapitre) pour localiser celui-ci. Le `ValueObjectAssembler` demande à ce bean session de fournir les données permettant de construire l'objet valeur composite.

Le `BusinessObject` peut être un bean entité. Le `ValueObjectAssembler` peut utiliser un Service Locator pour localiser celui-ci. Le `ValueObjectAssembler` demande à ce bean entité de lui fournir les données permettant de construire l'objet valeur composite.

Le `BusinessObject` peut être un DAO. Le `ValueObjectAssembler` demande à ce DAO de lui fournir les données permettant de construire l'objet valeur composite.

Le `BusinessObject` peut être un objet Java arbitraire. Le `ValueObjectAssembler` demande à cet objet Java de lui fournir les données permettant de construire l'objet valeur composite.

Le `BusinessObject` peut être un autre `ValueObjectAssembler`. Le premier `ValueObjectAssembler` demande au second de lui fournir les données permettant de construire l'objet valeur composite.

Conséquences

- **Séparation de la logique métier.** Lorsque le client inclut la logique qui gère les interactions avec les composants distribués, il devient difficile de séparer clairement la logique métier de la couche client. L'assembleur contient la logique métier qui permet de gérer les relations entre objets et de construire l'objet valeur composite représentant le modèle. Le client n'a pas besoin de savoir comment sont construits le modèle ou les différents composants qui fournissent les données pour assembler le modèle.

- **Réduction du couplage entre les clients et le modèle.** L'assembleur masque la complexité de la construction du modèle aux clients et établit un couplage lâche entre les clients et le modèle. Si le modèle change, l'assembleur nécessite une modification correspondante. Mais le client n'est pas dépendant de la construction du modèle et des interrelations entre ses composants métier. En règle générale, le couplage faible est préférable au couplage fort.

- **Amélioration des performances réseau.** L'application du pattern Value Object Assembler réduit radicalement la surcharge du réseau due aux appels de méthode distants et au "bavardage". Le client peut demander les données du modèle à l'assembleur en un seul appel distant. Celui-ci construit et retourne l'objet valeur composite correspondant au modèle. Mais cet objet peut contenir un volume de données très important. En conséquence, si l'utilisation d'un assembleur d'objets valeur réduit le nombre d'appels sur le réseau, la quantité de données transportées en un seul appel augmente. C'est là un paramètre à prendre en compte lors de l'application de ce pattern.

- **Amélioration des performances du client.** L'assembleur d'objets valeur côté serveur construit le modèle sous forme d'objet valeur composite sans utiliser aucune ressource côté client. Le client ne consacre aucun temps à assembler le modèle.

- **Amélioration des performances des transactions.** En général, les mises à jour sont limitées à une très petite partie du modèle et peuvent être assurées par des transactions à grain fin. Ces transactions s'adressent à des portions isolées du modèle et non à l'objet à gros grain (le modèle). Après que le client a obtenu le modèle et l'a affiché ou traité localement, l'utilisateur (ou le client) peut avoir besoin d'effectuer une mise à jour ou d'apporter une modification quelconque au modèle. Pour ce faire, il peut interagir directement avec une Session Facade. Le Value Object Assembler n'est pas impliqué dans la transaction qui met à jour ou modifie le modèle. Les performances sont améliorées parce que les transactions ont lieu au niveau de granularité approprié.
- **Possibilité de péremption des objets.** L'assembleur construit les objets valeur à la demande. Ces objets valeur sont des instantanés de l'état actuel du modèle, représenté par différents composants métier. Une fois que le client a obtenu un objet valeur de l'assembleur, cet objet est entièrement local au client. Comme les objets valeur n'ont pas conscience du réseau, les autres modifications apportées aux composants métier utilisés pour le construire n'y sont pas reflétées. En conséquence, l'objet valeur peut se périmer très rapidement après son obtention si les composants métier font l'objet de transactions.

Exemples de code

Implémentation de Value Object Assembler

Considérons une application de gestion de projets dans laquelle un certain nombre de composants de la couche métier définissent un modèle complexe. Supposons qu'un client veuille obtenir des données provenant des différents objets métier suivants :

- des informations sur le projet du composant `Project` ;
- des informations sur le chef de projet du composant `ProjectManager` ;
- une liste des tâches du projet du composant `Project` ;
- des informations sur les ressources du composant `Resource`.

On peut définir un objet valeur composite pour contenir ces données, comme le montre l'Exemple 8.24. On implémentera le pattern Value Object Assembler pour assembler cet objet valeur composite. L'Exemple 8.28 liste l'implémentation de Value Object Assembler.

Exemple 8.24 : La classe de l'objet valeur composite

```
public class ProjectDetailsData {
  public ProjectVO projectData;
  public ProjectManagerVO projectManagerData;
  public Collection listOfTasks;
  ...
}
```

Dans `ProjectDetailsData` la liste des tâches est une collection d'objets `TaskResourceVO`, qui est une combinaison de `TaskVO` et de `ResourceVO` (voir les Exemples 8.25, 8.26 et 8.27).

Exemple 8.25 : La classe TaskResourceVO

```
public class TaskResourceVO {
  public String projectId;
  public String taskId;
  public String name;
  public String description;
  public Date startDate;
  public Date endDate;
  public ResourceVO assignedResource;
  ...

  public TaskResourceVO(String projectId, String taskId, String name,
  ➥String description, Date startDate,  Date endDate, ResourceVO
  ➥assignedResource) {
        this.projectId = projectId;
        this.taskId = taskId;
        ...
        this.assignedResource = assignedResource;
    }
    ...
}
```

Exemple 8.26 : La classe TaskVO

```
public class TaskVO {
  public String projectId;
  public String taskId;
  public String name;
  public String description;
  public Date startDate;
  public Date endDate;
  public assignedResourceId;

  public TaskVO(String projectId, String taskId, String name, String
  ➥description, Date startDate, Date endDate, String assignedResourceId) {
        this.projectId = projectId;
```

```
            this.taskId = taskId;
            ...
            this.assignedResource = assignedResource;
        }
        ...
    }
```

Exemple 8.27 : La classe ResourceVO

```
public class ResourceVO {
  public String resourceId;
  public String resourceName;
  public String resourceEmail;
  ...

  public ResourceVO (String resourceId, String resourceName, String
  ➥resourceEmail, ...) {
     this.resourceId = resourceId;
     this.resourceName = resourceName;
     this.resourceEmail = resourceEmail;
     ...
  }
}
```

La classe `ProjectDetailsAssembler` qui assemble les `ProjectDetailsData` est listée dans l'Exemple 8.28.

Exemple 8.28 : Implémentation de Value Object Assembler

```
public class ProjectDetailsAssembler implements javax.ejb.SessionBean {

  ...

  public ProjectDetailsData getData(String projectId){

    // Construire l'objet valeur composite
    ProjectDetailsData pData = new ProjectDetailsData();

    //Obtenir les détails du projet
    ProjectHome projectHome = ServiceLocator.getInstance()
    ➥.getHome("Project",ProjectEntityHome.class);
    ProjectEntity project = projectHome.findByPrimaryKey(projectId);
    ProjectVO projVO = project.getData();

    // Ajouter les infos du projet à ProjectDetailsData
    pData.projectData = projVO;

    //Obtenir les détails sur le chef de projet
    ProjectManagerHome projectManagerHome = ServiceLocator
    ➥.getInstance().getHome( "ProjectManager", ProjectEntityHome.class);
```

```
    ProjectManagerEntity projectManager = projectManagerHome
    ➥.findByPrimaryKey(
        projVO.managerId);

    ProjectManagerVO projMgrVO = projectManager.getData();

    // Ajouter les infos de ProjectManager à ProjectDetailsData
    pData.projectManagerData = projMgrVO;

    // Obtenir de Project la liste de TaskVOs
    Collection projTaskList = project.getTasksList();

    // Construire une liste de TaskResourceVOs
    ArrayList listOfTasks = new ArrayList();

    Iterator taskIter = projTaskList.iterator();
    while (taskIter.hasNext()) {
      TaskVO task = (TaskVO) taskIter.next();

      //Obtenir les détails de Resource;
      ResourceHome resourceHome = ServiceLocator.getInstance()
      ➥.getHome( "Resource", ResourceEntityHome.class);

      ResourceEntity resource = resourceHome.findByPrimaryKey
      ➥( task.assignedResourceId);

      ResourceVO resVO = resource.getResourceData();

      // Construire un nouveau TaskResourceVO en utilisant
      // les données de Task et Resource
      TaskResourceVO trVO = new TaskResourceVO(task.projectId,
      ➥task.taskId,
task.name, task.description, task.startDate, task.endDate, resVO);

      // Ajouter TaskResourceVO à la liste
      listOfTasks.add(trVO);
    }

    // Ajouter la liste de tâches à ProjectDetailsData
    pData.listOfTasks = listOfTasks;

    // Ajouter toutes les autres données à l'objet valeur
    ...

    // Retourner l'objet valeur composite
    return pData;

  }

  ...
}
```

Patterns apparentés

Value Object

Value Object Assembler utilise le pattern Value Object pour créer les objets valeur et les retourner au client. Les objets valeur créés transportent les données représentant le modèle de l'application de la couche métier pour les clients demandant les données.

Composite Entity

Le pattern Composite Entity encourage une conception à base de beans entité à gros grain, dans laquelle les entités peuvent produire des objets valeur composites comparables à ceux produits par Value Object Assembler. Toutefois, Value Object Assembler est plus applicable lorsque l'objet composite construit est dérivé de composants différents (beans session, beans entité, DAO, etc.), alors que le pattern Composite Entity construit l'objet à partir de ses propres données (autrement dit un seul bean entité).

Session Facade

Le pattern Value Object Assembler est généralement implémenté sous forme de bean session sans état. En tant que tel, on pourrait le considérer comme une application spéciale et limitée du pattern Session Facade. Plus important, Value Object Assembler construit des objets valeur composites immuables. En conséquence, le client recevant ces objets ne peut les utiliser qu'à des fins de présentation et de traitement intermédiaire, et ne peut pas les modifier. S'il a besoin de mettre à jour les objets métier correspondants, il doit accéder à la Session Facade (bean session) qui fournit ce service métier.

Data Access Object

Une stratégie d'application possible pour Value Object Assembler consiste à obtenir les données destinées à l'objet valeur composite du stockage persistant sans impliquer de bean entreprise. On peut appliquer le pattern Data Access Object, et exploiter ainsi ses avantages pour permettre à l'assembleur d'objets valeur d'accéder au stockage persistant.

Service Locator

Le Value Object Assembler a besoin de localiser et d'utiliser différents objets métier. On peut utiliser le pattern Service Locator en conjonction avec le pattern Value Object Assembler chaque fois qu'il est nécessaire de localiser un objet métier ou un service.

Value List Handler

Contexte

Le client a besoin d'obtenir du service une liste d'éléments pour les présenter. Le nombre d'éléments de la liste est inconnu, et peut être très important dans de nombreux cas.

Problème

La plupart des applications J2EE ont des besoins d'interrogation qui impliquent de rechercher et de lister certaines données. Dans certains cas, ces opérations peuvent retourner un important volume de résultats. Il n'est pas pratique de retourner l'ensemble de résultats (*resultset*) lorsque les besoins du client consistent uniquement à parcourir les résultats et non à tous les traiter. Un client utilise généralement les résultats d'une requête en lecture seule, par exemple pour en afficher la liste. Il ne voit souvent que les quelques premiers enregistrements qui correspondent aux critères, et peut alors rejeter les enregistrements restants et entamer une nouvelle requête. L'activité de recherche implique rarement une transaction immédiate sur les objets correspondant aux critères. La pratique qui consiste à obtenir une liste de valeurs représentée dans des beans entité en appelant une méthode `ejbFind()` qui retourne une collection d'objets distants, puis à appeler chaque bean entité pour obtenir la valeur, consomme beaucoup de ressources réseau et est considérée comme une pratique à éviter.

L'emploi de méthodes de recherche EJB qui retournent de gros volumes de résultats a certaines conséquences. Chaque implémentation de conteneur provoque une certaine surcharge lorsque ces méthodes créent une collection de références à un `EJBObject`. Le comportement et les performances des méthodes de recherche varient en fonction de la façon dont le fournisseur a implémenté le conteneur. Selon la spécification EJB, un conteneur peut invoquer une méthode `ejbActivate()` sur les entités trouvées par les méthodes de recherche. Une méthode de recherche doit retourner au minimum les clés primaires des entités correspondant aux critères, que le conteneur retourne au conteneur du client sous forme de collection de références à un `EJBObject`. Ce comportement s'applique à toutes les implémentations de conteneurs. Certaines peuvent introduire une charge supplémentaire lorsque les méthodes de recherche associent les instances du bean entité à ces instances d'`EJBObject` pour permettre au client d'accéder à ces beans entité. Mais c'est là une médiocre utilisation des ressources si le client n'a pas besoin d'accéder au bean ou d'invoquer ses méthodes. Cette surcharge peut dégrader de façon significative les performances de l'application, lorsque les résultats correspondant aux critères sont trop nombreux.

Indications

- Le client de l'application a besoin d'une fonction de recherche efficace pour éviter de devoir appeler la méthode `ejbFind()` du bean entité et d'invoquer chaque objet distant retourné.
- Un mécanisme de mise en cache côté serveur est nécessaire pour servir les clients qui ne peuvent pas recevoir et traiter la totalité du resultset.
- Une requête exécutée de façon répétitive sur des données raisonnablement statiques peut être optimisée pour obtenir plus rapidement des résultats. Cela dépend de l'application et de l'implémentation de ce pattern.
- Les méthodes de recherche EJB ne conviennent pas pour parcourir des tables entières dans la base de données ou pour consulter des volumes importants de resulsets.
- Les méthodes de recherche peuvent entraîner une surcharge considérable lorsqu'on les utilise pour rechercher un grand nombre de résultats. Le conteneur peut créer de nombreux objets d'infrastructure pour faciliter le travail des méthodes de recherche.
- Les méthodes de recherche EJB ne conviennent pas à la mise en cache des résultats. Le client peut être incapable de gérer le resultset entier en un seul appel. Dans ce cas, il peut avoir besoin d'un cache côté serveur et de fonctions de navigation pour parcourir le resultset.
- Les méthodes de recherche EJB ont des constructions prédéterminées relativement rigides. La spécification EJB 2.0 autorise un langage de requête, EJB QL, pour les beans entité gérés au niveau du conteneur. EJB QL facilite l'écriture de méthodes de recherche portables et offre une souplesse accrue.
- Le client peut naviguer en avant et en arrière dans un resultset.

Solution

Utiliser un Value List Handler (gestionnaire de listes de valeurs) pour contrôler la recherche, mettre en cache les résultats et les retourner au client dans un resultset dont la taille et les possibilités de navigation correspondent à ses besoins.

Ce pattern crée un `ValueListHandler` pour contrôler l'exécution des requêtes et la mise en cache des résultats. Le `ValueListHandler` accède directement à un DAO qui peut exécuter la requête nécessaire. Le `ValueListHandler` mémorise les résultats obtenus du DAO sous forme de collection d'objets valeur. Le client demande au `ValueListHandler` de fournir les résultats de la requête en fonction de ses besoins. Le `ValueListHandler` implémente le pattern Itérateur (*Iterator*) [GoF] pour fournir la solution.

Structure

Le diagramme de classe de la Figure 8.29 illustre le pattern Value List Handler.

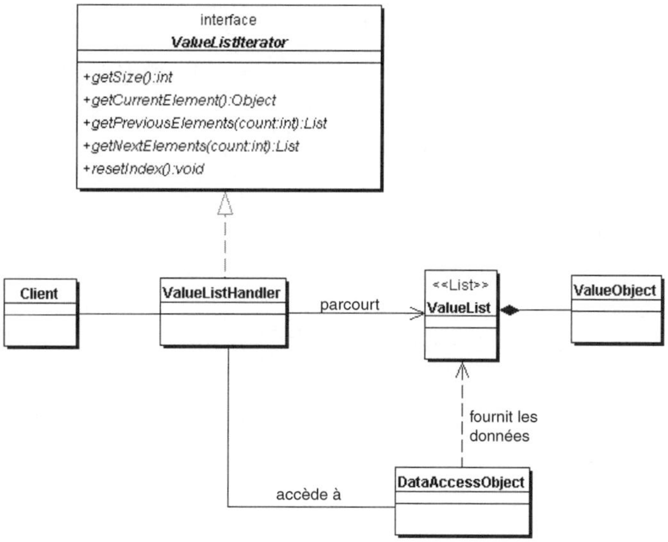

Figure 8.29
Diagramme de classe de Value List Handler.

Participants et collaborations

Le diagramme de séquence de la Figure 8.30 représente les interactions du pattern Value List Handler.

ValueListIterator

Cette interface peut fournir un mécanisme d'itération, avec les exemples de méthode suivants :

- `getSize()` obtient la taille du *resultset*.
- `getCurrentElement()` obtient l'objet valeur courant dans la liste.

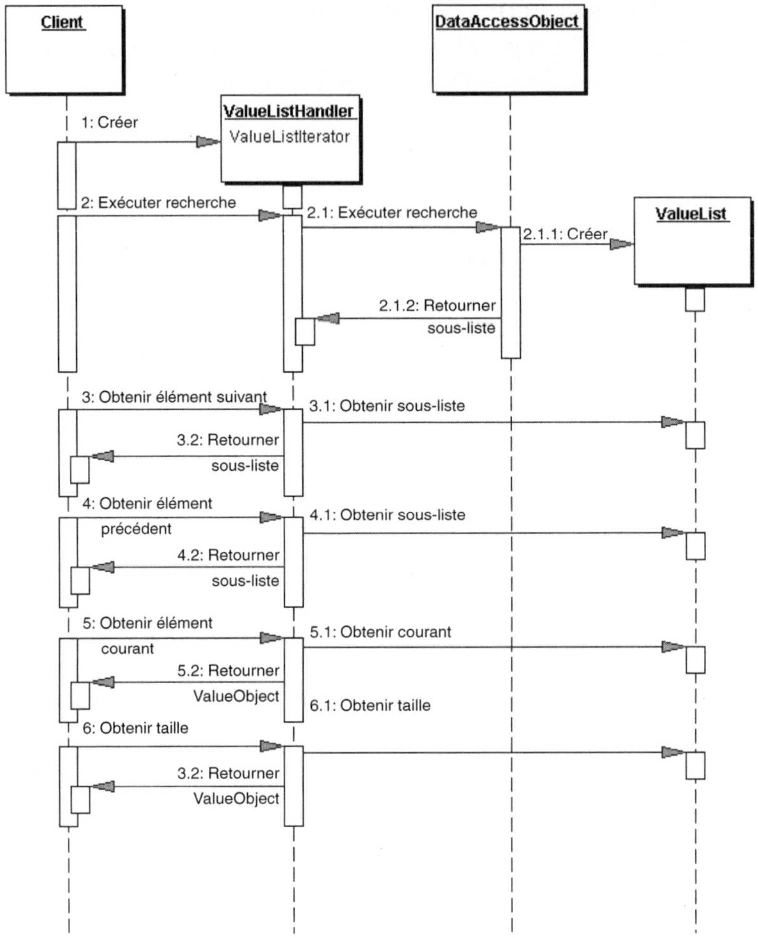

Figure 8.30

Diagramme de séquence de Value List Handler.

- `getPreviousElements(int howMany)` obtient une collection des objets valeur qui figurent dans la liste avant l'élément courant.
- `getNextElements(int howMany)` obtient une collection des objets valeur qui figurent dans la liste après l'élément courant.
- `resetIndex()` réinitialise l'index au début de la liste.

En fonction des besoins, d'autres méthodes peuvent être intégrées à l'interface `Value-ListIterator`.

ValueListHandler

Il s'agit d'un objet gestionnaire de listes qui implémente l'interface `ValueListIterator`. `ValueListHandler` exécute la requête nécessaire à la demande du client. Il obtient les résultats de la requête, qu'il gère dans une collection locale représentée par l'objet `ValueList`. `ValueListHandler` crée et manipule la collection `ValueList`. Lorsque le client demande les résultats, `ValueListHandler` extrait les objets valeur de la `ValueList` mise en cache, crée une nouvelle collection d'objets valeur, sérialise la collection et la renvoie au client. `ValueListHandler` mémorise également l'index courant et la taille de la liste.

DataAccessObject

`ValueListHandler` peut utiliser un `DataAccessObject` pour isoler l'implémentation de l'accès à la base de données. `DataAccessObject` fournit une API simple pour accéder à la base (ou à tout autre stockage persistant), exécuter la requête et récupérer les résultats.

ValueList

`ValueList` est une collection (une liste) qui contient les résultats de la requête. Ces résultats sont mémorisés sous forme d'objets valeur. Si la requête échoue et qu'aucun résultat ne correspond aux critères, la liste est vide. Le bean session `ValueListHandler` met en cache la `ValueList` pour éviter de répéter inutilement la requête.

ValueObject

`ValueObject` représente une vue objet d'un enregistrement individuel dans les résultats d'une requête. C'est un objet sérialisable immuable qui sert de substitut aux attributs de données de chaque enregistrement.

Stratégies

Objet Java

On peut implémenter `ValueListHandler` sous forme d'un objet Java arbitraire. Dans ce cas, le `ValueListHandler` peut être utilisé par n'importe quel client qui a besoin de cette fonctionnalité. Cette stratégie est utile pour les applications qui ne contiennent pas de beans entreprise, par exemple les applications simples qui utilisent des servlets, des JSP, des Business Delegates et des DAO. Dans ce scénario, un Business Delegate peut utiliser un `ValueListHandler` implémenté sous forme d'objet Java pour obtenir une liste des valeurs.

Bean session à états

Lorsque la couche métier d'une application compte des beans entreprise, il peut être préférable d'implémenter un bean session qui utilise le `ValueListHandler`. Dans ce cas, le bean session est un simple frontal d'une instance d'un `ValueListHandler`. En conséquence, ce bean peut être un bean à états pour conserver le gestionnaire de liste dans son état, se comportant donc simplement comme une façade (voir l'Exemple 8.28 et le pattern "Session Facade" dans ce chapitre) ou comme un *proxy*.

Conséquences

- **Solution de rechange aux méthodes de recherche EJB.** En général, une méthode de recherche EJB est un moyen coûteux et très consommateur de ressources pour obtenir une liste d'éléments, puisqu'il implique un grand nombre de références à des EJBObject. Value List Handler implémente un bean session qui utilise un DAO pour exécuter la requête et créer une collection d'objets valeur qui correspondent à ses critères. Comme les objets valeur entraînent une surcharge relativement plus faible que les références à des EJBObject et leur infrastructure associée, ce pattern présente des avantages lorsque les clients ont besoin d'effectuer des requêtes qui peuvent retourner d'importants resultsets.

- **Mise en cache des résultats des requêtes côté serveur.** Le resultset obtenu par l'exécution d'une requête doit être mis en cache lorsqu'un client doit en afficher de petits sous-ensembles et non la liste complète. Mais tous les navigateurs ne disposent pas de cette fonction de cache. Dans ce cas, c'est le serveur qui doit la fournir. Le pattern Value List Handler permet de mettre en cache dans le bean session `ValueListHandler` le resultset obtenu. Le resultset est une collection d'objets valeur qui peuvent être sérialisés si nécessaire.

  Lorsque le client demande une collection, ou un sous-ensemble d'une collection, le bean gestionnaire retourne les résultats demandés sous forme d'une collection sérialisée d'objets valeur. Le client reçoit la collection, et dispose maintenant d'une copie locale des données demandées, qu'il peut afficher ou traiter. Lorsqu'il a besoin d'un sous-ensemble de résultats supplémentaires, il demande au bean de lui retourner une nouvelle collection sérialisée. Il peut alors traiter les résultats de la requête en fragments plus petits et plus faciles à gérer. Le bean gestionnaire fournit également des outils de navigation en avant et en arrière.

- **Interrogation plus souple.** L'ajout d'une nouvelle requête peut nécessiter la création d'une nouvelle méthode de recherche ou la modification d'une méthode existante, en particulier dans le cas de beans entité gérés au niveau du bean. (Avec ce type de beans entité, le développeur implémente les méthodes de recherche dans l'implémentation du bean.) Avec un bean entité géré par le conteneur, le déployeur spécifie les méthodes de recherche dans le descripteur de déploiement du bean, et c'est donc là que doivent être effectuées les modifications consécutives à celles d'une requête. C'est pourquoi les méthodes de recherche conviennent mal pour gérer les besoins de requêtes qui changent dynamiquement. Vous pouvez implémenter un `ValueListHandler` qui offre plus de souplesse que les méthodes de recherche EJB en fournissant les outils de recherche *ad hoc*, construisant les arguments de la requête au moment de l'exécution en utilisant des méthodes template, etc. En d'autres termes, le développeur d'un `ValueListHandler` peut implémenter un des algorithmes de mise en cache et d'interrogation intelligents sans être limité par les méthodes de recherche.

- **Amélioration des performances du réseau.** Les performances du réseau peuvent s'améliorer dans la mesure où seules les données demandées, et non l'ensemble des données, sont retournées (sérialisées) au client en fonction des besoins. Si le client affiche les premiers résultats et abandonne l'interrogation, il n'y a pas de gaspillage de bande passante, puisque les données sont mises en cache côté serveur et ne sont jamais envoyées au client. Mais si le client traite la totalité du resultset, il effectue de multiples appels distants au serveur. Si le client sait d'avance qu'il a besoin du resultset entier, le bean gestionnaire peut le lui envoyer en un seul appel de méthode, et la fonctionnalité de cache du pattern n'est pas utilisée.

- **Possibilité de report des transactions.** La mise en cache des résultats côté serveur et la minimisation de la surcharge due aux méthodes de recherche peut améliorer la gestion des transactions. Lorsque le client est prêt à traiter un bean entité, il accède au bean dans un contexte de transaction défini par le cas d'utilisation. Prenons l'exemple d'une requête qui affiche une liste d'ouvrages et utilise un `ValueListHandler` pour l'obtenir. Lorsque l'utilisateur veut consulter les détails d'un livre, il implique le bean entité de celui-ci dans une transaction.

Exemples de code

Implémentation de Value List Handler sous forme d'objet Java

Considérons un exemple dans lequel il s'agit d'extraire et d'afficher une liste d'objets métier `Project`. Le pattern Value List Handler peut s'appliquer à ce cas. L'Exemple 8.29 est une implémentation possible, où `ProjectListHandler`, a la responsabilité de fournir la liste des projets. Cette classe étend la classe de base `ValueListHandler`, qui fournit la fonctionnalité d'itération générique pour toutes les implémentations de Value List Handler dans cette application. Le code de `ValueListHandler` est listé dans l'Exemple 8.30. `ValueListHandler` implémente l'interface générique `ValueList-Iterator`, listée dans l'Exemple 8.32. Le code de l'objet d'accès aux données `ProjectDAO`, utilisé par `ValueListHandler` pour exécuter la requête et obtenir les résultats, est listé dans l'Exemple 8.31.

Exemple 8.29 : Implémentation du pattern Value List Handler

```
package corepatterns.apps.psa.handlers;

import java.util.*;
import corepatterns.apps.psa.dao.*;
import corepatterns.apps.psa.util.*;
import corepatterns.apps.psa.core.*;

public class ProjectListHandler extends ValueListHandler {

  private ProjectDAO dao = null;

  // Utiliser ProjectVO comme modèle pour
  // déterminer les critères de recherche
  private ProjectVO projectCriteria = null;

  // Le client crée une instance de ProjectVO, définit
  // les valeurs à utiliser pour les critères et passe
  // l'instance de ProjectVO sous forme de projectCriteria
  // au constructeur et à la méthode setCriteria()
  public ProjectListHandler(ProjectVO projectCriteria) throws
  ➥ProjectException, ListHandlerException {
    try {
      this.projectCriteria = projectCriteria;
      this.dao = PSADAOFactory.getProjectDAO();
      executeSearch();
    } catch (Exception e) {
      // Traiter l'exception, lancer ListHandlerException
    }
  }

  public void setCriteria(ProjectVO projectCriteria) {
    this.projectCriteria = projectCriteria;
  }

  // Exécute la recherche. Le client peut invoquer cela
  // pourvu que les critères de recherche aient été
  // correctement définis. Sert à effectuer la recherche pour
  // rafraîchir la liste avec les données les plus récentes.
  public void executeSearch()
  throws ListHandlerException {
    try {
```

```
        if (projectCriteria == null) {
          throw new ListHandlerException("Project Criteria required...");
        }
        List resultsList = dao.executeSelect(projectCriteria);
        setList(resultsList);
      } catch (Exception e) {
        // Traiter l'exception, lancer ListHandlerException
      }
    }
  }
```

`ValueListHandler` est une classe générique qui fournit la fonctionnalité d'itération.

Exemple 8.30 : Implémentation de la classe générique ValueListHandler

```
package corepatterns.apps.psa.util;

import java.util.*;

public class ValueListHandler implements ValueListIterator {

  protected List list;
  protected ListIterator listIterator;

  public ValueListHandler() {
  }

  protected void setList(List list) throws IteratorException {
    this.list = list;
    if(list != null)
      listIterator =  list.listIterator();
    else
      throw new IteratorException("List empty");
  }

  public Collection getList(){
    return list;
  }

  public int getSize() throws IteratorException{
    int size = 0;

    if (list != null)
      size = list.size();
    else
      throw new IteratorException(...); //Pas de données

    return size;
  }

  public Object getCurrentElement() throws IteratorException {

    Object obj = null;
```

```
    // N'avance pas l'itérateur
    if (list != null)
    {
      int currIndex = listIterator.nextIndex();
      obj = list.get(currIndex);
    }
    else
      throw new IteratorException(...);
    return obj;

  }

  public List getPreviousElements(int count) throws IteratorException {
    int i = 0;
    Object object = null;
    LinkedList list = new LinkedList();
    if (listIterator != null) {
      while (listIterator.hasPrevious() && (i < count)){
        object = listIterator.previous();
        list.add(object);
        i++;
      }
    }// fin du if
    else
      throw new IteratorException(...); // Pas de données

    return list;
  }

  public List getNextElements(int count) throws IteratorException {
    int i = 0;
    Object object = null;
    LinkedList list = new LinkedList();
    if(listIterator != null){
      while(  listIterator.hasNext() && (i < count) ){
        object = listIterator.next();
        list.add(object);
        i++;
      }
    } /  / fin du if
    else
      throw new IteratorException(...); // Pas de données


    return list;
  }

  public void resetIndex() throws IteratorException{
    if(listIterator != null){
      listIterator = list.ListIterator();
    }
    else
      throw new IteratorException(...); // Pas de données
  }
  ...
}
```

Exemple 8.31 : La classe ProjectDAO

```
package corepatterns.apps.psa.dao;

public class ProjectDAO {
  final private String tableName = "PROJECT";

  // L'instruction select utilise ces champs
  final private String fields = "project_id, name," +
      "project_manager_id, start_date, end_date, " +
      " started, completed, accepted, acceptedDate," +
      " customer_id, description, status";

  // Seules les méthodes pertinentes pour ValueListHandler
  // sont montrées ici.
  // Voir le pattern Data Access Object pour plus de détails.
  ...
  private List executeSelect(ProjectVO projCriteria) throws
  ➥SQLException {

    Statement stmt= null;
    List list = null;
    Connection con = getConnection();
    StringBuffer selectStatement =   new StringBuffer();
    selectStatement.append("SELECT "+ fields + " FROM " + tableName
    ➥+ "WHERE 1=1");

    // Ajouter des conditions supplémentaires
    // à la clause WHERE en fonction des valeurs
    // spécifiées dans projCriteria

    if (projCriteria.projectId != null) {
      selectStatement.append (" AND PROJECT_ID = '" +
        projCriteria.projectId + "'");
    }
    // tester et ajouter les autres champs à la clause WHERE
    ...

    try {
      stmt = con.prepareStatement(selectStatement);
      stmt.setString(1, resourceID);
      ResultSet rs = stmt.executeQuery();
      list = prepareResult(rs);
      stmt.close();
    }
    finally {
      con.close();
    }
    return list;
  }

  private List prepareResult(ResultSet rs)
  throws SQLException {
    ArrayList list = new ArrayList();
    while(rs.next()) {
```

```
        int i = 1;
        ProjectVO proj = new ProjectVO(rs.getString(i++));
        proj.projectName = rs.getString(i++);
        proj.managerId = rs.getString(i++);
        proj.startDate = rs.getDate(i++);
        proj.endDate = rs.getDate(i++);
        proj.started = rs.getBoolean(i++);
        proj.completed = rs.getBoolean(i++);
        proj.accepted = rs.getBoolean(i++);
        proj.acceptedDate = rs.getDate(i++);
        proj.customerId = rs.getString(i++);
        proj.projectDescription = rs.getString(i++);
        proj.projectStatus = rs.getString(i++);
        list.add(proj);

      }
      return list;
    }
    ...
  }
```

Exemple 8.32 : La classe ValueListIterator

```
package corepatterns.apps.psa.util;

import java.util.List;

public interface ValueListIterator {

  public int getSize() throws IteratorException;

  public Object getCurrentElement() throws IteratorException;

  public List getPreviousElements(int count) throws IteratorException;

  public List getNextElements(int count) throws IteratorException;

  public void resetIndex() throws IteratorException;

  // autres méthodes communes nécessaires
  ...
}
```

Patterns apparentés

Itérateur (Iterator) [GoF]

Le pattern Value List Handler est basé sur le pattern Itérateur, décrit dans l'ouvrage de Gamma, Helm, Johnson et Vlissides, *Design Patterns : Catalogue de modèles de conception réutilisables*.

Session Facade

Comme le gestionnaire de listes de valeurs est un bean session, il peut évoquer une Session Facade spécialisée. Mais, pris isolément, c'est un bean session spécialisé et non une façade de session spécialisée. Une Session Facade a d'autres motivations et d'autres caractéristiques (voir "Session Facade"), et sa granularité est beaucoup plus importante.

Service Locator

Contexte

La recherche et la création de services impliquent des opérations sur le réseau et des interfaces complexes.

Problème

Les clients J2EE interagissent avec des composants, EJB et JMS par exemple, qui fournissent des services métier et des fonctions de persistance. Pour ce faire, les clients doivent localiser le composant ou en créer un nouveau. Par exemple, un client EJB doit localiser l'objet home du bean entreprise, qu'il utilise ensuite pour localiser un objet, ou pour créer ou supprimer un ou plusieurs beans. De même, un client JMS doit d'abord localiser la `ConnectionFactory` JMS pour obtenir une connexion JMS ou une session JMS.

Tous les clients des applications J2EE utilisent JNDI pour rechercher et créer des composants EJB et JMS. L'API JNDI permet aux clients d'obtenir un objet de contexte initial qui contient les associations nom-à-objet (*bindings*) des composants. Le client commence par obtenir le contexte initial pour l'objet home d'un bean. Le contexte initial reste valide tant que la session du client est valide. Le client fournit le nom JNDI enregistré de l'objet demandé pour obtenir une référence à un objet administré. Dans le cadre d'une application EJB, un objet administré typique est l'objet home d'un bean entreprise. Dans celui d'une application JMS, l'objet administré peut être une `ConnectionFactory` JMS (pour un `Topic` ou une `Queue`) ou une `Destination` JMS (un `Topic` ou une `Queue`).

Ainsi, la localisation d'un objet de service administré par JNDI est commune à tous les clients qui ont besoin d'accéder à cet objet. Dans ce cas, il est facile de constater que plusieurs types de clients utilisent de façon répétitive le service JNDI, et que le code JNDI apparaît plusieurs fois au niveau de ces clients. Il en résulte une duplication inutile du code sur les clients qui doivent accéder à ces services.

De plus, la création d'un contexte initial et l'exécution d'une recherche sur un objet *home* consomment des ressources significatives. Si plusieurs demandent à maintes reprises le même objet *home*, une telle duplication peut avoir un impact négatif sur les performances de l'application.

Etudions maintenant le processus de recherche et de création pour différents composants J2EE. Celui-ci repose sur les éléments suivants :

1. Une définition correcte de l'environnement JNDI pour qu'il soit connecté au service de nommage et d'annuaire utilisé par l'application. Elle comprend la localisation du service de nommage et les références d'authentification nécessaires pour y accéder.

   – Le service JNDI peut alors fournir au client un contexte initial qui se comporte comme un substitut de l'association nom-à-objet du composant. Le client demande ce contexte initial pour rechercher l'objet `EJBHome` du bean entreprise requis en fournissant le nom JNDI de cet objet `EJBHome`.

   – L'objet `EJBHome` est trouvé en utilisant le mécanisme de recherche du contexte initial.

   – Après obtention de l'objet `EJBHome`, on trouve, crée ou supprime le bean entreprise, en appelant les méthodes `find()`, `create()` et `move()` de l'objet `EJBHome` (pour les beans entité seulement).

2. La recherche et la création de composants JMS (`Topic`, `Queue`, `QueueConnection`, `QueueSession`, `TopicConnection`, `TopicSession`, etc.) comprend les étapes suivantes. Notez que dans ces étapes, `Topic` renvoie au modèle d'échange de messages publication/souscription, et `Queue` renvoie au modèle point-à-point.

   – Définir l'environnement JNDI au service de nommage utilisé par l'application. L'installation contient la localisation du service de nommage et les références d'authentification nécessaires pour y accéder.

   – Obtenir du service de nommage JNDI le contexte initial pour le fournisseur de services JMS.

   – Utiliser le contexte initial pour obtenir un `Topic` ou une `Queue` en fournissant leur nom JNDI. `Topic` et `Queue` sont des objets `JMSDestination`.

   – Utiliser le contexte initial pour obtenir une `TopicConnectionFactory` ou une `QueueConnectionFactory` en fournissant leur nom JNDI.

– Utiliser TopicConnectionFactory pour obtenir une TopicConnection ou QueueConnectionFactory pour obtenir une QueueConnection.

– Utiliser la TopicConnection pour obtenir une TopicSession ou une QueueConnection pour obtenir une QueueSession.

– Utiliser la TopicSession pour obtenir un TopicSubscriber ou TopicPublisher pour le Topic demandé. Utiliser la QueueSession pour obtenir un QueueReceiver ou un QueueSender pour la Queue demandée.

Le processus de recherche et de création des composants implique l'implémentation d'une "fabrication" de contexte propre au fournisseur. Il s'ensuit une dépendance au fournisseur pour les clients qui doivent utiliser les outils de recherche JNDI pour localiser les beans entreprise et les composants JMS, comme les objets Topic, Queue et ConnectionFactory.

Indications

- Les clients EJB ont besoin d'utiliser l'API JNDI pour rechercher des objets EJBHome en utilisant le nom JNDI enregistré du bean entreprise.
- Les clients JMS ont besoin d'utiliser l'API pour rechercher des composants JMS en utilisant les noms enregistrés de ces composants, tels que des objets Topic, Queue et ConnectionFactory.
- La "fabrique" de contextes servant à créer le contexte JNDI initial est fournie par le vendeur du fournisseur de service et en est donc dépendante. Elle est également dépendante du type de l'objet recherché. Le contexte pour JMS est différent du contexte pour EJB avec différents fournisseurs.
- La recherche et la création de composants de service peuvent être complexes, et utilisées de manière répétitive par de nombreux clients dans l'application.
- La création du contexte initial et les recherches d'objets de service, si elles sont fréquentes, peuvent consommer énormément de ressources et avoir un impact négatif sur les performances de l'application, surtout lorsque les clients et les services se trouvent dans des couches différentes.
- Les clients EJB peuvent avoir besoin de rétablir une connexion à une instance de bean entreprise à laquelle ils ont accédé auparavant, en n'ayant que son objet Handle.

Solution

Utiliser un objet Service Locator (localisateur de service) pour abstraire toute l'utilisation de JNDI et masquer la complexité de la création du contexte initial, de la recherche de l'objet `EJBHome` et de la recréation de l'objet EJB. Plusieurs clients peuvent réutiliser l'objet Service Locator pour simplifier le code, disposer d'un seul point de contrôle et améliorer les performances avec une fonction de mise en cache.

Ce pattern réduit la complexité qui résulte de la dépendance du client et de la nécessité d'un processus de création et de recherche très gourmand en ressources. Pour éliminer ces problèmes, ce pattern fournit un mécanisme qui permet d'abstraire toutes les dépendances et les détails réseau dans le Service Locator.

Structure

La Figure 8.31 est le diagramme de classe représentant les relations du pattern Service Locator.

Figure 8.31
Diagramme de classe de Service Locator.

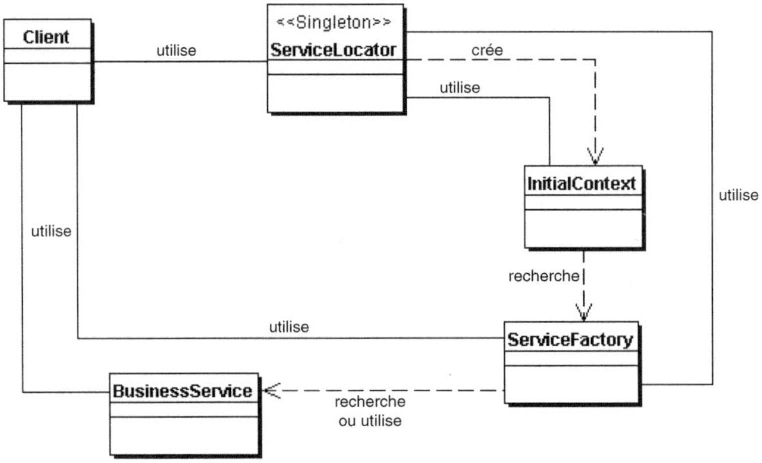

Participants et responsabilités

La Figure 8.32 est un diagramme de séquence qui montre les interactions entre les différents participants au pattern Service Locator.

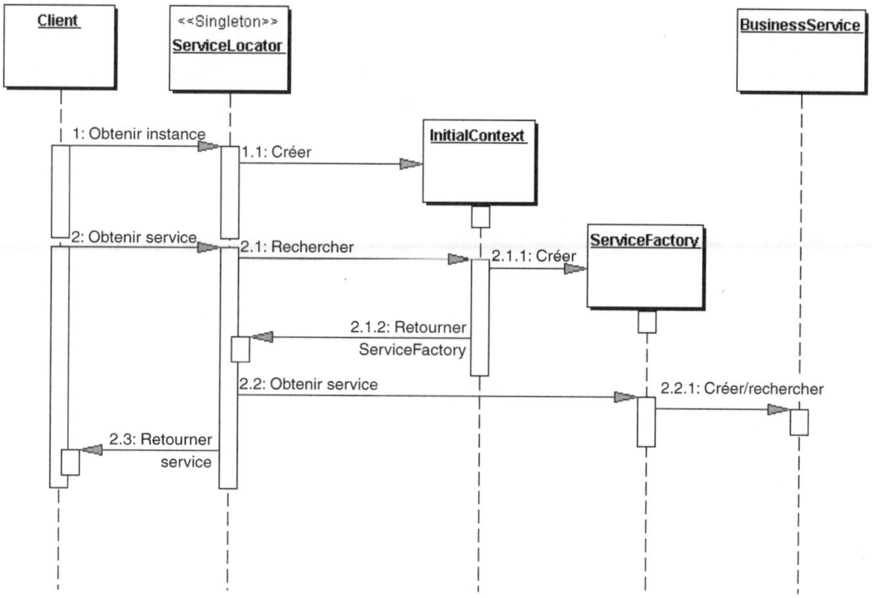

Figure 8.32

Diagramme de séquence de Service Locator.

Client

C'est le client du `ServiceLocator`. Le client est un objet qui nécessite généralement un accès à un objet métier, par exemple un Business Delegate (voir "Business Delegate" au début de ce chapitre).

ServiceLocator

Le `ServiceLocator` abstrait les services de recherche (nommage) de l'API, les dépendances au fournisseur, les complexités de la recherche et la création des objets métier, et présente une interface simple aux clients. En outre, le même client ou d'autres clients peuvent réutiliser le `ServiceLocator`.

InitialContext

L'objet `InitialContext` est le point de départ du processus de recherche et de création. Les fournisseurs de services procurent l'objet de contexte, qui varie selon le type d'objet métier fourni par le service de recherche et de création du Service Locator.

Un Service Locator qui fournit des services pour plusieurs types d'objets métier (beans entreprise, composants JMS, etc.) utilise plusieurs types d'objets de contexte, chacun étant obtenu d'un fournisseur de service différent (par exemple, un fournisseur de contexte pour une application EJB peut être différent du fournisseur de contexte pour le service JMS).

ServiceFactory

L'objet `ServiceFactory` représente un objet qui gère le cycle de vie des objets `BusinessService`. Pour les beans entreprise, c'est un objet `EJBHome`. Pour les composants JMS, ce peut être un objet JMS `ConnectionFactory`, comme `TopicConnectionFactory` (pour le modèle d'échange de messages publication/souscription) ou `QueueConnectionFactory` (pour le modèle point-à-point).

BusinessService

Le `BusinessService` est un rôle rempli par le service auquel le client cherche à accéder. L'objet `BusinessService` est recherché, créé ou supprimé par la `ServiceFactory`. Dans le contexte d'une application EJB, c'est un bean entreprise. Dans une application JMS, ce peut être un objet `TopicConnection` ou `QueueConnection`. `TopicConnection` et `QueueConnection` peuvent alors être utilisés pour produire un objet `JMSSession`, respectivement, par exemple, une `TopicSession` ou une `QueueSession`.

Stratégies

Localisateur de service EJB

Le `ServiceLocator` pour les composants EJB utilise l'objet `EJBHome`, représenté par `BusinessHome` dans le rôle de `ServiceFactory`. Une fois l'objet `EJBHome` obtenu, il peut être mis en cache dans le `ServiceLocator` pour une utilisation ultérieure, et éviter une autre recherche JNDI lorsque le client a de nouveau besoin de l'objet home. Selon l'implémentation, l'objet home peut être retourné au client, qui peut alors l'utiliser pour rechercher, créer et supprimer des beans entreprise. Sinon, le `ServiceLocator` peut le mettre en cache et être investi de la responsabilité supplémentaire de servir de proxy à tous les appels des clients à l'objet home. La Figure 8.33 est le diagramme de classe représentant cette stratégie.

La Figure 8.34 montre l'interaction entre les participants à un Service Locator pour un bean entreprise.

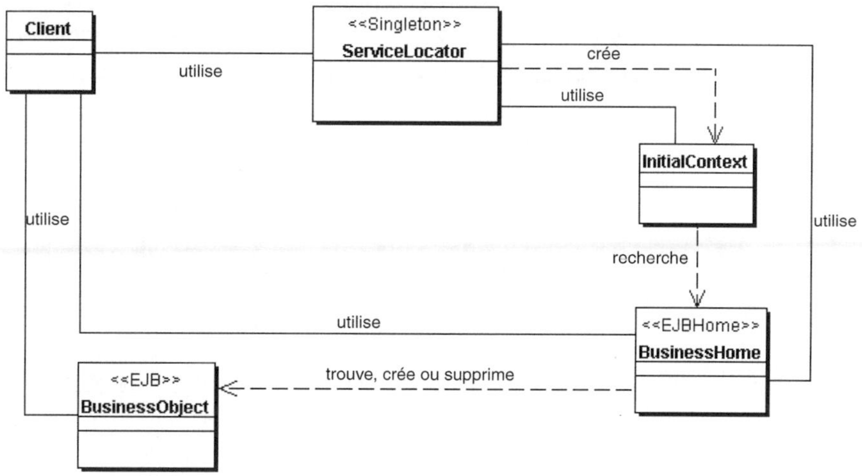

Figure 8.33

Localisateur de service EJB — diagramme de classe.

Localisateur de Queue JMS

Cette stratégie est applicable aux besoins d'échanges de messages point-à-point. Le Service Locator pour les composants JMS utilise des objets `QueueConnectionFactory` dans le rôle de `ServiceFactory`. La `QueueConnectionFactory` est localisée par son nom JNDI. Elle peut être mise en cache par le `ServiceLocator` pour une utilisation ultérieure. Cette technique évite de répéter les appels JNDI lorsque le client en a de nouveau besoin. Le `ServiceLocator` peut également passer la `QueueConnectionFactory` au client. Celui-ci peut alors l'utiliser pour créer une `QueueConnection`, qui est nécessaire pour obtenir une `QueueSession` ou pour créer un `Message`, un `QueueSender` (pour envoyer des messages à la file) ou un `QueueReceiver` (pour recevoir des messages d'une file). La Figure 8.35 est le diagramme de classe de la stratégie JMS Queue Service Locator. Dans ce diagramme, la `Queue` est un objet JMS `Destination` enregistré comme objet administré par JNDI représentant la file. L'objet `Queue` peut être obtenu directement du contexte *via* son nom JNDI.

La Figure 8.36 montre l'interaction entre les participants à un Service Locator pour les systèmes de messages point-à-point en utilisant des files JMS.

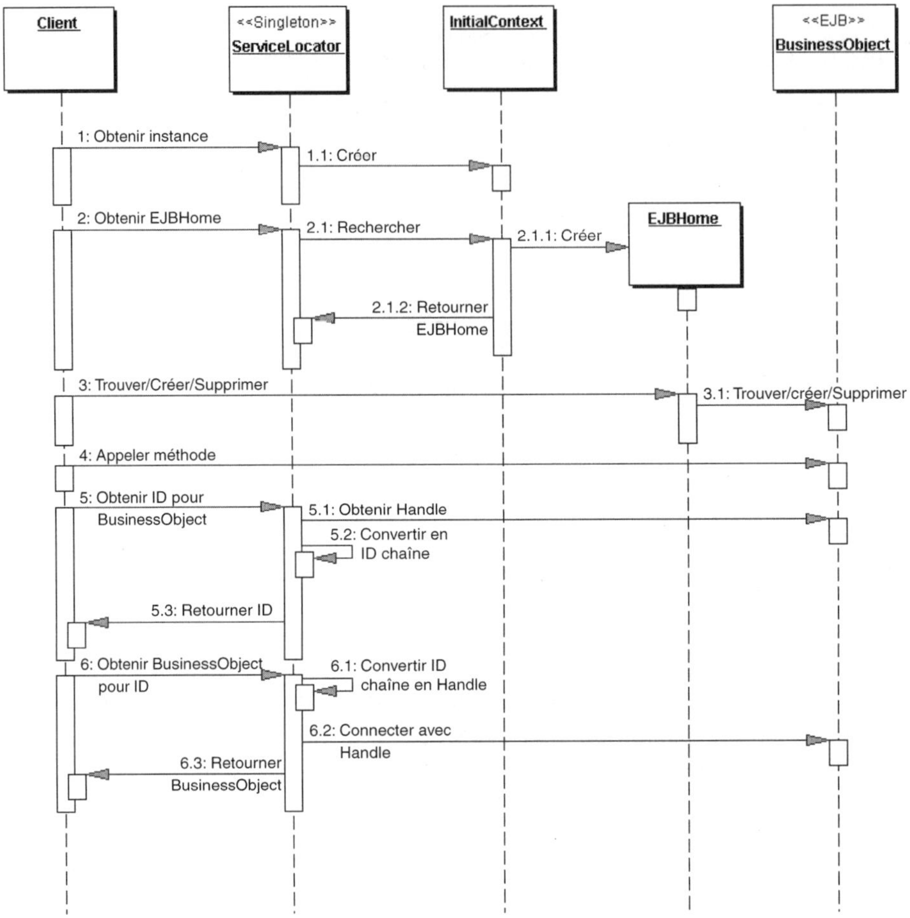

Figure 8.34

Localisateur de service EJB — diagramme de séquence.

Localisateur de Topic JMS

Cette stratégie est applicable aux besoins des systèmes de messages de type publication/souscription. Le `ServiceLocator` pour les composants JMS utilise des objets `TopicConnectionFactory` dans le rôle de `ServiceFactory`. La `TopicConnectionFactory` est localisée *via* son nom JNDI. Elle peut être mise en cache par le `ServiceLocator` pour une utilisation ultérieure. Cette technique évite de répéter les appels JNDI lorsque le client en a de nouveau besoin. Le `ServiceLocator` peut également passer la `TopicConnectionFactory` au client. Celui-ci peut alors l'utiliser pour créer une `TopicConnection`, laquelle est nécessaire pour obtenir une `TopicSession`, ou pour créer un `Message`, un `TopicPublisher` (pour publier des messages à un "sujet") ou un `TopicSubscriber` (pour souscrire à un "sujet").

Figure 8.35

Localisateur de Queue JMS — diagramme de classe.

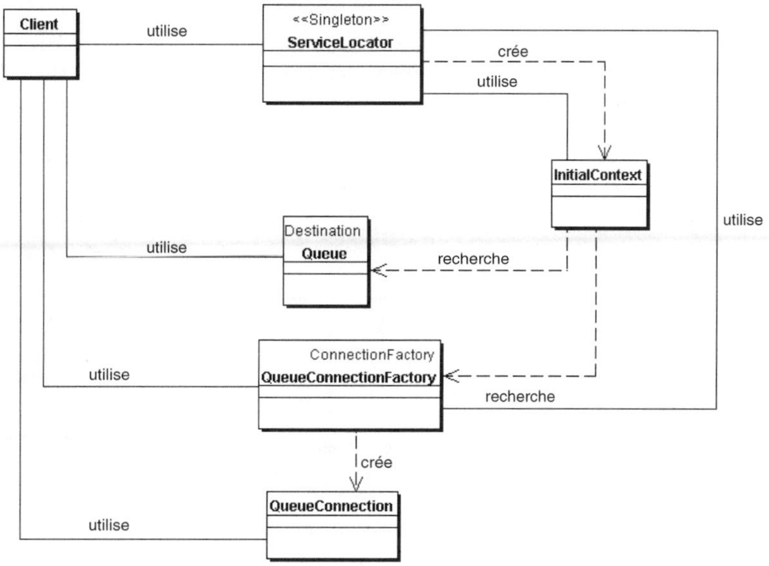

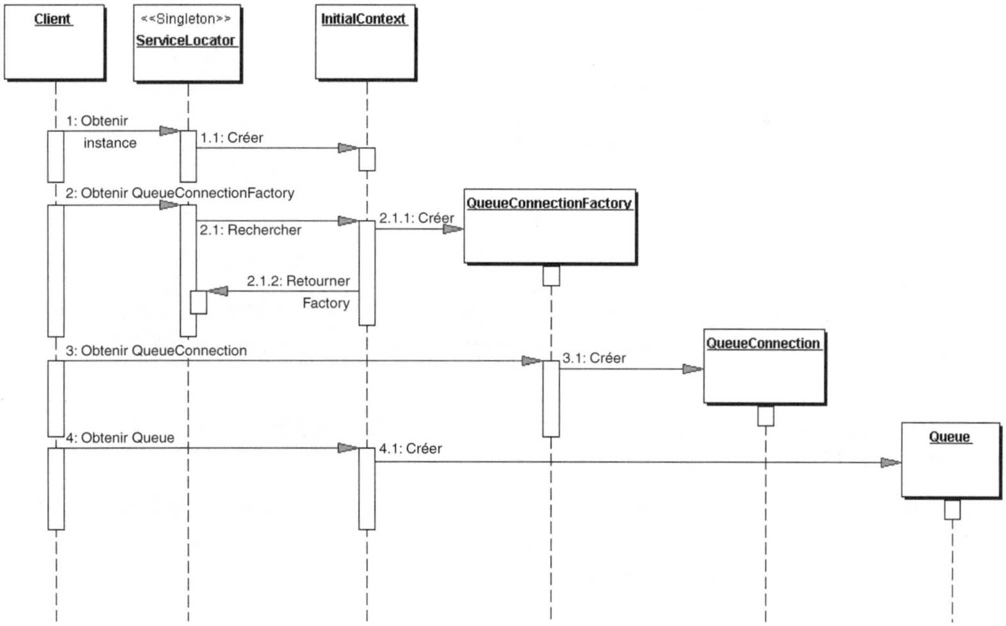

Figure 8.36

Localisateur de Queue JMS — diagramme de séquence.

La Figure 8.37 est un diagramme de classe représentant cette stratégie, dans lequel le `Topic` est un objet JMS `Destination` enregistré comme un objet administré par JNDI représentant le "sujet". L'objet `Topic` peut être obtenu directement du contexte *via* son nom JNDI.

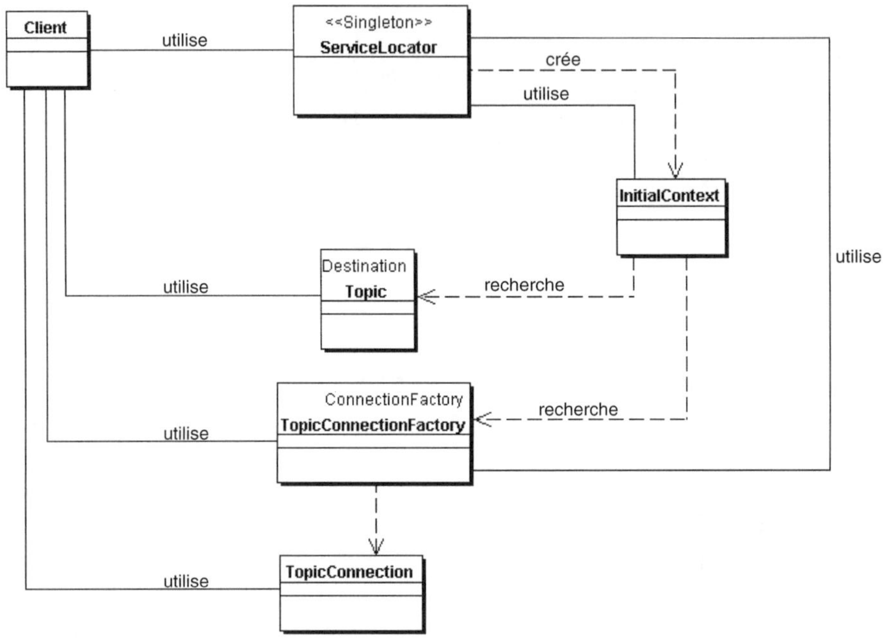

Figure 8.37

Localisateur de Topic JMS — diagramme de classe.

La Figure 8.38 montre l'interaction entre les participants à un Service Locator pour les systèmes de messages publication/souscription en utilisant des Topics JMS.

Combinaison de localisateur de service EJB et de localisateur de service JMS

Ces stratégies peuvent s'appliquer pour obtenir des implémentations de Service Locator EJB et JMS séparées, puisque les clients EJB et JMS sont très susceptibles d'être mutuellement exclusifs. Mais il est possible de les combiner si nécessaire, afin de fournir un Service Locator pour tous les EJB et les composants JMS.

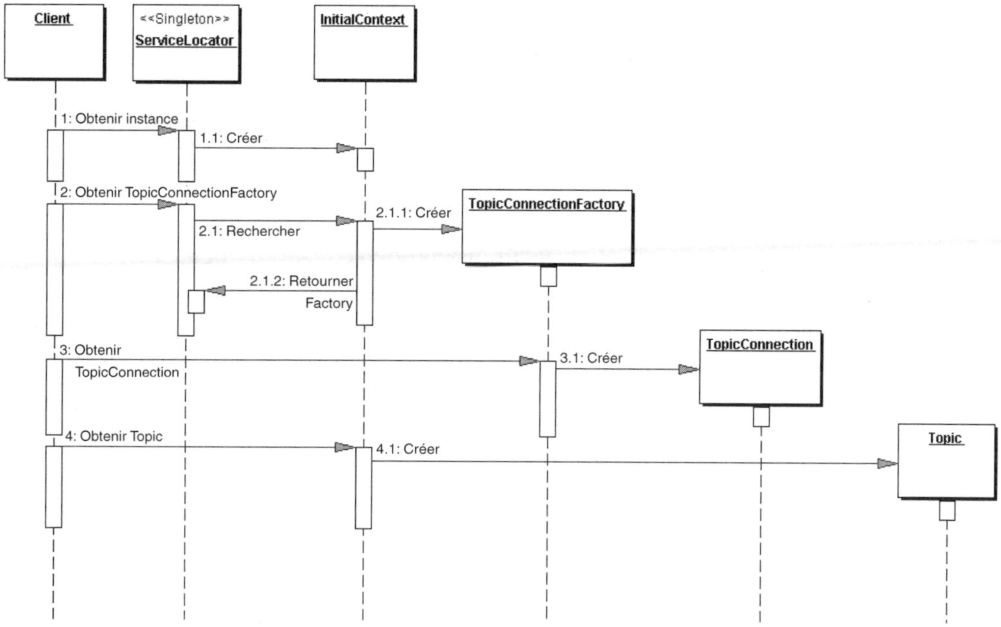

Figure 8.38

Localisateur de Topic JMS — diagramme de séquence.

Localisation avec vérification de type

Dans les diagrammes des Figures 8.37 et 8.38, les fonctions de recherche sont fournies en passant le nom du service. Pour une recherche de bean entreprise, le `Service-Locator` a besoin d'une classe comme paramètre de la méthode `Portable-RemoteObject.narrow()`. Il peut fournir une méthode `getHome()`, qui accepte comme arguments le nom de service JNDI et l'objet de la classe `EJBHome` pour le bean entreprise. Cette façon de passer des noms de service JNDI et des objets de la classe `EJBHome` peut provoquer des erreurs au niveau des clients. Une autre méthode consiste à définir de manière statique les services dans le `ServiceLocator`, le client passant une constante au lieu de passer des noms. C'est ce qu'illustre l'Exemple 8.34.

Cette stratégie présente des inconvénients. Elle diminue la souplesse de recherche de la stratégie suivante qui utilise des propriétés, mais elle ajoute la vérification de type lors du passage d'une constante à la méthode `ServiceLocator.getHome()`.

Localisation avec fichier de propriétés

Cette stratégie contribue à éliminer les inconvénients de la stratégie de vérification de type. Elle suggère d'utiliser les fichiers de propriétés et/ou les descripteurs de déploiement de la couche métier pour spécifier les noms JNDI et le nom de classe `EJBHome` pour les clients de cette couche. Lorsque la couche présentation accède à la couche métier, elle utilise généralement le pattern Business Delegate.

Le `BusinessDelegate` interagit avec le `ServiceLocator` pour localiser les composants métier. Si la couche présentation charge les propriétés lors de l'initialisation et peut fournir un service pour passer les noms JNDI et les noms de classe EJB pour le bean entreprise requis, le `BusinessDelegate` peut interroger ce service pour les obtenir. Cela fait, il peut demander l'objet EJBHome au `ServiceLocator` en passant ces propriétés en arguments.

Le Service Locator peut à son tour utiliser `Class.forName(EJBHome ClassName)` pour obtenir l'objet de la classe `EJBHome`, et continuer à rechercher `EJBHome` et à utiliser la méthode `PortableRemoteObject.narrow()` pour typer l'objet, comme on le voit dans la méthode `getHome()` de l'Exemple 8.33. Le seul élément qui change est l'endroit d'où viennent le nom JNDI et les objets Class. Cette stratégie évite de coder en dur les noms JNDI et permet un déploiement plus souple. Toutefois, en raison de l'absence de vérification de type, il est possible d'éviter erreurs et incohérences de type en spécifiant les noms JNDI dans différents descripteurs de déploiement.

Conséquences

- **Abstraction de la complexité.** Le pattern Service Locator encapsule la complexité du processus de recherche et de création (décrit dans la section "Problème") et la masque au client. Celui-ci n'a pas besoin de s'occuper de la recherche des "fabriques" de composants (`EJBHome`, `QueueConnectionFactory` et `TopicConnectionFactory` entre autres) parce que cette responsabilité est déléguée au `ServiceLocator`.

- **Présentation d'un service d'accès uniforme aux clients.** Comme nous l'avons vu, le pattern Service Locator abstrait toutes les complexités. Ce faisant, il fournit une interface très utile et précise que tous les clients peuvent utiliser. Cette interface garantit que tous les types de clients dans l'application accèdent uniformément aux objets métier, en termes de recherche et de création. Cette uniformité réduit les coûts de développement et de maintenance.

- **Facilitation de l'ajout de nouveaux composants métier.** Comme les clients EJB n'ont pas conscience des objets `EJBHome`, il est possible d'en ajouter de nouveaux pour les beans entreprise développés et déployés ultérieurement, sans impact sur les clients. De même, les clients JMS n'ont pas directement conscience des `ConnectionFactories`, et il est possible d'en ajouter de nouvelles sans impact sur les clients.
- **Amélioration des performances réseau.** Les clients ne sont pas impliqués dans la recherche JNDI et la création des objets factory ou home. Comme c'est le Service Locator qui effectue ce travail, il peut regrouper les appels réseau nécessaires pour rechercher et créer les objets métier.
- **Amélioration des performances du client par la mise en cache.** Le Service Locator peut mettre en cache les contextes initiaux et les références aux objets factory (`EJBHome`, `ConnectionFactories` JMS) pour éliminer l'activité JNDI inutile qui a lieu lors de l'obtention du contexte initial et des autres objets. Cela augmente les performances de l'application.

Exemples de code

Implémentation du pattern Service Locator

L'Exemple 8.33 est un exemple d'implémentation du pattern Service Locator. Une possibilité d'implémentation de la stratégie Localisation avec vérification de type est listée dans l'Exemple 8.34.

Exemple 8.33 : Implémentation de ServiceLocator

```
package corepatterns.apps.psa.util;
import java.util.*;
import javax.naming.*;
import java.rmi.RemoteException;
import javax.ejb.*;
import javax.rmi.PortableRemoteObject;
import java.io.*;

public class ServiceLocator {
  private static ServiceLocator me;
  InitialContext context = null;

  private ServiceLocator() throws ServiceLocatorException {
    try {
      context = new InitialContext();
    } catch(NamingException ne) {
      throw new ServiceLocatorException(...);
    }
  }
```

```
  // Retourner l'instance de la classe ServiceLocator
  public static ServiceLocator getInstance() throws
ServiceLocatorException {
    if (me == null) {
      me = new ServiceLocator();
    }
    return me;
  }

  // Convertir la chaîne sérialisée en EJBHandle
  // puis en EJBObject.
  public EJBObject getService(String id) throws ServiceLocatorException {
    if (id == null) {
      throw new ServiceLocatorException(...);
    }
    try {
      byte[] bytes = new String(id).getBytes();
      InputStream io = new ByteArrayInputStream(bytes);
      ObjectInputStream os = new ObjectInputStream(io);
      javax.ejb.Handle handle = (javax.ejb.Handle)os.readObject();

      return handle.getEJBObject();
    } catch(Exception ex) {
      throw new ServiceLocatorException(...);
    }
  }

  // Retourner la chaîne qui représente l'identificateur
  // d'EJBObject sous forme sérialisée.
  protected String getId(EJBObject session) throws
  ➥ServiceLocatorException {
    try {
      javax.ejb.Handle handle = session.getHandle();
      ByteArrayOutputStream fo = new ByteArrayOutputStream();
      ObjectOutputStream so = new ObjectOutputStream(fo);
      so.writeObject(handle);
      so.flush();
      so.close();
      return new String(fo.toByteArray());
    } catch(RemoteException ex) {
      throw new ServiceLocatorException( );
     } catch(IOException ex) {
      throw new ServiceLocatorException(.);
    }
    return null;
  }

  // Retourner l'objet EJBHome pour le nom de service
  // demandé. Lancer ServiceLocatorException
  // si une erreur se produit dans la recherche
  public EJBHome getHome(String name, Class clazz) throws
  ➥ServiceLocatorException {
    try {
      Object objref = context.lookup(name);
      EJBHome home = (EJBHome) PortableRemoteObject.narrow(objref, clazz);
```

```
        return home;
      } catch(NamingException ex) {
        throw new ServiceLocatorException(...);
      }
    }
  }
```

Exemple 8.34 : Implémentation de la localisation avec vérification de type

```
package corepatterns.apps.psa.util;
// importations
...
public class ServiceLocator {
  // Instance privée d'un singleton
  pr  ivate static ServiceLocator me;

  static {
    me = new ServiceLocator();
  }

  private ServiceLocator() {}

  // Retourner l'instance de ServiceLocator
  static public ServiceLocator getInstance() {
    return me;
  }

  // Classe interne Services - constantes des services
  public class Services {
    final public static int PROJECT  = 0;
    final public static int RESOURCE = 1;
  }

  // Constantes liées à l'EJB Project
  final static Class  PROJECT_CLASS = ProjectHome.class;
  final static String PROJECT_NAME  = "Project";

  // Constantes liées à l'EJB Resource

  final static Class  RESOURCE_CLASS =ResourceHome.class;
  final static String RESOURCE_NAME  = "Resource";

  // Retourner la classe du service désiré
  static private Class getServiceClass(int service){
    switch( service ) {
      case Services.PROJECT:
        return PROJECT_CLASS;
      case Services.RESOURCE:
       return RESOURCE_CLASS;
    }
    return null;
  }

  // Retourner le nom JNDI du service désiré
  static private String getServiceName(int service){
    switch( service ) {
```

```
        case Services.PROJECT:
          return PROJECT_NAME;
        case Services.RESOURCE:
          return RESOURCE_NAME;
      }
      return null;
    }

    /* Obtenir l'EJBHome pour le service
    ** en utilisant le nom JNDI et la classe
    */
    public EJBHome getHome(int s) throws ServiceLocatorException {
      EJBHome home = null;
      try {
          Context initial  = new InitialContext();

        // Rechercher en utilisant le nom de service
        // à partir de la constante définie
        Object objref = initial.lookup(getServiceName(s));

        // Limiter en utilisant la classe
        // à partir de la constante définie
        Object obj = PortableRemoteObject.narrow(objref,
  getServiceClass(s));
        home = (EJBHome)obj;
      }
      catch( NamingException ex ) {
          throw new ServiceLocatorException(...);
      }
      catch( Exception ex ) {
          throw new ServiceLocatorException(...);
      }
      return home;
    }
  }
```

Le code permettant au client d'utiliser le `ServiceLocator` pour cette stratégie peut être analogue à celui de l'Exemple 8.35.

Exemple 8.35 : Code du client pour utiliser le ServiceLocator

```
public class ServiceLocatorTester {
  public static void main( String[] args ) {
    ServiceLocator serviceLocator = ServiceLocator.getInstance();
    try {
      ProjectHome projectHome = (ProjectHome)
        serviceLocator.getHome(ServiceLocator.Services.PROJECT );
    }
    catch( ServiceException ex ) {
      // Le client gère l'exception
      System.out.println( ex.getMessage( ));
    }
  }
}
```

Cette stratégie applique la vérification de type à la recherche du client. Elle encapsule les valeurs statiques des services dans le ServiceLocator et crée une classe interne `Services`, qui déclare les constantes des services (`PROJECT` et `RESOURCE`). Le client `Tester` obtient une instance du singleton ServiceLocator et appelle `getHome()`, en passant `PROJECT`. `ServiceLocator` obtient à son tour le nom JNDI et la classe et retourne l'`EJBHome`.

Patterns apparentés

Business Delegate

Le pattern Business Delegate utilise Service Locator pour accéder à des objets du service métier : objets EJB, "sujets" JMS et files JMS. Cette démarche sépare la complexité de la localisation du service du Business Delegate, d'où un couplage plus faible et une meilleure facilité de gestion.

Session Facade

Le pattern Session Facade utilise Service Locator pour accéder aux beans entreprise impliqués dans un workflow. Le Service Locator est utilisé directement, ou la tâche est déléguée à un Business Delegate (voir "Business Delegate" au début de ce chapitre).

Value Object Assembler

Le pattern Value Object Assembler utilise Service Locator pour accéder aux différents beans entreprise dont il a besoin pour construire son objet valeur composite. Le Service Locator est utilisé directement, ou la tâche est déléguée à un Business Delegate (voir "Business Delegate" au début de ce chapitre).

9

Patterns de la couche intégration

Au sommaire de ce chapitre

- ✔ Data Access Object
- ✔ Service Activator

Data Access Object

Contexte

L'accès aux données dépend de la source de celles-ci. L'accès à un stockage persistant, une base de données par exemple, varie significativement selon le type de stockage (bases de données relationnelles, bases de données orientées objet, fichiers plats, etc.) et l'implémentation du fournisseur.

Problème

De nombreuses applications J2EE du monde réel ont besoin à un moment ou à un autre d'accéder à des données persistantes. Pour nombre d'entre elles, le stockage persistant est implémenté au moyen de différents mécanismes, et les API servant à accéder à ces mécanismes présentent des différences marquées. D'autres applications peuvent avoir besoin de données résidant sur des systèmes séparés. Il peut s'agir par exemple de *mainframes*, de bases de données LDAP (*Lightweight Directory Access Protocol*), etc. Un autre exemple est le cas où les données sont fournies par des services *via* des systèmes externes, par exemple des systèmes d'intégration B2B (*business-to-business*), des services d'autorisation de cartes de crédit, etc.

En général, ces applications utilisent des composants distribués partagés, par exemple des beans entité, pour représenter les données persistantes. Une application emploie la persistance gérée par les beans (BMP) lorsque les beans entité accèdent explicitement au stockage persistant — le bean contient le code qui accède directement au stockage. Une application répondant à des exigences plus simples peut renoncer à employer des beans entité, et utiliser à la place des beans session ou des servlets pour accéder directement au stockage persistant et extraire et modifier les données. Ou bien, elle peut utiliser des beans entité et gérer la persistance au niveau du conteneur (CMP), laissant celui-ci s'occuper des détails des transactions et de la persistance.

Les applications peuvent utiliser l'API JDBC pour accéder à des données résidant dans des systèmes de gestion de bases de données relationnelles (SGBDR). L'API JDBC permet d'extraire les données et de les manipuler de façon standard dans un stockage persistant. Les applications J2EE peuvent ainsi utiliser des instructions SQL, qui sont le moyen standard d'accéder aux tables d'un SGBDR. Mais même dans un environnement de SGBDR, la syntaxe et le format réel des instructions SQL peuvent varier en fonction du produit.

Les différences entre types de stockage persistant sont encore plus importantes. Les mécanismes d'accès, les API prises en charge et les fonctionnalités varient d'un type de stockage à l'autre : SGBDR, bases de données orientées objet, fichiers plats, etc. Les applications qui ont besoin d'accéder à des données résidant sur des systèmes existants ou disparates (*mainframes* ou services B2B par exemple) doivent souvent utiliser des API qui peuvent être propriétaires. La disparité de ces sources cause des difficultés aux applications et peut créer une dépendance directe entre le code de l'application et le code d'accès aux données. Lorsque les composants métier — beans entité, beans session, ou même des objets de présentation comme les servlets et les objets helpers pour JSP (*Java Server Pages*) — doivent accéder à une source de données, ils peuvent utiliser l'API appropriée pour s'y connecter et la manipuler. Mais l'inclusion du code de connexion et d'accès aux données dans ces composants introduit un couplage étroit entre ceux-ci et l'implémentation de la source de données. De telles dépendances programmatiques dans les composants rendent la migration d'un type de source de données à un autre difficile et fastidieuse, parce qu'il faut alors modifier les composants pour qu'ils puissent la prendre en charge.

Indications

- Des composants (beans entité gérés au niveau du bean, beans session, servlets, helpers pour les JSP) doivent extraire et mémoriser des informations issues de stockages persistants (systèmes existants, B2B, LDAP, etc.).
- Les API de stockage persistant varient d'un fournisseur à l'autre. D'autres sources de données peuvent avoir des API non standard et/ou propriétaires. Ces API et leurs fonctionnalités varient également en fonction du type de stockage — SGBDR, système de gestion de base de données orienté objet (SGBDOO), documents XML, fichiers plats, etc. Il n'existe pas d'API uniforme répondant aux besoins d'accès à ces systèmes disparates.
- Les composants utilisent généralement des API propriétaires pour accéder aux données de systèmes externes et/ou existants.
- La portabilité des composants est directement affectée lorsque les API et les mécanismes d'accès spécifiques y sont inclus.
- Les composants doivent être transparents par rapport au stockage persistant réel ou à l'implémentation de la source de données, afin de faciliter la migration vers différents produits, différents types de stockage et différents types de sources de données.

Solution

Utiliser un Data Access Object (DAO) pour abstraire et encapsuler tout ce qui concerne l'accès aux sources de données. Le DAO gère la connexion, l'obtention des données et leur mémorisation.

Le DAO implémente le mécanisme d'accès nécessaire pour travailler avec la source de données. Celle-ci peut être un stockage persistant comme un SGBDR, un service externe comme un service B2B, une base de données comme les supports de mémorisation des annuaires LDAP, ou encore un service métier auquel l'application accède *via* CORBA-IIOP (*Internet Inter-ORB Protocol*) ou des sockets de bas niveau. Le composant métier qui s'appuie sur le DAO utilise une interface plus simple que celui-ci expose à ses clients. Le DAO masque totalement les détails d'implémentation de la source de données à ses clients. Comme l'interface qu'il expose ne change pas lorsque l'implémentation de la source de données sous-jacente change, ce pattern permet au DAO de s'adapter aux différents schémas de stockage sans affecter les clients ni les composants métier. En substance, le DAO se comporte comme un adaptateur entre les composants et la source de données.

Structure

La Figure 9.1 est un diagramme de classe représentant les relations dans le pattern DAO.

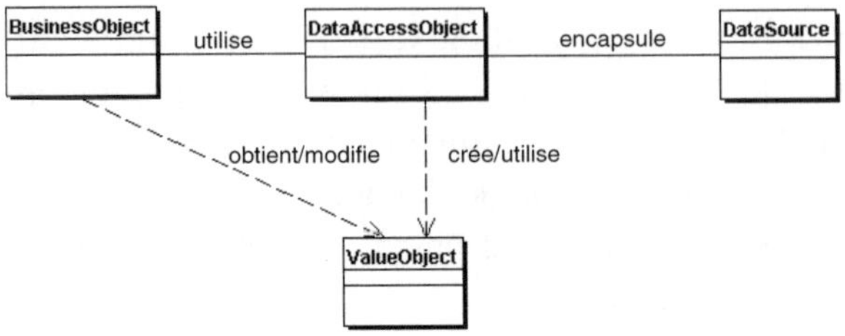

Figure 9.1

Data Access Object — diagramme de classe.

Participants et responsabilités

La Figure 9.2 est un diagramme de séquence représentant les interactions entre les différents participants de ce pattern.

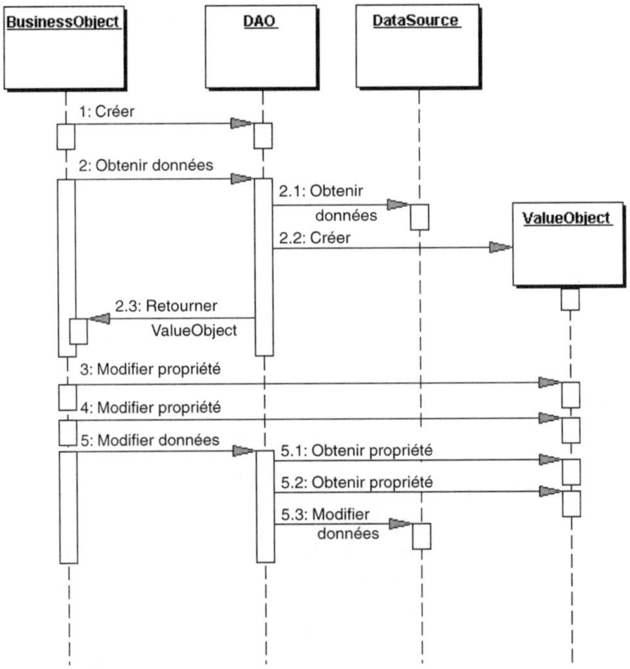

Figure 9.2

Data Access Object — diagramme de séquence.

BusinessObject

Le `BusinessObject` représente le client des données. C'est l'objet qui a besoin d'accéder à la source de données pour en obtenir des informations et les mémoriser. Un `BusinessObject` peut être implémenté sous forme de bean session, de bean entité ou d'un autre objet Java, en addition à une servlet ou un bean helper qui accède à la source de données.

DataAccessObject

Le `DataAccessObject` est l'objet principal de ce pattern. Il abstrait l'implémentation de l'accès aux données pour que le `BusinessObject` ait un accès transparent à la source. Le `BusinessObject` lui délègue également les opérations de chargement et de mémorisation.

DataSource

Cet objet représente l'implémentation d'une source de données. Celle-ci peut être une base de données (SGBDR ou SGBDOO), un document XML, un système de fichiers plats, etc. Il peut également s'agir d'un autre système (existant ou *mainframe*), d'un service (service B2B ou service d'autorisation de cartes de crédit), ou d'une forme quelconque de base de données (LDAP).

ValueObject

Il représente un objet valeur utilisé pour transporter les données. Le DAO peut utiliser un objet valeur pour retourner les données au client. Il peut également recevoir des données du client dans un objet valeur pour mettre à jour les données dans la source de données.

Stratégies

Génération automatique du code du DAO

Comme chaque `BusinessObject` correspond à un DAO spécifique, il est possible d'établir des relations entre le `BusinessObject`, le DAO et les implémentations sous-jacentes (par exemple les tables d'un SGBDR). Une fois ces relations établies, il est possible d'écrire un simple utilitaire spécifique à l'application, qui génère le code pour tous les DAO que celle-ci nécessite. Les métadonnées nécessaires à la génération du DAO peuvent provenir d'un descripteur de fichier défini par le développeur.

Le générateur de code peut également consulter automatiquement la base de données et fournir les DAO nécessaires pour y accéder. Si les exigences des DAO sont suffisamment complexes, envisagez le recours à des outils tiers qui fournissent des correspondances relationnel-objet pour les SGBDR. Ces outils ont généralement une interface graphique, qui permet de faire correspondre les objets métier et les objets du stockage persistant, et de définir ainsi les DAO intermédiaires. Ils génèrent automatiquement le code une fois la correspondance obtenue, et peuvent offrir d'autres fonctionnalités intéressantes, comme la mise en cache des requêtes et des résultats, l'intégration avec des serveurs d'application ou des produits tiers (par exemple la mise en cache distribuée), etc.

Fabrique de DAO

L'adoption des patterns Fabrique abstraite (*Abstract Factory*) [GoF] et Fabrication (*Factory Method*) [GoF] peut conférer énormément de souplesse au pattern DAO (voir la section "Patterns apparentés" dans ce chapitre).

Lorsque le stockage sous-jacent n'est pas susceptible de changer d'une implémentation à l'autre, on peut appliquer le pattern Fabrication pour implémenter cette stratégie et produire un certain nombre de DAO nécessaires à l'application. La Figure 9.3 est un diagramme de classe représentant cette stratégie.

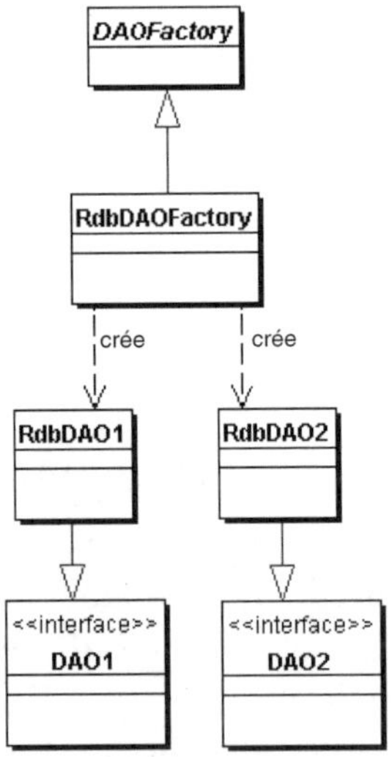

Figure 9.3
Factory for Data Access Object appliquant le modèle Fabrication (Factory Method).

Lorsque le stockage sous-jacent est susceptible de changer d'une implémentation à l'autre, on peut appliquer le pattern Fabrique abstraite pour implémenter cette stratégie. Celui-ci peut à son tour s'appuyer sur et utiliser une implémentation de Fabrication, comme le suggèrent les auteurs de *Design Patterns : Catalogue de modèles de conception réutilisables* [GoF]. Dans ce cas, cette stratégie peut construire un objet "fabrique abstraite" de DAO (Abstract Factory) qui peut à son tour construire différents types de "fabriques" de DAO concrètes, chacune d'elles prenant en charge une implémentation de stockage persistant différente. Une fois que vous avez obtenu la fabrique concrète pour une implémentation donnée, vous pouvez l'utiliser pour générer les DAO supportés et mis en œuvre dans cette implémentation.

La Figure 9.4 est un diagramme de classe correspondant à cette stratégie. Ce diagramme de classe représente une fabrique de DAO de base, une classe abstraite héritée et implémentée par différentes fabriques de DAO concrètes pour prendre en charge l'accès spécifique à une implémentation de stockage donnée. Le client peut obtenir une implémentation de la fabrique concrète, par exemple `RdbDAOFactory`, et l'utiliser pour obtenir des DAO qui fonctionnent avec ce stockage particulier. Il peut obtenir une `RdbDAOFactory` et l'utiliser pour générer des DAO tels que `RdbCustomerDAO`, `RdbAccountDAO`, et ainsi de suite. Les DAO peuvent étendre et implémenter une classe de base générique (ici `DAO1` et `DAO2`) décrivant spécifiquement les besoins du DAO pour les objets métier qu'il prend en charge. Chaque DAO concret est responsable de la connexion à la source de données, ainsi que de l'obtention et de la manipulation des données pour l'objet métier concerné.

Un exemple d'implémentation du pattern DAO et de ses stratégies se trouve dans la section "Exemples de code" de ce chapitre.

La Figure 9.5 est un diagramme de séquence représentant les interactions de cette stratégie.

Conséquences

- **Transparence.** Les objets métier peuvent utiliser la source de données sans connaître les détails spécifiques de son implémentation. L'accès est transparent parce que ces détails sont cachés dans le DAO.
- **Facilitation de la migration.** Une couche de DAO facilite la migration d'une application vers une autre implémentation de base de données. Les objets métier n'ont pas connaissance des détails de cette implémentation. La migration n'implique donc de changements qu'au niveau de la couche DAO. De plus, si l'on emploie une stratégie de type fabrique, il est possible de fournir une implémentation de fabrique concrète pour chaque implémentation de stockage sous-jacente. Dans ce cas, migrer vers un stockage différent signifie fournir une nouvelle implémentation de la "fabrique" à l'application.

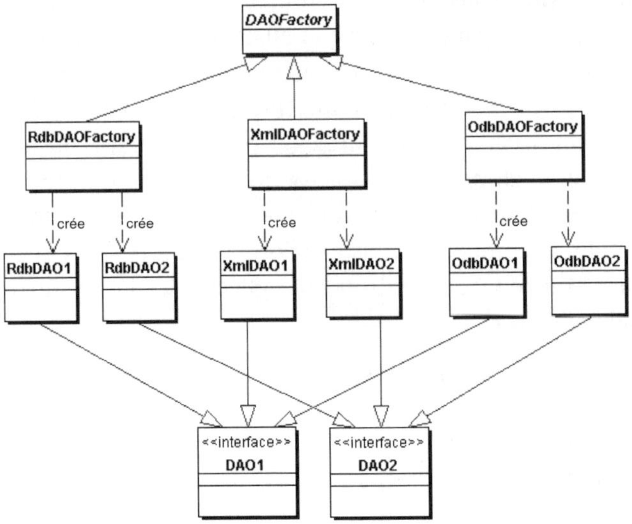

Figure 9.4

Fabrique de DAO appliquant le modèle Fabrique abstraite (Abstract Factory) — diagramme de classe.

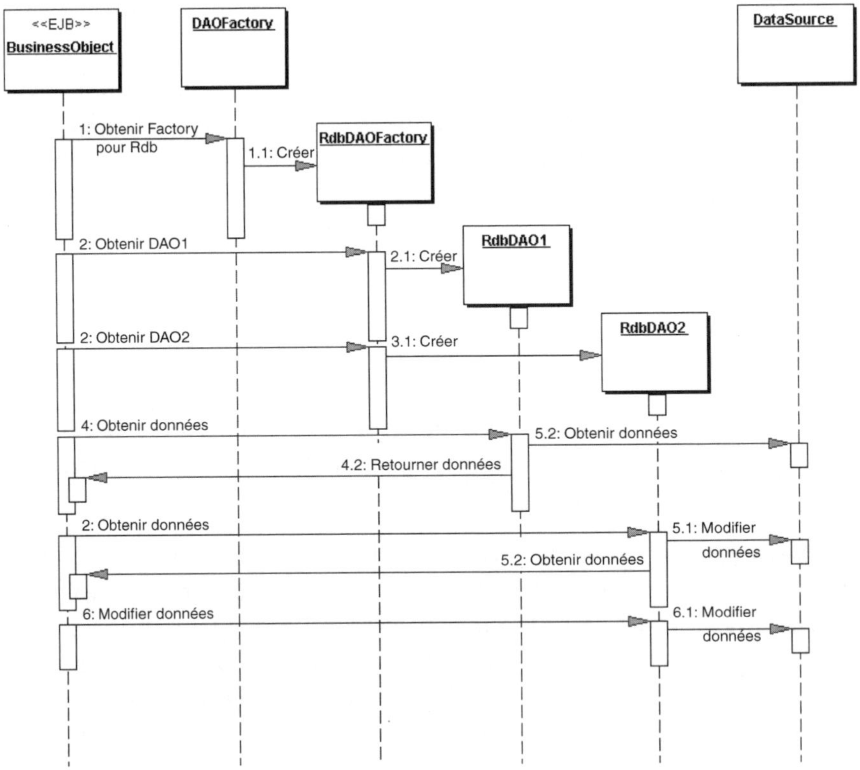

Figure 9.5

Fabrique de DAO appliquant le pattern Fabrique abstraite — diagramme de séquence.

- **Simplification du code des objets métier.** Comme le DAO gère toutes les complexités de l'accès aux données, il permet de simplifier le code des objets métier et autres clients de données qui l'utilisent. Tout le code lié à l'implémentation (les ordres SQL par exemple) est contenu dans le DAO et non dans l'objet métier. Cela améliore la lisibilité du code et la productivité du développeur.

- **Centralisation de l'accès aux données dans une couche séparée.** Comme toutes les opérations d'accès aux données sont maintenant déléguées au DAO, on peut voir cette couche d'accès comme la couche qui peut isoler le reste de l'application de l'implémentation de l'accès aux données. Cette centralisation rend l'application plus facile à maintenir et à gérer.

- **Inutilité en cas de gestion de la persistance par le conteneur.** Comme le conteneur EJB gère lui-même la persistance pour les beans entité (CMP), il fournit automatiquement tous les accès au stockage persistant. Les applications utilisant des beans entité gérés par le conteneur n'ont pas besoin d'une couche de DAO, puisque le serveur d'applications fournit cette fonctionnalité de façon transparente. Mais les DAO demeurent utiles au cas où une combinaison de CMP (pour les beans entité) et de BMP (pour les beans session et les servlets) serait nécessaire.

- **Ajout d'une couche supplémentaire.** Les DAO créent entre le client et la source de données une couche d'objets supplémentaire, qu'il faut concevoir et implémenter pour exploiter les avantages de ce pattern, mais le choix de cette démarche rentabilise l'effort nécessaire.

- **Nécessité de concevoir une hiérarchie de classes.** L'application d'une stratégie à base de "fabriques" oblige à concevoir et implémenter la hiérarchie des fabriques concrètes et des objets concrets produits par ces fabriques. Il y a lieu de considérer si la souplesse garantie par cette démarche justifie l'effort supplémentaire qu'elle implique, car la conception devient alors plus complexe. Mais vous pouvez choisir de mettre en œuvre cette stratégie en commençant avec le pattern Fabrication, et en passant au pattern Fabrique abstraite si nécessaire.

Exemples de code

Implémentation du pattern Data Access Object

L'Exemple 9.4 est un exemple de code de DAO pour un objet persistant qui représente les informations de `Customer`. Le `CloudscapeCustomerDAO` crée un objet valeur `Customer` lorsque la méthode `findCustomer()` est appelée.

Le code permettant d'utiliser le DAO se trouve dans l'Exemple 9.6. La Figure 9.6 est le diagramme de classe correspondant à cet exemple.

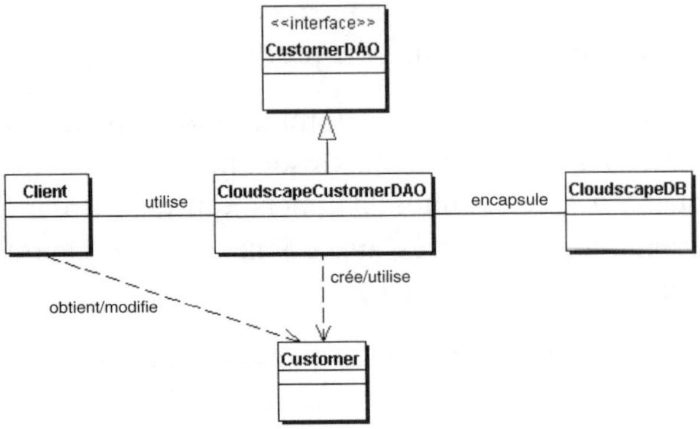

Figure 9.6
Implémentation du pattern DAO.

Implémentation de la stratégie Fabrique de DAO

Utilisation du pattern Fabrication

Considérons un exemple de mise en œuvre de cette stratégie dans lequel une fabrique produit de nombreux DAO pour une seule implémentation de base de données (Oracle par exemple). Les DAO générés sont `CustomerDAO`, `AccountDAO`, `OrderDAO`, etc. Le diagramme de classe correspondant à cet exemple est représenté à la Figure 9.7.

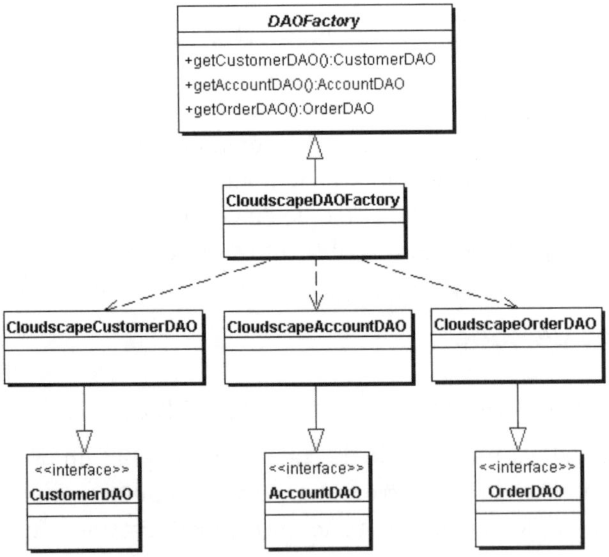

Figure 9.7
Implémentation de la stratégie Factory for DAO appliquant le modèle Fabrication.

Le code de la fabrique de DAO (`CloudscapeDAOFactory`) est listé dans l'Exemple 9.2.

Utilisation du pattern Fabrique abstraite

Considérons un exemple dans lequel nous envisageons d'implémenter cette stratégie pour trois bases de données différentes. Dans ce cas, nous pouvons appliquer le pattern Fabrique abstraite. Le diagramme de classe correspondant à cet exemple est représenté Figure 9.8. L'Exemple 9.1 montre un extrait de code de la classe abstraite `DAOFactory`. Cette fabrique produit des DAO tels que `CustomerDAO`, `AccountDAO`, `OrderDAO`, etc. Cette stratégie utilise une implémentation du pattern Fabrication dans les fabriques produites par la Fabrique abstraite.

Exemple 9.1 : La classe abstraite DAOFactory

```
// Classe abstraite DAOFactory
public abstract class DAOFactory {

  // Liste des types de DAO supportés par la fabrique
  public static final int CLOUDSCAPE = 1;
  public static final int ORACLE = 2;
  public static final int SYBASE = 3;
  ...

  // Il y aura une méthode pour chaque DAO pouvant être créé
  // Les fabriques concrètes devront implémenter ces méthodes
  public abstract CustomerDAO getCustomerDAO();
  public abstract AccountDAO getAccountDAO();
  public abstract OrderDAO getOrderDAO();
  ...

  public static DAOFactory getDAOFactory(int whichFactory) {

    switch (whichFactory) {
      case CLOUDSCAPE:
          return new CloudscapeDAOFactory();
      case ORACLE:
          return new OracleDAOFactory();
      case SYBASE:
          return new SybaseDAOFactory();
      ...
      default:
          return null;
    }
  }
}
```

Le code de `CloudscapeDAOFactory` est listé dans l'Exemple 9.2. L'implémentation pour `OracleDAOFactory` et `SybaseDAOFactory` sont similaires, à l'exception de détails spécifiques : pilote JDBC driver, URL de la base de données et différences éventuelles de syntaxe SQL.

Exemple 9.2 : Implémentation concrète de DAOFactory pour Cloudscape

```
// Implémentation concrète de DAOFactory pour Cloudscape
import java.sql.*;

public class CloudscapeDAOFactory extends DAOFactory {
  public static final String DRIVER = "COM.cloudscape
  ➥.core.RmiJdbcDriver";
  public static final String DBURL = "jdbc:cloudscape:rmi://
  ➥localhost:1099/CoreJ2EEDB";

  // Méthode pour créer les connexions Cloudscape
  public static Connection createConnection() {
    // Utilise DRIVER et DBURL pour créer une connexion
    // Implémentation/utilisation d'un pool de connexions recommandé
  }
  public CustomerDAO getCustomerDAO() {
    // CloudscapeCustomerDAO implémente CustomerDAO
    return new CloudscapeCustomerDAO();
  }
  public AccountDAO getAccountDAO() {
    // CloudscapeAccountDAO implémente AccountDAO
    return new CloudscapeAccountDAO();
  }
  public OrderDAO getOrderDAO() {
    // CloudscapeOrderDAO implémente OrderDAO
    return new CloudscapeOrderDAO();
  }
  ...
}
```

L'interface `CustomerDAO` de l'Exemple 9.3 définit les méthodes du DAO pour l'objet persistant `Customer` qui sont implémentées par toutes les implémentations de DAO concrètes, comme `CloudscapeCustomerDAO`, `OracleCustomerDAO` et `SybaseCustomer-DAO`. De même, les interfaces `AccountDAO` et `OrderDAO` (non listées ici) qui définissent les méthodes du DAO pour les objets métier `Account` et `Order`.

Exemple 9.3 : Interface DAO de base pour Customer

```
// Interface que tous les CustomerDAO doivent supporter
public interface CustomerDAO {
  public int insertCustomer(...);
  public boolean deleteCustomer(...);
  public Customer findCustomer(...);
  public boolean updateCustomer(...);
  public RowSet selectCustomersRS(...);
  public Collection selectCustomersVO(...);
  ...
}
```

CloudscapeCustomerDAO implémente CustomerDAO, comme le montre l'Exemple 9.4. L'implémentation des autres DAO, comme CloudscapeAccountDAO, CloudscapeOrderDAO, OracleCustomerDAO, OracleAccountDAO, etc., sont similaires.

Exemple 9.4 : Implémentation d'un DAO Cloudscape pour Customer

```
// Implémentation de CloudscapeCustomerDAO de l'interface
// CustomerDAO. Cette classe peut contenir tout le code
// et les instructions SQL spécifiques à Cloudscape.
// Le client est ainsi protégé des détails d'implémentation

import java.sql.*;

public class CloudscapeCustomerDAO implements CustomerDAO {

  public CloudscapeCustomerDAO() {
    // initialisation
  }

  //Les méthodes suivantes peuvent utiliser
  // CloudscapeDAOFactory.createConnection()
  // pour obtenir une connexion

  public int insertCustomer(...) {
    // Implémenter ici l'insertion d'un client.
    // Retourner le numéro du nouveau client
    // ou -1 en cas d'erreur.
  }

  public boolean deleteCustomer(...) {
    // Implémenter ici la suppression d'un client.
    // Retourner true en cas de succès, false en cas d'échec.
  }

  public Customer findCustomer(...) {
    // Implémenter ici la recherche d'un client en utilisant
    // les valeurs d'arguments fournies comme critères.
    // Retourner un objet valeur s'il est trouvé,
    // retourner null en cas d'erreur ou s'il n'est pas trouvé.
  }

  public boolean updateCustomer(...) {
    // Implémenter ici la mise à jour d'un enregistrement
    // en utilisant les données de l'objet valeur customerData
    // Retourner true en cas de succès, false en cas d'échec.
}

  public RowSet selectCustomersRS(...) {
    // Implémenter ici la recherche des clients
    // en utilisant les critères fournis.
    // Retourner un RowSet.
  }
```

```
    public Collection selectCustomersVO(...) {
      // Implémenter ici la recherche des clients
      // en utilisant les critères fournis.
      // Ou bien implémenter pour retourner
      // une Collection d'objets valeur.
    }
    ...
}
```

La classe d'objets valeur `Customer` est listée dans l'Exemple 9.5. Elle est utilisée par le DAO pour envoyer des données aux clients et en recevoir. L'utilisation des objets valeur est abordée en détail dans le pattern Value Object.

Exemple 9.5 : L'objet valeur Customer

```
public class Customer implements java.io.Serializable {
  // member variables
  int CustomerNumber;
  String name;
  String streetAddress;
  String city;
  ...

  // méthodes get et set
  ...
}
```

L'Exemple 9.6 montre l'utilisation de la fabrique de DAO et des DAO. Si l'on passe de Cloudscape à un autre produit, la seule modification nécessaire est l'appel de la méthode `getDAOFactory()` à la fabrique de DAO pour obtenir une fabrique différente.

Exemple 9.6 : Utilisation de la fabrique de DAO et des DAO — Code du client

```
...
// Création de la fabrique de DAO nécessaire
DAOFactory cloudscapeFactory =
DAOFactory.getDAOFactory(DAOFactory.DAOCLOUDSCAPE);

// Création d'un DAO
CustomerDAO custDAO = cloudscapeFactory.getCustomerDAO();

// Création d'un nouveau client
int newCustNo = custDAO.insertCustomer(...);

// Recherche d'un Customer. Obtention de l'objet valeur.
Customer cust = custDAO.findCustomer(...);

// Modification des valeurs dans l'objet valeur.
cust.setAddress(...);
cust.setEmail(...);
// Mise à jour de l'objet Customer en utilisant le DAO
custDAO.updateCustomer(cust);
```

```
// Suppression d'un objet Customer
custDAO.deleteCustomer(...);

// Extraction de tous les clients de la même ville
Customer criteria=new Customer();
criteria.setCity("New York");
Collection customersList = custDAO.selectCustomersVO(criteria);
// retourne customersList - collection d'objets valeur Customer
// Itérer dans cette collection pour obtenir les valeurs

...
```

Patterns apparentés

Value Object

Un DAO utilise des objets valeur pour envoyer des données à ses clients et en recevoir.

Fabrication (Factory Method) [GoF] et Fabrique abstraite (Abstract Factory) [GoF]

La stratégie Fabrique de DAO utilise le pattern Fabrication pour implémenter les fabriques concrètes et leurs produits (DAO). Pour plus de souplesse, on peut appliquer le pattern Fabrique abstraite (voir la section "Stratégies" dans ce chapitre).

Broker (Courtier) [POSA1]

Le pattern DAO est apparenté au pattern Broker, qui décrit des techniques permettant de découpler les clients des serveurs dans les systèmes distribués. Le pattern DAO applique plus spécifiquement Broker pour découpler la couche ressources des clients dans une autre couche, comme la couche métier ou la couche présentation.

Service Activator

Contexte

Les beans entreprise et autres services métier doivent être activés de manière asynchrone.

Problème

Lorsqu'un client a besoin d'accéder à un bean entreprise, il commence par rechercher l'objet *home* du bean. Il demande à l'EJB *home* de lui fournir une référence distante au bean entreprise requis. Puis il appelle les méthodes métier sur la référence distante pour accéder aux services du bean entreprise. Tous ces appels de méthode, comme les recherches et les appels de méthode distants, sont synchrones. Le client doit attendre que ces méthodes lui retournent quelque chose.

Un autre facteur à prendre en compte est le cycle de vie d'un cycle bean entreprise. La spécification EJB permet au conteneur de "passiver" un bean entreprise dans un stockage secondaire. En conséquence, le conteneur EJB ne dispose d'aucun mécanisme lui permettant de fournir un service qui peut maintenir constamment un bean entreprise dans un état activé et disponible. Or, le client doit interagir avec le bean entreprise en utilisant son interface distante : même si le bean est activé dans le conteneur, le client a toujours besoin d'obtenir son interface distante *via* le processus de recherche et continue d'interagir avec le bean de manière synchrone.

Si une application nécessite un traitement synchrone pour ses composants métier côté serveur, les beans entreprise constituent un choix approprié. Certains clients peuvent avoir besoin d'un traitement asynchrone pour les objets métier côté serveur, parce qu'ils n'ont pas besoin ou n'ont pas le temps d'attendre que le traitement se termine. Dans les cas où l'application nécessite une forme de traitement asynchrone, les beans entreprise n'offrent pas cette possibilité dans les implémentations antérieures à EJB 2.0.

EJB 2.0 introduit les beans pilotés par message (*message-driven beans*), un type particulier de bean session sans état qui présente des possibilités d'invocations asynchrones. Mais la nouvelle spécification ne permet pas l'invocation asynchrone pour d'autres types de beans entreprise, comme les beans à états ou les beans entité.

En général, un service métier comme un bean session ou bean entité ne permet que des traitements synchrones, et entraîne donc des difficultés lors de l'implémentation de traitements asynchrones.

Indications

- Les beans entreprise sont exposés à leurs clients *via* leurs interfaces distantes, ce qui n'autorise que des accès synchrones.
- Le conteneur gère les beans entreprise, n'autorisant des interactions que *via* des références distantes. Le conteneur EJB ne permet pas d'accéder directement à l'implémentation du bean et à ses méthodes. Il est donc impossible d'implémenter un *listener* (auditeur) de messages JMS dans un bean entreprise, puisque cette technique violerait la spécification EJB en autorisant un accès direct à l'implémentation du bean.

- Une application a besoin de fournir un *framework* de messagerie de type publication/souscription ou point-à-point, dans lequel les clients peuvent demander des traitements asynchrones aux beans entreprise.
- Les clients ont besoin de capacités de traitement asynchrones de la part de beans entreprise ou d'autres composants métier qui ne peuvent fournir que des accès synchrones, pour pouvoir émettre une requête de traitement sans en attendre les résultats.
- Les clients veulent utiliser les interfaces MOM (middleware orienté messages) offertes par JMS (*Java Messaging Service*). Ces interfaces ne sont pas intégrées aux serveurs EJB basés sur la spécification antérieure à EJB 2.0.
- Une application a besoin de fournir un service de type démon, pour qu'un bean entreprise puisse être en mode d'attente jusqu'à ce qu'un événement (ou un message) déclenche son activité.
- Le cycle de vie des beans entreprise est géré par le conteneur, ce qui peut impliquer une passivation due aux dépassement de délais, à l'inactivité ou à la gestion des ressources. Le client devra effectuer une invocation sur le bean entreprise pour le réactiver.
- EJB 2.0 introduit un bean piloté par messages sous forme de bean session sans état, mais il n'est pas possible d'invoquer d'autres types de beans entreprise de manière asynchrone.

Solution

Utiliser un Service Activator pour recevoir les messages et les requêtes asynchrones. A réception d'un message, le Service Activator localise et invoque les méthodes métier nécessaires au composant de service métier pour répondre à la requête de manière asynchrone.

Le Service Activator est un JMS Listener et un service de délégation qui nécessite d'implémenter un *listener* JMS — en faisant un objet JMS Listener qui peut écouter les messages JMS. Le Service Activator peut être implémenté sous forme de service autonome. Les clients se comportent en générateurs de messages, déclenchant des événements en fonction de leur activité.

Tout client ayant besoin d'invoquer de manière asynchrone un service métier, un bean entreprise par exemple, peut créer un message et l'envoyer au Service Activator. Celui-ci reçoit le message et l'analyse pour interpréter la requête du client. Une fois la requête du client analysée (unmarshalled), le Service Activator identifie et localise le composant de service métier correspondant et invoque les méthodes métier nécessaires pour traiter la requête du client de façon asynchrone.

Le Service Activator peut éventuellement envoyer un accusé de réception au client après avoir traité la requête avec succès. Il peut également informer le client ou d'autres services des événements survenus s'il ne parvient pas à effectuer le traitement asynchrone.

Le Service Activator peut faire appel aux services d'un Service Locator pour localiser un composant métier (voir le pattern "Service Locator" au Chapitre 8).

Structure

La Figure 9.8 représente les relations des classes du pattern Service Activator.

Figure 9.8

Service Activator — diagramme de classe.

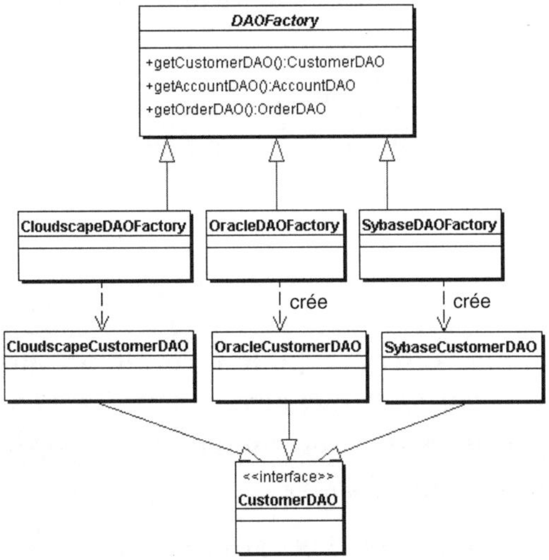

Participants et responsabilités

La Figure 9.9 représente les interactions entre les différents participants du pattern Service Activator.

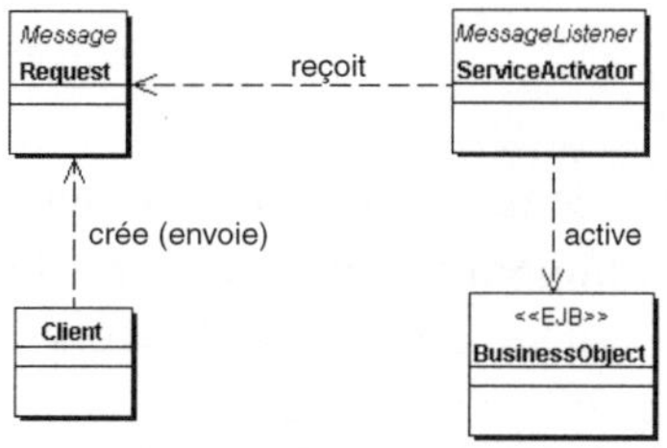

Figure 9.9
Service Activator — diagramme de séquence.

Client

Le client demande un traitement asynchrone aux objets métier participant à un workflow. Il peut s'agir de n'importe quelle application ayant la capacité de créer et d'envoyer des messages JMS. Le client peut également être un composant EJB ayant besoin d'invoquer les méthodes métier d'un autre composant EJB de manière asynchrone. Il peut utiliser les services offerts par le pattern Service Locator pour rechercher ou créer des composants EJB, des services JMS et des objets JMS en fonction des besoins.

Request

`Request` est l'objet message créé par le client et envoyé au `ServiceActivator` *via* le MOM. Selon la spécification JMS, Request est un objet qui implémente l'interface `javax.jms.Message`. L'API JMS propose plusieurs types de messages, comme `TextMessage`, `ObjectMessage`, etc., qui peuvent servir d'objets de requête.

ServiceActivator

`ServiceActivator` est la classe principale du pattern. Elle implémente l'interface `javax.jms.MessageListener`, qui est définie par la spécification JMS. Le `ServiceActivator` implémente une méthode `onMessage()` qui est invoquée lorsqu'un nouveau message arrive. Il analyse (*unmarshals*) le message (la requête) pour déterminer ce qu'il doit faire. Le ServiceActivator peut utiliser les services d'un `ServiceLocator` (voir le pattern "Service Locator") pour rechercher ou créer des composants du service métier comme des beans entreprise.

BusinessObject

`BusinessObject` est l'objet cible auquel le client a besoin d'accéder en mode asynchrone. C'est un rôle rempli par un bean session ou entité. Il est également possible que le `BusinessObject` soit un service externe au lieu d'un bean entité.

Stratégies

Bean entité

Les beans session et les beans entité peuvent jouer le rôle de `BusinessObject`. Lorsque des applications J2EE implémentent le pattern Session Facade pour fournir un accès à gros grain aux beans entité et encapsuler le workflow, alors le bean session de la façade de session joue le rôle de `BusinessObject`.

Dans les applications simples dont le workflow est minimal, un bean entité peut jouer le rôle de `BusinessObject`. Mais, pour un workflow complexe comptant plusieurs beans entité et d'autres objets métier, le `ServiceActivator` interagit avec une `SessionFacade` qui encapsule le workflow.

Bean session

Lorsqu'un bean session joue le rôle de `BusinessObject`, les exigences métier déterminent si le bean doit être à états ou sans état. Comme le client du `BusinessObject` est un `ServiceActivator` qui l'active à réception d'un nouveau message, le workflow destiné à traiter le message peut définir si le bean doit mémoriser des états ou non. Dans la plupart des cas, la distribution d'un message n'active qu'une seule méthode dans le `BusinessObject` qui délègue le traitement du message : on peut alors utiliser un bean session sans état. Si le `ServiceActivator` doit invoquer plusieurs méthodes du BusinessObject ou travailler avec plusieurs `BusinessObject` pour répondre aux besoins de traitement d'un message, il peut être utile d'envisager un bean session à états pour mémoriser les états entre plusieurs invocations (voir les stratégies "Stateless Session Facade" et "Stateful Session Facade" au Chapitre 8).

ServiceActivator Serveur

La stratégie la plus simple pour implémenter le listener ou `ServiceActivator` est une application JMS autonome qui écoute et traite les messages JMS.

Une autre solution consiste à implémenter le `ServiceActivator` sous forme de service du serveur d'applications. Cette technique facilite la gestion du `ServiceActivator`, parce qu'elle utilise les fonctionnalités du serveur pour surveiller l'état du `ServiceActivator` et le lancer, l'arrêter ou le relancer en fonction des besoins, que ce soit à la main ou automatiquement.

Bean enterprise comme Client

Le client peut être un client quelconque, y compris un autre bean entreprise qui nécessite un traitement asynchrone du bean entreprise. Lorsqu'on intègre des applications existantes à la plate-forme J2EE, il est logique de choisir des clients d'applications Java pour jouer le rôle de générateurs de messages en fonction de l'activité des systèmes existants. Le `ServiceActivator` peut recevoir les messages et effectuer les invocations nécessaires pour traiter les requêtes de ces systèmes.

Conséquences

- **Intégration de JMS à des implémentations antérieures à EJB 2.0.** Avant la spécification EJB 2.0, il n'y avait pas d'intégration entre beans entreprise et composants JMS. Ce pattern fournit un moyen d'intégrer JMS à une application EJB et permet les traitements asynchrones. La spécification EJB 2.0 définit un nouveau type de bean session, nommé bean piloté par message, pour intégrer les composants JMS EJB. Ce bean spécial implémente l'interface JMS Message Listener et reçoit des messages asynchrones. Dans ce cas, le serveur d'applications joue le rôle de `ServiceActivator`. Ce pattern permet d'exécuter des applications EJB 2.0 et antérieures à EJB 2.0.

- **Possibilité de traitement asynchrone pour tous les types de beans entreprise.** Dans la spécification EJB 2.0, le bean piloté par message est un bean session sans état. L'application du pattern Service Activator permet des invocations asynchrones sur tous les types de beans entreprise : beans session sans état, beans session à états et beans entité. Nous avons déjà vu que le `ServiceActivator` est implémenté de façon autonome, sans aucune des limitations du bean piloté par message : il peut donc effectuer des invocations asynchrones sur n'importe quel type de service métier. Ce pattern fournit ainsi un moyen de réaliser des traitements asynchrones pour des clients qui n'ont pas besoin d'attendre les résultats d'une requête, ou qui n'ont pas le temps d'attendre la fin du traitement. Celui-ci peut être reporté et effectué ultérieurement, permettant au client d'effectuer le service plus rapidement.

- **Processus autonome.** Le `ServiceActivator` peut s'exécuter en tant que processus autonome. Mais, dans une application stratégique, il est nécessaire de le surveiller pour s'assurer de sa disponibilité. La gestion et la maintenance de ce processus peuvent entraîner une surcharge pour l'application.

Exemples de code

Considérons une application de traitement de commandes dans laquelle les clients effectuent leurs achats en ligne et où l'exécution des commandes s'effectue en arrière-plan. Dans certains cas, cette exécution peut être sous-traitée à un entrepôt tiers.

Le magasin en ligne doit alors invoquer ces services tiers de manière asynchrone. Cet exemple illustre l'utilisation de la messagerie point-à-point pour effectuer des traitements asynchrones. Une messagerie de type publication/souscription serait similaire, excepté qu'elle utiliserait un `Topic` au lieu d'une `Queue`. Le choix de la méthode à utiliser dépend des exigences métier et de celles de l'application, et dépasse donc la portée de ce pattern.

La Figure 9.10 est un diagramme de classe qui ne montre que les méthodes pertinentes pour cet exemple.

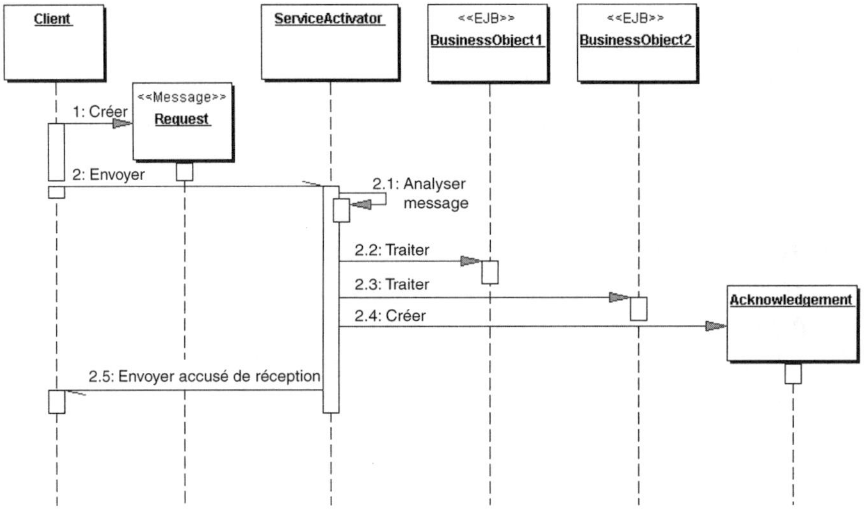

Figure 9.10

Exemple de Service Activator pour une application de traitement de commandes — diagramme de classe.

L'extrait de code de l'Exemple 9.7 montre une implémentation possible de Service Activator. C'est la classe qui peut être instanciée dans un serveur d'applications ou s'exécuter sur un serveur autonome, comme nous l'avons vu dans la stratégie Service Activator Server.

Exemple 9.7 : La classe OrderServiceActivator

```
public class OrderServiceActivator implements
javax.jms.MessageListener{

  // QueueSession & QueueReceiver : voir l'API JMS pour les détails
```

```
private QueueSession   orderQueueSession;
private QueueReceiver orderQueueReceiver;

// Note : les valeurs doivent provenir de fichiers de propriétés
// ou de l'environnement au lieu d'être codées en dur.
private String connFactoryName = "PendingOrdersQueueFactory";
private String queueName = "PendingOrders";

// Utiliser un Service Locator pour localiser les composants JMS
// administrés comme une Queue ou une QueueConnectionFactory
private JMSServiceLocator serviceLocator;

public OrderServiceActivator(String connFactoryName,
➥String queueName) {
   super();
  this.connFactoryName = connFactoryName;
  this.queueName = queueName;

  startListener();
}

private void startListener() {
  try {
    serviceLocator = new JMSServiceLocator(connFactoryName);
    qConnFactory = serviceLocator.getQueueConnectionFactory();
    qConn = qConnFactory.createQueueConnection();

    // Voir l'API JMS pour l'usage des méthodes et les arguments
    orderQueueSession = qConn.createQueueSession (...);
    Queue ordersQueue = serviceLocator.getQueue(queueName);
    orderQueueReceiver = orderQueueSession
    ➥.createReceiver(ordersQueue);
    orderQueueReceiver.setMessageListener(this);
  }
  catch (JMSException excp) {
       // traitement des erreurs
  }
}

// L'API JMS spécifie la méthode onMessage() dans
// l'interface javax.jms.MessageListener.
// Cette méthode est appelée de manière asynchrone
// lorsqu'un message écouté par ServiceActivator
// arrive dans la file.
// Voir l'API et la spécification JMS pour plus de détails.
public void onMessage(Message msg) {
  try {
      // analyser Message msg. Consulter l'API JMS pour Message.
      ...

      // Invoquer une méthode métier sur un bean entreprise
      // en utilisant le délégué métier du bean.
```

```
        // OrderProcessorDelegate est le délégué métier
        // pour le bean session OrderProcessor.
        // Voir le pattern Business Delegate pour les détails.
          OrderProcessorDelegate orderProcDeleg =
          ➥new OrderProcessorDelegate();

        // Utiliser les valeurs des données du message analysé
        // Pour invoquer la méthode métier sur le bean via le délégué
        orderProcDeleg.fulfillOrder(...);

        // envoyer ici l'accusé de réception...
      }
      catch (JMSException jmsexcp) {
        // Gérer les JMSExceptions éventuelles
      }
      catch (Exception excp) {
        // Gérer les autres exceptions
      }
    }

    public void close() {
      try {
        // libérer les ressources avant de fermer
        orderQueueReceiver.setMessageListener (null);
        orderQueueSession.close();
      }
      catch(Exception excp) {
        // Gérer l'exception - Echec de la fermeture
      }
    }
  }
```

Le code de la façade de session responsable du dispatching des commandes à ce service se trouve dans l'Exemple 9.8. Le client du Service Activator peut être un bean session qui implémente le pattern Session Facade pour fournir des services de traitement des commandes à l'application de magasin en ligne. Lorsque la méthode `createOrder()` du bean session est appelée, après avoir créé et validé avec succès une nouvelle commande, elle appelle la méthode `sendOrder()` pour l'envoyer au service d'exécution des commandes dorsal.

Exemple 9.8 : Session Facade comme client pour Service Activator

```
// importations...
public class OrderDispatcherFacade implements javax.ejb.SessionBean {
  ...
  // méthode métier pour créer une nouvelle commande
  public int createOrder(...) throws OrderException {

    // Créer un nouveau bean entité pour une commande
    ...
```

```
        // Commande créée avec succès. L'envoyer au
        // traitement asynchrone
        OrderSender orderSender = new OrderSender();
        orderSender.sendOrder(order);

        // fermer le "sender"  si terminé...
        orderSender.close();

        // autres traitements
        ...
      }
    }
```

Le code JMS peut être isolé dans une classe différente pour que différents clients puissent le réutiliser. Cette classe JMS est la classe `OrderSender` de l'Exemple 9.9.

Exemple 9.9 : OrderSender — utilisée pour envoyer les commandes à la file

```
// importations...
public class OrderSender {
  // QueueSession et QueueSender : voir l'API JMS pour les détails
  private QueueSession orderQueueSession;
  private QueueSender orderQueueSender;

  // Ces valeurs peuvent provenir d'un fichier de propriétés
  private String connFactoryName = "PendingOrdersQueueFactory";
  private String queueName = "PendingOrders";

// Utiliser un Service Locator pour localiser les composants JMS
  // administrés comme une Queue ou une QueueConnectionFactory
  private JMSServiceLocator serviceLocator;
  ...

  // Méthode pour initialiser le sender
  private void createSender() {
    try {
      // l'utilisation de ServiceLocator et l'obtention de
      // Queue Connection Factory sont analogues au
      // code de Service Activator.
      serviceLocator = new JMSServiceLocator (connFactoryName);
      qConnFactory = serviceLocator.getQueueConnectionFactory();
      qConn = qConnFactory.createQueueConnection();

      // Voir l'API JMS pour l'usage des méthodes et les arguments
      orderQueueSession = qConn.createQueueSession(...);
      Queue ordersQueue = serviceLocator.getQueue(queueName);
      orderQueueSender = orderQueueSession.createSender(ordersQueue);
    catch(Exception excp) {
      // Gérer l'exception - Echec de création du sender
    }
  }
```

```
    // Méthode pour transmettre la commande au service d'exécution
    // pour traitement asynchrone
    public void sendOrder(Order newOrder) {

        // créer un nouveau Message pour envoyer l'objet Order
        ObjectMessage objMessage = queueSession
        ➥.createObjectMessage(order);

        // définir les propriétés de l'objet message
        // et le mode de distribution.
        // Consulter l'API JMS pour ObjectMessage

        // Définir la commande dans l'objet message
         objMessage.setObject(order);

        // envoyer le message à la file
        orderQueueSender.send(objMessage);

        ...
      } catch (Exception e) {
        // Gérer les exceptions

      }
      ...
    }
    ...
    public void close() {
      try {
        // libérer les ressources avant de fermer
        orderQueueReceiver.setMessageListener (null);
        orderQueueSession.close();
      }
      catch(Exception excp) {
        // Gérer l'exception - Echec de la fermeture
      }
    }
  }
```

Patterns apparentés

Session Facade

Le pattern Session Facade encapsule la complexité du système et fournit un accès à gros grain aux objets métier. Le pattern Service Activator peut accéder à une Session Facade comme principal objet métier pour y invoquer les méthodes métier de manière asynchrone à la place du client.

Business Delegate

Le pattern Service Activator peut utiliser un Business Delegate pour accéder à la Session Facade ou à l'implémentation d'un autre bean entreprise. Le code du Service Activator est simplifié et le Business Delegate est réutilisable entre différentes couches, comme le suggère ce pattern.

Service Locator

Le client peut utiliser le pattern Service Locator pour chercher et créer des objets de service liés à JMS. Le Service Activator peut utiliser le pattern Service Locator pour chercher et créer des beans entreprise.

Half-Sync/Half-Async [POSA2]

Le pattern Service Activator est apparenté au pattern Half-Sync/Half-Async, qui décrit le découplage architectural des traitements synchrones et asynchrones en suggérant deux couches différentes et une couche de mise en file intermédiaire entre les deux.

10

Application des patterns J2EE

Au sommaire de ce chapitre

- ✔ Vue d'ensemble des applications PSA
- ✔ Le modèle de cas d'utilisation
- ✔ Cas d'utilisation, patterns et frameworks de patterns
- ✔ Le cas d'utilisation *Créer un projet*
- ✔ Le cas d'utilisation *Réserver une ressource*
- ✔ Le cas d'utilisation *Trouver les ressources disponibles*

Nous vous présentons dans ce chapitre un exemple d'emploi des patterns J2EE dans une application. Notre expérience nous a montré que l'utilisation de ce catalogue de patterns pouvait améliorer l'efficacité et la qualité de votre processus de développement. Il est important de comprendre comment tirer parti de ce catalogue, et c'est ce que nous illustrerons dans ce chapitre. L'exploitation de ces patterns ne nécessite pas en soi l'adoption d'un nouveau processus de développement ou d'une nouvelle méthodologie. En revanche, vous apprendrez à les intégrer dans votre méthode ou votre processus de conception existant, afin de l'améliorer et de créer des solutions de meilleure qualité et plus robustes.

Vous trouverez ici un échantillonnage des façons d'utiliser les patterns dans le monde réel. Nous allons directement aux patterns et à leur réalisation pour montrer comment les appliquer à un exemple. Nous souhaitons insister sur le fait que ces idées ne constituent qu'une possibilité parmi de nombreuses autres. Elles sont destinées à vous inciter à penser les patterns de façon créative. Vous tirerez profit de l'adoption de démarches comparables aux nôtres, et vous découvrirez progressivement de nouvelles façons d'appliquer les patterns à vos propres problèmes de conception.

Vue d'ensemble des applications PSA

Cet exemple s'inscrit dans le cadre des applications PSA (*Professional Services Automation*). Il s'agit d'un ensemble de logiciels et de services utilisés par les sociétés de services professionnels pour les aider à fonctionner plus efficacement. PSA peut désigner une vaste gamme de processus, dont la gestion des appels d'offre, des équipes, des projets et des clients.

Notre intention ici est de traiter un petit ensemble d'exigences de base d'une société de services professionnels. Le système PSA doit être souple et fournir différents services selon le rôle spécifique de l'utilisateur.

Les chefs de projets consulteront le système PSA pour localiser des ressources, vérifier la disponibilité d'une ressource particulière et allouer une ressource disponible à un projet spécifique.

Les consultants (ci-après dénommés "ressources") acceptent et gèrent leurs affectations, leur disponibilité et la liste de leurs compétences.

Les administrateurs sont de "super" chefs de projets, puisqu'ils agissent en leur nom. En outre, ils effectuent des tâches administratives, comme la création de nouveaux projets et la gestion des informations concernant les projets tout au long de leur cycle de vie.

Chacun de ces trois rôles partage les besoins fonctionnels suivants :

- consultation des projets, des ressources et des compétences ;
- gestion des informations sur les ressources (adresse, e-mail, téléphone, etc.) ;
- autres requêtes et rapports nécessaires.

Le modèle de cas d'utilisation

Le modèle de cas d'utilisation suivant est tiré des besoins fonctionnels de l'application PSA. Nous y avons identifié les acteurs suivants, comme le montre le Tableau 10.1.

Tableau 10.1 : Acteurs du système PSA

Acteur	*Description*
Ressource	Employé pouvant être affecté à travailler sur un projet
Chef de projet	Employé pouvant être affecté à gérer et mener à bien un projet
Administrateur	Employé fournissant un soutien administratif à la société
Responsable des ressources	Employé responsable de la gestion d'un groupe de ressources

La Figure 10.1 représente le modèle de cas d'utilisation de l'application PSA.

Cas d'utilisation, patterns, et frameworks de patterns

Dans cette section, nous appliquerons les patterns en fonction des cas d'utilisation. Notre objectif est de nous centrer sur les patterns implémentés, non sur le processus qui a abouti à leur sélection. Notre approche consiste à montrer le framework de patterns, puis la façon dont il est réalisé. Nous définissons un framework comme un ensemble de patterns couramment combinés pour résoudre un problème.

Nous sommes convaincus qu'en étudiant ces exemples et en commençant à appliquer les patterns J2EE à vos solutions, vous serez bientôt à même d'identifier les patterns appropriés.

Le cas d'utilisation Créer un projet

Dans ce cas d'utilisation, l'administrateur crée un projet (voir la Figure 10.2). Celui-ci contient un certain nombre d'informations : date de début et de fin, nom du client et compétences nécessaires.

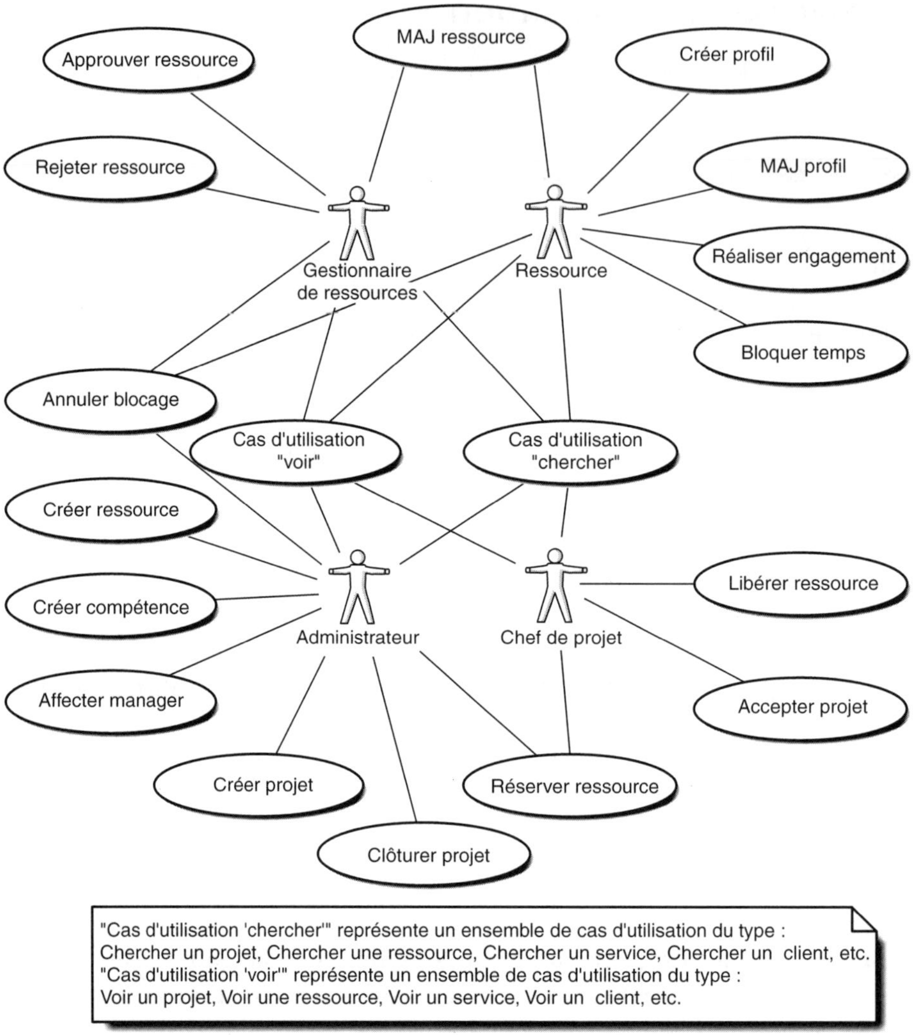

Figure 10.1

Le modèle de cas d'utilisation.

Figure 10.2

Le cas d'utilisation Créer un projet.

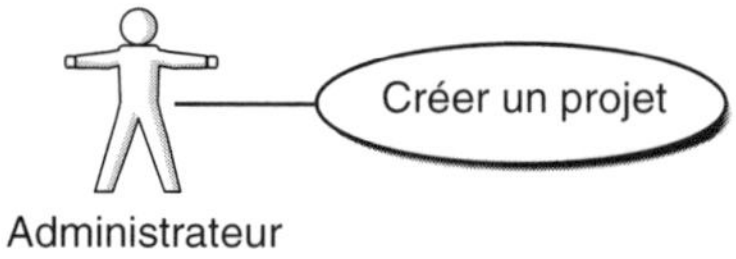

Identification des patterns

Nous utiliserons les patterns de la couche présentation suivants :

- **Intercepting Filter.** Un filtre vérifie si l'utilisateur a les privilèges nécessaires pour créer un projet.
- **Front Controller.** Un contrôleur est le point de contact initial pour la génération du formulaire de création d'un projet, et gère en conséquence l'envoi de ce formulaire. Il délègue le traitement lié à la création du projet à ses helpers, qui délèguent à leur tour une grande partie de ce traitement à la couche métier.
- **View Helper.** La vue délègue à ses helpers la génération de portions dynamiques de l'affichage.
- **Composite View.** La vue comprend un en-tête et un pied de page pour créer la page de création de projet. C'est un exemple très simple de vue composite.

Nous utiliserons les patterns de la couche métier suivants :

- **Business Delegate.** Un délégué métier interagit avec la couche métier pour créer un projet.
- **Service Locator.** Le délégué métier utilise un localisateur de services pour rechercher les composants du projet.
- **Session Facade.** Le délégué métier interagit avec un bean session, qui interagit avec l'entité projet lors de la création d'un projet.
- **Value Object.** Un objet valeur encapsule les données du projet, qui sont passées de la couche présentation à la couche métier.

Nous utiliserons le pattern de la couche intégration suivant :

- **Data Access Object.** Un objet d'accès aux données abstrait et encapsule l'accès aux tables des projets.

La Figure 10.3 représente le framework de patterns pour le cas d'utilisation *Créer un projet* (présentation, métier et intégration).

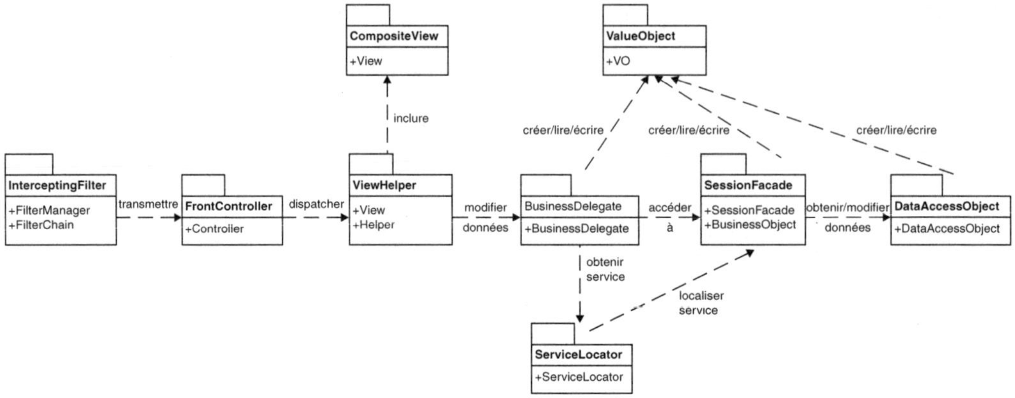

Figure 10.3

Le framework de patterns de Créer un projet.

Réalisation des patterns

La Figure 10.4 représente les patterns réalisés pour le cas d'utilisation *Créer un projet*. Ce diagramme est décomposé en couches. La liste suivante fait correspondre les noms des classes réelles et les noms des patterns qui les ont inspirées.

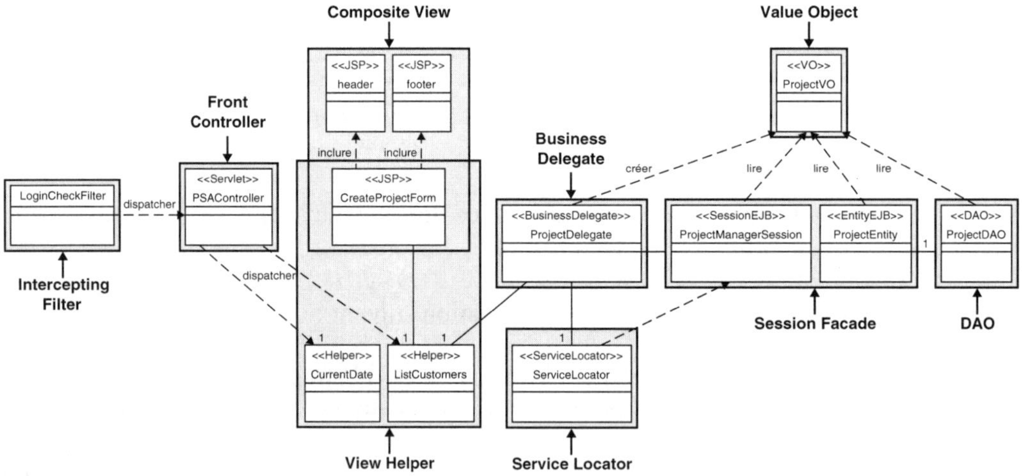

Figure 10.4

Patterns réalisés du cas d'utilisation Créer un projet.

- **Présentation.** Le formulaire de création de projet est présenté à la Figure 10.5.

Classe	*Pattern*
LoginCheckFilter	Intercepting Filter
PSAController	Front Controller
CreateProjectForm, header, footer	Composite View
ProjectView, currentDate, listCustomers	View Helper

- **Business.**

Classe	*Pattern*
ProjectDelegate	Business Delegate
PSAServiceLocator	Service Locator
ProjectManagerSession	Session Facade
ProjectEntity	Session Facade
ProjectVO	Value Object

- **Intégration.**

Classe	*Pattern*
ProjectDAO	Data Access Object

Le cas d'utilisation Réserver une ressource

Dans le cas d'utilisation *Réserver une ressource*, le chef de projet doit réserver une ressource qu'il utilisera dans un projet (voir la Figure 10.6). La réservation comprend une durée et un nombre d'heures par semaine. Après que la ressource a été réservée, le responsable des ressources doit l'approuver. Après cette approbation, la ressource est officiellement affectée au projet.

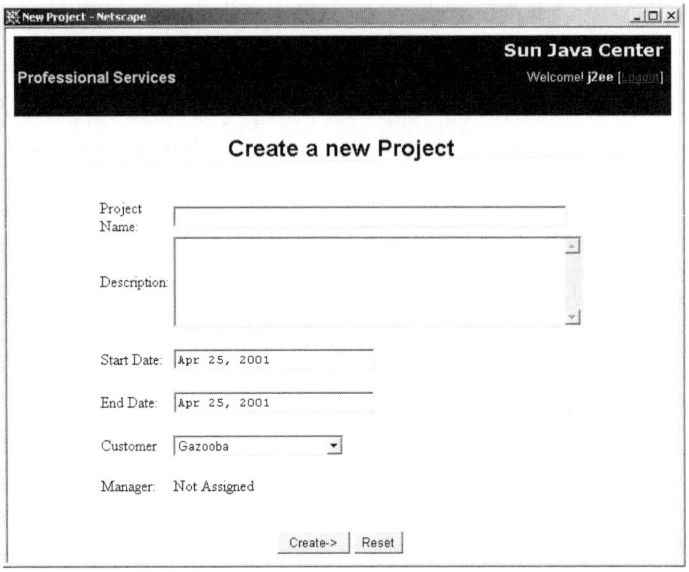

Figure 10.5
Le formulaire de création d'un projet.

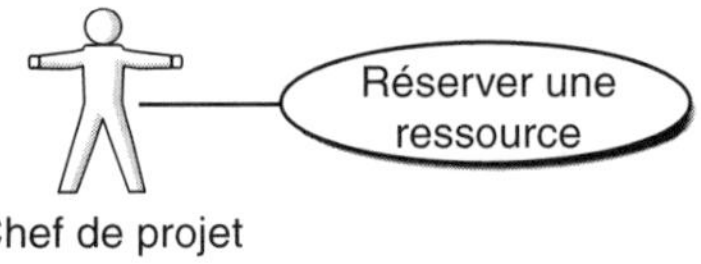

Figure 10.6
Le cas d'utilisation Réserver une ressource.

Identification des patterns

La Figure 10.7 contient le framework de patterns du cas d'utilisation *Réserver une ressource* (couche présentation, métier et intégration).

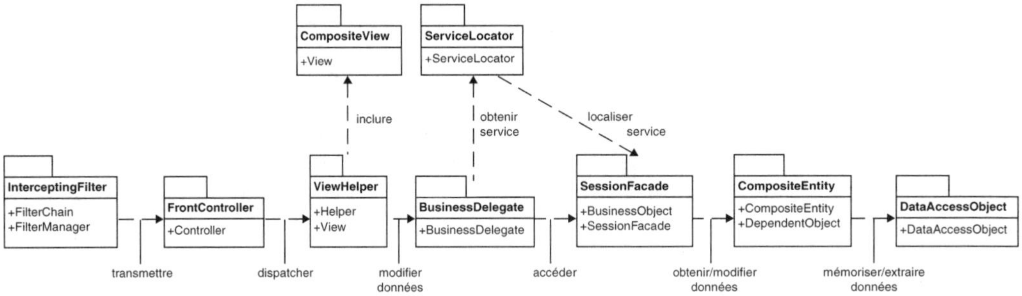

Figure 10.7
Le framework de patterns de Réserver une ressource.

Nous utiliserons les patterns de la couche présentation suivants :

- **Intercepting Filter.** Un filtre vérifie si l'utilisateur a les privilèges nécessaires pour réserver une ressource.
- **Front Controller.** Un contrôleur est le point de contact initial pour réserver une ressource. Il délègue le traitement lié à la réservation à ses helpers, qui délèguent à leur tour une grande partie de ce traitement à la couche métier.
- **View Helper.** La vue délègue à ses helpers la génération de portions dynamiques de l'affichage.
- **Composite View.** La vue comporte un en-tête et un pied de page pour créer la page de réservation. C'est un exemple très simple de vue composite.

Nous utiliserons les patterns de la couche métier suivants :

- **Business Delegate.** Un délégué métier interagit avec la couche métier pour réserver une ressource.
- **Service Locator.** Le délégué métier utilise un localisateur de services pour rechercher les composants des ressources.
- **Session Facade.** Le délégué métier interagit avec un bean session, qui interagit avec l'entité projet lors de la réservation d'une ressource.
- **Value Object.** Un objet valeur encapsule les données de la réservation, qui sont passées de la couche présentation à la couche métier.
- **Composite Entity.** Une entité projet est un objet à gros grain pour les objets commitment dépendants.

Nous utiliserons le pattern de la couche intégration suivant :

- **Data Access Object.** Un objet d'accès aux données abstrait et encapsule l'accès aux tables des ressources et des affectations.

Réalisation des patterns

- La Figure 10.8 représente les patterns réalisés pour le cas d'utilisation *Réserver une ressource*. La liste suivante fait correspondre les noms des classes réelles et les noms des patterns qui les ont inspirées.

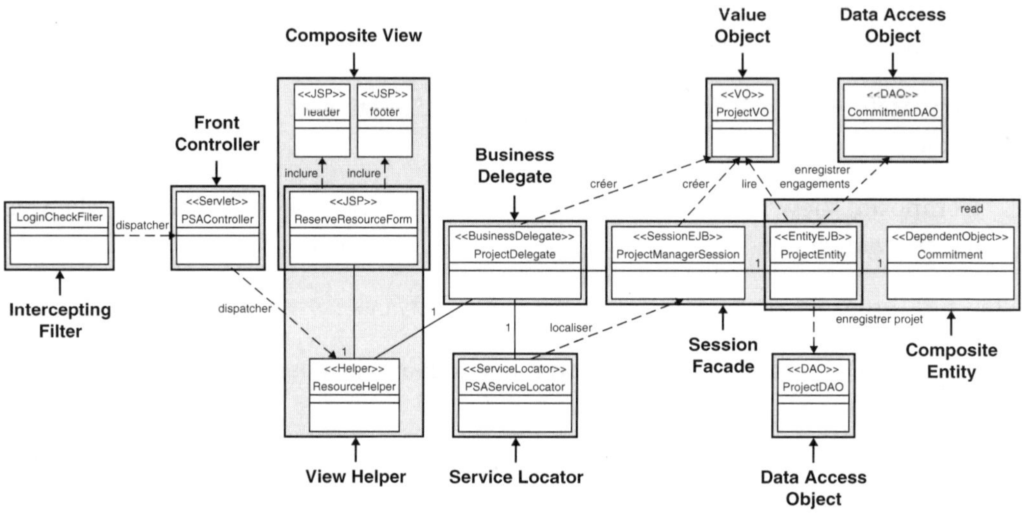

Figure 10.8

Patterns réalisés de Réserver une ressource.

- **Présentation.** Le formulaire de réservation d'une ressource est présenté à la Figure 10.9.

Classe	*Pattern*
LoginCheckFilter	Intercepting Filter
PSAController	Front Controller
ReserveResourceForm, header, footer	Composite View
ReserveResourceForm, ResourceHelper	View Helper

- **Métier.**

Classe	*Pattern*
ProjectDelegate	Business Delegate
PSAServiceLocator	Service Locator
ProjectManagerSession	Session Facade
ProjectEntity	Session Facade, Composite Entity
Commitment	Composite Entity
CommitmentVO	Value Object

- **Intégration.**

Classe	*Pattern*
ProjectDAO	Data Access Object
CommitmentsDAO	Data Access Object

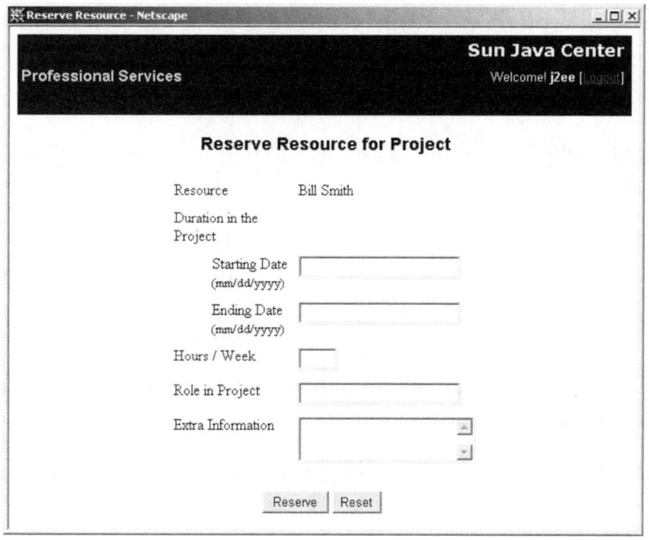

Figure 10.9
Formulaire de réservation d'une ressource.

Le cas d'utilisation Trouver les ressources disponibles

Dans le cas d'utilisation *Trouver les ressources disponibles*, le chef de projet recherche les ressources disponibles pour un projet en fonction de la date de début, de la date de fin et des compétences nécessaires (voir la Figure 10.10).

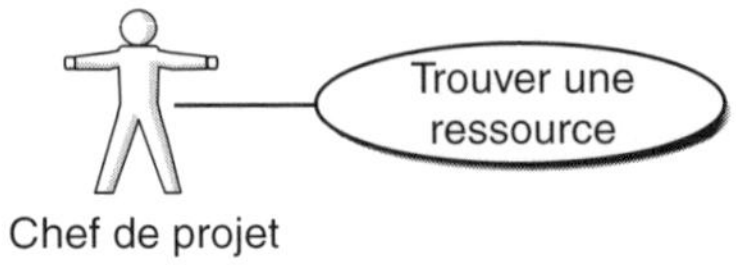

Figure 10.10
Le cas d'utilisation Trouver les ressources disponibles.

Identification des patterns

Nous utiliserons les patterns de la couche présentation suivants :

- **Intercepting Filter.** Un filtre vérifie si l'utilisateur a les privilèges nécessaires pour rechercher des ressources.
- **Front Controller.** Un contrôleur est le point de contact initial pour rechercher des ressources. Il délègue le traitement lié à la recherche à ses helpers, qui délèguent à leur tour une grande partie de ce traitement à la couche métier.
- **View Helper.** La vue délègue à ses helpers la génération de portions dynamiques de l'affichage.
- **Composite View.** La vue comporte un en-tête et un pied de page pour créer la page de recherche. C'est un exemple très simple de vue composite.

Nous utiliserons les patterns de la couche métier suivants :

- **Business Delegate.** Un délégué métier interagit avec la couche métier pour rechercher les ressources disponibles.
- **Service Locator.** Le délégué métier utilise un localisateur de services pour rechercher les ressources disponibles.

- **Session Facade.** Le délégué métier interagit avec un bean session, qui interagit avec le gestionnaire de listes lors de la recherche de ressources disponibles.
- **Value Object.** L'objet valeur `commitment` encapsule les données de la réservation qui sont passées de la couche présentation à la couche métier.
- **Composite Entity.** Une entité projet est un objet à gros grain pour les objets `commitment` dépendants.

Nous utiliserons le pattern de la couche intégration suivant :

- **Data Access Object.** Un objet d'accès aux données abstrait et encapsule l'accès aux tables des ressources et des affectations.

La Figure 10.11 représente le framework de patterns pour le cas d'utilisation *Trouver les ressources disponibles* (présentation, métier et intégration).

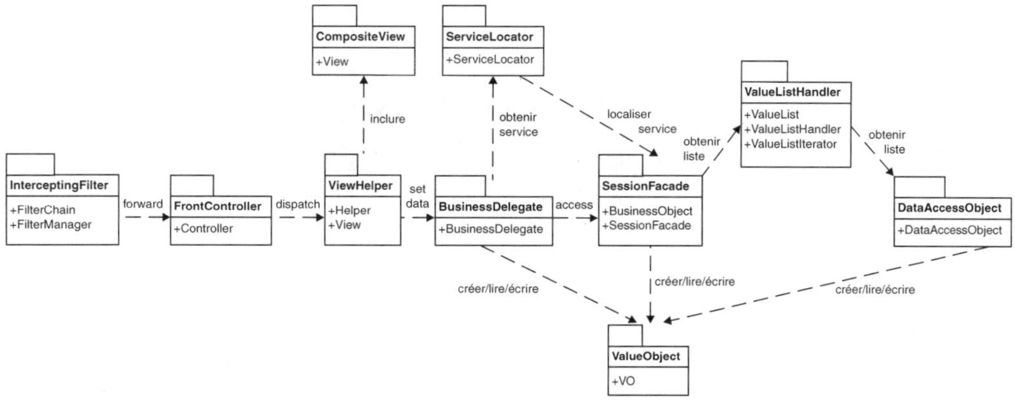

Figure 10.11
Le framework de patterns pour Trouver les ressources disponibles.

Réalisation des patterns

La Figure 10.12 représente les patterns réalisés pour le cas d'utilisation *Trouver les ressources disponibles*. La liste suivante fait correspondre les noms des classes réelles et les noms des patterns qui les ont inspirées.

- **Présentation.** Le formulaire de recherche des ressources est présenté à la Figure 10.13.

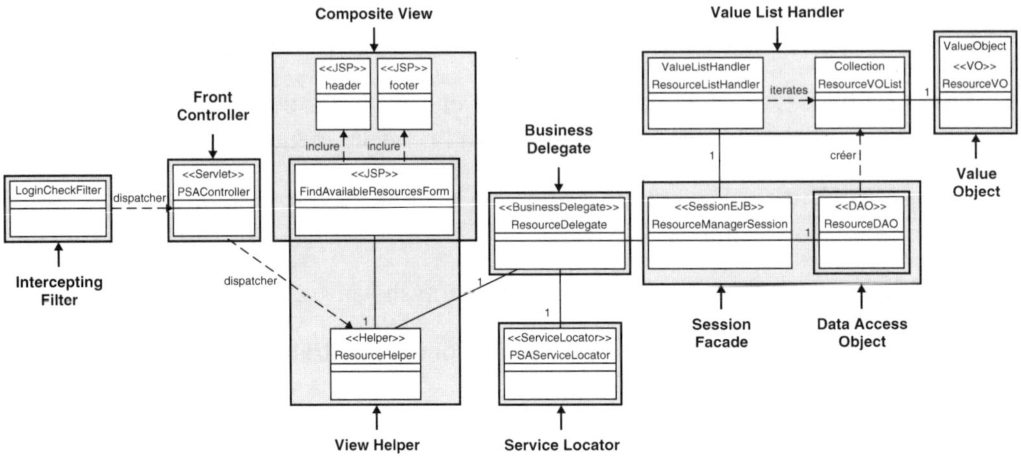

Figure 10.12

Patterns réalisés pour Trouver les ressources disponibles.

Figure 10.13

Le formulaire de recherche des ressources.

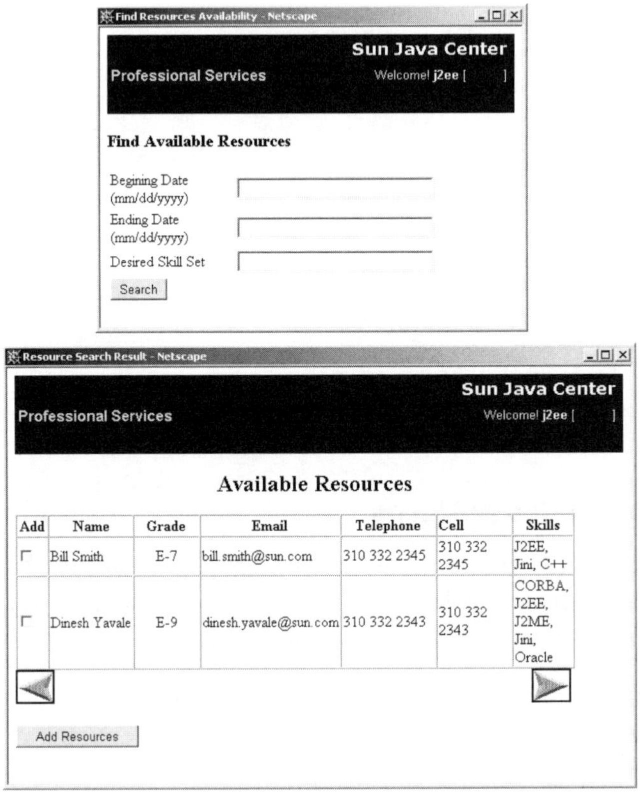

Classe	*Pattern*
LoginCheckFilter	Intercepting Filter
PSAController	Front Controller
FindAvailableResourcesForm, ResourceHelper	View Helper
FindAvailableResourcesForm, header, footer	Composite View

- **Métier.**

Classe	*Pattern*
ResourceDelegate	Business Delegate
PSAServiceLocator	Service Locator
ResourceAdminSession	Session Facade
ResourceListHandler, ResourcesList	Value List Handler
ResourceVO	Value Object

- **Intégration.**

Classe	*Pattern*
ResourceDAO	Session Facade, Data Access Object

Annexe

Pattern	*Stratégies*	*Page*
Patterns de la couche présentation		
Intercepting Filter	Filtre personnalisé	148
	Filtre standard	153
	Filtre de base	157
	Modèle de filtre	158
	Servlet contrôleur	165
	JSP contrôleur	167
	Commande et Contrôleur	168
	Association aux ressources physiques	170
	Association aux ressources logique	170
	Association aux ressources multiplexées	170
	Dispatcher intégré au contrôleur	172
	Classe de base contrôleur	172
	Filtre contrôleur	172
View Helper	Vue implémentée avec une JSP	177
	Vue implémentée avec une servlet	179
	Helper implémenté avec un JavaBean	180
	Helper implémenté avec une balise personnalisée	181
	Business Delegate comme helper	183
	Helper implémenté avec un transformeur XSL	186

Pattern	*Stratégies*	*Page*
Composite View	Gestion de la vue par un JavaBean	192
	Gestion de la vue par des balises standards	193
	Gestion de la vue par des balises personnalisées	195
	Gestion de la vue par un transformeur XSL	196
	Association statique d'une ressource	196
	Association dynamique d'une ressource	197
Service to Worker	Servlet contrôleur	165
	JSP contrôleur	167
	Vue implémentée avec une JSP	177
	Vue implémentée avec une servlet	179
	Helper implémenté avec un JavaBean	180
	Helper implémenté avec une balise personnalisée	181
	Dispatcher intégré au contrôleur	172
Patterns de la couche métier		
Business Delegate	Proxy délégué	232
	Adaptateur délégué	233
Value Object	Objets valeur modifiables	243
	Objets valeur multiples	245
	Entité héritant de l'objet valeur	246
	Fabrique d'objets valeur	247
Session Facade	Façade de session sans état	268
	Façade de session à états	269

Pattern	*Stratégies*	*Page*
Composite Entity	Entité composite contenant l'objet à gros grain	286
	Entité composite implémentant l'objet à gros grain	286
	Chargement retardé (Lazy loading)	287
	Optimisation du stockage (Dirty marker)	287
	Objet valeur composite	289
Value Object Assembler	Objet Java	309
	Bean session	310
	Objet métier	310
Value List Handler	Objet Java	321
	Bean session à états	322
Service Locator	Localisateur de services EJB	334
	Localisateur de Queue JMS	335
	Localisateur de Topic JMS	336
	Localisation avec fichier de propriétés	339
	Localisation avec fichier de propriétés	340
Patterns de la couche intégration		
Data Access Object	Génération automatique du code du DAO	351
	Fabrique de DAO	352
Service Activator	Bean entité	366
	Bean session	366
	ServiceActivator Serveur	366
	Bean entreprise comme Client	366

Bibliographie

[Arnold] *Le langage Java*, Vuibert, 2001

[Bergsten] *Java Server Pages*, O'Reilly, 2001

[Booch] *UML, le guide de l'utilisateur*, Eyrolles, 2001

[Fowler3] *UML*, Campus Press, 2001

[Haefel] *Enterprise Java Beans*, O'Reilly, 2001

[GoF] *Design Patterns, Catalogue de modèles de modèles de conception réutilisables*, Vuibert, 2001

Index

Achevé d'imprimer le 13 février 2003
sur les presses de l'imprimerie «La Source d'Or»
63200 Marsat - Imprimé en France
Dépôt légal : 1er trimestre 2003
Imprimeur n° 9460